Don Richardson

Herren der Erde

VLM

Verlag der
Liebenzeller Mission
Bad Liebenzell

Für meine – zwar menschlichen,
dennoch auf reizvolle Weise ungewöhnlichen –
Mitarbeiter,
die den Bewohnern des östlichen Hochlandes
von Irian Jaya
ihr Leben, ihre Liebe und ihre Arbeit schenkten.

Für diejenigen,
die mir gestatteten,
ihre Geschichte frei und offen zu berichten.

Und für alle,
die dieses Werk weiterführen.

Den Titel des Buches verwenden wir mit Genehmigung des Schneekluth Verlages.
Dort ist erschienen John Ehle, »Die Herren der Erde«.

Die amerikanische Originalausgabe erschien unter dem Titel
«Lords of the Earth»

Aus dem Amerikanischen durch Litera/Köppl

ISBN 3 88002 086 8

Bildnachweis: Stan Dale, Bruno de Leeuw, Phil Masters, Phyliss
Masters, John Wilson
Umschlagfoto und -gestaltung: Litera, Wiesbaden
Satz: Schwengeler-Verlag, CH-9442 Berneck
Herstellung: St. Johannis-Druckerei, Lahr-Dinglingen
Printed in Germany

Inhalt

Vorwort

Die Namen einiger Yali-Gestalten in diesem Buch wurden gekürzt oder abgeändert, damit man sie leichter aussprechen und behalten kann.

Die Ereignisse in Teil I — Die Welt mit den drei Umgrenzungen — sind selbstverständlich ohne Datumsangaben, so wie sie mir von Yali-Gewährsleuten erzählt wurden, denn die Yali besaßen kein System der Datierung. Ich habe mir deshalb einige Freiheit genommen, diese Ereignisse in eine chronologische Ordnung zu bringen, die dem Leser die kulturelle Bedeutung deutlicher macht. In einigen Fällen wurden Gedächtnislücken meiner Informanten hinsichtlich bestimmter Personen oder Ereignisse mit kulturspezifischem Material von anderen Personen oder Geschehnissen der Yali ausgefüllt.

Mein herzlicher Dank gebührt:
Meinen Yali-Freunden Foliek, Sar, Dongla, Luliap, Yemu, Erariek, Latowen, Aralek, Suwi, Emeroho, Engehap, Kusaho, Nalimo und anderen für die fesselnden Angaben über Kultur und Geschichte der Yali.
Meinem langjährigen Freund und Mitarbeiter Tuangen, einem der fünf mutigen Dani, die bei Stan und Bruno blieben, bis der Landstreifen von Ninia fertig war. Ihm verdanke ich die historischen Einzelheiten über diesen gefährlichen ersten Vorstoß ins Heluk-Tal.
Meinem schottischen Mitbruder John Wilson, dessen hervorragende Kenntnis der Yali-Sprache meine wichtigste Verbindungsbrücke zum Yali-Volk war; er führte mich auch an die Schauplätze zahlreicher hier berichteter Ereignisse.
Johns Frau Gloria sowie Art und Carol Clarke für ihre liebenswürdige Gastfreundschaft während der Nachforschungen in Ninia.
Stan Dales Schwestern, Sadie Murley und Elaine Cook, sowie Alex Gilchrist, Ted Hoeld und Lindsey und Claire Slade für die Mitteilung ihrer Erinnerungen an Stan Dales Jugend und frühe Dienstjahre.
Pat Dale, die mir ihre und ihres Gatten Tagebücher und Notizen zur Verfügung stellte.

Phyliss Masters für die Mitteilung ihrer Erinnerungen an Phil und die erste Zeit in Korupoon.
Bruno und Marlys de Leeuw sowie Costa und Alley Macris für ihre Erinnerungen an die erste Zeit des Kampfes im Heluk. Don und Alice Gibbons, Gordon und Peggy Larson sowie John und Helen Ellenburger für Hintergrundmaterial über die geistliche Bewegung unter den Stammesangehörigen der Damal und Dani. Meiner Frau Carol und Barbara Willis für die vielen Stunden, die sie mit dem Schreiben des Manuskriptes zubrachten.

Einführung

Die Yali, Kannibalen ganz besonderer Art, Meister des Dschungelkriegs, die so lange weiterschießen, bis die Pfeile «so dicht wie Schilf in einem Sumpf» im Leib ihres Opfers stecken. Die Yali, schwarze Dämonen, die von einer aus Schweinefett und Ruß bestehenden «Kosmetik» glänzen, mit unzähligen Metern von Palmschilf, das wie Draht um eine Magnetspule um ihren Körper gewickelt ist, mit einem Penisschutz, der wie ein Klüverbaum vorsteht und ihre Männlichkeit zur Schau stellt.

Sie nennen sich selbst «Männer der Macht ... Herren der Erde», denn in ihren fernen, von Bergen umgebenen Tälern stellte niemand ihre Herrschaft in Frage. Im Bund mit den *kembu*-Geistern beugten sich die Yali-Männer vor niemandem, und sie brauchten auch nichts.
Oder vielleicht doch?
Der wettergegerbte missionarische Vorkämpfer Stan Dale und der sanfte Holland-Kanadier Bruno de Leeuw glaubten, daß die Yali das Evangelium von Jesus von Nazareth brauchten. Angefeuert und getragen von ihrem Glauben betraten Bruno und Stan das Heluk-Tal, wohin ihnen später Stans Frau Pat und ihre vier Kinder folgten. Weder Stan noch Bruno träumten auch nur im entferntesten davon, wie vielschichtig ihre Mission wirklich war.
Und sie ließen sich auch nicht träumen, welch grauenvolle Gefahren auf sie lauerten.

Karte Nr. 1

Irian Jaya im Verhältnis zu Australien

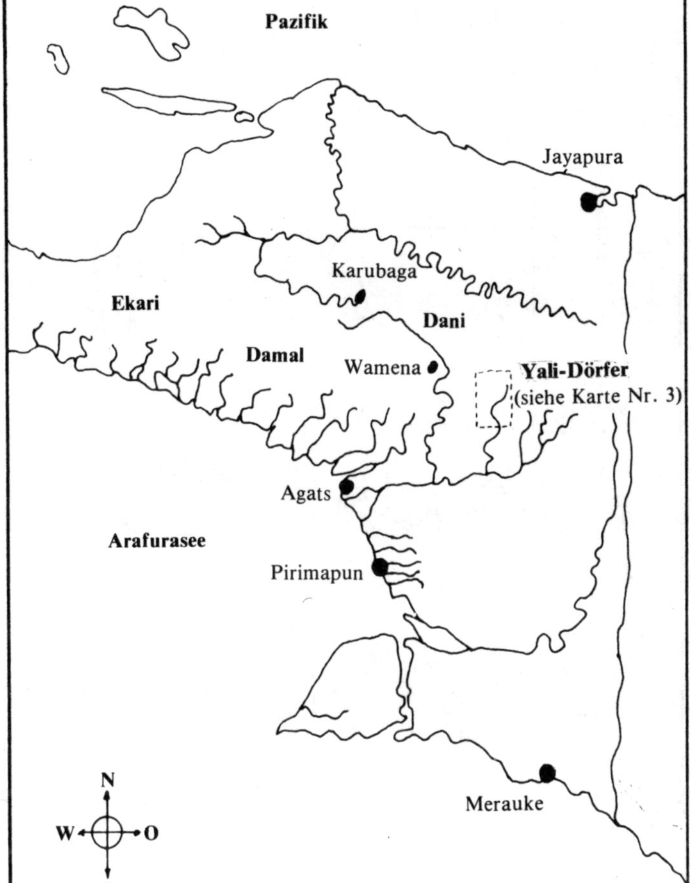

Karte Nr. 2
Irian Jaya,
früher Niederländisch-Neuguinea

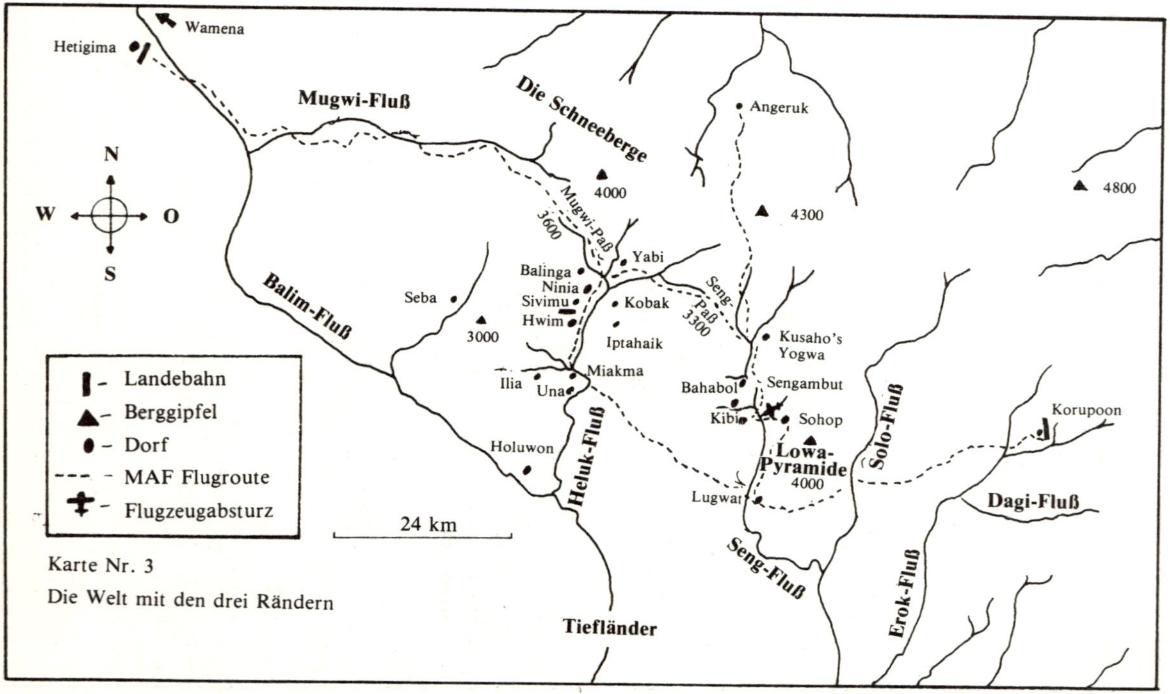

Karte Nr. 3

Die Welt mit den drei Rändern

Teil I

Die Welt mit den drei Umgrenzungen

Der Tag, als der Himmel einstürzte

Kugwarak starrte in den grauen Abgrund wie ein finsterer Wasserspeier. Buschige Brauen, die durch feine Nebeltröpfchen noch buschiger wirkten, überschatteten die schwarzen Augenhöhlen. Hautfalten, denen die Muskeln der Jugend fehlten, hingen über seine eingefallene Brust wie die Brustwarzen einer alten Frau. Trotz seines Alters kauerte er in einer seltsam fötalen Stellung auf seinen Fersen, die Arme um die Knie geschlungen, das Kinn auf dem knochigen Handgelenk ruhend.
Kugwarak schauderte.
Hoch über ihm türmten sich die schwarzen Zinnen der Schneeberge von Niederländisch-Neuguinea drohend gegen die Morgendämmerung und ließen Kugwaraks Welt winzig erscheinen. Weit unten, kaum wahrnehmbar durch mehr als dreihundert Meter Nebel, schäumte der Heluk-Fluß durch eine chaotische Schlucht. Sein Donnern stieg und fiel mit dem Wind, wie der Puls der Zeit selbst.

Kugwarak schauderte wieder und blickte nach der Sonne. An ihrer Stelle tauchte ein lebhafter brauner Cherub aus dem Nebel auf und rannte zu ihm hin — Nindik, seine Enkelin. Bekleidet war sie nur mit einem knappen Schilfgrasröckchen. In den Händen trug sie zwei frischgekochte Yamswurzeln. Die größere gab sie ihrem Großvater, sie selbst aß die kleinere samt der aschenverkrusteten Haut und allem anderen. Kugwarak hätte sie gescholten, wenn sie die Haut weggeworfen hätte.

Dann lehnte sie sich warm an Kugwaraks zitternden Körper und begann, Läuse von seinem kahler werdenden Schädel zu sammeln, die sie als Dessert zwischen ihren Zähnen zerknackte. Ihr Lachen umfloß ihn wie ein Bächlein den Stein. Da fiel der erste Sonnenstrahl nieder und hüllte den alten Mann und das Kind in ein sanftes, goldenes Licht.
Bald brannte das volle Sonnenlicht auf sie nieder und schluckte den Nebel auf.

Schräg gegen eine Kuppe lehnte hinter ihnen die Behausung des alten Mannes, eine arg baufällige *yogwa,* eine Männerhütte des Yali-Stammes. Sie war rund angelegt, mit Wänden aus steinbehauenen Brettern und einem kegelförmigen Dach aus drei Meter

langen Pandanus-Wedeln. Vom Dachgipfel aus ragte eine einzelne hölzerne Spitze in den Himmel. Rauch aus der letzten Aschenglut von Kugwaraks nächtlichem Feuer kräuselte sich durch tausend Ritzen.
Nindik vernahm Schritte und blickte auf. Jenseits der *yogwa* zeichnete sich eine mächtige Gestalt im Nebel ab. Nindik wandte sich um und floh; ihr winziges Schilfgrasröckchen flappte hinter ihr her.
Die Gestalt näherte sich ihrem Großvater.
Kugwarak, der noch auf dem letzten Rest seiner Yamswurzel kaute, verdrehte den Hals und blickte zu dem Mann auf, der sich hinter ihm aufgepflanzt hatte. Nun wußte er, warum das kleine Mädchen geflüchtet war. Nicht nur das kleine Mädchen, selbst mancher erfahrene Krieger würde nicht zögern, dem Mann Platz zu machen, der nun auf ihn niedergrinste.

Selambo!
Glänzend eingesalbt mit Schweinefett und Ruß, bildete Selambo die lebende Idealfigur eines Geschichtenerzählers der Yali — «ein Mann, dessen Leber trocken ist». Kühl und selbstsicher konnte Selambo einen stahlharten Beschluß mit sich herumtragen und ihn erst im geeigneten Augenblick offenlegen. Mit der leidenschaftslosen Distanziertheit eines Gottes konnte er töten oder Leben schonen.

Selambos blutunterlaufene Augen glühten wie Kohlen. Sein von Schweinefett starrendes Haar hing in Strähnen herum und fiel ihm fast über das Gesicht. Bänder, die mit den weißen Schalen von Kaurie-Muscheln besetzt waren, glänzten wie das widersinnige Bild eines Heiligenscheines um seine Schläfen. Aus der gespaltenen Nasenscheidewand sprangen drohend die gekrümmten Enden eines Wildschweinhauers vor.

Er ging an Kugwarak vorbei; seine Hüftmuskeln waren glatt, die nackten Gesäßmuskeln dick, aber fest. Dann wandte er sich dem alten Mann zu, den Rumpf mit dem faßförmigen Brustkorb eitel vorgebeugt, um die von den Yali bewunderte Haltung des zurückschwingenden Rückens zu erzielen. Wie alle mannbaren Yali-Männer trug Selambo einen aus einem langen, getrockneten gelben Kürbis geschnittenen Penisschutz, der mit einem Stück Faden an seiner Taille befestigt war und nach oben stand, um so seine Sexualität augenfällig zu betonen.

«*Halabok!*» rief Selambo und beugte sich vor, um den alten Mann unter dem Kinn zu kratzen. *Halabok,* ein typischer skatologischer Gruß der Yali, bedeutet einfach: «Ich preise selbst deine Exkremente!» Damit soll ausgedrückt werden: «Wenn mir schon das Unangenehmste an dir zusagt, dann stell dir vor, wie sehr ich deine guten Seiten schätze!»
Kugwarak antwortete noch zärtlicher: «*Hal bisoksok!*» Die Übersetzung dieses Grußes würde Besuchern aus Stämmen, deren Sprache keine skatologischen Grußformen kennt, Übelkeit verursachen. Die meisten Fremden lernen die Bedeutung der Yali-Grußformen nie und sprechen sie rein mechanisch nach, was ihrem Magen weit besser bekommt.

Mit seinem seltsam entwaffnenden Lächeln faßte Kugwarak die Unterarme von Selambo, als jener sich vor ihm niederkauerte. Die beiden Männer schwatzten freundschaftlich, während sich um sie herum der Nebel hob und einen Hügelstreifen freigab, der mit Dutzenden anderer *yogwas* besetzt war, die meisten in besserer Verfassung als die von Kugwarak. Um die *yogwas* gruppierte sich die gleiche Zahl kleinerer Behausungen, die *homias* — Frauenhütten — genannt wurden.

«Erzähle mir etwas vom kürzlichen Schweinefest in Ombok!» Fliegen wippten auf Kugwaraks grauem Bart, als er sprach.
«Es war ein seltsames Fest», meinte Selambo mit einem schlauen Lächeln. «Wir waren eben damit fertig, einen neuen Rachefetisch im Hause der *dokwi*-Geister zu weihen, als» — Selambo blickte sich um, wie um sicherzugehen, daß niemand horchte — «als mein Freund Buli aus Ombok mir ein Stück rohes Schweinefleisch gab und sagte: 'Schneide es für diese Männer zum Kochen auf.'
Ich nahm ein Stück scharfkantigen Bambus und begann zu schneiden, aber die Klinge traf in der Mitte auf irgend etwas. Ich sagte zu mir: 'In diesem Fleisch ist kein Knochen; warum kann ich dann nicht durchschneiden?' Ich sah innen nach, und rate, was ich da fand?»
«Eine Pfeilspitze aus Bambus», kicherte Kugwarak mit wissendem Seitenblick.
«Ich blickte zu Buli auf und sah, wie er mich aus dem Augenwinkel beobachtete.»
«Natürlich», warf der alte Mann ein.
«Dann bemerkte ich, daß Buli ähnliche Stücke Schweinefleisch an Männer aus anderen Dörfern zum Schneiden gegeben hatte. Ich

saß und beobachtete, wie einer nach dem anderen die gleiche Entdeckung machte wie ich. Buli hatte in jedem Stück eine Pfeilspitze versteckt.»
«So wurdet ihr alle verpflichtet, mit ihm an einem Überfall teilzunehmen!»
«Ja! Wir wurden ganz still, als wir das erkannten. Dann legte Buli seinen Plan vor ...»

***

Aus spitzgiebeligen *yogwas* und *homias* kräuselte sich Rauch um Nindik, als sie heimwärts rannte. An allen Enden erwachte das Dorf, das den Namen Hwim trug, zum Leben. Frauen mit Kindern auf dem Rücken und Grabstöcken in der Hand machten sich auf den Weg zur Arbeit in den Yams-Gärten unterhalb der Siedlung. Junge Burschen übten sich mit Miniaturspeeren, die sie durch hochgeschleuderte Schlingen aus Palmschilf warfen. Männer kauerten vor ihren *yogwas,* und wie ein böses Vorzeichen banden sie Bambuspfeilspitzen an Stücke von weißem Rohr.
Hwims Schwesterdorf, Sivimu, das sich den niedrigeren Bergrücken entlang nach Norden hinzog, empfing das Morgenlicht auf hundert kegelförmigen Dächern. Zwischen den beiden Zwillingsdörfern ragten auf einem einzelnen Hügel mit Namen Yarino zwei grimmige Bauten in die Luft, die in Höhe und Umfang die übliche Yali-Behausung fast um das Doppelte übertrafen. Dies waren ganz besondere *yogwas,* jede war einer der beiden von den Yali anerkannten Arten von Geistern gewidmet.
Die etwas tiefer stehende *yogwa* bildete ein Museum von geheiligten Gegenständen, die den *dokwi*-Geistern der im Krieg umgekommenen Ahnen gewidmet waren, Geister, die beständig die Lebenden aufstachelten, ihren Tod zu rächen. Diese *yogwa* wurde daher in der Yali-Sprache als *dokwi-vam* — Haus der *dokwi* — bezeichnet.

Der zweite Bau, der vom höchsten Punkt des Hügels aufragte, war der Tempel der *kembu* — nichtmenschliche Geister, die den Kosmos der Yali beherrschten. Hinter dem Tempel lag ein Hain aus heiligen Pandanus und Kiefern und ein geweihter Garten, dessen Erzeugnisse nur von «Männern des Wissens» gegessen werden konnten, einer auserwählten Gruppe älterer Männer, die allein all die gefürchteten Geheimnisse von Leben und Tod kannten.
Eine gewundene Mauer aus gezackten weißen Steinen umgab

Tempel, Hain und Garten und hob ihre Bedeutung noch hervor. Die Mauer und der Ort, den sie umschloß, war den Yali als *osuwa* — «heiliger Platz» — bekannt. Und so war, länger als jeder lebende Yali zurückdenken konnte, der Hügel Yarino und das ihn krönende *kembu-vam* das Zentrum des religiösen Lebens von Hwim und Sivimu und den dazugehörigen umliegenden Siedlungen gewesen.
Nur einmal in jeder Generation wurde das *kembu-vam* neu gebaut und die darumführende Steinmauer wieder hergerichtet. Kugwarak, Nindiks nun alternder Großvater, und sein Schützling Marik waren die letzten der Alten, die das *kembu-vam* neu errichtet und die Steinmauer in Ordnung gebracht hatten. Das war vor Jahren gewesen, als Kugwarak noch in der Blüte seiner Jahre stand. Seit dieser Zeit nannten die Männer von Hwim und Sivimu den Hügel Yarino respektvoll «Kugwaraks und Mariks Platz».

Aber für die Frauen der Yali und damit auch für die kleine Nindik war «Kugwaraks und Mariks Platz» ein Ort des Schreckens. Wie oft hatte Nindik die strenge Warnung vernommen: Jede weibliche Person, die diese Steinmauer überschreitet oder sie auch nur berührt, muß in die Stromschnellen des Heluk geworfen werden! Selbst männliche Personen, die noch nicht den *kembu*-Geistern geweiht wurden, müssen sterben, wenn sie ihren Fuß auf den geheiligten Grund setzen!

Nindik erschauerte und vermied vorsichtig einen Pfad, der in die Nähe des *osuwa* führte. Mit Entsetzen erinnerte sie sich, daß ihr Vetter Foliek beinahe hingerichtet worden wäre, weil jemand ihn einen Pilz essen sah, von dem man glaubte, er sei innerhalb der gefürchteten Steinmauer gepflückt worden.

Als die kleine Nindik um eine Biegung des Fußpfades kam, sah sie ihren Onkel Kiloho auf das Dach seiner neuen *yogwa* klettern, die nun fast fertig zum Eindecken war. Deko, ein anderer von Nindiks Onkeln, saß auf einem Stein neben der neuen Behausung und hielt eine hölzerne Stange, während sein Bruder Bukni sie in eine scharfe Spitze für Kilohos Dach zurechthieb. Nindik mischte sich scheu unter eine Gruppe von Kindern, die dastand und zusah.
«Vater Bukni», wagte eines der Kinder zu fragen (jeder Ältere kann bei den Yali «Vater» genannt werden), «warum muß vom Dach eine hölzerne Spitze hochstehen?»
Die Frage kam von dem kleinen Yekwara. Er hatte seiner Mutter

schon die gleiche Frage gestellt, aber sie erwiderte: «Frage mich nicht solche Sachen. Ich bin eine Frau. Frage die Männer.»
«Vater» Bukni mit seinem freundlichen Gesicht stützte sich auf seine Krummaxt und blickte seltsam auf Yekwara. Dann deutete er auf den heller werdenden Himmel und sagte: «Falls der Himmel einstürzt, möchtest du doch nicht, daß er direkt auf das Dach fällt, oder? Die Spitze durchsticht ihn zuerst und bremst ihn ab.»

Bukni setzte mit ernstem Gesicht seine Arbeit fort, während alle Kinder zum Himmel hinaufsahen und sich fragten: Kann der Himmel wirklich einstürzen?
Dann legte Bukni seine Krummaxt weg, und Deko erhob sich und reichte Kiloho den langen, spitzen Pfahl hinauf. Die Kinder beobachteten gespannt, wie Kiloho auf die Spitze des Daches kletterte und ein Pfahlende in eine kleine Öffnung hinabstieß, wo alle Dachbalken zusammenliefen.
Die Kinder entschieden, es müsse wahr sein, daß der Himmel einstürzen könne.

Yekwara gab flüsternd ein Geheimnis preis: «Wenn dies ein Haus für den *kembu*-Geist unseres Dorfes gewesen wäre, dann hätten sie zuerst Schweinefett in das Loch getan und dann die Spitze darin eingelassen. Ich habe beobachtet, wie sie das taten, als sie das *kembu-vam* in Bahinga neu bauten.»

Das älteste unter den Kindern war die hübsche Alisu, Kilohos eigene Tochter. Bei Yekwaras Worten schnappte sie nach Luft und legte ihre Hand auf seinen Mund.
«Du hättest so etwas nicht beobachten sollen, Yekwara. Du bist noch nicht den *kembu* geweiht worden. Wenn ein Priester dich bemerkt hätte, dann hätte er dir Schweineblut in die Augen gerieben, um alles wieder in Ordnung zu bringen.» Alisu blickte nervös zu ihrem Vater und ihren Onkeln hin, ob sie zuhörten, aber sie waren in ihre Arbeit vertieft. «Und du solltest Nindik und mir niemals solche Dinge erzählen, denn wir sind Mädchen.»

Die Sonne brannte nun heiß, und das Hinaufstarren zum Himmel ließ Schweißtröpfchen auf Alisus Augenbrauen glänzen.
«Kommt, wir gehen zum Baden unter den Wasserfall», rief sie und verdrängte für den Augenblick alle halb geformten Fragen über einstürzende Himmel und Schweinefett-auf-dem-Dach. Alisu stürzte zu dem blätterverhangenen Spalt im Berg, wo der Was-

serfall niederrauschte. Nindik, Yekwara und Alisus kleiner Bruder Toli rannten ihr nach und kreischten vor Aufregung.
Nackt wie sie waren, hüpften die Buben sofort unter die glitzernde Kaskade. Alisu und Nindik brauchten einen Augenblick, bis sie ihre Röcke losgebunden hatten. Als Nindik ihr einfaches Kleidungsstück auf einen Fels breitete, blickte sie zurück zu der rauchumflossenen Siedlung Hwim, ihrer Heimat. Jenseits des Dorfes sah sie ihren Großvater Kugwarak und Selambo, die noch immer auf einer Felsbank über dem Abgrund hockten und in eines jener geheimnisvollen Gespräche versponnen waren, wie nur Männer sie führten.

***

«Wo werdet ihr zuschlagen?» Jedesmal, wenn Kugwarak sprach, summten die Fliegen in seinem Bart ärgerlich auf.
«In Kobak.»
«Wann?»
«Morgen früh vor Tagesanbruch.»
«Es wird langsam Zeit, daß jemand die Initiative ergreift», brummte Kugwarak. «Der Feind ist schon viel zu lange unbestraft geblieben.»
Die beiden Männer blickten über die Schlucht des Heluk hinüber. Rauchfahnen bezeichneten die Lage von etwa sieben Dörfern des östlichen Bündnisses — des Feindes.
«Ich bitte dich um einen Gefallen, mein Vater», fuhr Selambo fort. «Wenn ich von diesem Überfall zurückkehre, möchte ich meinen Neffen den *kembu* weihen. Dafür brauche ich ein ausgesuchtes Schwein.»
«Du möchtest mein letztes Schwein kaufen? Ich habe nicht die Absicht, es zu verkaufen!» sagte Kugwarak rundweg.
«Bitte, mein Vater. Überlege es dir noch einmal», bat Selambo und kratzte Kugwarak wieder unter dem Kinn.
Plötzlich leuchtete ein grausames, unheimliches Licht in Kugwaraks eingefallenen Augen auf. Seine welke Hand streckte sich aus und packte Selambo am Handgelenk.
«Du kannst mein Schwein haben, wenn ...» — krächzte er.
Selambos Gesicht glühte unter seiner Rußschicht in Erwartung eines leichten Handels auf.
«... wenn du mir dafür den Körper eines Menschen bringst.»

***

Nindik und Alisu tauchten kichernd aus den Wasserfällen auf. Rücken an Rücken gelehnt, setzten sie sich auf einen sonnendurchwärmten Felsen und strichen Wassertropfen aus ihrem triefendnassen Haar. Als sie fast trocken waren, spritzte sie der dicke Toli, dessen Haut von der Kälte des Bades ganz straff war, wieder naß. Alisu schalt ihn: «Schau dich an, Toli. Deine komische Nase steht gerade heraus wie eine Raupe, die auf einen anderen Zweig kriechen will! Was ist nur passiert, daß sie so dick ist?»

Aller Augen wandten sich Toli zu, der einfältig von einem Gesicht zum anderen sah, seine Nase mit seinen molligen Händchen bedeckte und tief errötete.
«Eine Biene muß sie gestochen haben!» sagte er mit heiserem Flüstern.
Die Kinder platzten los vor Lachen, drängten sich um Toli und spritzten ihn naß.
«O Toli, du bist so komisch!»

Toli war erleichtert und quietschte aus purem Vergnügen. Er mischte sich unter die anderen, bis Alisu sich umwandte und den Trupp einen Waldweg hinabführte bis zu einem großen Fels, von dem aus man das Tal überblickte. Sie setzten sich ruhig in der Sonne nieder, um sich zu trocknen. Ihr Blick schweifte über ein blaugrünes Panorama von Bergen, Siedlungen und furchterregend tiefen Schluchten.

Dann legte sich Yekwara auf den Fels zurück und blickte in den Himmel hinauf. Reihen von winzigen weißen Wölkchen bildeten sich über dem Zenit.
«Seht!» rief er und deutete hinauf. «Die *domil-mil* müssen wohl ihre Gärten richten!»

Die Kinder legten sich alle zurück und studierten die Gärten am Himmel. Sie fragten sich, wie es wohl wäre, ein *domil-mil* zu sein, einer der kleinen weißen Leute, die so hoch über der Erde zusammen in Frieden spielten und arbeiteten und deren klingende Stimme man manchmal im Wind vernahm, wenn man ganz scharf hinhorchte.
Nindiks zarte, vogelgleiche Stimme unterbrach ihre Träumereien.
«Wenn der Himmel einstürzen sollte, was geschieht dann mit den *domil-mil*?»
Lange herrschte Schweigen.

Nindik seufzte nachdenklich: «Ich hoffe, der Himmel stürzt nicht auf mich!»

***

Selambos Gesicht verriet Schrecken. Die Haut über seinem Magen zitterte leicht. Kugwarak grinste. Es war keine geringe Leistung für einen alten Kobold wie ihn, einen so starken jungen Krieger zu entnerven.

Ein plötzlicher Windstoß fuhr über den Felsen, auf dem sie kauerten. Bald würde sich die Heluk-Schlucht mit Wolken und Regen füllen, vielleicht sogar noch vor Mittag. Schon sammelten sich um die blauen Berggipfel die ersten Andeutungen der Wolkenmassen eines neuen Sturms.

Selambo hockte sprachlos da, während das Gespenst vor ihm überlegend halb zu sich selbst sagte: «Vor langer Zeit, als ich jung war, da gaben wir uns nicht damit zufrieden, einen Feind einfach zu töten. Wann immer es möglich war, brachten wir ihre Leichen als *Nahrung* zurück! Aber ihr jungen Männer...»

Kugwarak räusperte sich und spuckte auf den Boden, während Selambos Inneres in Aufruhr geriet. Er überlegte, wie schnell ein Feind diesen steilen Hügel von Kobak hinab zum Gegenangriff antreten würde, und wie nahezu unmöglich es wäre, angesichts des unvermeidlichen Hagels von Pfeilen und Speeren eine Leiche rechtzeitig zum Fluß zu zerren oder zu tragen. Wenn — wenn es nicht ein sehr *kleines* Opfer wäre, eine Frau — oder ein Kind...

«Ihr jungen Männer», schwatzte Kugwarak unheimlich weiter, «wenn ihr einmal getötet habt, dann habt ihr keinen Mut mehr für etwas anderes, dann rennt ihr heim!» Er warf einen höhnischen Blick auf Selambo. «Ich nehme an, Schweinefleisch ist so ein *leichter* Ersatz!»

Selambos Magen verkrampfte sich zu einem harten Knoten. Er verzog das Gesicht. Dann sog er durch zusammengebissene Zähne die Luft ein und schnitt wieder eine Grimasse. Schließlich erhob er sich und schnalzte mit einem Finger gegen die Unterseite seines Kürbisses, ein Zeichen der Bewunderung für die Tollkühnheit des alten Mannes.

«Ich werde dir ein Opfer bringen oder bei dem Versuch sterben, du ausgetrocknete alte Wurzel!»

Kugwarak lachte gackernd. Dies löste einen Hustenanfall aus, der den runzligen Körper des alten Mannes in quälenden Krämpfen schüttelte. Selambo wandte sich um und schritt einen steilen Pfad zu seiner *yogwa* hinab.

Er mußte noch mehr Pfeile machen, bevor die Nacht anbrach. Als er sich unter den niedrigen Eingang seiner *yogwa* duckte, konnte er noch immer hören, wie der alte Mann auf dem Hügel seine schauerliche Kakophonie von Gackern und Husten hinausbellte.

***

Gemessen schritten sie auf die kleine *homia* zu. Kinder gingen ihnen eilend aus dem Weg wie Blätter vorm ersten dunklen Atem des Sturms. Sie hielten vor der Tür der niedrigen Behausung; ihre Penishüllen standen wie Ausleger von ihrem Körper ab.
«Wilipa! Wo ist mein Sohn Yekwara?»
In der *homia* drinnen ertönte dünn und ängstlich eine Frauenstimme. «Er ging, um Kiloho beim Dachdecken zuzuschauen.»
«Er ist nicht mehr hier, mein Bruder», rief Kiloho vom Giebel seines Daches herab, das nun schon zum Teil gedeckt war. «Er badet unter dem Wasserfall.»

Kebel, kraftvoll und mit mächtigem Brustkasten, knurrte etwas vor sich hin. Er hatte seinen Sohn ermahnt, ja bei seiner Mutter in der *homia* zu warten. Dies war ein furchterregender Tag für den Jungen, ein Tag, an dem er auf den «Durchbruch des Wissens» vorbereitet werden sollte, — aber nein, er behandelte ihn wie jeden beliebigen Tag.
Yekwara blickte vom Fels herab. Er sah sechs Priester — einer davon sein eigener Vater, Kebel — vor der kleinen *homia* halten, die er von Geburt an mit Mutter, Tanten und Schwestern geteilt hatte. Plötzlich erinnerte er sich an den seltsamen Befehl seines Vaters, in der *homia* zu warten, und nun wußte er, daß die Männer auf *ihn* warteten.
Yekwara schauderte.
Der Anblick nur eines dieser Geisteranwälte war schrecklich genug. Sechs von ihnen auf einem Fleck waren grauenerregend. Wo immer sie sich versammelten, schien alle Autorität und Macht des Universums anwesend zu sein. Schlimm genug mitanzusehen, wie sie *andere* Jungen für ihre geheimnisvollen Zwecke wegschleppten! Aber nun war die Reihe an ihn gekommen.

Als er beobachtete, wie sein Vater sich umdrehte und den Weg zum Wasserfall entlangeilte, da fühlte er sie nahen, die unheilschwangere Macht, die über der Gegenwart jener sechs Priester la-

gerte und die sich nun in der Gestalt seines eigenen Vaters an ihn heranschlich.
Yekwara wimmerte. Nindik und die anderen blickten ihn verwirrt an. Dann sprang er auf und rannte vom Fels hinab. Nindiks zarte Stimme rief hinter ihm her: «Yekwara! Wohin gehst du?»

Er gab keine Antwort, sondern floh auf einem anderen Pfad ins Dorf zurück. Hinter Büschen versteckt hielt er Ausschau, bis die fünf anderen Priester sich von der *homia* seiner Mutter entfernten. Yekwara nutzte die Gelegenheit, stürzte aus dem Gebüsch, sprang über die kleine steinerne Mauer des Dorfes und lief durch die niedere Türöffnung der winzigen Behausung.

Kiloho, der noch immer auf seinem Dach arbeitete, sah ihn und rief: «Kebel, dein Sohn ist in die *homia* deiner Frau zurückgekehrt!»
Yekwara fühlte, wie die schrecklichen Schritte umkehrten und auf ihn zukamen. Er tastete nach seiner Mutter und fand sie im Halbdunkel der fensterlosen Behausung gegen die Hinterwand gekauert. Allmählich erkannten Yekwaras Augen das sorgenvolle Gesicht seiner Mutter.
«Sie nehmen dich weg von mir, Yekwara», sagte sie und versuchte, ihre Stimme klingen zu lassen, als sei sie damit einverstanden. Aber als sie seinen Namen nannte, zitterte ihre Stimme.
«Ich will bei dir bleiben.»
«Das kannst du nicht. Sie holen dich weg. So wie sie alle meine Söhne weggeholt haben...» Die Schritte unterbrachen sie. «Yekwara! Komm!» Sein Vater rief mit leiser Stimme, in der Ärger mitschwang.

Impulsiv kuschelte sich Yekwara auf den Schoß seiner Mutter und saugte an ihrer Brust, denn er war noch nicht entwöhnt. Auf diese Weise hatte er in der Vergangenheit jede Angst überwunden und jetzt wieder...
«Yekwara! Komm her!» befahl Kebel. Yekwara beachtete ihn nicht. Die Süße von Wilipas Milch besaß für den Augenblick einen stärkeren Zauber als die Geister seines Vaters. Aber Wilipa schob ihn plötzlich von sich weg.
«Geh zu ihnen!» zischte sie. Er versuchte, zu ihrer Brust zurückzugelangen, aber sie stieß ihn heftiger von sich.
«Geh zu ihnen! Meine Zeit, dich zu halten, ist vorbei. Geh! Geh und werde ein Mann!»

Yekwara fuhr zurück, erschreckt von ihrer ungewohnten Abweisung. Tränen quollen ihm aus den Augen. Eine starke Hand faßte ihn am Handgelenk und zog ihn aus der *homia* fort.

Nindik und Alisu folgten Yekwara vom Felsen herab und hockten sich auf die Dorfmauer, um zu beobachten, was weiter geschah. Sie sahen, wie Kebel Yekwara aus der *homia* zerrte. Als sie die Tränen auf Yekwaras Wangen erblickten, durchfuhr die Angst Nindiks kleines Herz. Sie erinnerte sich wieder, wie nahe ihr Vetter dem Tod gewesen war, weil ihn jemand beschuldigte, einen heiligen Pilz gegessen zu haben. Vielleicht war Yekwara in irgendetwas Verbotenes eingedrungen und wurde nun hingerichtet?
Nindik vergaß für einen Augenblick ihre Furcht vor den Priestern. Sie stürzte sich zwischen sie und schlang ihre Arme um Yekwaras schmalen Leib. Er wandte sich um und blickte sie an, sein Kinn zitterte. Heftig zerrten sie ihn von ihr weg und führten ihn schnell fort. Alisu legte ihre Hand besänftigend auf Nindiks Schulter.
«Dies ist keine Hinrichtung», erklärte sie. «Sie bereiten ihn auf den 'Durchbruch des Wissens' vor. Von nun an ist er einer von *ihnen.*»
«Wird er dann nie mehr mit uns spielen?» fragte Nindik. Alisu schüttelte den Kopf.
Nindik beobachtete, wie die Priester den kleinen Yekwara einen steilen Hang jenseits des Dorfes hinaufzerrten.
Einen Augenblick standen sie in kühnem Umriß auf einem Bergkamm, dann verschwanden sie dahinter.
Nindik seufzte. Eine seltsame Leere nagte an ihrem Herzen. Sie rannte zu ihrer eigenen *homia* und wollte sich in die schützenden Arme ihrer Mutter Ongolek werfen.
Die *homia* war leer.
Dann stieg sie auf eine Dorfmauer und suchte einen Abhang mit hügeligen Yams-Feldern ab, die an den heiligen Hügel Yarino grenzten; dort hielt sich Ongolek meist zur Gartenarbeit auf.

Noch immer war keine Spur ihrer Mutter zu sehen.
«Wo ist Ongolek?» fragte sie jammernd eine vorübergehende Verwandte.
«Sie legt heute einen neuen Garten an.»
«Sag mir, wo.»
«Es ist weit weg. Du solltest lieber nicht versuchen, ihn zu finden.»
«Sag mir nur, wo es ist.»

«Siehst du den Hügelkamm, wo unsere Väter tanzen, nachdem sie einen Feind getötet haben? Der neue Garten ist direkt darunter. Bist du je dort unten gewesen?»
«Nein.»
«Dann versuche nicht, heute deine Mutter zu finden. Warte und geh morgen mit ihr. Du könntest in Schwierigkeiten geraten.»
Nindik wartete, bis ihre Informantin zwischen den *homias* verschwunden war. Dann sprang sie von der Mauer herunter und folgte, einen weiten Abstand vom heiligen Hügel mit seinen beiden drohenden Bauwerken einhaltend, einem Pfad zum «Kriegstanzgrat».

***

«Hab keine Angst, Junge.»
Langsam hob Yekwara seine feuchten braunen Augen. Durch seine Tränen erblickte er Mena, einen seiner Onkel mütterlicherseits. Menas breiter Mund mit herabgezogenen Winkeln formten gutturale Worte, während seine Augen abwechselnd geheimnisvoll geschlossen und dann wieder betont wichtig aufgerissen wurden. «In einer kleinen Weile werden wir zusammen ein Schwein essen. Aber zuerst müssen wir noch Verschiedenes erledigen.»
«Bis jetzt», Yekwara sah rasch auf Kebel, seinen Vater, der nun fortfuhr, «warst du ohne Macht, ein Nichtwesen, das bei den Frauen lebte und nichts wußte.»
«Aber *nun*», diesmal ertönte die Stimme von dem ehrwürdigen Graubart Helevai, dem großen Hohenpriester, Yekwaras ältestem Onkel mütterlicherseits, «mußt du den 'Durchbruch des Wissens' erfahren.»
Yekwara schaute über Helevais grauen, buschigen Bart hinweg in seine Augen. Diese kalten Augen ließen erkennen, daß alles, was nicht der Wille der Geister war, keinen Belang hatte. Es waren Augen, die warnten: Selbst wenn du mein Neffe bist, würde ich dich jeden Augenblick hinrichten, wenn die *kembu*-Geister dies fordern! Yekwara zitterte und wollte zu seiner Mutter flüchten, doch er war umringt.

Helevai fuhr fort, wobei er seine mageren Arme gegen den sich verdunkelnden Himmel hob: «Das Wissen von den *kembu*-Geistern, das wird dich zu einem von uns machen — *einem Herrn der Erde*!»
Trotz seiner bösen Vorahnung fühlte Yekwara bei Helevais Wor-

ten einen ehrfürchtigen Schauder. Mit großen Augen sah er den Kreis der mächtigen Männer an und fragte sich: *Gehörte er wirklich zu ihnen?* Der Geist, der sie alle wie mit Klammern zusammenhielt, begann auch in sein junges Herz einzudringen.

Die Priester erkannten die Veränderung seines Gesichtsausdrucks, und zum erstenmal lächelten sie ihm zu. «Zuerst müssen wir dich mit Wasser reinigen», sagte Mena nüchtern. Dann schaute er sich um, ob keine Frauen zusahen, hob einen schweren Bambuskrug hoch und goß daraus Wasser in einen ausgehöhlten Kürbis. Dann tauchte er einen Klumpen Moos in das Wasser, weichte ihn ein und hob die tropfende Masse über Yekwara.

***

Nindik keuchte, als sie die grasbewachsene Kuppe des Kriegstanzgrates erreichte. Flecke von blauem Himmel wurden kleiner und verschwanden, als schwere Wolken sich aus der Schlucht heraufschoben. Windstöße peitschten scharfes Gras gegen ihre Beine. Sie zögerte, als sie sah, wie nahe die feindliche Seite des Tales von diesem erhöhten Punkt aus schien. Aber ihre Mutter war diesen Weg gegangen, also mußte er sicher sein. Sie ging weiter, genau bis zu dem Platz, an dem sich die Krieger nach der Rückkehr von Überfällen trafen, um in voller Sichtweite des wütenden Feindes ihre Erfolge zu feiern.

Der Pfad teilte sich.

Verwirrt spähte Nindik auf beiden Seiten des Kammes nach einem Zeichen ihrer Mutter. Die in ihrem Blickfeld liegenden Hänge waren verlassen. «Auf der Nordseite des Kammes sind noch mehr Gärten», sagte sie sich.

Sie hüpfte leichtfüßig die Nordseite hinab. Ihr Heimatdorf war nun außer Sicht, und das Donnern des Heluk schwoll beängstigend an.

***

«Mit diesem Wasser haben wir den gewöhnlichen Schmutz von deiner Haut abgewaschen, Yekwara.» Mung, der jüngere Bruder seiner Mutter, flüsterte die Worte direkt in Yekwaras Ohr.

Nun zogen sich Mungs Brauen streng zusammen. «Aber da ist noch etwas auf deiner Haut, das mit Wasser nicht abgewaschen werden kann.»

Yekwara blickte fragend in Mungs breitknochiges Gesicht. Er sah, wie Mungs zusammengekniffene Augen sich plötzlich mit erschreckender Eindringlichkeit weiteten. «Die Befleckung durch das Blut deiner Mutter!» schnarrte er. «Seit deiner Geburt ist es auf dir geblieben! Solange es nicht abgewaschen ist, kann *kembu* dich nicht annehmen!»
Ein Gefühl der Unreinheit durchdrang Yekwara. Er hatte eben um die Erlaubnis bitten wollen, zu seiner Mutter gehen und bei ihr trinken zu dürfen, aber nun besann er sich eines Besseren.
Kebel, sein Vater, trat aus dem ihn umgebenden Kreis kauernder Gestalten vor. Er hielt einen Netzbeutel voller Blätter hoch.
«Die *kembu*-Geister haben uns eine Substanz enthüllt, welche allein die Verunreinigung durch weibliches Blut vollständig abwaschen kann — der Saft von *musan*-Blättern.»
Kebel hockte sich neben Yekwara nieder und öffnete das Netz. Mena und Mung nahmen nun eine Handvoll *musan*-Blätter und zerdrückten sie in ihren Fäusten, bis ihre Finger und Handflächen voll Öl waren. Dann rieben sie mit ihren Handflächen Yekwaras Haut ein, bis sein ganzer Körper von *musan*-Saft glänzte.
«Nun sieht *kembu* dich zum erstenmal huldvoll an, mein Sohn», sagte Kebel und benutzte den Gattungsbegriff *kembu* als Namen, ganz so wie unser Gattungsbegriff *Gott* zu einem Namen — Gott — werden kann. «Erst jetzt ist es dem Hohepriester erlaubt, dich mit dem Fett eines Schweines zu salben, das *kembu* schon vor langer Zeit geopfert wurde.»

Als Kebel ausgesprochen hatte, erhob sich der graubärtige Helevai, dessen Hände von zwei teilweise geschmolzenen Klumpen Schweinefett trieften. Der alte Mann, der sich scharf gegen die dunklen Wolken abhob, schwankte näher und griff nach Yekwara. Kalte Windstöße durchfuhren die Lichtung. Staubteufel wirbelten wie Blätter durch den kauernden Männer-Rat.
Ein Blitz flammte hinter Helevai auf, als er vor Yekwara aufragte. Der Donner schallte, als stürze der Himmel schon ein.

***

Nindik warf ängstliche Blicke umher, als das Echo des Donners von überall widerhallte. Sie war nun solch einen langen Weg hergekommen und hatte ihre Mutter noch immer nicht gefunden. Der Gedanke, in einem solchen Sturm allein heimzugehen, erschreckte sie.

«Ongolek!» rief sie und hörte ihr eigenes winziges Stimmchen von Felswand zu Felswand widerhallen. Sie stolperte weiter, einen enger werdenden Pfad hinunter.
«Ongolek!» Nun riß der Wind ihr den Namen ihrer Mutter von den Lippen und brachte keine Antwort.
«Ongolek!» Panik klang aus ihrer Stimme. Sie blickte den Bergrücken hinauf, den sie herabgestiegen war. Er schien nun erschreckend hoch. Nebel wogte über seinen Grat. Wenn der Nebel dichter würde, könnte sie ihren Weg nach Hause nicht mehr erkennen.

Ich muß Ongolek finden, sagte sie sich und rannte noch weiter den Abhang hinunter.
Wieder teilte sich der Pfad. Sie schaute nach links. Vor ihr auf dem Hügelkamm stand ein von einer Steinmauer umgebener Hain von Casuarinenbäumen. Vielleicht würde sie ihre Mutter gleich dahinter finden. Sie kletterte über die Mauer und rannte zwischen den Casuarinen durch. Der Donner dröhnte unheimlich, wie eine Drohung von *kembu* selbst. Die hochragenden Bäume wisperten, als besprächen sie ihre Anwesenheit. Innerhalb der Mauer stolperte sie über zerfallene Überreste eines vor langer Zeit zusammengestürzten alten Gebäudes. Wer hatte es gewagt, eine *yogwa* oder *homia* so nahe dem Feind zu errichten? fragte sie sich.
«Ongolek», schrie sie. Als Antwort schlug ihr der Wind einen Zweig ins tränenverschmierte Gesicht.

Von der Einsamkeit überwältigt, weinte Nindik und mischte den Namen ihrer Mutter unter das Schluchzen.
Sie hatte kaum ein paar Minuten geweint, da kämpfte sich eine von ihrem letzten Schrei herbeigerufene schwarze Gestalt die jenseitige Seite des Hügels herauf und torkelte auf sie zu.
Nindik sah ihn zwischen den Casuarinen erscheinen und erstarrte...
Andeng, der Hohepriester von Sivimu, Hwims Schwesterdorf.
Andeng wischte sich den Schweiß aus den Augen und blickte grimmig auf die winzige Gestalt, die da auf dem heiligen Grund stand. Er hoffte, daß es ein bereits dem *kembu* geweihter junger Knabe sein möge und nicht ein Mädchen.
Sein Herz erschrak, als er das Schilfröckchen sah, das sie trug.

Es war dunkler geworden. Kalte Regentropfen spritzten durch die Fichtennadeln. Andeng seufzte. Zweifellos wußte die Kleine da vor ihm nur von dem Verbot, den heiligen Platz um das Heiligtum von *kembu* in ihrem eigenen Dorf zu betreten. Sie konnte nicht wissen, daß diese verfaulenden Bretter unter ihren Füßen die Überreste eines noch heiligeren Tempels waren, eines Tempels, der nur einmal in jeder Generation für besondere Zeremonien aufgebaut wurde. Es war der Tempel für *kwalu,* die dritte in der Reihenfolge der vier heiligen Zeremonien des Yali-Volkes.

Andeng stürzte vorwärts, seine Brust hob und senkte sich vor innerer Bewegung. Eine feierliche Pflicht war ihm auferlegt worden. Um solche Tragödien zu verhindern, hatten die Ahnen diesen fernen Hügel in einer dunklen Schlucht weit abseits bewohnter Gebiete gewählt, und dennoch stieß dieses umherirrende Wesen irgendwie auf *kwalus* heiligen Platz.
Nindik zog den Atem ein und wich vor Andeng zurück. Er holte sie ein und brachte sie rasch nach außerhalb der Steinmauer.
«Warum bist du hierhergekommen?» knurrte er unwillig.
«Mein Herz ist geschwollen, weil ich meine Mutter nicht finden kann», schluchzte Nindik.
«Sag mir, wie dein Vater heißt», fragte er.
«Sar.»
Andeng setzte sie auf seine Schulter und trug sie rasch den Pfad hinauf zurück.

***

Yekwara fühlte sich seltsam warm, als Helevais geschmolzenes Schweinefett sich über seinen ganzen Körper verteilte und ihn gegen den kühlen Wind abschirmte. Nun traten Mung und zwei andere seiner Onkel mütterlicherseits auf ihn zu, jeder mit einem leeren *sum* oder Netzbeutel in der Hand. Behutsam streiften sie die Bänder der drei Beutel über Yekwaras Kopf und ließen sie herabfallen, einen über seinen Rücken, die beiden anderen über seine linke und rechte Schulter.

Dann krönte Mung seinen Neffen stolz mit einem Kopfband aus glänzenden weißen Schalen von Kauriemuscheln und befestigte die Bänder der drei Netzbeutel. Andere Onkel trugen ebenfalls zu seinem Schmuck bei: ein unschätzbares Halsband aus winzigen Kauriemuscheln, *walimu* genannt, lange Flechtschnüre aus größeren Muscheln, die von seinem Hals bis fast zum Boden reichten, und ein breites Muschelschalenteil, um seine Brust zu schützen.

«Nun bist du ein prächtiger junger Mann!» frohlockte der Rat der Ältesten.
«Aber noch ist Furcht in deinen Augen», sagte Mung grimmig. «Ein *Herr der Erde* darf keine Furcht zeigen.» Mung schritt zu einem in der Nähe stehenden Baum und zog einen drei Meter langen Speer aus den Zweigen. Plötzlich fixierte er den kleinen Yekwara mit grausamem Funkeln, kauerte sich nieder und lief dann in immer schnellerem Tempo auf ihn zu.

«So ist es, wenn man einem Feind ins Angesicht schaut», flüsterte Kebel. «Zeig keine Angst!»
Mit einem Schrei schleuderte Mung seine Waffe, und die Speerspitze verfehlte Yekwara nur um einige Zentimeter. Zitternd vor Entsetzen versteckte sich Yekwara hinter seinem Vater. Der Rat brüllte vor Lachen und rief: «Versuch's nochmal! Er wird es lernen.»

Dieses Mal ging Mena mit einem, auf seinem langen Palmholzbogen angelegten Pfeil in der windgepeitschten Lichtung in Stellung.
«Sieh ihn an, Yekwara! Sieh ihn an! Dreh dich nicht weg!»
Yekwaras Blut erstarrte. Er schloß die Augen und hob schützend die Hände hoch, bis er hörte, wie die Bogensehne gegen die Seite des Pfeils schwirrte; da wußte er, daß es nur ein Bluff war. Die Männer lachten wieder, und Yekwara lachte, wenn auch schwach, mit ihnen.
«Nochmal! Nochmal! Er lernt es», brüllten sie.
Yekwara hielt diesmal die Augen offen und quiekste vor Aufregung, als Mungs Speerspitze schnell näher kam. Er brachte es fertig, seine Reaktion auf ein bloßes Zusammenzucken zu beschränken, als die Waffe an seiner linken Schulter vorbeiflog.
Der Rat brach diesmal in Lob statt Gelächter aus, und Yekwara stählte sich für Menas zweiten Anlauf mit dem Bogen, fest entschlossen, keine Angst zu zeigen.

***

Durch den nieselnden Nebel trug Andeng Nindik feierlich in das Zentrum des Dorfes Sivimu und setzte sie vor die *homia* seiner Frau.
«Wer ist dieses Kind?» fragte ein Unterpriester.
Andeng trat beiseite und flüsterte: «Sars Tochter. Ich fand sie innerhalb der *osuwa,* die Ninia genannt wird.»

Der Fragende seufzte grimmig. «Der Fluß war ganz in der Nähe. Warum hast du sie nicht gleich hineingeworfen?»
«Ihr Vater könnte mich beschuldigen, sie aus einem anderen Grund getötet zu haben. Es waren keine Zeugen da. Besser ist es, wenn sie das selber erledigen. Aber es muß vor Einbruch der Nacht geschehen, sonst wird der Zorn *kembus* entzündet. Sag rasch ihrem Vater Bescheid. Sag ihm, er soll kommen und sie holen.»
Der Unterpriester enteilte in Richtung Hwim.
Owu, Andengs Frau, hatte die Unterhaltung ihres Mannes mitangehört; sie wandte sich nun traurig an Nindik.
«Du gehörst Ongolek, nicht wahr?»
Nindik nickte schaudernd.
«Armes kleines Mädchen», seufzte sie und führte sie in die warme *homia*.

***

Als nächstes geleitete der Ältestenrat Yekwara in die *yogwa* seines Vaters und trug ihn in einer umständlichen Zeremonie über die Schwelle. Es war sein erster Eintritt in eine Männerbehausung, und ihre Fremdartigkeit stieß ihn zuerst ab. Auf Bananenblättern lag rund um ein zentrales flackerndes Feuer gebratenes Schweinefleisch. Sein durchdringender Geruch vertrieb rasch die abweisende Fremdheit. Stolz saß Yekwara aufrecht auf dem trockenen, harten Boden unter den sechs Priestern, schmauste mit ihnen und schwelgte in dem Gefühl, in ihre Welt aufgenommen zu sein. Immer mehr drang ihr unbezähmbarer männlicher Stolz auch in ihn ein.

Nach dem Festschmaus reichten ihm seine Onkel einen Bogen und Pfeile und führten ihn auf den Felsen, wo er sich am Tag zusammen mit Alisu, Nindik und dem kleinen Toli in der Sonne getrocknet hatte.
«Stehe hier und halte diese Waffen, bis es dunkel ist», befahl Mung. «Sitz nicht oder kauere nicht nieder, wenn du müde wirst. Ein *Herr der Erde* muß lernen, auszuharren.»

Donner und Blitz verzogen sich nun und hinterließen nur kalten, drückenden Nebel und Nieselregen. Yekwara hielt tapfer stand und streckte sich zu voller Höhe, ein winziges Bürschlein als Wache über dem Rauch des Dorfes Hwim. Bald begann Regen mit

Nebel vermischt von seinen Haaren, Augenbrauen, seiner Nase, den Muschelbändern und dem Brustschmuck zu tropfen. Er schauderte.

Mung, Mena und sein Vater Kebel hockten sich um ihn. Mung sprach: «Heute hast du nur die erste der vier Erfahrungen des Mannestums gemacht — die Zeremonie, die man 'dich-in-die-*yogwa*-bringen' nennt. Bald wirst du auch die zweite lernen, die sehr viel heiliger ist. Sie nennt sich 'dich-in-*kembu*-selbst-hineinversetzen'.»
Mena lehnte sich vertraulich an Yekwara. «Nach vielen Monden werden wir dich *kwalu* lehren — eine Zeremonie, die so heilig ist, daß wir sie nicht in der Nähe eines Dorfes, wo Frauen sind, feiern können. Wir werden zu dem heiligen Hügel hinabgehen, der in der Schlucht verborgen ist, zu der *osuwa* mit Namen Ninia. Dort werden wir das verfallene Haus *kembus* speziell für deine Generation wieder errichten. Wir werden 'dich-in-*kwalu*-hineinversetzen', und du wirst das Geheimnis der Gesundheit lernen, die aus *kembu* fließt.»

Während Yekwara staunend zuhörte, vernahm er einen klagenden Laut. Vom Norden, vom Dorf Sivimu her, sah er einen Zug von drei Männern kommen, von denen einer ein Kind auf seinen Schultern trug. Bald erkannte er sie. Der das Kind trug, war Sar; das Kind auf seiner Schulter war Nindik. Die beiden anderen Männer waren ihre Onkel Deko und Bukni «mit dem freundlichen Gesicht».

Warum klagen sie? fragte er sich.
Nun fuhr Kebel in der Rede fort: «Aber *kwalu* ist noch nicht das tiefste Geheimnis unserer Ahnen. Um nach vielen weiteren Monden dieses allertiefste Geheimnis mitzuteilen, werden wir ein Fest zurichten, das so heilig ist, daß es nicht einmal in der Nähe von Pfaden, wo Frauen gehen, oder von Gärten, wo Frauen arbeiten, abgehalten werden kann.»

Kebel schwenkte herum und deutete auf die hohen Gipfel, die nun von dunklen Wolken verhangen waren. Seine Stimme war von tiefer Scheu erfüllt. «Dort oben, mein Sohn, hoch oben in den moosverhangenen Wäldern, wohin die Augen von Frauen niemals schauen, wo *kembu* in Schweigen haust und heilige Beuteltiere sich verbergen, dort werden wir deiner Generation die gleiche hei-

lige Erfahrung mitteilen, die unsere Väter uns übermittelten — *morowal*!»
«Was ist *morowal*?» fragte Yekwara, der noch die kleine Nindik und ihre klagende Eskorte beobachtete.
«Es ist das Geheimnis vom Ursprung der Menschheit! Hast du dich je gefragt, wie wir entstanden sind?»
«Nein.»
«Es ist ein großes Geheimnis! Die höchste Erfahrung des Mannestums ist die Kenntnis des Geheimnisses unserer eigenen...»
Der Ruf einer Frau unterbrach Kebel. Yekwara sah Nindiks Mutter, Ongolek, den Pfad von den unteren Gärten heraufsteigen, wo sie gearbeitet hatte.
«Gatte! Was ist geschehen?» fragte sie.
Sar gab keine Antwort, sondern stieg verbissen über die Steinmauer in das Dorf Hwim. Es war Bukni, der sich zur Seite wandte und mit leiser Stimme, die weder Nindik noch Yekwara und seine Lehrer hören konnten, auf ihre Frage antwortete.
Ongolek ließ Grabstock und Netzbeutel fallen und warf sich laut schreiend in den Schlamm neben dem Pfad. Andere Verwandte erschienen aus *yogwas* und *homias* und begleiteten den Weg Sars und Nindiks durch das Dorf mit leiser Wehklage.
Angst durchfuhr Yekwara. «Nindik!» schrie er. Von den Schultern ihres Vaters aus drehte sie sich um und versuchte, Yekwara im Dämmerlicht zu sehen. Er wollte zu ihr hinlaufen, aber alle drei Männer packten ihn an den Armen.
«Du mußt hier stehen bleiben, bis es dunkel wird!» warnte Mena.
«Warum weinen sie um Nindik?» fragte er und dachte daran, wie sie am Morgen an seiner Furcht Anteil genommen hatte; nun wollte er seinerseits zu ihr hingehen.
«Ich werde sie fragen, aber du mußt hierbleiben», mahnte Kebel und schritt ins Dorf hinab. Bald kehrte er zurück und meinte grimmig: «Nindik hat den heiligen Platz in Ninia verletzt.»
Mung und Mena zogen heftig die Luft ein und verzogen das Gesicht.
«Was werden sie mit ihr tun?» fragte Yekwara atemlos.
«Sie wird in den Heluk geworfen!»

Yekwara riß die Augen auf, dann erfaßte er die volle Bedeutung dessen, was sein Vater gesagt hatte. Seine Lippen zitterten und Tränen füllten seine Augen.
«O nein, meine Väter! Sie dürfen meine Freundin nicht vernichten!»

Die drei Männer blickten einander wissend an. Mung verdrehte die Augen, als er sprach:
«Ihr eigener Vater wird darauf achten, daß sie getötet wird!»
«Wie kann er so etwas tun?» weinte Yekwara. «Und wie könnt ihr zulassen, daß er so etwas Schreckliches tut?»
«Verstehst du das nicht, Yekwara? Das Herz ihres Vaters wurde schon vor langer Zeit in *kembu* eingepflanzt. Wir haben das Wunder von *kwalu* am Fluß und von *morowal* oben am Berg erfahren. Wir können das alte Gebot nicht mißachten, daß jedes weibliche Wesen, welches einen heiligen Platz entweiht, sterben muß.»
Yekwara kämpfte zwischen Zurückweisung und Annahme ihrer weise klingenden Worte. Dann durchfuhr ihn ein verzweifelter Gedanke! «Könnten sie nicht einfach Schweineblut in ihre Augen reiben?» meinte er flehend. «Würde das nicht wieder alles in Ordnung bringen?»

Yekwara konnte nicht wissen, daß er in eine der fanatischsten religiösen Kulturen der Geschichte hineingeboren wurde und daß all seine Proteste für Nindik zu nichts führen würden.
«Mein Sohn, mein Sohn!» schalt Kebel. «Gäbe es einen Weg sie zu retten, wir selbst hätten an ihn gedacht. Möchtest du vielleicht *uns* die Wege *kembus* lehren?»
Im Herzen Yekwaras mischten sich Verzweiflung und Verwirrung. Kebel fuhr fort: «Die Gebote *kembus* sind in *wene melalek,* den 'uralten Worten' enthalten. Vom Anbeginn der Menschheit hat jede Generation das *wene melalek* ihren Kindern rezitiert, wenn die das *'sie-in-kembu-versetzen'* beging. Wenn die Menschheit je das *wene melalek* verläßt, wird *kembu* die Menschheit verlassen. Weißt du, was das bedeuten würde?»

Yekwara schüttelte den Kopf, und sein ganzer Körper schauderte vor Kälte und Sorge. Kebel wies mit der ausgestreckten Hand über das neblige Panorama der vom Regen durchfeuchteten Yams-Felder rund um Hwim.
«Es würde bedeuten, daß diese Gärten einen geringeren Ertrag hätten und weniger hervorbrächten. Die Schweine würden krank werden und dahinsterben. Kinder wie du würden so schwach und verkümmert heranwachsen, daß sie nicht in der Lage wären, unsere Dörfer zu verteidigen!»
Kebels Stimme stieg an. «Schwere Wolken und Regenfälle würden Sonne, Mond und Sterne auslöschen, bis die Menschen anfingen, sich zu fragen, ob die Lichtquellen überhaupt noch existieren.

Erdbeben würden jedermann erschrecken. Erdrutsche würden Dörfer wegfegen und ganze Gärten in den Fluß spülen! Dies ist zuvor geschehen und könnte sich wieder ereignen! Unser Volk hat gelernt, das *wene melalek* nicht zu verlassen.»

Kebel kauerte sich vor Yekwara nieder und blickte gerade in die tränenerfüllten Augen seines Sohnes. «Nach dem *wene melalek* kann, wenn eine Frau eine heilige Zeremonie beobachtet, ein Schwein an ihrer Stelle geschlachtet und das Blut in ihre Augen gerieben werden. Aber wenn sie tatsächlich auf den Grund *kembus* tritt, muß sie selbst sterben! Verstehst du?»

Yekwara blickte in tiefer Qual seinem Vater in die Augen. Nach langem Schweigen erwiderte er: «Ja.»

***

Nindik fühlte Sars und Ongoleks Tränen auf ihren Schultern brennen. Sie vernahm ihre leise Klage, das unterdrückte Schluchzen ihrer anderen Verwandten.

Schließlich äußerte sie die Frage, die sich allmählich in ihrem kindlichen Gemüt geformt hatte: «Vater, warum sind alle so traurig?»

Sie erhielt keine Antwort auf ihre Frage, nur lauteres Jammern war die Reaktion.

Sie sprach wieder: «Vater, warum weinst du?»

«Weil jemand, den wir lieben, in Gefahr ist», brachte er schließlich unter stoßweisem Schluchzen hervor.

Nindik wollte eben fragen, wer denn in Gefahr sei, als jemand anderes mit tränenüberströmtem Gesicht ihr eine gekochte Yams-Wurzel in die Hand drückte und sagte: «Stell keine Fragen, Kleine, iß dies.»

Nindik hatte nichts gegessen, seit sie bei Tagesanbruch ihre Yams mit Kugwarak geteilt hatte. Sie packte die heiße Yams-Wurzel und biß hungrig hinein.

Ihr Onkel Deko saß neben der schmalen rechteckigen Tür der *homia.* Er schaute hinaus auf den verhangenen Himmel.

«Es wird bald dunkel sein», bemerkte er.

«Der Nachmittag ist erst halb um», protestierte Bukni.

Sein sonst so mildes Gesicht war nun verzerrt, seine Fäuste geballt, als sei er in höchstem Zorn.

«Die Leute fangen an, gegen uns zu murren», warf Deko wieder ein. «Sie sagen, wir brauchen zu lange.»

«Laß sie warten!» zischte Bukni.
Kiloho legte tröstend die Hand auf Buknis Schulter. «Mein Bruder, so groß auch unsere Sorge sein mag, du weißt, daß wir das *wene melalek* nicht aufgeben dürfen.»

Bukni drehte sich langsam zu Kiloho um. Sein Mund öffnete sich, aber er konnte nicht sprechen. Seine Kultur hatte keine Laute, um auszudrücken, was er sagen wollte, noch wußte er neue Laute zu erfinden. Er senkte den Kopf erneut und weinte.
Kiloho sprach sanft zu Sar: «Mein Bruder, hast du schon entschieden, wer von uns ...?»
Sar schauderte zusammen und preßte Nindik verzweifelt an seine Brust. Ongolek schützte ihre Tochter mit ihrem Leib. Lange Augenblicke vergingen, ehe Sar sein graues Haupt erhob. Im trüben Licht der *homia* durchbohrte sein Blick die versammelten Anverwandten. Nie sahen sie Kummer tiefer in menschliches Fleisch eingeätzt. Zu Kiloho sagte er: «Wirst du...?» und fühlte, wie etwas in ihm abstarb.
Kiloho senkte den Blick und murmelte traurig: «Nein, mein Bruder, ich bin zu nahe verwandt.»
Sar wandte sich an Deko. «Willst du?»
Deko senkte ebenfalls den Blick und erwog die gefürchtete Verantwortung. Schließlich nickte er zustimmend.
Kiloho wandte sich an Selan, einen anderen Onkel von Nindik, und wiederholte die Frage. Selan wischte mit seinem Unterarm die Tränen ab, endlich vernahmen sie sein «Ja».

Eine drohende Stimme knurrte vor der *homia*: «Warum braucht ihr so lange? Wenn die Verurteilte sich auf den Boden entleert oder Wasser läßt, dann steht der ganze Hügel unter einem Fluch!» Es war die Stimme des großen Kriegers Selambo. Nindik verstand das Wort «verurteilt» nicht.
Mit einem angstvollen Schrei ließ Sar Nindik aus seinen Armen frei. Ongolek liebkoste ein letztes Mal Nindiks Stirn, als Deko sie aus Sars Armen hob und rasch aus der *homia* trug. Selan folgte. Die beiden Männer gingen den Abhang hinunter auf den Heluk zu. Nindik saß auf Dekos Schultern. Verwandte drängten sich um sie und streckten die Hand aus, um Nindik zu berühren.
Zum Schluß raste Alisu den beiden Männern nach.
«Alisu! Sag's ihr nicht!» warnte eine ältere Frau.
Alisu holte sie ein und faßte Nindik am Knöchel. Nindik beugte sich nieder und berührte Alisus Finger.

Nindik wollte schon Alisu fragen, warum jedermann sich so seltsam aufführe, aber Alisu drehte sich um und floh weinend in die Menge zurück, ehe Nindiks Frage zu ihren Ohren dringen konnte. Alisu sah Bukni und flüchtete sich in seine Arme, aber er war zu bekümmert, um sie zu trösten.

Oben auf dem großen Stein über dem Dorf stand Yekwara immer noch aufrecht, doch er zitterte so heftig, daß sein Vater ihn in die Arme nahm, damit er nicht hinfiel.

Die Menge war nun nur noch eine kleine schwarze Masse, die hoch oben vom Kamm des Hügels aus das Geschehen beobachtete. Nindik sah, wie tief hinunter Deko sie getragen hatte, und fragte ängstlich: «Meine Väter, wohin bringt ihr mich?»
Deko räusperte sich. «Drunten beim Heluk gibt es viele reife Werema-Nüsse. Wir nehmen dich mit, damit du uns einsammeln hilfst.»
An einer Weggabelung wandte sich Selan nach rechts. «Nein, mein Bruder», warnte Deko, «wir müssen uns von den Gärten fernhalten, obgleich jener Pfad näher ist.» Sie hielten sich links.

Es hatte nun aufgehört zu regnen, und der Nebel war zum größten Teil aus dem Tal mit den drei umgebenden Bergketten aufgestiegen und hatte sich zu einer dunklen Wolkendecke zusammengeschlossen, die vom Sonnenuntergang rötlich aufglühte. Sie kamen an einer Gruppe von Werema-Bäumen vorbei, und das wilde Brausen des Heluk traf ihre Ohren.
Nindik erstarrte vor Furcht.

«Hast du den Fluß noch nie so nahe gesehen?» fragte Deko.
«Nein», sagte sie.
«Wir werden dir zeigen, wie er aus der Nähe ist.»
«Ich habe Angst.»
Die Luft erzitterte nun vom Donnern des Flusses.
«Meine Väter, sind keine Feinde hier?» fragte sie und sah ängstlich von einer Seite zur anderen.
«Sie leben hoch über uns auf der anderen Seite», meinte Selan und versuchte, seine Stimme zu beherrschen.
«Können sie über den Fluß kommen?»
«Nicht hier, kleine Schwester. Er ist zu wild», sagte Deko.
«Sieh, wie wild er ist! Stell dich hier auf diesen hohen Felsen und schau hinaus über das Wasser.»

Sie stellten Nindik vorsichtig an den Punkt der Felsenkante, die über das Flußbett vorsprang. Sie schlang einen Arm um Dekos Bein, um sich über dem ohrenbetäubenden Strom fest zu halten. «Wenn ihr nicht hier bei mir wäret», bekannte sie, «dann hätte ich große Angst.» Sie blickte mit bewegten Augen zu ihren gepeinigten Onkeln hinauf. Deko und Selan sahen einander an; Entsetzen durchflutete ihr Herz, als sie merkten, *daß die Zeit gekommen war, es zu tun!* Selan konnte sich kaum mehr beherrschen. Ihn erfüllte das wilde, unvernünftige Verlangen, seine Nichte zu packen und mit ihr in irgendeinen fernen Erdenwinkel zu flüchten, wo niemand von ihrem Verbrechen wußte. Aber natürlich würden die Kannibalen sie beide verzehren. Und selbst wenn sie den Kannibalen entkämen — die *kembu*-Geister selbst würden sie finden und vernichten. Es gab keinen Ausweg.
Selan sah auf den Hang, den sie herabgestiegen waren. Jeder Busch, jeder Stein schien voller Augen, die streng beobachteten, ob er versage. Er blickte wieder verzweifelt auf Deko, der ruhig sagte: «Nimm deinen Willen zusammen, mein Bruder!» Dann flackerten Dekos Augen entschlossen auf, und er zischte: «Jetzt!» Gleichzeitig beugten sie sich vor und hoben Nindik an Hand- und Fußgelenken hoch. Sie hörten, wie sie die Luft einzog, als sie sie zurückschwenkten. Als die Bewegung nach vorwärts einsetzte, schrie sie: «O meine Väter!»
Sie schleuderten sie mit aller Kraft, deren ihre zitternden Glieder mächtig waren. Sie drehte sich um sich selbst, eine winzige Gestalt mit ausgebreiteten Armen, und verschwand mit einem leichten, kaum wahrnehmbaren Klatschen in den wirbelnden Stromschnellen.
Der Himmel war eingestürzt.

***

Auf einer hohen Felsenschroffe wandte sich Selambo um und teilte der Menge mit, daß die entsetzliche Tat vollbracht war. Er lächelte vor sich hin. Hätte man das Kind geschont, dann wäre *kembus* Segen von allen Tätigkeiten der westlichen Leute einschließlich des geplanten Überfalls auf Kobak abgezogen worden. Und kein Yali-Krieger hätte sein Leben für ein Abenteuer gewagt, das unmöglich den Segen *kembus* haben konnte.

Aber nun stand dem Überfall nichts im Wege!
Auf einer noch höheren Felsschroffe am Rande von Hwim seufzte

der einsame Kugwarak. Am nächsten Morgen würde er sich seine Yams-Wurzeln selbst kochen müssen. Das kleine Mädchen, das ihn versorgte, war dahingegangen. Aber vielleicht kehrte Selambo bis zur Mittagszeit mit einer besonderen Delikatesse zurück, um ihn zu trösten.

Der Überfall

Yekwara schluchzte in den flackernden Schatten der *yogwa* seines Vaters.
«Leg dich schlafen, mein Sohn», gähnte Kebel.
Wie konnte er schlafen, nachdem man ihn an einem einzigen Tag von der Brust seiner Mutter genommen, einem Dutzend erschreckender Rituale unterzogen und dazu noch Nindik getötet hatte? Yekwara trocknete seine Tränen und schloß die brennenden Augen. Bald schläferte ihn das gleichmäßige Geräusch eines leichten Regens auf dem Grasdach und die warme Glut des Feuers ein, und er schlief.
Er hörte nicht, wie Kebel und sein Onkel um Mitternacht aufstanden. Sie schürten die Flammen der Feuerstelle mitten im Raum, in deren Licht sie sich gegenseitig in Ruhe mit rotem Beerensaft, Ocker und weißem Kalkpulver die Kriegsbemalung auftrugen. Danach rieben sie sich als Schutz gegen die Kälte des Heluk mit frischem Schweinefett ein. Zum Schluß nahmen sie ihre Bogen und Bündel von Pfeilen mit Rohrschäften, schlüpften hinaus in den strömenden Regen und gesellten sich zu den Dutzenden schattenhafter Gestalten, die sich gleich außerhalb der hohen Steinmauer der *osuwa* auf dem Yarino-Hügel versammelten.
Selambo, der sie alle überragte, rief die Namen der einzelnen Sippenführer auf.
«Wir sind alle hier, mit Ausnahme der Anverwandten des kleinen Mädchens», sagte einer. «Ihre Herzen sind zu sehr geschwollen.»
Selambo prüfte zuerst seine Waffen, dann steckte er ein Bambusstäbchen in sein durchlöchertes Ohrläppchen. Das, was es enthielt, würde ihm helfen, sein Versprechen an Kugwarak zu halten.

Adrenalin durchströmte seinen Körper, und er begann auf- und abzuhüpfen, um alle seine Muskeln damit zu füllen. Ein tiefer Schrei der Erregung brach von seinen Lippen und löste ähnliche Aufschreie bei seinen Gefolgsleuten aus. Sie verfielen in einen wilden Kriegstanz, *siruruk* genannt, und rasselten mit den Bogensehnen. Sie dämpften ihre Schreie, damit nicht Nebelschichten die Laute über die Schlucht tragen und den Feind warnen könnten. Nun wußten die Frauen und Kinder Bescheid.
Selambo wandte sich vom Tanz ab und ertastete sich seinen Weg an einem Sumpf vorbei, der direkt unterhalb von Yarino lag. Die

bewaffnete Horde folgte ihm. Sie bewegten sich wie Geister den Pfad hinab, den Nindik eingeschlagen hatte. Bald stießen Andeng und die Krieger des Sivimu-Dorfes zu ihnen. Auf dem Kriegstanzgrat schalten die Männer des Ombok-Dorfes: «Warum habt ihr so lange gebraucht?»

Buli führte nun, und Selambo folgte dicht auf. Sie stiegen an dem Casuarinenhain der *osuwa* Ninia vorbei abwärts und erreichten bald die tiefergelegenen Kessel der Helukschlucht. Wo das gischtende Wasser in höllischer Finsternis sein eigenes Licht erzeugte, fädelten sie sich auf einem gefährlichen Pfad entlang stromaufwärts.

Nach einer Stunde erreichten sie eine Stelle, wo der Heluk sich verbreiterte und so flach wurde, daß man bei Niedrigwasser durchwaten konnte. Hier warteten ihre Verbündeten von den Dörfern Balinga und Yehera. Mehrere Tage waren seit dem letzten schweren Regen vergangen. Sie hofften, daß der Heluk inzwischen genügend gefallen wäre, um ihnen das Durchschreiten zu gestatten. Aber ehe der erste Mann in die Strömung gewatet war, konnten sie nicht sicher sein.

Oft ließ ein starker Regen auf den hohen Bergen den Fluß anschwellen, auch wenn es im Tal trocken war.
Buli und Selambo stürzten sich als erste in das eisige Weiß. Sie führten ein Stück Schilfpalme mit, das an einem Baum befestigt war. Wie die am Ufer Zurückbleibenden an der mit Knoten versehenen Schilfpalmleine feststellen konnten, arbeiteten sich Buli und Selambo langsam hinaus in das Flußbett, wobei sie sich kräftig gegen den zunehmenden Druck der Strömung stemmen mußten. Bald waren sie aus dem Blickfeld verschwunden. Nur die Richtung der Rettungsleine zeigte den beinahe atemlos Harrenden am Ufer, daß ihre beiden Gefährten nicht weggespült worden waren.

Nach Augenblicken der Spannung hob sich die Schilfpalmleine etwas über den Strom. Die Beobachter atmeten auf. Buli und Selambo hatten die andere Seite erreicht und befestigten das mitgeführte Ende der Leine an einem Baum.
In kleinen Gruppen wateten die Angreifer durch den Fluß. Sie ließen sich von der Strömung fast waagrecht tragen, während sie sich mit klammen Händen an der Leine entlanghantelten.

Nachdem sie sich am feindlichen Ufer versammelt hatten, spannten sie rasch ihre Bogen und lösten Bündel von Pfeilen zum Einsatz. Selambo gestattete sich nur einen Augenblick lang, sich selbst zu beglückwünschen. Der schwierigste Teil seiner herkulischen Aufgabe lag noch vor ihm. Er verfluchte die Tollkühnheit des alten Kugwarak, aber gleichzeitig grinste er in Vorahnung der Lobhudeleien, die ihm sein verwegener Streich einbringen würde, hoffnungsvoll vor sich hin.

«Ich müßte dem verschrumpelten Kerl eigentlich dankbar sein, daß er mich dazu angestiftet hat», sagte er sich.
Viele Risiken barg ihr Unternehmen, doch den anderen Angreifern machte nur eines wirklich zu schaffen. Wenn sie bei Tagesanbruch zu lange brauchten, um sich in einen Hinterhalt zu legen und ein Opfer zu töten, dann könnten die Feinde die Rettungsleine entdecken, sie durchschneiden und dann ebenfalls einen Hinterhalt vorbereiten, ehe sie zurückkehrten. Schwer gebaute Männer wie Buli und Selambo hätten zwar eine gute Chance, heimzuwaten, doch leichtere würden ohne die Leine als Halt rasch den Boden unter den Füßen verlieren. War dieser Halt einmal verloren, konnte er nicht mehr zurückgewonnen werden, und schwimmen konnte keiner von ihnen. Verschlimmert wurde die Sache noch dadurch, daß unterhalb der nächsten Flußbiegung tiefere und stärker reißende Flußrinnen lauerten.
Mit Buli an der Spitze stiegen sie im Gänsemarsch hinauf in die kalte Finsternis des fremden Waldes.

***

Die winzige Heruluk aus dem Dorf Kobak schlüpfte scheu aus ihrer *homia* und stand zitternd da, die Arme als Schutz gegen die morgendliche Kälte vor der Brust gekreuzt. Sie hatte eine kecke kleine Nase, und ihre sanften, nachdenklichen Augen spiegelten das bernsteinfarbene Glühen der Morgendämmerung wider. Ihr Haar war nach der von Yalifrauen bevorzugten Art kurzgeschoren; nur am Hinterkopf blieb ein runder Schopf stehen. Zwei Büschel aus gezupften Fasern waren ihre einzige Bekleidung. Das eine fiel vorn am Bauch herab, das andere hinten über das Gesäß. Beide wurden von einem um ihre geschmeidigen Hüften gebundenen Band an Ort und Stelle gehalten.
Heruluk runzelte die Stirn über die sich ausbreitende Pracht der Morgendämmerung. In den wolkenverhangenen Schneebergen

waren leuchtende Farbspiele am Himmel selten und wurden als Todesomen angesehen.

«Wie traurig, Maho», sagte sie laut. «Jemand wird heute sterben. Der Himmel ist rot.»
Maho, eine ältere Frau, tauchte ebenfalls aus der *homia* auf; sie stand da und blickte verschlafen in die Morgendämmerung.
«Wenigstens können wir frühzeitig mit der Arbeit in unserem Garten anfangen», antwortete sie.
Maho trug einen langen Netzbeutel, der ihr über den Rücken hing. Darin lag, in weiche Blätter gehüllt, ihr jüngstes Kind gegen ihren Rücken geschmiegt. In einer Hand hielt sie ihren vielgebrauchten Grabstock, in der anderen einen Umhang aus miteinander verflochtenen Pandanus-Blättern, falls sie am Nachmittag von Regen überrascht werden sollten.
Die ähnlich ausgerüstete Heruluk folgte Maho aus dem Dorf hinaus. Su, Mahos älteste Tochter, gesellte sich ihnen zu. Mehr als hundert Meter weiter unten, aber noch in Sichtweite des Dorfes, wartete ihr Garten neben einer mit Bäumen bestandenen Böschung.
Keine Yalifrau mochte gern hügelabwärts in Richtung zum Heluk ihre Gartenarbeit verrichten, da stets die Gefahr eines Hinterhalts bestand. Aber Jahrhunderte voll schwerer Regenfälle hatten das meiste der fruchtbaren Erde in niedrigere Höhen geschwemmt, und wenn hungrige Mäuler gefüttert werden sollten, mußte jemand die Gefahr auf sich nehmen.
Maho begann den Abstieg auf dem Pfad. Heruluk folgte ihr und summte eine traurige Yali-Melodie.

Selambo sah sie kommen, wie sie sich von dem mit Hütten bestandenen Bergrücken herabbewegten. Er grinste. Frauen waren die leichtesten Opfer. Ihre ständigen Gartenpflichten sorgten dafür, und die Bequemlichkeit ihrer Gatten, die sich weigerten, ihnen bewaffneten Schutz zu geben, kam noch zusätzlich den Zwecken eines Feindes entgegen.
Das junge Mädchen, so stellte er fest, war klein genug für seine weitere und noch geheime Absicht.
Die Männer von Kobak regten sich nun. Rauch von Kochfeuern wirbelte aus den unregelmäßig beisammenstehenden *yogwas* hoch. Aber keiner blickte den Abhang hinab in Richtung auf den Hinterhalt. Vielleicht glaubten sie, kein Feind werde einen Angriff direkt unterhalb der festungsgleichen Lage Kobaks riskieren.

Als die Angreifer sich tiefer in das Gestrüpp duckten, hielt die ältere der beiden Frauen an und nahm das Netz von ihrer Schulter. Sie legte es zärtlich in den Schatten eines Busches und ließ das kleine Mädchen zurück, um sich um den Säugling im Netz zu kümmern. Der Platz war für die Mutter nahe genug, daß sie zurückkehren und das Kind säugen konnte, wenn es schrie, aber doch so weit oben am Hügel, daß das kleine Mädchen es rasch wegschaffen konnte, falls irgendein Anzeichen von Gefahr zu erkennen war.
Selambo verzog enttäuscht das Gesicht. Das kleine Mädchen war zu weit entfernt, also mußte er sich an die kleinere der beiden Frauen halten.
Langsam zog Selambo den Bambusschmuck aus seinem Ohrläppchen heraus. Nun ist es soweit, dachte er, als er sah, wie die beiden Frauen ihren Abstieg fortsetzten, näher und immer näher kamen. Er entfernte einen Stopfen vom Ende des kleinen Bambusstöckchens und schüttelte den Inhalt in seine Handfläche. Es war ein einzelner Klumpen getrocknetes Fett von einem Schwein, das vor langer Zeit *kembu* geopfert worden war. Seit Jahren trug er es verborgen in seinem Ohrschmuck und wartete darauf, daß seine magische Kraft mit zunehmendem Alter reifen und ihm in einem solchen Augenblick zu Hilfe kommen werde.

Glitte es ihm nun aus den Fingern, dann wäre dies ein Zeichen, daß *kembu* nicht mit ihm war. Sorgfältig schob er es zwischen die Lippen und von dort in die Backe. Im richtigen Augenblick würde er das Schweinefett zwischen die Lippen klemmen und daran saugen, um besondere Kraft von *kembu* zu erhalten.

Es wurde von seltsamen Dingen berichtet, die tapferen Kriegern geschahen, wenn sie im Notfall auf diese altehrwürdige Weise ihre *kembu*-Geister anriefen. Vielleicht wäre Selambo sogar imstande, zu fliegen und (mit seinem beabsichtigten Opfer) über die Schlucht zu schweben, wie es die Yali-Helden Bupu, Mali und Wehendek vor langer Zeit getan haben sollten.
Maho blickte argwöhnisch zum Wald hinüber, entdeckte aber keine Gefahr. Sie ging, gefolgt von Heruluk, in die Gartenrodung hinab und stieß ihren angeschärften Grabstock in die frische Grasnarbe. Da nahm sie das beerenrote Gesicht eines Mannes wahr, der sie durch geteilte Büsche angrinste. Im gleichen Augenblick bemerkte Heruluk, wie an die hundert bemalte Krieger hinter Maho aus dem Wald brachen. Heruluk stürzte schreiend den Hügel

hinauf. Maho wandte sich um und erhaschte einen flüchtigen Blick von Su, die mit dem über ihre Schulter baumelnden Säugling den Berg hinauf flüchtete. Dann fuhren die beiden ersten Pfeile durch Mahos Körper und streckten sie mit dem Gesicht nach unten ins Gras. Während sie sich auf dem Boden krümmte, drangen ein Dutzend weitere Pfeile in ihren Körper. Sie versuchte, sich zu erheben, doch die Pfeilschäfte standen aus ihrem Körper heraus, wie die Yali es gerne sahen — «so dicht wie Schilf in einem Sumpf».

Selambo überholte Heruluk und erstickte ihren Schrei mit einem Pfeil durch die Kehle. Ehe er einen zweiten Pfeil auf seinen Bogen legen konnte, stürmte ein Schwarm jüngerer Männer an ihm vorbei, die im Blutrausch schrien und Pfeile auf sie abschossen, als sie zu Boden sank. Selbst als beide Frauen niederfielen, ging die Schießerei weiter, denn jeder wollte sehen, wie sein Pfeil in das Fleisch eindrang, solange es noch lebte. Es war Yali-Ideal für jedes Mitglied eines Überfalls, menschliches Blut am lebendigen Körper zum Fließen zu bringen. Selambo wartete ungeduldig. Diese Dutzende von Pfeilen mußten entfernt werden, ehe er Heruluks Leiche wegschleppen konnte.

In der Ruhe des Dorfes Kobak gab es ein vorübergehendes Gewühl, als die Männer in den halbdunklen *yogwas* nach ihren Waffen griffen. Dann stürzten sie sich rasch nacheinander aus den niedrigen Eingängen wie zornige Hornissen aus dem Nest und schwärmten den Hügel hinab. Einige, bei denen die Bogensehne noch locker hing, hielten kurz an, um sie zu spannen.

Mahos Ehemann, Mulip, blieb neben seiner Feuerstelle zurück. Er kurierte ein lahmes Bein aus. Als ein Junge ihm zurief, daß soeben zwei Frauen getötet worden seien, schnappte er bissig zurück: «Geschieht ihnen recht! Diese Frauen, die sich immer vom Dorf wegschleichen! Wonach suchen sie eigentlich — Liebhaber?»
Der Junge steckte nochmal seinen Kopf herein und sagte: «Vater Mulip, es heißt, eine davon sei deine Frau!»
Mulip starrte ruhig ins Feuer, dann begann er zu weinen.

In ihrem Blutrausch schienen die jüngeren Angreifer für einen Augenblick das feindliche Dorf zu vergessen, das wie ein Bild des Verhängnisses auf dem Bergrücken über ihnen aufragte. Aber Selambo und Buli hielten Ausschau. Sie sahen bewaffnete Krieger wie Ameisen den Abhang von Kobak herunterwimmeln. Innerhalb weniger Augenblicke würden wütende Männer sie mit fast übermenschlichem Zorn angreifen und einen Hagel von Pfeilen von ihrem höher gelegenen Standort auf sie herabschicken — ein Vorteil, den die Yali fürchteten.

Buli und Selambo schrien eine Warnung. Die jüngeren Männer blickten auf und sahen den Feind herankommen. Noch hielten sie für einige Sekunden an, um dem auf sie niederstoßenden Feind einen ohrenbetäubenden Schrei der Herausforderung entgegenzuschleudern. Die Würde verbot es ihnen, wie eine Frau oder ein Kind Hals über Kopf zu flüchten. Dann drehten sie sich um und verteilten sich abwärts scheinbar beiläufig zwischen den Bäumen, als wollten sie einen Hinterhalt legen. Aber sowie sie sich dem Anblick des Feindes entzogen hatten, stürzten sie mit halsbrecherischer Geschwindigkeit zum Fluß. Ihr Blutrausch war abgeebbt, und sie wurden jetzt nur noch von dem überwältigenden Instinkt getrieben, den Heimweg zu überleben. Wenn ein Feind die Rettungsleine über den Fluß zerschnitten hatte ...

Nur Selambo blieb zurück und beugte sich gespannt über Heruluks Leiche. Dabei zog er mit fliegender Hast eine Handvoll Pfeile nach der anderen aus dem Körper. Als er alle entfernt hatte, blickte er auf. Die Horde von Kobak hatte bereits ein Viertel der Distanz zwischen ihrem Dorf und dem Schauplatz der Tötung zurückgelegt! Einen Moment spielte er mit dem Gedanken, seine geheime Absicht aufzugeben, doch dann tauchte in seinem Gedächtnis das boshaft gerissene Gesicht des alten Kugwarak auf. Er schaute hinunter auf die aufreizende Vision von Frauenfleisch, passiv im Tode und nur darauf wartend, verzehrt zu werden. Eine Besessenheit ergriff ihn, das schwindende Erbe des Kannibalismus in seinem Volk wieder zu erneuern. Wenn seine Ahnen Menschenfleisch aßen, dann würde er das auch tun! Er würde diese Leiche nicht den Verbrennungsfeuern von Kobak überlassen. Sie gehörte ihm!

Er hob die Leiche auf seine Schultern.

Der Feind sah dies und wußte, was er vorhatte. Ihr greller Wutschrei schien die Berge erzittern zu lassen, und er konnte sich vorstellen, daß sie ihren Abstieg zu ihm beschleunigten. Selambo wandte sich um und begann mit seiner Last zu rennen. Sie war schwerer, als er erwartet hatte. Er spürte, wie ihr warmes Blut sein verfilztes Haar durchtränkte und ihm über Brust und Rücken floß. Diesen Umstand hatte er nicht vorherbedacht. Das Blut machte die Leiche schlüpfrig! Bei jedem holpernden Schritt verschob sich das Opfer auf seinen Schultern und brachte ihn fast aus dem Gleichgewicht. Stacheln von Dornen hakten sich an ihm fest, als er durch das Unterholz torkelte. Ranken versuchten ihn festzuhalten. Wütendes Geschrei erscholl nun aus der Richtung noch weiterer feindlicher *yogwas,* aber Selambo konnte es kaum hören. Das Rauschen seines eigenen Blutes in seinen Ohren erstickte fast jedes Geräusch bis auf den Donner seines Herzschlages. Verzweifelt, ein wild dreinblickender Dämon, halb schwarz von Schweinefett und Ruß, halb rot vom Blut seines Opfers, sah er den letzten seiner Gefährten jenseits einer Lichtung, die vor ihm lag, verschwinden. Verbissen wankte er über die Lichtung, brach durch Büsche und fiel fast über eine Klippe. In einem plötzlichen Einfall warf er schnell sein Opfer über die Klippe und eilte zu dem Platz, wo es im Gras lag. Dann warf er sich den Leichnam erneut über die Schulter.

Der heilige Klumpen Schweinefett ruhte noch hinter seinen Zähnen, und er konnte die weißen Wasser des Heluk durch die Bäume unten sehen! Es gab noch Hoffnung!
Eine alte Steinmauer verwehrte ihm den Weg. Er wankte zu einer Lücke, wo die Mauer niedergebrochen war. In seiner Hast wagte er es, in das darunterliegende Gras zu springen. Der Stoß des Aufpralls und der plötzliche Druck vom Gewicht seines Opfers, das heftig gegen seinen Hinterkopf drückte, schleuderte das Schweinefett aus seinem Mund. Im gleichen Augenblick verklemmte sich sein rechter Fuß zwischen grasbedeckten Steinen. Selambo fiel der Länge nach mit voller Kraft hin und fühlte, wie sein Unterschenkel brach.
Er vergaß sein Opfer, sprang in höchstem Entsetzen auf, fiel aber wieder ins Gras; der Schmerz raubte ihm fast das Bewußtsein. Er sah, wie sein Unterschenkel unterhalb des Knies in einem lächerlichen Winkel lahm und nutzlos herabhing.
Ein lauter Verzweiflungsschrei brach aus seiner Kehle: «Buli!» Und wieder: «Buli! Hilf mir!»
Sicher sind sie dem Donnern des Flusses schon zu nahe, dachte er. Sie können mich wahrscheinlich nicht hören!

Wie durch ein Wunder tauchten Buli und ein anderer Mann aus einer Baumgruppe auf und sahen ihn. Einen Augenblick standen sie unentschlossen da, und Selambo fürchtete, sie würden ihn verlas-

sen und ihre eigene Haut in Sicherheit bringen. Dann stürzten sie vorwärts und hoben ihn an den Armen hoch.
Fast im gleichen Moment schwirrte ein Pfeil über die Steinmauer und an ihnen vorbei. Einige der Feinde waren also schon in unmittelbarer Nähe!
«Mach schnell!» rief Buli seinem Helfer zu. Sie stürzten vorwärts, während Selambo verzweifelt auf einem Bein zwischen ihnen hüpfte.
Ein zweiter langschäftiger Pfeil schlug neben ihnen auf dem Boden auf.

Eine weitere alte Mauer verlegte ihnen den Weg. Selambo wurde hinübergezerrt. Drei Schritte hinter der Mauer hörte Buli einen lauten, dumpfen Ton und spürte, wie Selambo erzitterte und seinen Griff auf Bulis Schulter löste. Buli blickte hinab und sah den langen Pfeilschaft aus Selambos Rücken herausstehen. Die Männer von Kobak rückten dicht heran, ihre Gesichter strahlten in Erwartung dreier leichter Tötungsopfer.
«Es hat keinen Zweck! Er wird in jedem Fall sterben! Komm!» zischte Bulis Helfer. Im nächsten Augenblick war er weg. Buli zögerte noch. Selambo packte Bulis Hand und flehte: «Buli! Verlaß mich nicht! Du weißt, was das bedeutet! Sie werden mich nicht nur töten, sie werden ...»

Buli erschauerte unter der äußersten Demütigung, die diesen von ihm so sorgfältig geplanten Überfall beschließen würde. Dann ertönte eine feindliche Stimme, grausam und von ätzendem Witz: «Danke sehr, mein Freund! Laß unsere Mahlzeit nur gleich hier liegen!» Buli machte sich aus Selambos Griff frei und floh, während ihm Pfeile auf den Fersen folgten.
Selambo, der vor Schmerz und Entsetzen fast wahnsinnig war, schrie ihm nach: «Buli! Buli! Sie werden mich auffressen!»

Halbvergessene Alpträume aus Selambos Kindheit kehrten als kalte Wirklichkeit zurück, als der Feind ihn umzingelte. Ein führender Krieger von Kobak, Nemek, gab seinen Genossen ein Zeichen, die Waffen zu senken. Dann kauerte er sich nieder und strahlte Selambo lächelnd an: «Hallo, mein Freund. Ich sehe, du hast dich entschlossen, zum Mittagessen zu bleiben!»

Auf der Lichtung schallte das Gelächter. Selambo blickte trotzig auf die bewaffneten Feinde, als sie johlend und tanzend ihre Freude über Nemeks Spaß zum Ausdruck brachten. Dann wurden sie still und bemühten sich, jedes Wort von Nemek zu hören, denn er war als Witzbold bekannt.

«Es war sehr freundlich von deinen beiden Mordgenossen, daß sie versuchten, dir zu helfen. Tatsächlich haben sie dir aber einen denkbar schlechten Dienst erwiesen.»
Die grausame Enthüllung, die Nemek nun vor ihm ausbreitete, traf Selambo völlig unvorbereitet.
«Diese Steinmauer» — Nemek deutete auf den drei Schritt entfernten Steinhaufen, über den Selambo von seinen Freunden gezerrt worden war — «ist die Mauer eines unserer heiligen Plätze, eine *osuwa,* die wir nicht mehr benutzten, seit unsere Generation den *kwalu*-Ritus durchlaufen hat. Als du zuerst fielst und dir das Bein brachst ...»

Ein Angstschrei rang sich von Selambos blassen Lippen. Namek betonte jedes Wort der entsetzlichen Wahrheit: «Du lagst auf heiligem Boden! Wärst du dort liegengeblieben, so hätten wir dich nicht töten können! Ich selbst hätte dich auf meinem Rücken zum Fluß getragen und über dich gewacht, bis deine Freunde dich geholt hätten, um meine Verehrung für *kembu* und das *wene melalek* zu zeigen! Deine Freunde jedoch» — Nemek schnalzte mit der Zunge, als wolle er aufrichtiges Bedauern ausdrücken — «trugen dich aus der *osuwa* heraus, und nun ...»

Selambo versuchte in äußerster Verzweiflung, die Steinmauer zu erreichen, aber einer seiner Peiniger packte den Pfeilschaft, der aus Selambos Körper ragte, und zerrte ihn daran zurück. Selambo schnappte vor Schmerz nach Luft, als die Bambusspitze sich ihren Weg aus der Wunde heraus freischnitt. Dann robbte er auf Händen und Knien, wälzte sich auf dem Magen und streckte sich nach dem nächstliegenden heiligen Stein.
Dieses Mal faßten ihn ein Dutzend lachende Männer und hoben ihn vom Boden hoch. Während er sich wand und stieß und fluchte, hielten sie ihn beinahe in Reichweite des Steins, der sein Leben hätte retten können, dann schleuderten sie ihn brutal auf den bedeutungslosen Boden des umgebenden Waldes.
Selambo krümmte sich und lag still.
«Zu spät, mein Freund», fuhr Nemek fort. «Aber sicher kannst du unsere Lage verstehen. Ihr habt zwei unserer Frauen ermordet. Ihr habt unseren heiligen Platz mit weiblichem Blut verunreinigt.

Es wird uns viele Schweine kosten, ihn wieder zu reinigen. Sicher wirst du verstehen, warum wir nicht zulassen können, daß du den Stein berührst.»

Einige Krieger hoben ihr Opfer hoch, legten ihn mit dem Gesicht nach oben über Nemeks Rücken und halfen Nemek, ihn den Abhang hinauf ins Dorf zu tragen.
«Du wirst heute etwas sehr Ungewöhnliches tun, mein Freund», sagte Nemek, als die jungen Männer Selambo, der kaum noch bei Bewußtsein war, aufrecht an einen Baum banden. Die gesamte Bevölkerung von Kobak und einigen anderen Dörfern der östlichen Allianz versammelte sich auf einem Felsen unterhalb des Dorfes, um zu hören, wie Nemek sein Opfer peinigte.
«Heute wirst du zur gleichen Zeit zu verschiedenen Orten reisen!»
Die Zuschauer runzelten verblüfft die Stirne. Nemek hob einen Zweig auf und zog mitten auf Selambos Brust eine imaginäre Linie.
«Dieser Teil des Brustkorbes und dein linker Arm werden bei Heruluks Anverwandten einen kurzen Besuch abstatten.» Gelächter erhob sich, das mehrere Minuten anhielt. «Und dieser Teil des Brustkorbs und dein rechter Arm wandern zu Mulips *yogwa.*»
Erneut brach Heiterkeit aus.
«Dein rechtes Bein ...»
Selambo starrte wie durch einen Nebelschleier auf die Dachspitzen von Hwim, Sivimu, Ombok und Balinga, die jenseits der Schlucht nur schwach sichtbar waren. Kein Rauch erhob sich von ihnen. Die Menschen hatten bereits zu trauern begonnen. Hunderte von Selambos Freunden aus allen sechs westlichen Dörfern stiegen bis zu einem Kamm herab, der dem Schauplatz des beginnenden Aktes von Kannibalismus gegenüberlag.

Die Leute der östlichen Allianz erblickten ihre Feinde jenseits der Schlucht. Ihre Stimmen schwollen zu einem Geschrei der Herausforderung an. Einige schrien: «Rettet ihn, wenn ihr es wagt!» Andere sammelten die Hunderte von Bananenblättern ein, welche die Frauen gebracht hatten, um Selambo darin zu garen. Sie schwenkten die Blätter wie riesige grüne Federn und riefen den fernen Trauernden zu: «Seht diese Blätter! Seht diese Blätter! Wir werden euren Helden darin kochen!»
Dann rasten sie in einem großen, wirbelnden Tanz um den Baum herum und zogen die Aufmerksamkeit der Trauernden auf Selambos mitleiderregende Gestalt.

Ältere Yali-Frauen, Verwandte von Maho und Heruluk, stürzten zu Selambo hin, spuckten ihn an und schlugen ihn mit ihren Grabstöcken, wobei sie ihn in übelster Weise beschimpften.
Bald hörte der Tanz auf, und Nemek trat wieder zu Selambo. «Du läßt uns in einer schwierigen Entscheidung, Freund — wie wir dich am besten töten! Wir haben nicht oft die Gelegenheit der Wahl.» Nemek wandte sich an die Menge.
«Vorschläge bitte!»
«Erwürgt ihn!» schrie eine alte Frau.
«Zerschneidet ihn lebendig!» brüllte eine Verwandte der ermordeten Frauen.
«Erstecht ihn und dreht den Speer in ihm um!» knurrte ein junger Krieger.
«Ihr seid alle miteinander zu voreilig», erwiderte Nemek unvermittelt. Er hob einen runden Stein auf und trat auf Selambo zu. «Wenn ich an deiner Stelle wäre», flüsterte er ihm zu, «wünschte ich mir, daß es auf diese Weise geschieht.»
Mit einem mächtigen Schwung zertrümmerte er Selambos Schädel mit dem Stein. Selambo erzitterte und sackte gegen den Baumstamm. Dann brachen die jungen Männer in einen kehligen Gesang aus und feierten Selambos Tod. Die älteren Männer traten mit ihren Bambusmessern, die älteren Frauen mit ihren Bananenblättern hinzu ...
Bei all diesen Vorgängen gaben sie acht, den Zuschauern auf der anderen Seite der Schlucht nicht die Sicht zu verdecken.
So erreichte Selambo doch noch seine Absicht — er ließ das schwindende Erbe des Kannibalismus im Heluktal wieder aufleben.

Die westliche Bevölkerung starrte in Scharen hinüber, voller Ingrimm, daß sie Zuschauer für Kobaks Vergnügen bildeten und doch unfähig, sich abzuwenden. Für manche reichte das Schauspiel mit den geschwenkten Bananenblättern, in Tränen auszubrechen. Andere hielten ihre Tränen zurück, bis der gräßliche Todesgesang über die Schlucht herübertönte. Krieger schritten vor der Menge auf und ab und schworen in wilden Tönen, Selambo zu rächen.
Später begaben sich die Trauernden nach und nach unter dem dunkler werdenden Himmel nach Hause, bis nur noch Bukni zurückblieb. Er hockte allein da und starrte in den Raum wie ein Mann, der eine neue Welt wahrzunehmen beginnt — wenn auch bis jetzt nur sehr vage. Bald setzte kalter Regen ein, der mit zuneh-

mender Stärke auf ihn niederrann, bis er schließlich aufstand, sich in einen Umhang aus Pandanusblättern einhüllte und langsam am Berg entlang nach Hwim trottete.

Es regnete ohne Unterlaß die ganze Nacht und bei Tagesanbruch. Männer, Frauen und Kinder kauerten im Schutz ihrer *yogwas* und *homias* zusammen und hofften, das Wetter werde sich bis zum Nachmittag bessern. Aber nachdem der Regen um die Mittagszeit bis zu einem Nieseln zurückgegangen war, fiel er später erneut mit voller Stärke und trommelte eine weitere Nacht lang auf ihre Behausungen nieder.

Am dritten Regentag waren Männer und Frauen genötigt, sich nach draußen zu wagen, um Brennholz und Nahrung zu beschaffen, dem Niederschlag zum Trotz. Die Verwandten von Nindik und Selambo blieben jedoch zu Hause. Ihre angeheirateten Verwandten würden sie während der Trauerzeit nach Stammessitte mit Lebensmitteln und Brennholz versorgen.

Am sechsten Regentag begann sich Niedergeschlagenheit auszubreiten und das Gemüt der Menschen zu verdüstern. Am achten Tag brachen Streitereien aus, vor allem in den stärker belegten *yogwas* und *homias.* Im Dorf Hwim gelang es Bukni «mit dem freundlichen Gesicht» im allgemeinen, durch seine entwaffnende Diplomatie die Leute vom Streit abzubringen, aber mit zunehmendem Schlechtwetter zog selbst der freundliche Bukni sich mehr und mehr in sich selbst zurück. Der Tod seiner geliebten Nichte und seines Freundes Selambo hatten seinen Optimismus tief getroffen, und es war nicht sicher, ob diese Wunde sich je wieder schließen würde.

Buknis Gram wurde durch ein weiteres Ereignis noch verstärkt. Da das Brennholz im Dorf knapp geworden war, versäumten es Kugwaraks Angehörige, die noch um Nindik trauerten, ihn mit Brennmaterial zu versorgen. Um sich warm zu halten, riß er Bretter aus den Wänden seiner *yogwa* und verbrannte sie. Durch die breiter gewordenen Lücken pfiffen die kalten Windstöße des *osanim.* Der alte Mann bekam eine tödliche Lungenentzündung.

An einem grauen, nassen Morgen fand Bukni den vernachlässigten Patriarchen tot neben der Asche seines Feuers. Bukni weinte über Kugwarak und bat dann Männer des Dorfes, ihm beim Einsammeln von Brennholz für Kugwaraks Einäscherung zu helfen. Keiner wollte ihm behilflich sein, und so mußte Bukni die windschiefe Behausung Kugwaraks noch weiter demontieren, bis schließlich ein leeres Gerüst übrig blieb, das kaum noch das Dach tragen konnte. Daneben errichtete Bukni einen Scheiterhaufen, legte Kugwarak darauf und entzündete ihn, während der Regen für kurze Zeit nachließ. Kugwarak verging in Feuer und Rauch.

Um den zehnten Tag des *o-sanim* wurde irgend jemandes Schwein krank. Zwei Nächte später starb es, und drei weitere Schweine waren krank. Zu dieser Zeit lechzten die Yams-Felder nach Sonnenschein wie Wüstenpflanzen nach Wasser. Manche Frauen vernachlässigten wegen Kälte und Regen allmählich ihre Pflichten im Unkrautjäten, und ihre Männer trieben sie mit Schlägen zur Arbeit.

«Hör endlich auf zu sagen: 'Morgen wird die Sonne scheinen, dann rupfe ich Unkraut!'» schrie Kebel seine Frau Wilipa an und schlug sie, bis sie endlich in trüber Stimmung einen schlammigen Pfad zu ihrem Garten hinabging; weinend zog sie einen krummen Grabstock hinter sich her.

Einige Männer waren zu selbstsüchtig, auf ihre kleinen Kinder aufzupassen, solange ihre Frauen draußen im tosenden Wind arbeiteten. So mußten die Mütter versuchen, während der Arbeit ihre Kinder auf dem Rücken zu halten unter dem Schutz von manchmal recht unzulänglichen Umhängen aus Pandanusblättern. Einige Kinder bekamen Lungenentzündung, und zwei starben.

Eines Tages bekam ein Mann im Zustand der Depression einen Wutanfall und prügelte seine Frau, bis sie schreiend aus ihrer *homia* floh. Als ihr Mann in seine *yogwa* zurückkehrte, lief ihm jemand nach und rief: «Du solltest lieber deiner Frau nachgehen; sie läuft zum Heluk hinunter!»

Der Mann schreckte auf. «Nein! Nein!» schrie er und rannte seiner Frau die rutschigen Hänge hinab nach. Aber er kam zu spät. Sie erreichte den angeschwollenen Heluk einige Schritte vor ihm und stürzte sich mit einem letzten verzweifelten Schrei hinein. Die scharfkantigen Felsen und das tobende Wasser verstümmelten rasch ihren Körper. Der Yali-Mann betrauerte ihren Tod, doch nicht sehr lange. Der Selbstmord von Frauen kam in ihrem Tal häufig vor.

Aus dem Dorf Yalisili, eine Tagereise weiter südlich, kam Nachricht von einer weiteren Tragödie. Durch eine Schlammlawine wurde ein Schwein teilweise verschüttet. Die für das Schwein verantwortliche Frau, die den Zorn ihres Mannes fürchtete, falls das Schwein verloren ging, arbeitete sich durch den Schlamm, um es zu retten. Als sie das Schwein beinahe erreicht hatte, löste sich noch mehr Schlamm aus dem Erdwall über ihr. Sie und das Schwein wurden verschüttet, ohne daß Rettung möglich war.

Nach einem Monat fast ununterbrochenen Regens versperrte ein Schlammrutsch einen Zufluß des Heluk unterhalb des Dorfes Hwim und schwemmte einige Gärten weg. Die Menschen kauerten auf einem Hügelrücken und beobachteten entsetzt, wie sich hinter der Schlammauer eine Menge wirbelnden Wassers staute. Als der Damm unter dem Druck zusammenbrach, donnerte eine Masse von Schlamm, Wasser und Trümmern in den Heluk hinab und riß einige der fruchtbarsten Gärten von Hwim auf ihrem Weg mit sich.

«Alles läuft schief», brummte Andeng, der Hohepriester von Sivimu.

«Was mag die Ursache sein?» fragten die anderen Priester. Bald sagten alle: «Nichts ist mehr in Ordnung. Was mag die Ursache sein?»

«Jemand hat insgeheim das *wene melalek* mißachtet!» entschied Helevai. «Wir müssen herausfinden, wer es war, und ihn bestrafen, sonst werden wir alle zugrundegehen.»

Die Parole wurde ausgegeben, und jeder begann Ausschau zu halten. Jeder Mann hatte Angst, er selbst könne unabsichtlich Verdacht erregen und sich einer ungerechtfertigten Anklage wegen eines schändlichen Verbrechens gegen das *wene melalek* gegenübersehen.

Allein schon die Anklage konnte den Tod bedeuten.

Noch ehe viele Tage ins Land gegangen waren, kam ein Informant bei Nacht zu Andeng und flüsterte ihm ins Ohr: «Ich weiß, wer den Zorn *kembus* entzündet hat.»

Andeng packte den Informanten am Handgelenk und zischte: «Wer?»

Angst vor dem Kulamong

«Einst lebte die Menschheit glücklich — wie die Tiere — ohne das *wene melalek*», fuhr Kebel in den Belehrungen für seinen Sohn Yekwara fort. «Aber als der *kulamong* über sie kam, hatten sie keinen Schutz und starben auch wie die Tiere.»
«Was ist der *kulamong,* Vater?» fragte Yekwara.
«Eine Plage der Finsternis, mein Sohn — Finsternis, die um Mittag kam, Menschen, die in ihren Gärten überrascht wurden, konnten den Heimweg nicht finden! Als sie angstvoll herumtasteten, kam ein schreckliches Wasser und schwemmte sie alle weg. Später wurden ihre Gebeine *oberhalb* ihrer Dörfer und Gärten unter Felsen und Bäumen gefunden.»

Yekwaras Augen wurden rund vor Entsetzen. Kebel fuhr fort: «Selbst viele, die in ihren Behausungen Schutz fanden, starben plötzlich ohne Anzeichen einer Krankheit. Sie starben einfach an der *Dunkelheit*!»
Yekwara zuckte zusammen bei der Schreckensvision, die sein Vater ausmalte.
«Aber dann gaben die *kembu*-Geister der Menschheit das *wene melalek* — die uralten Worte — und lehrten uns, wenn wir sie befolgten, würde der *kulamong* nicht zurückkehren. Aber noch immer verlassen böse Menschen unter uns die uralten Worte und bewirken, daß wir alle unter einem *o-sanim* leiden müssen wie gegenwärtig.»
«*O-sanim?*»
«Ja. Wenn schwere Regenfälle für lange Zeit anhalten, dann ist dies ein *o-sanim*. Wird seine Ursache nicht gefunden und beseitigt, dann könnte er sich in einen *kulamong* verwandeln, und die ganze Menschheit müßte mit einer Handvoll Überlebender ganz von vorne anfangen.»

Yekwara lehnte sich gegen die Wand der *yogwa* zurück und horchte auf das stetige gleichmäßige Trommeln des Regens. In seinen ausdrucksvollen Augen spiegelte sich das Licht der Feuerstelle.
«Wie lauten die Gebote, die im *wene melalek* enthalten sind?» fragte er.
«Ich werde sie dir aufsagen, Yekwara», erwiderte Kebel. «Zähle

sie an deinen Fingern ab und versuche, sie dir einzuprägen. Das erste lautet: *Du sollst nicht Blutschande begehen bei Strafe des Todes.*»

***

Der Informant drängte sich enger an Andeng und flüsterte: «Heute sah ich Kiloho aus dem Wald über dem Wasserfall kommen. Er sah mich nicht, weil ich hinter einem Gebüsch stand. Er schaute von einer Seite zur anderen, als befürchte er, jemand könne ihn beobachten. Dann sah ich ...»
Der Informant zögerte, und Zittern befiel ihn, denn er wußte, daß seine nächsten Worte einem Mann den Tod bringen würden.
«Du mußt es mir sagen!» knurrte Andeng. «Verbirg nicht, was du gesehen hast!»
«Ich sah seine Tochter», platzte der Informant heraus. «Die schöne, die Alisu heißt. Sie stieg aus dem gleichen Gebiet herunter, wo ihr Vater gewesen war. Später verfolgte ich ihre Fußspuren und die ihres Vaters bis zu dem Platz zurück, wo sie zusammen waren. Ich sah die Zeichen im Gras, wo sie ...»

«*Blutschande!*» zischte Andeng, und seine Augen weiteten sich vor Entsetzen. «Kein Wunder, daß der Zorn der *kembu*-Geister uns heimsucht!»
Die Augen des alten Mannes zogen sich grimmig zusammen.
«Kiloho ist ein beliebter Heilkundiger im Dorf Hwim. Wenn er seine Schuld abstreitet, werden sich viele auf seine Seite stellen», überlegte er. «Sag zu niemand ein Wort darüber, bis ich dich morgen rufe!» befahl er dem Informanten und entließ ihn.
Als der Informant gegangen war, zog sich Andeng einen Pandanus-Umhang über den Kopf und begab sich durch die trüben Regenfluten zur *yogwa* seines Bruders, Wanlas, des Sehers.

***

«Das zweite Gebot», setzte Kebel seine Belehrung fort und sah Yekwara in das gespannte Gesicht, «heißt: *Du sollst nicht Frau, Land, Schweine oder Erzeugnisse deines Nachbarn stehlen!*»
«Ein Verstoß gegen diesen Teil des *wene melalek* erfordert keine öffentliche Hinrichtung. Trotzdem kann dies einem Mann das Leben kosten, wenn die von ihm Geschädigten sich gegen ihn erheben. Und die *kembu*-Geister selbst bringen Kummer in des Man-

nes Leben, der das Gebot bricht, unabhängig von der Aktion derer, die er geschädigt hat.

Das dritte Gebot ist für junge Männer wie dich, Yekwara. *Du sollst nicht heiraten, bevor der Bart erscheint!*»

Kebel kicherte bei dem erschreckten Ausdruck im Gesicht seines Sohnes.

«Keine Angst, Vater», piepste er. «Ich werde überhaupt nicht heiraten!»

«Das haben wir alle einmal gesagt. Als nächstes kommen wir zu den Geboten, die mit dem Krieg zu tun haben, wie das vierte: *Wenn du auf einem Bergrücken bist und dein Feind ist im Tal, töte zwei oder drei Männer!*»

Yekwara hatte oft vernommen, wie Krieger diesen Ausdruck als Sprichwort gebrauchten. Nun wurde ihm bewußt, daß dies nicht nur ein Sprichwort war, sondern ein geschätzter Teil des *wene melalek*. Er wußte auch, daß die Umkehrung dieses Spruches ebenso genau angewendet wurde: «Wenn dein Feind auf dem Bergrücken ist und du bist im Tal, *dann sei kein Draufgänger!*» Dieses Gebot, das noch mehr gesunden Menschenverstand verriet, war die Grundlage für die Abneigung der Yali, bergauf zu kämpfen.

Selambo hatte mit seinem Leben dafür bezahlt, daß er die Kehrseite dieses Gebotes vergaß.

Yekwaras Interesse war nun voll erwacht. «Wie lauten die anderen Gebote über den Krieg?» fragte er atemlos.

«Das fünfte», sprach Kebel feierlich, «ist einmalig für unser Volk. *Du sollst nicht Krieg führen auf heiligem Boden!*

Lerne es gut, mein Sohn, denn eines Tages könnte die Kenntnis dieses Gebotes dein Leben retten! Du kennst bereits den heiligen Boden, die *osuwa,* die das *kembu-vam* und das *dokwi-vam* in jedem unserer Dörfer umgibt. Es gibt noch die *kwalu-osuwa* unterhalb unserer Dörfer und die *morowal-osuwa* oberhalb, auf den Bergen. Bis zu dem Zeitpunkt, wo du ein Krieger wirst, der *kembu* ganz geweiht ist, mußt du dir die Lage all dieser heiligen Plätze gut einprägen, damit du nicht eines Tages zufällig einen Pfeil in Richtung auf einen von ihnen abschießt! Denn es ist ein großes Übel, heiligen Boden mit einem Pfeil oder Speer zu durchbohren oder Blut auf ihm zu vergießen. Es bedeutet auch, wenn du auf heiligem Boden stehst, daß du auf keinen Feind einen Pfeil abschießen darfst, auch wenn er sich außerhalb der Grenze befindet. Du mußt selbst zuerst den heiligen Grund verlassen.

Und wisse auch, daß dein Feind dir keinen Schaden tun darf, solange du auf heiligem Boden stehst, und auch du darfst ihm kei-

nen Schaden zufügen, wenn er heiligen Boden betritt. Wenn du je dieses Gebot brichst und einen Feind auf heiligem Boden tötest, dann müssen wir, dein eigenes Volk, dir das Leben nehmen, sonst mißraten alle Dinge.
Wisse auch, wenn du auf heiligem Boden stehst und von Feinden umgeben bist, so daß du nicht wegkannst, dann kannst du ihnen befehlen, dir sicheres Geleit zu deinen eigenen Leuten zurück zu geben, und sie werden dir gehorchen.

Die wilden Völker, die in den heißen Tiefländern leben, kennen diese Disziplin nicht. Sie töten wahllos wie Tiere ohne Verstand. Und selbst unsere Yali-Brüder auf der nördlichen Seite der hohen Berge betrachten die *osuwa* nur als Freistätte für Kämpfer aus ihren eigenen Sippen, nicht für jeden Mann, wie wir das tun. Sie sind nicht so zivilisiert wie wir.»

Yekwara begann in immer stärkerem Maße den Yali-Ausdruck *wit-bangge* —den «Durchbruch des Wissens» — schätzen zu lernen. Nie hätte er sich träumen lassen, daß es so viel zu lernen gab!
«Sag mir, Vater», fragte er weiter, «wenn jene zwei Frauen von Kobak, die wir getötet haben, sich in eine *osuwa* geflüchtet hätten, wären sie dann sicher gewesen?»
Kebel rümpfte die Nase voll Abscheu über die Frage seines Sohnes.
«Natürlich nicht! Wir hätten sie rechtmäßig herausholen und sie töten können! Und selbst wenn wir das nicht getan hätten, dann wären sie von ihren eigenen Leuten getötet worden, weil sie einen heiligen Platz mit ihrer weiblichen Anwesenheit entweiht hatten. Hast du bereits die Sünde des kleinen Mädchens vergessen?»
Yekwara erschauerte und schluckte rasch das Gefühl des Ekels hinab, das stets in ihm aufstieg, wenn er der unglücklichen Nindik gedachte, wie sie auf Dekos Schultern hin- und herschwankte, als dieser sie zum Heluk hinabtrug.

«Frauen», erklärte Kebel, «stehen unterhalb all dieser heiligen Dinge. Die *kembu*-Geister haben sie nicht angenommen.» Dann zitierte Kebel das sechste Gebot: *«Du sollst deinen Feind nicht während seiner heiligen Feste angreifen!»*
Bis Kebel mit seiner Erläuterung zu Ende war, lag Yekwara in festem Schlaf, seinen Kopf auf die Knie seines Vaters gebettet.

***

Früh am nächsten Morgen stapfte Wanla, der Seher, durch den Dunst. Unter seinem Regenumhang hielt er ein Bambusmesser verborgen. Vorsichtig trat er hinter Kilohos *yogwa,* schnitt ein Stück Pandanuswedel vom neuen Dach und trug es rasch aus dem Dorf fort zum Hause *kembus,* das halbwegs zwischen Sivimu und Hwim auf Yarino stand.

In der heiligen Behausung warteten Andeng und ein grimmiger Rat von Mitpriestern auf seine Rückkehr. Unter ihrer genauen Überwachung trocknete Wanla zuerst den beschädigten Wedel über dem Feuer. Dann reichte er ihn Andeng und erhob sich. Wanla stand vor einem der vier Pfosten, die den zentralen Feuerplatz umgaben. Feierlich faßte er den Pfosten mit Fingern und Zehen.

Alle Priester wußten, daß dieser Pfosten, an dem sich Wanla hielt, als einziger unter den vieren in ein Stück heiliges Schweinefett eingelassen war.

«Pflanzen! Pflanzen! Pflanzen!» intonierte Wanla mit glühender Inbrunst und preßte Finger und Zehen fest gegen den Pfosten. «Ich pflanze mich selbst in *kembu* hinein!»

Dann blickte Wanla über die versammelten Priester hinweg auf die Wand aus gespaltenen Brettern am hinteren Ende des Innenraumes. Hinter diesem mit der Axt behauenen Vorhang lag das «Allerheiligste» — die staubige Kammer, wo der heilige schwarze Stein *kembus* ruhte. Nur Hohepriester durften dort eintreten und nur bei besonderen Anlässen. Wanla sprach ehrfürchtig zu dem Geist der *kembu*-Geister von Sivimu und Hwim, die er hinter den Brettern über den Steinen schwebend wähnte.

«*Kembu!* Ich habe meinen Geist in deinen gepflanzt! Wenn dieser Wedel in deiner heiligen Flamme verbrannt wird, gib mir im aufsteigenden Rauch die Wahrheit über den Mann zu sehen, der darunter lebte. Gib mir die Erkenntnis, ob Kiloho deine Gesetze gebrochen hat oder unschuldig ist!»

Andeng legte den Wedel in die Flamme. Rauch kräuselte sich langsam zwischen den vier Pfosten hin und umhüllte Wanlas Kopf.

Schwer hing die Stille in *kembus* Haus.

Plötzlich erzitterte Wanla und starrte durch den Rauch hindurch wie ein Mensch, der Zeuge eines unaussprechlichen Entsetzens wurde.

«Kiloho — ist — *schuldig*!» stöhnte er.

Seine Mitpriester erhoben sich gleichzeitig und schritten aus dem Hause *kembus,* die Gesichter von Zorn gezeichnet. Wanla blieb zurück, als könne oder wolle er seine Finger und Zehen nicht vom heiligen Pfeiler lösen.

Sie kamen, und nur ein schwaches Knacken von nassen Bogensehnen und Pfeilen war zu hören. Eine Schar Priester und Krieger aus Sivimu und Ombok mischte sich mit zwei Sippen aus Hwim. Sie kletterten über Steinmauern und huschten zwischen *yogwas* durch; nur das Platschen des Schlamms unter ihren Füßen unterbrach die Stille. Frauen und Kinder, die aus ihren *homias* traten, eilten wie aufgescheuchte Insekten zurück in ihre winzigen Unterkünfte.

Deko war der erste aus Kilohos Sippe, der Alarm schlug. «Sar! Kiloho! Bukni!» bellte er. «Zu den Waffen!»

Sie erschienen, klirrend von Pfeilen, und sahen sich eingekreist.

«Brüder! Was soll das bedeuten?» fragte Sar und schritt furchtlos vor einer Batterie gezogener Pfeile auf und ab.

«*Kiloho muß sterben!*» schrie einer durch den nieselnden Regen.

«Kiloho hat Blutschande begangen!» raste ein anderer.

«Wanla, der Seher, hat im Hause *kembus* seine Schuld bekräftigt!»

Kiloho erblaßte vor Entsetzen und brachte verzweifelt hervor: «Das ist eine Lüge!»

«Warum sollte jemand über so etwas Entsetzliches lügen?» fragte Andeng laut.

Kilohos Lippen zitterten, und seine Augen versuchten nach allen Richtungen zu beobachten. Dann schrie er: «Einer von euch hat darum ersucht, meine Tochter Alisu zu heiraten, und weil ich ablehnte, bringt ihr nun diese falsche Beschuldigung gegen mich vor!»

Sar, tief vom Schreck getroffen, stellte sich mit seinem ganzen Gewicht auf die Seite Kilohos.

«Mein Bruder bestreitet jede Schuld. Ihr habt mich vor kurzem veranlaßt, meine eigene Tochter zu töten — glaubt ja nicht, daß ich nun zulasse, daß ihr meinen Bruder tötet!»

«Wanla, der Seher, hat seine Schuld bestätigt!» brüllte Andeng. «Wanla hatte keine Absichten, Kilohos Tochter zu heiraten — der würde nicht lügen! Kiloho muß sterben!»

Weitere Verwandte von Kiloho waren nun eingetroffen; sie bildeten einen Schutzwall um ihn und blickten trotzig auf seine Ankläger.

«Du schützt ihn, weil er dein Bruder ist», höhnte Andeng, «aber er hat dich genauso betrogen wie uns! Er hat diesen *o-sanim* über

uns alle gebracht. Deine Gärten sind genauso verdorben wie unsere, oder nicht?»
«Geht zurück auf eure Plätze!» befahl Bukni und schützte Kiloho mit seinem eigenen Körper. Während sich die beiden gegnerischen Seiten für den bevorstehenden Kampf in Stellung begaben, wurde die Wolkendecke düsterer. Von jenseits eines hohen Bergrückens im Süden fegte eine schwarze Regenwand auf Hwim herab. Sofort kam jedem von Kilohos Verteidigern der gleiche Gedanke — *die Elemente stellen sich auf die Seite der Ankläger.*
«Könnt ihr diesem Regen Einhalt gebieten, solange Kiloho lebt?» warf Andeng ihnen vor. «Könnt ihr die Sonne in unser Tal zurückbringen? Könnt ihr die Krankheit vertreiben und Erdrutsche verhindern? Seid ihr weiser als das *wene melalek?* Seid ihr mächtiger als *kembu?*»
Jede Frage traf den Verstand der Verteidiger wie ein Hammer und schwächte ihren Widerstand.
«Geht zurück an eure Plätze!» bat Sar. «Unser Bruder leugnet seine Schuld!»
«Dann laß ihn auch leugnen, daß der Zorn *kembus* auf uns liegt!»
Der Regen prasselte mit unverminderter Kraft nieder und nahm jede Sicht.
«Auf eure Anmaßung sage ich euch, daß ich als Hohepriester der *kembu*-Geister den ersten Pfeil im Namen *kembus* abschießen werde!» brüllte Andeng von neuem und spannte seinen Bogen.
Angst erfaßte alle. In sturmgepeitschtem Regen ohne ausreichende Sicht Pfeilen auszuweichen würde nicht leicht sein. Aber Blutschande, das schlimmste aller Übel, duldete keinen Aufschub in der Bestrafung. Bedeutete nicht die plötzliche Verdüsterung des Himmels, daß der *o-sanim* bereits einem gefürchteten *kulamong* wich?
Andengs Pfeil erhob sich hoch in die Luft und fiel in Richtung auf Kiloho nieder, der ihm leicht ausweichen konnte und nun seinerseits schoß. Der Kampf war entbrannt. Zornige Männer wogten zwischen *yogwas* und *homias* hin und her, bückten sich, wichen aus und schossen gleichzeitig Pfeile ab. Heftig schüttelten sie sich die Regentropfen von den Augenbrauen, um klare Sicht zu behalten, und kämpften um sicheren Stand in dem heimtückischen Schlick. Kiloho und seine Verteidiger, die weit unterlegen waren, fanden sich allmählich aus dem Dorf hinaus- und einen steilen Abhang hinabgedrängt. Dort erhielt einer von ihnen einen Pfeil in den Arm. Sar, Deko und Bukni, die sich von ihren Familien abgeschnitten sahen, drängten Kiloho, um sein Leben zu fliehen.

«Du kannst hier nicht länger leben, Bruder! Geh!»
«Sie werden meine Frau und meine Tochter töten!»
«Wir werden versuchen, sie zu schützen. Aber du mußt gehen!»
«Wohin soll ich gehen? Kein anderes Dorf wird mich aufnehmen!»
«Dann geh in die Berge und bleibe allein! Wir werden dir Nahrung bringen!»
Kiloho wandte sich um und floh durch den Regen; damit lenkte er die tödlichen Pfeile von seinen Brüdern ab.

Kiloho entkam seinen Verfolgern. Er versteckte sich in einem Gebüsch, nicht bereit weiterzugehen, ehe er das Schicksal seiner Familie erfuhr. Wohlverborgen blickte er durch eine kleine Lücke über eine Schlucht zum Dorf hinüber. Durch den Regen konnte er Sar, Deko und Bukni erkennen, die in einer Gruppe beisammenstanden und die Menschenjagd beobachteten.
Entschlossen, die Ursache ihrer gemeinsamen Verzweiflung zu finden und auszulöschen, streiften die Jäger fächerförmig durch den Wald, den Bogen schußbereit. Jeder wollte der erste sein, die Reinheit seines Volkes wieder herzustellen. Ein kleiner Vogel gab einen scharfen, erschreckten Schrei von sich, als er aus dem Gebüsch aufflog, in dem Kiloho Unterschlupf gefunden hatte. Libeng, einer der Jäger, wurde mißtrauisch und kroch den Abhang hinauf; er kletterte auf einen vorspringenden Fels und blickte hinab. Zu seinem Entzücken sah er Kiloho unmittelbar unter sich, wie er angestrengt über die Abhänge hinwegblickte.
Sorgfältig zog Libeng seinen Bogen durch.

Lösung nach Yali-Art

Mit einem heiseren Schrei sprang Kiloho auf, griff über seine Schulter und zerrte den Pfeil aus seinem Rücken. Die Wunde reichte bis tief in seine Lunge, und er wußte, daß sie unter Umständen tödlich war. Floh er in die Berge, dann führte sie sicher zum Tod, und so entschloß er sich, den Kreis der Jäger zu durchbrechen und den unsicheren Schutz seiner Verwandten im Dorf zu suchen.

Er brach sich einen Weg durch das dichte Unterholz. Dann fand er einen Pfad, dem er mit halsbrecherischer Geschwindigkeit zu seinem Heim folgte. Libeng beobachtete ihn von seinem erhöhten Beobachtungsposten aus, rief den anderen Verfolgern und lenkte sie in Richtung auf Kiloho. Als er um eine Biegung kam, scheuchte Kiloho einen jungen Burschen auf, der tapfer seinen Bogen spannte. Doch ehe er den Pfeil abschießen konnte, stieß ihn Kiloho einen steilen Abhang hinab und setzte den Wettlauf um sein Leben fort, Blut, Regen und Schlamm hinter sich verspritzend.

Wildes Geschrei hallte von den Berghängen wider, als hundert Verfolger eilten, Kiloho den Fluchtweg abzuschneiden. Pfeile surrten gegen Bäume und Stümpfe oder fuhren rund um den Flüchtenden in Gras und Schlamm, doch er beachtete sie nicht. Als sein Atem schneller ging, nahm der Schmerz in seiner Wunde zu und stach ihm durch Brust und Rücken.

Oben auf der Steinmauer des Dorfes schwangen alte Frauen drohend ihre Grabstöcke, als er sich näherte. Drei ältere Priester, die sich nicht an der Jagd beteiligten, hoben ihre Pfeile gegen ihn, doch Deko, Bukni und Sar griffen zu und drehten die Pfeile nach oben, ehe sie schießen konnten. Kiloho übersprang die Mauer, stürzte durch eine Ansammlung von Häusern und verschwand in seiner eigenen *yogwa.*

Deko, Bukni und Sar blickten einander an und schüttelten grimmig die Köpfe.

Innerhalb weniger Augenblicke versperrte Kiloho den einzigen Zugang zu seiner Behausung, als seine Verfolger sich um die *yogwa* drängten und auf die Beute lauerten.

«Komm heraus und stirb!»

«Warum versuchst du, *kembus* Gericht zu entgehen? Du weißt, daß du nicht leben kannst!»

«Verderber unserer Gärten! Verursacher von Krankheit und Tod! Komm heraus und begegne deinem Schicksal!»
«Der du dich über das *wene melalek* gestellt hast, komm heraus und empfange, was recht ist!»
Aber Kiloho kam nicht heraus.
Inzwischen befahl Andeng einer Horde junger Neueingeweihter, Blätter und Holzspäne zu nehmen und jeden Tropfen von Kilohos Blut aufzunehmen, der entlang des Pfades auf Büsche oder zu Boden gefallen war.
«Alles, was von seinem Körper kommt, ist nun verderbt und muß zusammen mit ihm aus der Welt entfernt werden», ordnete er an. «Sammelt sein Blut mit dem befleckten Boden auf. Wenn wir ihn getötet haben, muß alles zusammen mit seiner Leiche in den Fluß geworfen werden.»
Dann richtete Andeng seine Aufmerksamkeit auf die Verteidiger Kilohos. «Leistet ihr unserer rechtmäßigen Pflicht noch immer Widerstand?»
«Nein», erwiderten sie niedergeschlagen. «Es ist eine zu schwerwiegende Angelegenheit. Faßt ihn, so gut ihr könnt, nur zerstört seine *yogwa* nicht, wenn es sich vermeiden läßt.»
Den Kriegern rings um Kilohos Behausung gelang es, den Eingang aufzubrechen. Sie gingen vorsichtig zu Werk, falls Kiloho einen von ihnen unter Beschuß nehmen sollte. Der Gedanke, das dunkle Innere der *yogwa* zu betreten, erschreckte sie. Jeder Eintretende würde ein leichtes Ziel abgeben. «Er wird dem Eingang gegenüber mit einem angelegten Pfeil warten», meinte ein Mann.
«Vielleicht ist er im oberen Stock, wo es noch dunkler ist, und wartet auf den ersten, der seinen Kopf durch die Deckenluke steckt.»
«Kommt, wir reißen die *yogwa* auseinander und stecken sie in Brand. Der Regen wird die benachbarten Häuser schützen.»
«Seine Verwandten bitten darum, die *yogwa* zu erhalten, wenn es geht», warf Andeng ein. Dann schrie er: «Kiloho! Höre mich! Zwinge uns nicht, diese Behausung zu zerstören! Komm jetzt heraus!»
Sie vernahmen Kilohos von Schrecken und Schmerz erfüllte Antwort: «Sar! Deko! Bukni! Ich habe kein Unrecht begangen. Rettet mich — rettet meine Frau und Alisu vor diesen Männern und ihrer verkehrten Besessenheit.»
Aller Augen wandten sich Kilohos drei Brüdern zu. Sar, der seit dem Tag, an dem er seine Zustimmung zu Nindiks Tod gegeben hatte, nie mehr lächelte, hatte wieder diese tiefen, vom Kummer

gezeichneten Linien in seinem Gesicht, die seine Generation nie wieder vergessen würde. Deko starrte dumpf vor sich hin wie ein Mann, der — mehr als ein Mensch ertragen kann — von Entsetzen überwältigt wurde. Bukni hockte hilflos auf dem Boden und starrte Kilohos Unglückshaus durch Regen und tränennasse Finger an. Kiloho rief sie wieder an, und Buknis Schluchzen ging in ein hohes Wehklagen über.
«Komm heraus! Komm heraus!» befahl Andeng unnachsichtig. Seine Stimme drang bis in die nahegelegene *homia,* wo Alisu soeben von der schändlichen Anklage gegen ihren Vater erfahren hatte.

«Mutter, was bedeutet das?» fragte sie atemlos.
«Es bedeutet, daß sie zuerst Kiloho töten werden...»
«Und dann?»
«Und dann dich — und mich —, weil wir mit ihm gelebt haben.»
Alisu zitterte heftig. «Mich? Ich soll sterben? Wie Nindik?»
Ihre Mutter nickte. Von Schreck verzerrt, fiel Alisu gegen ihre Mutter, die zärtlich ihre Arme um sie schlang.

Das Nieseln dauerte an. Gelegentlich steigerte es sich zu einem heftigen Regenguß. Die meisten der Henker zogen sich in die nahegelegenen *yogwas* zurück, hielten jedoch Pfeil und Bogen in den Eingängen bereit, falls Kiloho nochmals versuchen sollte, in die Berge zu entkommen. Andere kauerten sich unter die überstehende Traufe von Kilohos neuem Dach, kaum zu sehen hinter dem Wasservorhang, der von dem spitzen Dachgipfel niederrauschte.
«Wenn du nicht herauskommst, bis der Regen nachläßt, werden wir diese *yogwa* in Stücke reißen», schrien sie durch die stabile Wand.
Junge Männer begannen Bündel frisch geschnittener Bananenblätter anzuschleppen, um das Blut von Kiloho und den anderen aufzufangen, wenn das Töten begann. Bei soviel Regen bestand die Gefahr, daß das Blut tief in den Boden einsickern und ihn für dauernd verunreinigen könnte.
Als die Bananenblätter in einer kreisrunden Fläche mehrere Lagen dick vor Kilohos Tür aufgeschichtet waren, ließ der Regen deutlich nach. Die Henker tauchten aus ihren Unterständen auf. Einige trugen nun scharfe Steinäxte. Andeng rief ungeduldig. «Kiloho, die Zeit läuft ab. Komm jetzt heraus oder...»
Mit einem Wutgebrüll stürzte sich ein großer Mann mit einem Brustkorb wie ein Faß an Andeng vorbei, die Steinaxt hoch über

den Kopf erhoben. Wild griff er das Dach von Kilohos *yogwa* an, hackte durch die Pandanus-Wedel und legte die mit Weinranken verbundenen Bretter des Unterbaues frei. Andere schlossen sich an, schrien und hackten mit wachsender Wut.
«Da du nicht herauskommst, Blutschänder, kommen wir zu dir hinein!»
«Du könntest mindestens diese feine *yogwa* deinen Brüdern zum Wohnen hinterlassen! Wie verbohrt du bist!»
«Halt! Er kommt heraus!» schrien andere.
Sofort legten die Männer ihre Äxte nieder und griffen nach Pfeil und Bogen. Rasch bildeten sie eine Linie zwischen dem Lager aus Bananenblättern und dem Eingang von Kilohos Heim.

Hinter ihnen kauerte der kleine Yekwara und beobachtete gebannt und entsetzt, wie Kilohos zerzauster Kopf im Eingang zum Vorschein kam. Er sah die bläulich verfärbte Wunde auf Kilohos Rücken und hörte das knackende Geräusch vom Spannen der Bogensehnen, als die Krieger sich anschickten, noch mehr solche Wunden zu schlagen.
Kiloho reckte sich und trat seinen Anklägern entgegen. Er zog wegen der schrecklichen Wunde die Schultern zurück und verzog das Gesicht vor Schmerzen. Auf seine blassen Lippen trat blutiger Schaum, doch seine Augen blickten gelassen. Plötzlich erscholl Andengs Stimme: «Laß es fallen!»
Yekwara sah, daß Kiloho einen Netzbeutel hochhielt, der mit leuchtendbunten Papageien- und Kakadufedern geschmückt war. Kilohos *hwal-sum!* Der Medizinbeutel, den er so oft benutzt hatte, um die Kranken im Dorf zu heilen.
«Laß es fallen!» befahl Andeng erneut. «Warum ersinnst du dauernd neue Wege, um dein Urteil zu vereiteln?»
Yekwara fühlte eine Hand auf seiner Schulter und hörte, wie sein Vater ihm zuflüsterte: «Nun wirst du Zeuge des siebten Gebotes, mein Sohn: *Du sollst nicht einen Heilkundigen angreifen, wenn er seinen Medizinbeutel hält.*»
Die Augen vor Schreck weit aufgerissen, hörte Yekwara, wie Andeng voller Qual rief: «Es ist nicht recht, mit einem heiligen Ding Übel zu bedecken!»

Aber Kiloho schritt weiter. Er hielt den Beutel, die Schultern waren zurückgezogen, die Augen leuchteten. Die Krieger wichen verstört zurück, senkten ihre Bogen und blickten ratsuchend auf Andeng.

Kiloho sah die ausgebreiteten Bananenblätter und wußte, wofür sie dienten. Er trat in die Mitte der Blätterschicht und hielt das *hwal-sum* vor sich. Dann blickte er streng in die Runde seiner Henker und sprach: «Mit diesem *hwal-sum* habe ich viele unter euch von Krankheiten geheilt. Ich habe eure Frauen und Kinder gesund gemacht. Und nun...»
Kiloho wankte, als die Krieger sich gegenseitig schoben, um in gute Schußposition zu gelangen.
«Und nun werdet ihr mich und meine Frau und mein Kind wegen dieser falschen Beschuldigung töten. Nun gut. Wenn das die Weise ist, die ihr gewählt habt, mir zu danken...» Kiloho nahm einen tiefen Atemzug, schloß die Augen und ließ das *hwal-sum* fallen. In ihrer *homia* zuckten Alisu und Lalo beim dumpfen Geräusch der Pfeile, die Kiloho trafen, zusammen. Sie malten sich aus, wie er unter dem Aufprall der schweren Pfeile herumgeschleudert wurde und sich drehte. Sie hörten das ständige Gebrüll seiner Henker.
«Bleib auf den Bananenblättern, Verfluchter, und verspritze nicht dein böses Blut auf mich!»
Dann folgte ein Schrei aus tiefster Brust, in dem sich Triumph und Erleichterung mischten, als Kiloho auf das für ihn vorbereitete Lager fiel.

«Nun bringt die beiden Frauen heraus!» schrie jemand über den Lärm hinweg.
Das Geräusch von Hunderten von Füßen tönte, die stampfend näher kamen, begleitet vom Saugen und Spritzen des Schlammes. Die *homia* verdunkelte sich plötzlich, als zornige Männer sich im Eingang drängten. Grobe Hände packten Hand- und Fußgelenke und zerrten — zerrten die beiden Frauen in das trübe Licht, das mehr gefürchtet werden mußte als die Dunkelheit, in Schlamm und Regen, auf das Lager aus Bananenblättern, auf dem der Vater lag und sich krümmte.

Es brauchte sechs Männer, um Alisu und Lalo auseinanderzureißen und mehr noch, um sie auf den Bananenblättern festzuhalten, bis sie getötet werden konnten. Mitten im Schreien sah Alisu den ersten Pfeil, der auf ihr Zwerchfell zielte. Als die Bogensehne zurückgezogen wurde, schrie sie: «Mutter! Mutter!»
Der Pfeil durchbohrte sie, und die Männer warfen sie über ihren Vater. Lalo schrie nicht um ihrer selbst willen. Als Yalifrau hatte sie lange genug in der Nachbarschaft des Todes gelebt, um ihm

tapfer entgegenzusehen. Sie klagte um Kiloho und Alisu und um den kleinen Toli, der mutterlos in der *homia* zurückblieb.

***

In barbarischen Gesellschaftsformen führt die Feindschaft dazu, den freien Austausch heiratsfähiger Töchter zwischen den einzelnen Sippen zu verhindern. So droht die Inzucht, die Yali-Gesellschaft zu schwächen. Einige Stämme lösen dieses Problem dadurch, daß alle, die willens sind, ihre Töchter in andere Sippen zu geben, in den Genuß besonderer sozialer Belohnungen kommen. Die Yali-Kultur wählte einen anderen Weg: in allen Herzen wurde eine geradezu besessene Angst vor der Blutschande eingepflanzt. So tief war diese Angst verankert, daß Yali-Männer manchmal wiederkehrende Alpträume hatten, in denen sie sich selbst Blutschande mit weiblichen Familienangehörigen begehen sahen. Aus solchen Alpträumen erwachten sie meist schreiend, voll Angst, der Todesstrafe verfallen zu sein, denn wegen Blutschande von seinen eigenen Freunden umgebracht zu werden, war eine noch größere Schande, als von seinen Feinden aufgegessen zu werden!

Als die gesamte Bevölkerung von Hwim, Sivimu, Liligan und Ombok sich versammelte, um die übereinandergeworfenen Leichen von Kiloho, Lalo und Alisu anzuschauen, wurde die alte Lektion dramatisch bekräftigt. Die Dorfbewohner beobachteten, wie Andeng und seine Mitpriester Bambusmesser nahmen und aus den Leichen von Kiloho und Alisu die vermeintlich verbrecherischen Genitalorgane herausschnitten. Diese wurden zusammen mit den bei der Operation benutzten Bambusmessern, Kilohos Kürbis, Alisus Grasröckchen und ihrem persönlichen Besitz in die Mitte zweier riesiger Grasballen gelegt, die speziell für diesen Zweck hergestellt worden waren. Die Grasballen wurden dann mit Rebranken zugebunden und den Hügel hinab zum Heluk gewälzt. Das Gras isolierte dabei die umliegenden Gärten von befleckenden Ausdünstungen.
Die drei Leichen wurden auf ihre eigenen Schlafmatten aus Pandanusblättern gelegt und zum Heluk hinabgetragen. Die Blätterstapel, auf die ihr Blut gefallen war, wurden zusammengebunden und zum Fluß verbracht.
Die Priester forderten dann ein Schwein von Kilohos Brüdern, schlachteten es, fingen sein Blut in Kürbisbehältern auf und ver-

spritzten es zur Sühne überall da, wo Blut von Kiloho oder Alisu unbemerkt in die Erde eingedrungen sein konnte.
Dann standen die Bewohner am Rande des angeschwollenen, tobenden Heluk im Regen, während Andeng und andere Priester das *wene melalek* rezitierten. Sie befahlen dem Volk, die alten Gesetze strikt in jeder Einzelheit zu befolgen. Die Menschen weinten, weil diese Gesetze gebrochen worden waren. Dann hoben starke Männer, die mindestens drei oder vier heilige Feste mitgemacht hatten, die Leichen auf ihren Matten, die beiden riesigen Grasballen und die Bündel mit den blutgetränkten Blättern und schleuderten sie so weit wie irgend möglich in die wirbelnden Stromschnellen.
Das Volk brach in Freudenrufe aus und blickte erwartungsvoll nach dem Aufklaren des Wetters, wohl wissend, daß der Heluk seine reinigende Aufgabe erfüllen werde.
Das Übel war aus der Welt der Menschen hinweggespült worden. Aber das Wetter klarte nicht auf.
Selbst als die Menschen in ihre Dörfer zurücktrotteten, verstärkte sich der Niederschlag fast zu einer neuen Sintflut. Das Wasser verwandelte die Pfade, die ihre Füße in die Abhänge getreten hatten, in Ströme und wusch ihre Fußstapfen hinweg.
Kalt, naß, entmutigt und fast krank vor Angst überstanden sie eine weitere Nacht strömenden Regens. Sie waren erstaunt, daß ihr einschneidendes Vorgehen ihre *kembu*-Geister nicht zufriedengestellt hatte.

Am Morgen erkannte Andeng, was ihre Götter noch bekümmerte: der kleine, dicke Toli, Kilohos Sohn.
«Wir haben zugelassen, daß der Same des bösen Mannes unter uns blieb!» wetterte er.
Yekwara zuckte zusammen, als er den schrecklichen, erbarmungslosen Ausdruck auf Andengs Gesicht wahrnahm. Und er weinte von neuem, als eine Gruppe von Männern den dicken, komischen kleinen Toli zum Heluk hinabtrugen und ihn hineinschleuderten.

Bis zum Abend klarte der Himmel auf. Ein strahlender Halbmond und eine Schar Sterne schienen auf das gehorsame Volk nieder. Auf beiden Seiten des Tales saßen Hunderte von Menschen bis Mitternacht draußen und genossen das Gefühl verhältnismäßiger Trockenheit in der Luft.
Dann zogen sie sich unter dem Eindruck der Strenge von *kembus* Forderungen zu einem süßen Schlaf der Erleichterung zurück. Am

nächsten Morgen ging die Sonne rot und heiß an einem fast wolkenlosen Himmel auf.
Die Yams-Gärten begannen zu trocknen. Frauen gingen in Scharen hinaus zur Arbeit und schwatzten fröhlich, und die kleinen Kinder schwärmten spielend zwischen den *homias* herum. Der *osanim* war gebrochen.

Aber im Herzen *eines* Mannes braute sich ein neuer Sturm zusammen. Bukni kauerte schweigend neben dem Wasserfall, wo Alisu, Nindik und Toli so oft ihre Scherze getrieben hatten. Er lauschte auf das sanfte Klingen ihrer Stimmen durch das Gurgeln des Wassers. Er suchte nach ihren lachenden Gesichtern zwischen wechselnden Wasserspiegelungen. Dann stieg er zu den hohen Bergwiesen auf, wo er und Kiloho oft das Opossum gejagt hatten. Dort saß er unter windzerzausten Blumen, während Erinnerung, Trauer und Fragen ihn bestürmten — bis kalte Nebel ihn weit hinab in einen Unterschlupf trieben.

Als Bukni zu zweifeln begann, quoll Zorn in ihm auf, Zorn gegen Andeng und Wanla, gegen — ja, selbst gegen *kembu* und das *wene melalek!* Aber es war hart, solche seltsamen, verbotenen Gedanken zu wälzen. Seine Sprache hatte keine vertrauten Ausdrücke dafür. Als er versuchte, in der Einsamkeit solche Gedanken auszusprechen, klang es ihm selbst wie die Äußerungen eines Wahnsinnigen. Wie viel mehr würde es anderen als Irrsinn erscheinen, wenn er je wagte, diese Gedanken laut zu äußern?
Und doch wuchs in ihm stetig die Überzeugung, daß er seine Gedanken ausdrücken *müsse*. Dieser bittere Kummer war mehr als er ertragen konnte. Der Zorn, der sich aus diesem Kummer nährte, schuf einen unerträglichen Druck in seinem Inneren. Irgendwann, irgendwo, irgendwie, so beschloß Bukni, würde er diesem inneren Aufruhr gegen *kembu* Luft machen.

Das Omen

Andeng und vier seiner Hilfspriester standen am Fuße der Leiter, die zum Tempel *kembus* mit dem kegelförmigen Dach auf dem Hügel Yarino führte. Um sie dehnte sich das große, von Steinmauern umgebene Grundstück der *osuwa* von Hwim und Sivimu, das weitgehend von Buschwerk und Unkraut gesäubert worden war. Außerhalb des Grundstücks warteten gespannt Hunderte von Männern und zur Weihe bestimmte Jünglinge.
Unter ihnen befand sich Yekwara, prächtig anzuschauen mit Feder- und Muschelschmuck, zitternd vor Unsicherheit, als er der zweiten Stufe seiner Einführung in die Mysterien *kembus* entgegensah.

Von einem nebligen Berghang herab schleppten Scharen von Frauen Bündel mit Brennholz für das Fest. Mit ängstlich zu Boden gesenktem Blick traten sie eilends in einer Reihe vor die Männer und Buben, ließen ihre Bündel so nahe bei der heiligen Steinmauer fallen, wie sie es wagten, und flüchteten sich dann hastig in ihre *homias*.
Erst als die letzte Frau ihre *homia* betreten und den Eingang hinter sich verschlossen hatte, konnte das heilige Geschehen seinen Anfang nehmen.
«Die Frauen sind alle drinnen!» schrien die Wachtposten, die an verschiedenen Übersichtspunkten in den Dörfern Hwim und Sivimu aufgestellt waren.
Ein lauter Schrei brach aus mehreren hundert Männerkehlen. Er hallte von den Bergwänden wider und drang hinüber auf die feindliche Seite des Tales, um dort den Beginn eines heiligen Festes anzukündigen. Es bestand keine Gefahr eines feindlichen Angriffs, bis zum Schluß ein letzter Schrei das Ende des Festes anzeigte.

Zuerst führte eine Gruppe von Männern etwa zehn Schweine durch eine Lücke in der Mauer der *osuwa*. Sobald die Schweine ihre Hufe auf den heiligen Boden gesetzt hatten, gehörten sie *kembu* und durften nicht wieder für profane Nutzung herausgebracht werden. Andeng berührte dann das größte Schwein mit dem Ende seines Bogens, und Krieger führten es beiseite, damit es im Hause *kembus* geschlachtet und für die Neugeweihten zubereitet werden

konnte. Die anderen Schweine würden im Zentrum der *osuwa* im Freien für diejenigen gekocht werden, die schon in *kembus* Haus aufgenommen worden waren.
Andere Männer trugen Netzbeutel mit Süßkartoffeln über der Schulter, die vorher von den Frauen gesammelt worden waren. Sie brachten sie in die *osuwa* und häuften sie nahe den Kochgruben in der Mitte auf. Schließlich trugen die älteren unter den zur Weihe Bestimmten Bündel mit Brennholz in die *osuwa*. Sofort wurden die zehn Schweine geschlachtet, zerteilt und zum Garen zwischen heiße Steine und Süßkartoffeln gelegt. Alles war nun für die erste Zeremonie vorbereitet — das Reinigen und Salben des heiligen Steines von *kembu*.
Mit tiefem Ernst sammelten sich die Zelebranten um *kembus* Tempel aus behauenen Brettern. Dann hockten sie sich auf ihre Fersen nieder und stimmten einen aus tiefer Brust anschwellenden eintönigen Gesang an.

Andeng und seine vier Mitpriester stiegen langsam die Leiter hinauf und betraten den Bau. Mit größter Feierlichkeit näherten sie sich dem gefährlichen Vorhang aus Brettern, der *kembus* Stein vor menschlichem Blick verbarg. Sie erläuterten *kembu* ihre Absichten in wohlgesetzten Worten und entfernten gleichzeitig die mittleren Bretter der Trennwand. Licht vom Inneren des «Allerheiligsten» strömte durch die Öffnung. Das Licht kam von einem kleinen Fenster an der entgegengesetzten Wand, durch die der lokale *kembu*-Geist ungehindert eintreten und den heiligen Stein einnehmen konnte — seine Wohnung in diesem speziellen Dorf. Durch das gleiche Fenster konnte er auch wieder den Tempel verlassen und in die Berge, seinen eigentlichen Aufenthaltsort, zurückkehren.

Stumm vor Furcht blickten die fünf Priester in das Allerheiligste. Der Stein von *kembu* lag eingehüllt in einen Netzbeutel auf einer Unterlage aus Rinde. Dicker Staub verdunkelte die einstmals leuchtenden Farben von Papageien- und Paradiesvogelfedern, die den schützenden Beutel schmückten. Zerfetzte Spinnweben hingen wie Vorhänge an allen Seiten herab, denn viele Monde waren ins Land gegangen, seit das «Allerheiligste» zum letzten Mal gereinigt worden war. Mit höchster Sorgfalt griffen vier Priester hinein und faßten die Rindenunterlage an den vier Ecken. Mit angehaltenem Atem hoben sie sie zusammen hoch. Würde die Unterlage kippen und der Stein herabpoltern, dann hätte dies den

schrecklichen Zorn *kembus* zur Folge. Er würde dann dem Beleidiger einen entsetzlichen Tod schicken. Aus diesem Grunde wurde nie jemandem gestattet, die Unterlage allein anzuheben.
Während die vier Priester die Unterlage zwischen dem «Allerheiligsten» und der Feuerstelle *kembus* hochhielten, öffnete Andeng das staubige Netz und nahm den heiligen Stein mit seinem Schmuck aus mehreren Windungen von Kaurieschalenketten heraus. Blasend und reibend entfernte er den Staub von den Muschelschalen und dem Stein selbst. Dann salbte er den Stein mit frischem Schweinefett und murmelte dabei Lobpreisungen für *kembu.* Vor den ehrfurchtsvollen Augen der Priester begann der Stein von neuem in dem schwarzgrünen Schimmer zu strahlen, der ihre Ahnen entzückt hatte. Vor vielen Generationen war der Stein von Seima, einem der heiligen Plätze, wo die Menschheit zum erstenmal aus der Erde auftauchte, ausgewählt worden.

Andeng legte den Stein in einen neuen Netzbeutel und setzte ihn liebevoll auf die Unterlage zurück. Die Priester brachten ihn vorsichtig zu seinem heiligen Bett. Draußen schwoll der Gesang lauter an.
Andeng kam aus *kembus* Haus zum Vorschein und stellte sich auf den kleinen, erhöhten Vorplatz; mit erhobenen Armen verkündete er die zweite Etappe des Festes. Der Gesang brach unvermittelt ab.
«Ihr seid in den Bezirk *kembus* gekommen», begann Andeng. «Ihr müßt alle dem *wene melalek* gehorchen! So hört nun die Gebote, die uns von den Ahnen überliefert wurden! Lernt, was ihr tun und was ihr nicht tun dürft!»
Vor einer hingerissen lauschenden Zuhörerschaft rezitierte Andeng das *wene melalek.* Zu diesem Zeitpunkt lernte Yekwara das achte, neunte und zehnte Gesetz der Vorfahren.

«Du sollst die vier heiligen Feste für den 'Durchbruch des Wissens' ehren.
Wenn eine Frau oder ein nichtgeweihter Knabe heilige Dinge erblickt oder heilige Worte mithört, sollst du zur Sühne Schweineblut in Augen oder Ohren einer solchen Person gießen.
Wenn eine Frau oder ein ungeweihter Knabe in heiligen Grund eindringt, sollst du die betreffende Person mit dem Tode bestrafen.
Wenn wir diese Gesetze mißachten, dann werden die *kembu*-Geister uns verlassen», fuhr Andeng fort. «Unsere Gärten werden

keine Frucht mehr hervorbringen. Unsere Frauen werden verkümmerte Kinder gebären. Unsere Schweine werden an Krankheit sterben oder klein bleiben. Unsere Feinde werden uns im Kampf besiegen. *O-sanim*-Wetter wird unsere Täler verdunkeln. Wollt ihr, daß dies alles geschieht?»
«Nein!» brüllte die Menge.
«Dann müßt ihr *kembu* ehren und das *wene melalek* halten!» schallte Andengs Stimme klar wie der Ruf eincs Bambushorns über das Meer erhobener schwarzer Gesichter. Andeng sah mit Wohlgefallen, wie sie alle zustimmend nickten. Oder fast alle.

Der junge Yekwara, der direkt unter ihm zwischen den zur Weihe bestimmten Jünglingen hockte, saß sehr still da. Der Drang, seine Seele der überwältigenden Einstimmigkeit der erhabenen Versammlung zu überantworten, war so stark, so sehr stark, und doch zögerte er. Quälende Visionen von Nindik, Alisu, Toli, Kiloho und Lalo verfolgten ihn noch immer und flehten undeutlich um seine Loyalität für etwas, was er nicht verstand.
Bukni, der sich weit hinten in der Menge befand, saß finster dreinblickend da; sein Zorn stieg noch an wie eine langsame, unwiderstehliche Flutwelle. Er hatte begonnen, die vielfältigen Risiken aufzuzählen, die damit verbunden waren, das *wene melalek* als Lebensregeln zu akzeptieren. Es wollte Bukni scheinen, daß diese Risiken fast so drohend waren wie die Gefahr, die alten Gesetze zu *brechen*.

Er wußte natürlich, wenn er seinen Gefühlen Ausdruck verlieh, würden die Männer um ihn herum fragen: «Welche Alternative kannst du uns bieten?»
Und auf diese Frage hatte Bukni keine Antwort.
Aber der Zorn schwelte trotzdem in ihm.

Nachdem die Männer im Hof sich an Schweinefleisch, Yams-Wurzeln, Süßkartoffeln, Süßkartoffelblättern und Taro (Wasserbrotwurzel) sattgegessen hatten, sammelten sie die Überbleibsel in ihre Matten und trugen sie in ihre *yogwas* zurück, damit sie nicht durch den Mittagsregen verdorben würden. Dann kehrten sie zum letzten und wichtigsten Teil des Festes in die *osuwa* zurück — die Speisung der zu weihenden Jünglinge.

Die zwei Dutzend junger Burschen hatten bis jetzt noch nichts gegessen. Nun sollten sie mit einer ganz besonderen Nahrung gespeist werden: Schweinefleisch und Taro, das von den Priestern auf dem heiligen Feuer im Hause *kembus* selbst gekocht worden war.

Der Priester Lisanik gab Anweisungen. «Ihr werdet in Gruppen von fünf in das Haus *kembus* heraufkommen. Tretet ein und setzt euch zwischen die Tür und die zentrale Feuerstelle. Geht nicht über das Feuer hinaus in den heiligen Platz neben dem Raum, in dem *kembu* seinen heiligen Stein bewacht.»
Lisaniks Gesicht wurde ernst. «Achtet darauf, ihr jungen Männer, wie ihr diese Leiter ersteigt. Tretet vorsichtig durch diese Tür. Wenn einer von euch beim Hinaufsteigen auf der Leiter stolpert oder sich beim Eintreten durch die Tür anstößt, dann wird dies ein Zeichen sein, daß *kembu* euch nicht angenommen hat und daß ihr für einen frühen Tod gezeichnet seid.
Und wenn wir, seine Priester, euch die heilige Speise in diesem Haus vorlegen, dann nehmt sie in eure Hände und laßt sie nicht fallen. Wenn ihr etwas von der heiligen Speise fallen laßt oder wenn sie euch krank macht, nachdem ihr sie gegessen habt, dann werden wir wissen, daß *kembu* euch verworfen hat und daß ihr nicht lange in der Menschenwelt lebt.»

Schließlich wies Lisanik zum Himmel. «Es gibt noch ein letztes Zeichen», warnte er die Jünglinge. «Wenn Donner erschallt, während ihr in diesem Hause die heilige Speise eßt, dann ist dies ein Zeichen, daß zumindest einer von euch *kembu* mißfällt. Dieser wird eines frühen Todes unter dem Fluch *kembus* sterben.»

Yekwara fühlte, wie sein Herz vor Angst schneller schlug. Würde *kembu* wissen, daß er noch immer seine Freunde bedauerte, die gestorben waren? Würde *kembu* bewirken, daß er auf der Leiter oder an der Schwelle stolperte? Würde er die Nahrung durch seine zitternden Finger gleiten lassen? Würden die Priester entdecken, daß Yekwara in seinem Herzen sich noch nicht auf die Seite *kembus* gestellt hatte? War *kembu* schon dabei, einen Donnerschlag vorzubereiten, um der Welt Yekwaras verborgene Doppelzüngigkeit aufzudecken?

Warum konnte er nicht wie alle anderen sein und einfach zustimmen, daß seine Freunde wirklich den Tod verdient hatten? Wie ein großes, furchterweckendes Gespenst stieg Lisanik die Leiter herab. Er näherte sich dem Haufen junger Burschen und berührte fünf von ihnen an der Schulter. Sie erhoben sich und folgten ihm die Leiter hinauf, jede Sprosse fest mit den Zehen fassend. Yekwara befand sich in der letzten Gruppe der fünf vom Priester Ausgesuchten. Ein kalter Schauer nistete sich in seiner Magengrube ein, als er sich erhob. Die Bänder mit den Muschelschalen und die Federornamente schwankten um ihn in der auffrischenden Brise. Er warf einen raschen Blick auf seinen Vater und nahm einen Ausdruck von Stolz und Ängstlichkeit auf dem Gesicht des älteren Mannes wahr.

Mit zusammengebissenen Zähnen stand Yekwara in einer Reihe mit Bengwok, Andengs jüngstem Sohn, und kletterte dann hinter ihm die Leiter empor. Es schien ein langer Weg bis oben, und als er auf den Vorplatz vor dem langen Flur trat, pochte sein Herz, als habe er einen Berg erklommen. Bengwok duckte sich zuversichtlich (so schien es wenigstens Yekwara) durch den offenen Eingang, und Yekwara folgte ihm. Er hielt die Arme dicht an den Körper gepreßt und achtete auf verräterische lose Bretter zu seinen Füßen.
Innerhalb des Tempelraums streckten sich die Jünglinge und blickten sich um. Die ungewöhnlich hohe Decke des Baues war vom Rauch des Kochfeuers verdeckt. Es war bei weitem das größte Gebäude, das sie je betreten hatten. Hinter dem zentralen Feuer hockten Andeng und drei andere Priester wie drahtige Buddhas hinter einem duftenden Berg von gebratenen Schweinefleisch und Taro. Andengs Gesicht zeigte keine Bewegung, als sei er nicht gewahr geworden, daß einer der fünf Jünglinge vor ihm sein eigener Sohn war.

Lisanik gab ihnen ein Zeichen, und die Jungen setzten sich mit gekreuzten Beinen auf den Boden aus Palmrinde. Sofort lockerte sich die Haltung der Priester. Sie lächelten die ängstlichen Jungen an. In ihrem Blick lag einladende Wärme. Sie nahmen die Hände voll mit Schweinefleisch und Taro, erhoben sich, kamen um die von vier Pfosten gebildete Feuerstelle herum und beugten sich zu den Jungen hinab, um jedem eine Portion Speise anzubieten.
Yekwara schien es, als ob seine Hände allein zitterten, als er die Nahrung von Andeng selbst empfing. Er faßte sie mit beiden Händen und führte sie an seine Lippen.

Der Wind wurde nun heftiger, er fegte über die *osuwa* und ließ die sitzende Menge frösteln. Er rüttelte an den äußeren Brettern von

kembus rissigem Tempel, wirbelte Staub auf und bewegte die Rauchschicht im Inneren. Eine langsame, beißende Rauchsäule ließ Yekwara die Augen schließen, als er in das schmackhafte Schweinefleisch und den Taro biß.
Plötzlich wurde das Aroma in seinem Mund fade, als er es hörte — ein langsames Donnergrollen am Himmel, das anschwoll und in einem ohrenbetäubenden Krachen über dem *kembu-vam* endete.

Die Rebellion

Erschrocken warf Yekwara einen raschen Blick auf seine Miteingeweihten und sah auch auf ihren Gesichtern Furcht. Erleichtert nahm er wahr, daß alle vier ebenso wie er bereits in ihre Speise gebissen hatten. So konnte sich Verdacht nicht ohne weiteres auf ihn allein richten.
Yekwara blickte auf Andeng. Der dickbäuchige Priester starrte besorgt auf Bengwok, seinen Sohn. Dann wandte sich sein Blick zu Yekwara und den anderen; sein Gesichtsausdruck wechselte von Besorgnis zu Verdacht.

«Wenigstens einer unter euch ist nicht wert, an dieser Speise teilzuhaben», sagte er. «In diesem Augenblick wissen wir nicht, wer. Vielleicht weiß der Betroffene selbst noch nicht, daß *kembu* ihn zurückgewiesen hat. Später werden wir es alle wissen — zu seiner Zeit —, zu *kembus* Zeit. Für jetzt jedoch eßt weiter!»

***

«Andengs Haus brennt!»
«Mein Heim! Mein Heim! Bringt Wasser! Bringt Wasser!» schrie Owu, Andengs Frau.
Das Dorf Sivimu erwachte mit einemmal zum Leben. In der Dunkelheit der *yogwas* und *homias* wurde benommen nach Kürbisflaschen für Wasser gesucht. Bald erstickte die aufgescheuchte Bevölkerung das Feuer, aber nicht ehe eine Seite der *homia,* in der Andeng und Owu schliefen, dem Regen und der Nacht preisgegeben war.

«Wer hat meine Wohnung in Brand gesteckt?» tobte Andeng, während Owu neben ihm laut schimpfte. Niemand bekannte sich schuldig, und nach und nach begaben sich alle wieder zum Schlafen. Andeng kehrte für den Rest der Nacht in seine *yogwa* zurück. Owu begab sich in die *homia* ihrer Schwester, bis ihre eigene repariert war.

In der Nacht darauf war es Wanlas *yogwa,* die auf geheimnisvolle Weise in Brand geriet. Wieder konnte die Zerstörung der Behausung abgewendet werden. Aber nun war offenkundig, daß Unheil umging. Jeder begann zu fragen und aufzupassen. Nachdem er in sechs aufeinanderfolgenden Nächten an sechs Behausungen Feuer gelegt hatte, faßten sie ihn.

«Warum tust du dies, Bruder?» rief einer der Priester. Bukni starrte finster und schweigend auf die ihn umringenden Menschen. Seine Augen glühten rot im Licht der Fackeln, — rot vom Dämon der Bitterkeit, der in ihm wühlte, und von der Schlaflosigkeit, die von der Bitterkeit erzeugt wurde.

«Du hast uns wirklich in Trab gehalten, bis wir die Feuer alle gelöscht und die Häuser wieder instandgesetzt haben!» sagte einer, der versuchte, freundlich zu dem Mann zu sein, der in früheren Tagen soviel Fröhlichkeit in den Dörfern verbreitet hatte. «Willst du weiterhin unseren Schlaf in dieser Weise stören?»
Als Antwort kräuselte Bukni spöttisch die Lippen. Sein Aufruhr gegen die Religion seines Volkes hatte begonnen. Er hegte wenig Hoffnung, daß er seinen Mitbrüdern klarmachen könne, warum der Aufruhr notwendig war; aber das spielte nicht länger eine Rolle. Der Aufruhr gegen *kembu* war zum Selbstzweck geworden.

«Kommt, wir wollen ihn schlagen!» rief ein anderer mit heftigerem Temperament. Einige der Männer holten die Grabstöcke ihrer Frauen und drangen auf Bukni ein. Er hob die Arme, um seinen Kopf zu schützen, aber Sar und Deko griffen ein.
«Brüder, wir werden zwei Schweine zur Verfügung stellen für alle, die Schaden erlitten oder die den Schaden repariert haben!»
Die erhobenen Stöcke senkten sich, und Bukni wurde freigelassen.
«Bukni! Du darfst das nicht noch einmal machen!» warnten Sar und Deko. «Wir können es uns nicht leisten, dich ein zweites Mal freizukaufen.»

Am nächsten trockenen Abend legte Bukni Feuer am Haus eines anderen Priesters und floh in die Nacht hinaus. Am nächsten Morgen fand ihn ein Mann namens Kongok und hieb ihm mit dem Grabstock einen kräftigen Schlag über den Rücken.
Bukni wirbelte herum, warf trotzig das Kinn vor und schrie Kongok in Hörweite Dutzender von Menschen zu: «Geh und schlafe mit deiner eigenen Mutter!»

Kongok wollte seinen Ohren nicht trauen. Ebenso ging es den Zeugen dieses Vorfalles. Ganz sicher waren solche perversen Wor-

te nie zuvor von irgendeinem Mitglied der Menschheit geäußert worden.
«Was?» fragte Kongok ungläubig.
Bukni wiederholte seine Schmähung und ging weg.

Kongok war zu verstört, um etwas zu unternehmen. Er starrte Bukni in größter Verwirrung nach.
«Hat er wirklich das gesagt, was ich zu hören glaubte?» fragte er einen Freund.
«Ich glaube, ja», war die Antwort.
«Er muß wahnsinnig sein!»
«Er ist von Sinnen! Zuerst steckt er die Häuser von *kembus* Dienern in Brand! Nun befiehlt er eine schreckliche Verletzung des *wene melalek!*»
«Was sollen wir tun?» erkundigte sich einer.
Kongok zischte: «Wenn er je noch einmal so etwas zu mir sagt, dann weiß ich, was *ich* tun werde.»

Verzweifelt — und vergeblich — bemühten sich Buknis Angehörige und die Priester seines Dorfes, auf ihn einzuwirken. Nachdem er die Moral *kembus* verworfen hatte und in der Welt keine andere Moral fand, war Bukni amoralisch geworden. Das ganze Universum war für ihn bedeutungslos geworden. Der einzige Weg, eine neue Bedeutung zu finden, war für ihn, alles als richtig anzunehmen, was *kembu* und dem *wene melalek* entgegengesetzt war. Er begann, sich über die vier heiligen Feste lustig zu machen und riet jungen Männern, sich nicht darum zu kümmern. Er hielt die Familien damit in Trab, Feuer zu löschen, und wenn sie ihn schlugen, rief er: «Geh und schlafe mit deiner eignen Mutter!»
Die Menschen schwankten zwischen Ärger und Verwirrung und fragten sich: «Ist so etwas je schon vorgekommen? Was sagt das *wene melalek* hierzu?»

Selbst Andeng fand keine Antwort. Er zögerte, ein Todesurteil gegen eine so beliebte Person wie Bukni ohne sichere gesetzliche Basis auszusprechen. Bukni selbst war es, der die Lösung erleichterte.
«Unga Woooo! Kolongat wooo! Besal-ma wooooo!»
«Bringt ihn zum Schweigen!» schrie Andeng. Er stürzte aus seiner *yogwa* und rief wieder: «Bringt ihn zum Schweigen!»
«Unga wooo! Kolongat woooo! Besal-ma wooooo!» tönte es von neuem.

In grenzenlosem Zorn riß der alternde Priester seine Augen und Ohren auf, um die Quelle des Schreiens zu lokalisieren.
Bukni stand breitbeinig oben auf dem Tempel *kembus* auf dem Hügel Yarino und rief zuerst in Richtung des Dorfes Hwim und dann in Richtung Sivimu auf der anderen Seite. Mit einer Hand hielt er sich an der zum Himmel weisenden und in heiligem Schweinefett verankerten Spitze des Tempels, die andere Hand schwenkte er hin und her und rief weiter mit lauter Stimme: «Frauen und ungeweihte Kinder! Hört mir zu, während ich euch diese Namen lehre! *Unga wooo! Kolongat woooo! Besal-ma woo-ooo!* Dies sind die Namen von ...»
Andeng rannte zur *osuwa,* so schnell seine klapprigen Beine ihn tragen konnten. Aus allen *yogwas* eilten Männer herbei. Sie trugen Waffen und schrien aus vollem Hals, um die Stimme Buknis zu übertönen.
«Die Namen der Orte, wo die Menschheit zuerst ...»
Rasch drängten sie in die *osuwa* und stellten sich um den heiligen Bau auf.
«... aus der Erde hervorkam ...»
Schreiende Stimmen erstickten schließlich die Geheimnisse, die Bukni den Frauen und ungeweihten Kindern der Dörfer preisgab.

Die Männer waren zutiefst entsetzt. Keiner konnte sich daran erinnern, daß es je ein Mann gewagt hätte, das Geheimnis jener Namen preiszugeben, ausgenommen bei der Weitergabe an die zur Weihe bestimmten Jünglinge am heiligen Fest von *morowal.*
Eine solche Verletzung des *wene melalek* verdiente automatisch die Todesstrafe.
Einige Frauen erfaßten, daß Bukni von Dingen sprach, die für weibliche Ohren verboten waren. Die, welche den Ernst des Augenblicks verstanden, schrien, um seine Stimme zu übertönen, und hielten die Ohren der kleineren Kinder zu, damit sie ihn nicht hören konnten.
Andere flüchteten sich schreiend in den Dschungel oder nahmen Zuflucht in den *homias* und bedeckten ihre Ohren mit den Schlafmatten aus Pandanusblättern.

Währenddessen eilte Kongok, mit einer Steinaxt bewaffnet, um den *kembu-vam* herum zu dem Pfosten, den Bukni zum Hinaufklettern auf das spitzgieblige Bauwerk benutzt hatte. Er hängte sich die Axt über die Schulter, faßte den Pfosten mit Fingern und Zehen und kletterte rasch auf das Dach. Bukni kehrte ihm den

Rücken zu, und das Gebrüll Hunderter angstvoller Menschen erstickte das Knacken der trockenen Pandanuswedel unter Kongoks Füßen, als er sich Bukni von hinten mit erhobener Steinaxt näherte.
«Kongok!» schrie Andeng. «Vergieß kein Blut innerhalb der *osuwa!*»
Kongok zögerte. Bukni wirbelte herum und erblickte seinen Angreifer hinter sich, die Steinaxt in der Luft. Erschreckt sprang er auf Kongok los, und die beiden Männer fielen vom Dach des *kembu-vam.* Nahe der Kante griff Kongok nach den dornenbewehrten Wedeln, um nicht weiterzufallen. Bukni faßte den Pfosten und gelangte halb rutschend, halb fallend auf den Boden. Er sprang auf und lief zur hinteren Mauer der *osuwa,* hundert wütende Männer auf seinen Fersen. Kongok selbst schwang sich von der Dachtraufe, faßte die Enden der Streben und ließ sich zu Boden fallen. Er packte die heruntergefallene Axt und schloß sich der Verfolgung an.
«Versuch ihn ohne Blutvergießen zu töten!» rief ihm Andeng nach.

Yekwara, der hinter dem alten Priester stand, erschauerte und barg das Gesicht in seinen Händen. Dann hörte er, wie Andeng, der Kongok folgte, in seinen Bart murmelte: «Warum fällt es dieser Generation so schwer, das *wene melalek* zu halten?»

Als die Verfolger Bukni einholten und zu Boden rissen, kam Kongok mit seiner Axt heran und rief: «Überlaßt das mir!»
Die Menge gab den Weg frei. Bukni, der von fünf starken Männern festgehalten wurde, gelang es trotzdem, auf die Beine zu kommen, als er Kongok mit erhobener Axt auf sich zukommen sah.

«Nein! Nein! Bringt mich nicht um!» flehte er. «Ihr versteht mich nicht! Keiner von euch versteht, was ...»
In der Hoffnung, kein Blut zu vergießen, drehte Kongok die Axt um und führte mit der Breitseite einen Hieb gegen Buknis Schläfe. Bukni schnappte nach Luft und versuchte, sich mit erhobenen Armen zu schützen, aber die Männer hielten ihn fest. Seine Augen weiteten sich vor Entsetzen, als er den schweren Kopf der Axt wieder auf sich zukommen sah. Diejenigen, die Bukni liebten, stöhnten bei dem schauerlichen Geräusch, als der Stein gegen den lebendigen Knochen schlug.

Bukni, noch immer bei Bewußtsein, versuchte zu sprechen. «Möge ...» Ein dritter betäubender Schlag brachte ihn fast zum Schweigen, aber er fuhr fort: «... der Himmel ...»
Kongok schlug noch einmal zu. Er stellte mit Wohlgefallen fest, daß er die Kraft seiner Schläge perfekt berechnet hatte. Das Opfer verlor ohne Blutvergießen das Bewußtsein.
Aber Yekwara, der von weitem beobachtete und zuhörte, konnte sich kaum verbeißen, zu rufen: «Erledige es rasch, Mörder!»
Bukni murmelte: «... fallen auf ...»
Unter dem fünften Schlag gab Buknis geschwächter Schädel nach. Seine Augäpfel rollten zurück. Bebend brach der verhinderte Reformator zusammen. Blut sickerte aus Buknis Nase und aus einer kleinen Wunde an seiner Schläfe. Das Blut, das von seinem dichten Haar nicht aufgesaugt wurde, wischten die Menschen mit Moosklumpen auf.

Später, nachdem Buknis Leichnam und das blutgetränkte Moos in den Heluk geworfen worden waren und als noch mehr von Sars und Dekos Schweinen geschlachtet und ihr Blut auf die Ohren der Frauen und Kinder gespritzt worden war, die irgend etwas von Buknis «Verrücktheit» gehört hatten, saß Yekwara nachdenklich neben seinem Vater und fragte: «Vater, war es *kembu,* der Bukni dazu brachte, solche bösen Dinge zu sagen?»
«Natürlich nicht!» sagte sein Vater.
Einige Augenblicke später fragte Yekwara erneut: «Was ist aber dann die Ursache von solchem Übel?»
Kebel wußte keine Antwort.

***

Deko und Sar saßen allein in der Dunkelheit von Kilohos verlassener *yogwa* und blickten einander grimmig an.
«Bruder, wir sind vernichtet!» flüsterte Deko.
Sar blickte auf die Wände der *yogwa,* von denen die Spinnweben hingen. Sie waren in der feuerlosen Behausung kaum wahrzunehmen. Seine Augen durchforschten die Dunkelheit, als suchten sie unter den Schatten nach Bukni oder Kiloho. Der Kummer hatte sich in Sars leidgezeichnetes Gesicht so tief eingegraben, daß viele Menschen es nicht ertrugen, ihn gerade anzusehen. All die schrecklichen Erinnerungen und der an ihm nagende Kummer schienen aus ihm herauszutreten und jeden einzuhüllen, der ihn ansah.

Doch Sar gab keiner Bitterkeit Ausdruck. Er war selbst ein Priester der *kembu*-Geister. Er wußte nichts anderes, als seinen Kummer anzunehmen.
Deko wußte, daß auch er ihn im Laufe der Zeit annehmen werde. Er, der mit eigenen Händen geholfen hatte, auf Geheiß *kembus* Nindik in die Stromschnellen zu schleudern, würde nicht rebellieren, wie Bukni es getan hatte.
Aber im Augenblick war es hart, sehr hart.
Die Männer fühlten — was sie niemals in Worten hätten ausdrücken können —, um *kembus* Macht zu brechen, wenn es je soweit kommen sollte (der Gedanke war schon verboten), brauchte es jemand, der stärkere Hilfsmittel besaß als Bukni, Sar oder Deko. Zwischen den drei Gebirgskämmen der Welt, in der die Völker des Heluk lebten, konnten solche Männer nicht gefunden werden.

Jenseits des westlichen Randes von *kembus* Welt waren zwei Männer, deren Hilfsmittel *vielleicht* ausreichten. Unter den vielen Hindernissen, mit denen sie sich auseinandersetzen mußten, ließen sie sich die Existenz von *kembu* oder dem *wene melalek* kaum träumen. Auch hatten sie keine Vorstellung von der strengen Hingabe, welche die Yali, obwohl auf der Steinzeitstufe stehend, jenen alten Göttern und ihren harten Forderungen entgegenbrachten.

Dessen ungeachtet hatten die beiden bereits einen schicksalsschweren Weg eingeschlagen, einen Weg, der sie schon bald in einen blutigen Konflikt auf Leben und Tod mit den *kembu*-Geistern und der von ihnen aufrechterhaltenen vielschichtigen Religion bringen würde.
Einer dieser beiden war Stanley Albert Dale.

Teil II

Jenseits des Gebirgskammes

Der Schwächling

Stanley Albert Dale.
Geboren am 26. Juni 1916.
Seine Lebensumstände waren nicht dazu angetan, einen Missionar aufzubauen. Und doch wurde er Missionar, ein Missionar mit ungewöhnlichen Eigenschaften, die zum Teil gerade auf diese Herkunft zurückzuführen waren.
Sein Vater, Walter James Dale, wuchs zwar in einem streng methodistischen Elternhaus auf, warf jedoch schon früh den Glauben seiner Eltern über Bord und ergab sich dem Atheismus und dem Alkohol. Nachdem er drei Erbschaften durchgebracht hatte, ließ sich Walter in der Nähe von Kyogle, einer kleinen Stadt südlich von Brisbane (Australien) nieder. Er besaß ein Gewehr und drohte gelegentlich in einem seiner alkoholbedingten Tobsuchtsanfälle, diese Waffe auch gegen Mitglieder seines eigenen Haushaltes zu richten.

Stanleys Mutter Ethel war eine Frau von unausgeglichenem Gemüt. Sie suchte einen Ausweg aus ihrem Unglück durch Flucht in eine Traumwelt — sie glaubte, eines Tages eine berühmte Schauspielerin werden zu können.
Statt dessen wurde sie die Mutter von drei armselig kleinen Kindern: Sadie, Stanley und Elaine.
Sadie erinnerte sich nach vielen Jahren: «Unsere Kindheit war die Hölle! Angst! Wenn wir zur Schule gingen, wußten wir nie, was wir nach unserer Heimkehr zu Hause antreffen würden. Als Stan noch ein winziger Bursche war, prügelte ihn Vater mit einem Riemen, wenn er auch nur eine Minute zu spät kam. Wir hatten Angst vor seiner Trinkerei, Angst vor seiner Wut, vor dem Gewehr und Angst vor dem Anblick, wie Mutter bei seiner Raserei in Ohnmacht fiel ... wir waren sehr nervös. Wie unsere Mutter wollte auch ich meinen Geist vor der Wirklichkeit verschließen.»
Der kleine Stanley hatte nicht nur zu Hause Schmerz und Angst zu ertragen, sondern mußte auch in der Schule sein tägliches Maß an Quälerei erdulden. Er war für sein Alter ungewöhnlich klein und knochig gebaut, und so reizte er die älteren Jungen zu ständigem Spott und Schlägen.
Die Wunden gingen tief. Eines Tages kreiste ihn eine Horde Straßenjungen auf dem Heimweg von der Schule ein. Wohin er sich

wandte, immer schubste ihn einer von hinten und lachte ihn aus, wenn er hinfiel: «Schwächling! Warum kannst du nicht aufrecht stehen!»
Wie ein Spielball wurde er hin- und hergeworfen, und als er schließlich in Tränen ausbrach, wurde das Gelächter noch rauher. Aber nicht dieses Erlebnis war es, das ihn am tiefsten verletzte. Als er schließlich mit völlig verschmutzten Kleidern heimkam, erzählte er schluchzend seinem Vater seine traurige Geschichte und stieß hervor: «Und sie nannten mich einen Schwächling!»

Walter Dale rümpfte die Nase über dieses schmutzige, schüchterne Häufchen Elend, das ihm das Schicksal als Sohn beschert hatte. «Sie haben recht. Du *bist* ein Schwächling.» Damit wandte er sich ab.
Ein paar Sekunden lang quollen die Tränen von neuem. Aber dann verhärtete sich etwas in Stanley, etwas, das ihn sagen ließ: «Wenn ich ein Schwächling bin, warum sagst du mir nicht, wie ich stark werden kann? Du bist mein Vater, aber du bringst mir nicht bei, stark zu sein!»
Aber sein Vater meinte gleichgültig: «Finde es selbst heraus!» Und das tat Stanley dann auch. Aber wo konnte er die Antwort finden? Bei seinen Schulkameraden nicht — sie hätten nicht einmal seine *Frage* verstanden! Auch nicht bei seiner Mutter, deren einzige Antwort auf die Probleme des Lebens war, sie nicht zur Kenntnis zu nehmen. Vielleicht bei seinem Lehrer? Nun, beinahe wenigstens. Der Lehrer lenkte immerhin seine Aufmerksamkeit auf die Antwort.
«Unser heutiges Lesestück ist — ja, es ist ein Gedicht von Rudyard Kipling, dem großen englischen Dichter. Ihr findet es auf Seite 67.»
In den verschiedenen Ecken des kahlen Klassenzimmers breitete sich ungezügeltes Gähnen aus. Auch Stanley, sonst ein gewissenhafter Schüler, fühlte, wie ihn bei dem Gedanken, an solch einem verträumten, heißen Nachmittag Gedichte zu lesen, Schläfrigkeit überkam.
«Der Titel des Gedichts besteht nur aus einem einzigen Wort — *Wenn*. Stanley, bitte, steh auf und lies die erste Strophe.»
Er hörte die Quälgeister hinter sich kichern, als er seine viel zu großen Stiefel auf den groben Bretterboden setzte und sich neben sein Pult stellte. Er konzentrierte seinen Blick auf die erste Zeile des Gedichtes. Ein Papierkügelchen traf ihn im Genick und kullerte in seinen zerknitterten Kragen. Das Gekicher nahm zu. Stan-

ley ignorierte die Papierkugel und das Gekicher und begann zu lesen:

> Wenn du beharrst, da alle um dich zagen
> und legen ihren Kleinmut dir zur Last;

Stanley war betroffen. Er hatte den sicheren Eindruck, wer immer diese Worte geschrieben hatte, würde vielleicht verstehen, was es hieß, Stanley Albert Dale zu sein.

> Vertraun zu dir bewahrst, da andre dir's versagen,

Beinahe traten ihm hier die Tränen in die Augen. Erstaunt, wie sehr ein einfaches Gedicht ihm zu Herzen gehen konnte, fuhr er fort:

> Doch auch Verständnis für ihr Zweifeln hast;
> Wenn du zu warten weißt und bleibst gelassen,
> betrogen, fern dich hältst von dem Betrug;
> Wenn du, gehaßt, dich hütest mitzuhassen
> und doch zu gut nicht scheinst noch sprichst zu klug:

Hier hatte er nicht nur die Papierkugel und das Gekicher, sondern auch die Quälgeister vergessen. Stanley erlebte zu erstenmal, wie die Kraft der Poesie ein Menschenherz hinreißen kann. Er beendete sein Vorlesen, so gut es ging. Bei der letzten Zeile blieb ihm fast die Stimme weg. Er setzte sich. Ein Mädchen neben ihm erhob sich, um die zweite Strophe zu lesen, aber er war mit den Augen ihr schon vorausgeeilt.

> Wenn träumend du nicht sinkst im Traumes-Sumpfe

Das war die Grube, in die seine Mutter gefallen war.

> Und denkend Denken nicht zum Ziel dir machst,
> wenn du, begegnend Unglück und Triumphe,
> die zwei Betrüger gleicherweis verlachst;
> Wenn du die Wahrheit, die du sprachst, kannst hören
> von Buben frech zum Narrenfang verdreht,
> kannst zuschaun, wie sie, was du schufst, zerstören,
> dich beugst und baust, bis es von neuem steht ...

Als die Schule aus war, steckte Stanley das Gedichtbuch in seine Schultasche, entschlüpfte den Rowdies und floh querfeldein auf einen einsamen Hügel. Dort blätterte er mit eifrigen Fingern bis zur Seite 67 und stürzte sich erneut über Kiplings Zeilen:

Wenn du vermagst, was du nur hast, zu raffen,
und legst auf eine Karte alles hin,
verlierst — und fängst von vorne an zu schaffen
und wirst dabei die Miene nicht verziehn;
Wenn du das Herz, die Nerven und die Sehnen
zum Dienst zwingst, da sie letzte Kraft verläßt,
dastehst mit hart zusamm' gebißnen Zähnen,
wenn nichts, als nur der Wille sagt: Steh fest!

Später an diesem Nachmittag, als er seine Arbeiten auf der Farm erledigt hatte, las er wieder. Nach dem Geschirrabwaschen am Abend fuhr er fort, diesmal mit der Kerosinlampe in seinem Schlafzimmer:

Wenn du dem Volke reinen Wein kannst schenken,
mit Königen in schlichtem Umgang stehn,
wenn weder Feind dich kann noch Freund dich kränken,

Stanley sann lange über diese Zeile nach.

Wenn alle nah, doch nicht zu nah dir gehn;
Wenn jede Stund erfüllst mit ihrem Werte,
daß keine je vergeblich dir verrann:
Dein ist mit allem, was sie trägt, die Erde,
und — mehr als das — mein Sohn, du bist ein Mann!

Stanley war nicht sicher, was Kipling mit «die gnadenlose Minute»* meinte, aber wie auch immer — das Leben sollte ihn *dies* schnell genug lehren. Eines wußte er jedoch: Kipling hatte mit nur zweiunddreißig Gedichtzeilen das Vakuum ausgefüllt, das Stanleys eigener Vater nicht ausfüllen konnte.
So lernte Stanley das Gedicht auswendig. Wo er zuvor verloren durch die Felder zur Schule getrottet war, da hüpfte er nun mit flinken Beinen und rief den Wolken sein Gedicht zu. Wenn er über den ländlichen Zaun auf die Straße zurückkletterte und die Quälgeister sah, die am Schultor auf ihn warteten, sagte er es ganz für sich auf als seinen verborgenen Verbündeten, der ihm half, ih-

*«The unforgiving minute» ist in der deutschen Übersetzung des Gedichtes frei wiedergegeben mit «wenn jede Stund erfüllst mit ihrem Werte». Die deutsche Übersetzung ist entnommen Band III der Gesammelten Werke von Rudyard Kipling, erschienen im Paul List Verlag KG, München. (Anm. d. Übers.)

ren häßlichen Beschimpfungen die Stirn zu bieten, und wenn sie ihn schlugen, half es ihm, nicht zu weinen.
Denn Rudyard Kipling lehrte ihn, stark zu sein, und nannte ihn sogar «mein Sohn».
Stanley Albert Dale hatte einen Vater gefunden.

Er sollte noch weitere finden, als seine Familie von Kyogle fortzog und sich weit im Süden in Bowral niederließ. Als er heranwuchs, entdeckte er Henleys Gedicht *Invictus* und die Schriften von Matthew Arnold, Oliver Goldsmith, John Masefield, Alfred Tennyson und Robert Browning. Da sich in seinen Schulbüchern nicht annähernd genug von diesen großen Männern fand, lernte er bald, die große, schwere Tür der Stadtbibliothek von Bowral zu öffnen. Nach kurzer Zeit wurde Stanley einer der häufigsten Besucher. Stundenlang kauerte er allein und kaum je beachtet am Ende eines der langen Lesetische nahe dem Fenster mit seinen kleinen Scheiben.
Dort entdeckte er Bücher über Geschichte; die Biographen rauher Kriegshelden wurden sein besonderes Entzücken: Alexander der Große, Hannibal, Cromwell, Nelson, Lord Kitchener — Männer, die mit unüberwindlichen Schwierigkeiten fertig wurden und deren Idealen Kipling später in *Wenn* dichterische Gestalt verlieh. Mindestens einmal in der Woche pflegte Stanley einen neuen Band zu öffnen und gierig zu verschlingen; dabei grinste er vor sich hin, als ob alle seine Geburtstage auf einen Tag gefallen seien.
Wie hätte Andrew Carnegie* gelächelt, hätte er gesehen, daß eine öffentliche Bibliothek den Wissensdurst eines armen Jungen so gründlich weckte und stillte.

Von seinen Studien inspiriert, begann Stanley von einem großen Schicksal für sich zu träumen. Im Gegensatz zu seiner Mutter hatte er die volle Absicht, dieses Schicksal Wirklichkeit werden zu lassen! Schon als Kind lernte er, Schwierigkeiten zu überwinden; was konnte er als *Mann* leisten?!
Stanley fand bald heraus, daß er auf Grund seines ausgiebigen Lesens zu fast jedem Gegenstand in geeigneter Weise Stellung nehmen konnte, was manche Leute dazu brachte, ihn als neunmalklug zu verspotten. Wie Sadie erzählte, ärgerte es sie noch mehr, wenn sie nachbohrten und feststellen mußten, daß er tatsächlich wußte, worüber er redete!

*Amerik. Millionär; machte bedeutende Stiftungen zur Forschungsförderung (Anm. d. Übers.)

Die beiden Schwestern sind sich darin einig, daß Stan manchmal etwas zu selbstsicher war. «Ich habe nie erlebt, daß er um ein Argument verlegen war», sagte Elaine mit einem leichten Zwinkern. Aber als Stan älter wurde, fühlten beide Schwestern ihre Achtung für ihn steigen. Es lag etwas zutiefst Einnehmendes in der Art, wie er sich aufmachte, um jeden Nachteil auszugleichen, den das Schicksal ihm in den Weg gelegt hatte.

«Hindernisse sind ein Kompliment für einen Kämpfer», pflegte er zu bemerken.

Da war zum Beispiel sein kleiner Wuchs. Er war zwar nicht in der Lage, seiner Körpergröße auch nur eine Elle hinzuzufügen, und so beschloß Stanley, sich selbst Stück für Stück nicht nur viel klüger, sondern auch weit kräftiger zu machen als seine Altersgenossen. Er hatte Erfolg damit.

Durch verbissenen Querfeldeinlauf und harte Arbeit auf der Farm bildete er sich zu einem «Atlas» im Kleinformat aus mit kräftigen Muskelpaketen. In dem Maß, wie seine Stärke zunahm, wuchs auch sein Mut. Er fürchtete sich vor nichts und nahm jede Herausforderung an.

Wenn ein Spielkamerad auf eine Sanddüne kletterte und rief: «Ich bin der König des Schlosses und du bist der dreckige Schurke», dann bewies Stan sehr schnell das Gegenteil.

Obgleich sein Vater ihn immer noch als «Schwächling» betrachtete, gaben ihm die Straßenjungen bald einen neuen Spitznamen — «Draufgänger».

Beim ersten Zeichen einer Provokation ergriff Stanley die Initiative, ganz gleich, wie die Chancen standen, und der Ausgang war oft überraschend. Sie versuchten deshalb neue Tricks.

«Draufgänger, sieh dort das alte Haus — es ist verhext! Geh ja nicht dorthin, sonst passiert dir etwas Schreckliches!»

Stanley tat so, als ob er sich fürchtete, und fragte nacheinander jeden der Jungen: «Wirklich?»

Als sie alle bejaht hatten — sicher, ihn an seiner schwachen Stelle getroffen zu haben — lächelte er plötzlich, rannte in das Haus, lief durch alle Räume und lachte von einem hochgelegenen Fenster fröhlich auf seine Möchtegern-Angstmacher hinab.

Jahre später forderte ihn jemand heraus, im Hafen von Sydney zu einer bestimmten Insel zu schwimmen. Er sprang ins Wasser und zog mit kräftigem Schlag durch die Wellen. Seine Kameraden, die vielleicht fürchteten, zur Verantwortung gezogen zu werden, falls

er ertränke, überlegten es sich noch einmal und eilten ihm mit einem Boot nach. Sie mußten ihn mit Gewalt — noch schwimmend — aus den Schaumkronen stürmischer Wellen herausziehen.
So ging er aus einer Kindheit voller Qualen hervor: zäh geworden, doch nicht nur in Geist und Herz, auch in den Sehnen — stets vorneweg, um jeder Herausforderung zu begegnen, die Schultern gestrafft, Brust heraus, mit eilendem Schritt, das Rückgrat gerade wie ein Ladestock. *Steh fest!*
Doch es gab noch Narben.
Und Rückschläge.
Zum Beispiel, als die Bäckerei seines Vaters, die er neu in Bowral gekauft hatte, sehr schnell bankrott ging. Nachdem die Gläubiger anmarschiert waren und alle Einrichtungsgegenstände aus Heim und Geschäft abtransportiert hatten, saß Walter Dale in einem kahlen Raum auf dem Boden und weinte haltlos. Dann wandte er sich an Stan und Sadie und sagte grimmig: «Ihr müßt beide die Schule verlassen und mir helfen, die Familie zu erhalten.»
Stan, dessen Traum von höherer Bildung zerstob, setzte sich nieder und weinte mit seinem Vater. Was konnte das Leben nun noch für ihn bereithalten?

Wegen seiner kleinen Statur und seiner großen Jugend konnte der 14jährige Stanley eine ganze Zeitlang nur als Golfjunge Beschäftigung finden. Aber dann schritt ein Nachbar ein, und Stanley fand seinen Schicksalsweg, der sich auf etwas ungereimte Weise mit einer Lehrstelle in einer anderen Bäckerei verband.
Lange Arbeitsstunden an heißen Öfen drohten, ihm jede Zeit für private Studien zu rauben. Er schaffte es jedoch, sich in den wenigen Freistunden, die ihm gewährt wurden, zur Ortsbücherei zu stehlen.

Drei Jahre später geschah es dann. Jemand schob ihm eine neue Art von Herausforderung in den Weg, und zwar in Gestalt eines kleinen Buches: «*Vier Dinge, die Gott dir sagen will.*»
Beim Lesen fand sich der 17jährige Stanley auf ungewohntem Boden. Sein atheistischer Vater hatte es sorgfältig vermieden, ihn mit derartigen Themen in Berührung zu bringen.
Zum erstenmal sah sich der junge Mann, der sich dazu erzogen hatte, jegliche Herausforderung anzunehmen, in einer Lage, mit der er nicht fertig wurde. Dies war ein Ruf — nicht zu einem Test für bloße physische Stärke oder Schlauheit, sondern zur Bereitschaft, sich dem auszuliefern, was offensichtlich das höchste mo-

ralische Ideal des Universums war — der Ehre und Herrlichkeit Gottes!
Stanley fühlte, wie seine sonst übliche felsenfeste Selbstsicherheit ins Wanken geriet. Seit einiger Zeit war er in zunehmenden Maß gewahr geworden, daß er nicht auf der Höhe von Kiplings irdischem Vorbild lebte. Und nun dies ...
Ein Gefühl sanfter Warnung kam über ihn: «Versage bei diesem Test, Stanley, und du wirst nicht als ganzer Mann erfunden werden, ganz gleich, was du sonst leistest. Wenn du aber diesen Test bestehst, dann werden selbst deine besten körperlichen Leistungen im Vergleich dazu armselig erscheinen!»
Sein Herz begann zu pochen. Plötzlich ließ eine neue und tiefe Einsicht in die Bedeutung der menschlichen Existenz seinen Atem stocken.
«Das also ist der Zweck, warum ich auf der Welt bin — um Gott zu verherrlichen!» Er las das Traktat von neuem. Vor allem ein Vers erregte seine Aufmerksamkeit:
«Alle haben gesündigt und die Herrlichkeit verloren, die Gott ihnen zugedacht hatte» (Röm. 3,23).
Niedergedrückt von Schuld und Unwürdigkeit, sah Stan sein Problem: die Sünde hatte ihn davon abgehalten, seinen wahren Lebenszweck zu erfüllen. Er las weiter:
«Aus Gnade seid ihr gerettet durch den Glauben, und das nicht aus euch selbst: Gottes Gabe ist es; nicht aus Werken, damit sich niemand rühmen kann» (Eph. 2,8-9).
Im Glauben lag somit der Schlüssel. Irgendwie mußte er herausfinden, wie dieser Schlüssel zu gebrauchen war. Dann fiel es ihm wieder ein! Der Freund, der ihm das Büchlein gab, hatte eine Veranstaltung erwähnt, die an diesem Abend — Samstag, dem 14. November 1933 — stattfinden sollte.

Die Zusammenkunft war auf dem Mount Gibraltar, einem beliebten Picknickplatz, der sich über der Stadt Bowral erhob. Als Stanley den Hügel hinaufstieg, sah er ein großes Zelt auf dem Kamm des Hügels. Er hörte, wie Menschen geistliche Lieder sangen. Das klang so schön, so zu Herzen gehend — jedes Blatt, jede Blume, jeder Zweig schien ihm zu versichern, daß das, wovon diese Menschen sangen, wirklich die Grundlage allen Seins sei. Es war gut.

Er trat ein und setzte sich auf eine Bank unter einfache, aber wirklich anziehende Leute. Wie anders waren ihre Gesichter! Nicht mürrisch wie das seines Vaters, nicht stumpf oder leer wie das so vieler seiner Bekannten. Und wie anders klangen ihre Stimmen! Nicht hart, scharf und mit Flüchen durchsetzt wie in der Bäckerei. Dann erhob sich ein Prediger und gab Erläuterungen aus einem offensichtlich sehr alten, wohlgeprüften und daher maßgebenden Buch.

Als der Prediger zu einer Entscheidung auf Grund des Textes dieses Buches — der Bibel — aufrief, war Stanley bereits zu einem eigenen Urteil gekommen.

Der Prediger, Alex Gilchrist, sah, wie der junge Mann sich erhob, die Schultern straffte, in den Gang trat und nach vorne kam. Selbst aus der Entfernung gab es keinen Zweifel an dem Blick in den Augen des Jungen, ein Blick, der besagte: «Rechne mich zu den Nachfolgern Christi!»

Als er näher herantrat, konnte Gilchrist die glühende Willenskraft erkennen, die in der kleinen, drahtigen Gestalt vibrierte.

Der junge Mann und der Prediger gaben sich die Hand. Sie schauten einander an. Sie knieten vor der Gemeinde nieder und beteten zusammen. Hier und heute besiegelte Stanley seine Hingabe an Jesus Christus.

Es war kein einseitiger Vorgang. Die reine, süße Freude eines anderen Seins durchströmte ihn, und er wußte, daß Gott sein Gebet erhörte!

Seine Vergangenheit war vergeben!

Sein ganzes Leben würde sich nun umwandeln.

Mehr noch — die Umwandlung hatte bereits begonnen.

«Stanleys Bekehrung war unmittelbar und unwiderruflich», erinnerte sich Sadie später. «Wir, die Angehörigen seiner Familie, reagierten in unterschiedlicher Weise — keineswegs so, wie er es beabsichtigte. Als er es zum Beispiel unserem atheistischen Vater erzählte ...»

«Nein», knurrte Walter James Dale. «Nur das nicht!»

Stanley faßte sich ein Herz. Er hatte einen der wenigen nüchternen Augenblicke seines Vaters gewählt, um ihm die Neuigkeit mitzuteilen, aber auch so mußte er mit unerfreulichen, vielleicht sogar gewalttätigen Reaktionen rechnen.

«Ja», erwiderte Stanley respektvoll, aber fest.

Sein Vater verzog spöttisch den Mund. So hatte der «Schwächling» also noch mehr Schwachheit an den Tag gelegt, als er sein Vertrauen auf einen Gott setzte, den es gar nicht gab! Nach einem Augenblick kamen langsam und wohlüberlegt die Worte: «Ich habe keinen Sohn mehr.»

Stanley war niedergeschmettert.
Er versuchte auch, seine Mutter aus ihren Tagträumen weg zum Glauben an Gott zu rufen. Sie duldete seine glühenden Bitten mit freundlicher Bereitschaft —, sie stimmte allem zu und erfaßte wenig.
Stans zehn Jahre jüngere Schwester Elaine lehnte zuerst seine Bekehrung ab. «Er widmete sich Gott so sehr, daß er mir beinahe kein Bruder mehr war.»
Doch wußten sowohl Elaine wie Sadie, die zwei Jahre älter war als Stan, daß eine höchst kraftvolle Vorstellung von ihrem Bruder Besitz ergriffen hatte.
«Er arbeitete unverantwortlich lange Stunden in der Bäckerei», meinte Sadie. «Doch wenn er heimkam, brachte er Stunden im Gebet zu. Oft fanden wir ihn, wie er kniend neben dem Bett eingeschlafen war, selbst wenn die Temperatur nahe dem Gefrierpunkt lag.»

Noch ehe viele Jahre ins Land gingen, teilten nicht nur Sadie und Elaine, sondern sogar Stans Mutter seinen Glauben an das Evangelium.
Wie er früher Gedichte und Geschichten verschlungen hatte, so las Stanley nun mit leidenschaftlichem Eifer über die Patriarchen, Propheten und Apostel.
Eines Tages fand er bei seinen Studien Hinweise, daß Rudyard Kipling, der höchste seiner Kindheitshelden, seine Eingebungen ebenfalls aus den Schriften des Christentums bezog, wie Stanley selbst dies nun tat. In einer Zeile am Schluß des Gedichtes *Wenn* versprach Kipling denen, die sein Ideal des absoluten, unbeugsamen Mannestums erfüllten: «Dein ist mit allem, was sie trägt, die Erde.»
Stanley entdeckte, daß dieser Passus seine Parallele in einer Zeile des 24. Psalms von König David findet: «Die Erde ist des Herrn und was darinnen ist» (Ps. 24,1).
Stanley überdachte die Aussage des Dichters neu im Lichte dieses soeben entdeckten Hintergrundes und kam zu dem Schluß, daß Kipling uns klarmachen will, ein wirklich idealer Mann werde an der Herrschaft über die Schöpfung teilhaben — er werde unter Gott ein Herr der Erde sein!
Konnte dies stimmen?

Stanley erinnerte sich daran, daß Christus selbst gesagt hatte — trotz der offenkundigen Herrschaft des Kaisers: «Selig sind die

Sanftmütigen, denn sie werden das Erdreich besitzen!» (Matth. 5,5). War nicht auch Kiplings idealer Mann sanftmütig? Dem Mißtrauen anderer bringt er Verständnis entgegen. Wenn man über ihn lügt, antwortet er nicht mit Lügen. Vom Haß verfolgt, gibt er dem Haß keinen Raum in seinem Herzen. Wenn er zur Masse spricht, bewahrt er doch die Tugend. Er wandelt mit Königen und verliert doch nicht die Verbindung zum einfachen Menschen.

Er scheint nicht zu gut und spricht nicht zu weise!

Plötzlich gerieten alle Dinge an den richtigen Platz! *Christus* war der einzige Mensch in der Geschichte, der Kiplings Ideal vollkommen erfüllte!

Im Sturm auf dem See Genezareth «behielt» Christus «den Kopf», als die Jünger den ihren «verloren» und ihm zur Last legten!

Als Sohn Gottes war er der tiefsten «Träume» und «Gedanken» fähig, doch krönte er sie alle mit praktischem Tun!

In Gethsemane und auf Golgatha zwang er Herz, Nerven und Muskeln «zum Dienste, da sie letzte Kraft verläßt». Während einer zweitausendjährigen Geschichte, so überlegte Stanley, mußte Christus mit ansehen, wie seine Wahrheit verdreht wurde, vor allem von skrupellosen Geistlichen, die auf Narrenfang ausgehen. Unmittelbar unter ihrer Nase bringt der Herr dies wieder in Ordnung durch das Zeugnis einfacher Menschen, die auf seine ursprüngliche Aussage und die seiner Apostel zurückgreifen.

Immer wieder wurde die Kirche, für die er sein Leben gab, durch Verfolgung «gebrochen» oder korrumpiert, und doch beugt er sich nieder und baut sie wieder auf mit abgenutzten, doch würdigen Werkzeugen — Zucht und Lehre.

Beharrlich «legt er all seine Gewinne» in der Geschichte hin auf das stammelnde Zeugnis seiner Nachfolger in jedem neuen Zeitalter.

Und oft «verliert» er, zumindest nach menschlicher Einschätzung, und beginnt wieder von vorne, ohne je vom ursprünglichen Ziel abzuweichen.

In aller Vorbereitung auf den Höhepunkt der Geschichte und das Endgericht ist es ihm bestimmt, sich mit Kritikern wie mit Feinden auseinanderzusetzen.

Stanley schaute lange auf die vor ihm liegende offene Bibel. Ohne Zweifel mußte Kipling Christus als Modell für seinen idealen Menschen verwendet haben! Noch erregender war, daß der Geist

Jesu Kiplings Gedicht als Lehrmeister für Stanley benutzt hatte! Es diente als eine Art Vorläufer für das Alte Testament, um einem bisher noch nicht unterwiesenen jungen Mann zu helfen, die Notwendigkeit der Buße zu erkennen.
Wie viele andere solcher «vorläufigen Alten Testamente» mochte Christus in aller Welt zu seiner Verfügung haben, um bisher nicht unterwiesene Menschen auf die Begegung mit ihm vorzubereiten?

Später, beim Lesen des ersten Paulus-Briefes an die Korinther, fand Stanley eine weitere biblische Quelle für Kiplings hochfliegendes Versprechen: «Alles ist euer, es sei ... Welt oder Leben oder Tod, es sei Gegenwärtiges oder Zukünftiges, alles ist euer, ihr aber seid Christi, Christus aber ist Gottes» (1. Kor. 3,21-23). Er erkannte sie nun, die Stufenfolge, in die der Mensch hineinpassen sollte, die Stufenfolge, die über den Menschen hinauf zur Gottheit emporsteigt und hinuntersinkt, tiefer als der Mensch zu den Galaxien und Atomen. Er sah auch das Geheimnis des menschlichen Ranges: *Bleibe allem untertan, was über dir ist, und es wird dir alles untertan sein, was unter dir ist!*
«Herr», so betete er inbrünstig, «abgesehen von dir bleibt Kiplings Gedicht ein furchtgebietendes *Wenn,* an das niemand heranreichen kann! Aber jeder Mensch, der mit dir vereint ist, kann alle Dinge tun durch dich, weil du Kiplings Ideal mehr als erfüllt hast!»
So gewann Stanley Dale die Einsicht, den Übergang von Kipling zu Christus zu vollenden.

***

Schließlich nahm Stanley eine Einladung von Alex Gilchrist an, sich einer Gruppe von Männern anzuschließen, die sich die Open Air Campaigners nannten. Sie ließen den apostolischen Geist der britischen Reformatoren John Wesley und George Whitefield wieder aufleben und predigten furchtlos auf überfüllten Stränden, auf Märkten, in Armeelagern und bei Bootsrennen. Wie beharrliche Fliegen attackierten sie das Gewissen unsteter Vergnügungssuchender. Feindseligkeit oder Spott begegneten sie mit entwaffnend witzigen Bemerkungen. Sie durchstießen die Gleichgültigkeit der Weltüberdrüssigen und stachelten die Menschen auf, bis sie sich für oder gegen den Erlöser entschieden.
Oft fanden die Open Air Campaigners in den Abflußkanälen der Menschheit die Goldkörner, nach denen sie suchten — ein, zwei

oder drei Menschen, die von der kühnen Predigt erfaßt und von der Liebe Christi unwiderstehlich angezogen wurden. Wann immer sie einen solchen Menschen trafen, knieten sie angesichts einer verachtungsvollen Menge nieder und beteten mit ihm. Sie achteten weder auf Pfiffe noch johlendes Gelächter, sondern dachten daran, daß «mehr Freude bei den Engeln Gottes über *einen* Sünder ist, der umkehrt, als über neunundneunzig Gerechte, die die Umkehr nicht nötig haben» (Luk. 15,7.10).
Bald stand Stan an der vordersten Front der Verkündiger; er rief seine Überzeugung über den Verkehrslärm hinweg und parierte Beschimpfung mit Witz, Herausforderung mit freundlicher Gegenforderung. Doch manchmal waren die Kränkungen so gemein, so verletzend! Es war schwer, nicht zornig zu werden. Aber sooft die Röte sich über den Hals des «Draufgängers» zu verbreiten begann, genügte ein ruhiger, fester Blick von Alex Gilchrist, den Hitzkopf wieder abzukühlen.

Um diese Zeit begann der junge Prediger zu erkennen, daß nicht alle, die sich Christen nannten, wirklich Nachfolger des sich selbst verleugnenden Nazareners waren, der doch der Inhalt ihres Glaubens war. Und so wandte sich Stanley, wenn er an Ständen und Straßenecken zu Weltmenschen sprach, bei Gelegenheit in klaren Worten gegen den — wie er es nannte — «Lippendienst» moderner Christen, die versuchten, «das Beste aus beiden Welten» zu genießen, anstatt sich voll und ganz Gott anheimzugeben.
Stanleys offenherzige Kommentare riefen manchmal kritische Reaktionen hervor. Aber Alex Gilchrist, Stanleys «Vater im Glauben», ließ sich von der Kritik an seinem Schützling nicht stören. «Ein neugefundener Diamant ist immer roh», pflegte er mit leiser Verschmitztheit in seiner kühlen Zurückhaltung zu sagen. «Aber wartet nur ab ...»
Vom «Schwächling» über den «Draufgänger» zum «Rohdiamanten».
Was würde als nächstes kommen?

Als Stanley 22 Jahre alt war, war es nicht mehr nötig, zum Lebensunterhalt seiner Familie beitragen zu müssen. Sofort entfloh er der stickigen Backstube und seinem Lehrverhältnis. Er reiste nach Sydney und schrieb sich am Sydney Missionary and Bible College (Missions- und Bibelschule) ein. Aber ehe er seine Ausbildung für den vollzeitlichen Dienst am Evangelium beendet hatte, erklärten Hitler und Hirohito den Krieg gegen die Alliierten.

Stanley empfand dies als persönliche Herausforderung. Sosehr er auch seine Studien liebte, diese Herausforderung mußte zuerst beantwortet werden. Stan ließ sich von der Schule freistellen und trat der australischen Infanterie bei. Bald qualifizierte er sich für eine Stelle in einem Ausbildungslager für Offiziere. Aber die Ausbildung zog sich über Monate hin, während die Japaner praktisch ungehindert nach Süden vordrangen. Stanley lechzte nach Taten. Dann erfuhr er, daß Einheiten einer Division, die «dic Kommandos» genannt wurden, rascher als reguläre Armee-Einheiten an die Front nach Neuguinea verschifft wurden. Stanley bat, seine Offiziersbewerbung zurückgeben zu dürfen, um zu den «Kommandos» versetzt zu werden. Zu seinem Entzücken wurde seiner Bitte umgehend entsprochen.

Plötzlich sah er sich mitten unter recht andersgearteten Menschen, einem Elite-Korps von Fallschirmjägertruppen, die als «die Selbstmord-Jungs» bekannt waren. Sie waren rauh und zu allem bereit, wie Stan selbst, doch einige von ihnen waren vom Leben verbittert und schienen Gewalt und Gefahr als Selbstzweck zu lieben. Sie prüften Stan gründlich, fanden, daß er von Kopf bis Fuß wie zäher Stahl war, und akzeptierten ihn.
Seine Religion verwirrte sie jedoch. Sie hatten sich religiöse Menschen bisher nie anders denn als Schlappschwänze vorgestellt. Und Stanley war alles andere als ein Schlappschwanz.

An einem bestimmten Punkt seiner Ausbildung in der Armee wurde Stan mit etwa 2000 anderen Soldaten in einer riesigen Halle auf dem Spielfeld von Sydney kaserniert. Seit seiner Bekehrung hatte er sich strikt daran gehalten, jeden Abend vor dem Zubettgehen und jeden Morgen vor dem Frühstück an seinem Bett zum Gebet niederzuknien. Nun stand ihm ein harter Test bevor: war er bereit, unter 2000 rauhbeinigen Soldaten niederzuknien und zu beten?
Stanley entschied, er könne nichts anderes tun, wenn er Gott und sich selbst treu bleiben wollte. An jenem ersten Abend kniete er an seinem Feldbett nieder. Innerhalb weniger Sekunden bemerkte er es — eine Stoßwelle verblüfften Schweigens breitete sich nach allen Richtungen bis in die fernsten Winkel der großen Halle aus. Dann folgten Nachwellen von rohem Gelächter, das zu höhnischem Tumult anschwoll.
Stanley betete weiter.
Während der Ausbildung in der Nähe von Sydney entdeckte Stanley ein Freizeitzentrum für Soldaten in der Goulbourn Street. Es

wurde von Baptisten aus der Stadt betrieben und war jeden Sonntag von 18 bis 21 Uhr geöffnet. Von Montag bis Samstag bestand die Welt aus hartgesottenen Feldwebeln, die Beleidigungen mit Befehlen mischten, aus Gewaltmärschen, aus Durchkriechen unter Stacheldrahtverhauen und dem Versuch, seinen Geist gegen die obszöne Sprache der Kaserne abzuschirmen.
Aber dann kam der Sonntag! Da gab es das Singen der Lieder von Charles Wesley oder Fanny Crosby mit fröhlichen Gesichtern und rhythmischem Gesang. In feierlich ernstem Gebet wurde die Hingabe an Gott erneuert. Stan vernahm tiefschürfende Bibelauslegungen. Er drängte seine Kameraden, die noch nicht ihren Frieden mit Gott geschlossen hatten, dies zu tun, solange noch Zeit war. Und dann gab es Sandwiches und Tee, die von lächelnden jungen Frauen mit hellem Blick serviert wurden.

Stanleys Interesse an Mädchen entwickelte sich erst spät, aber schließlich stahlen sich romantische Gedanken auch in sein Herz. Die erste, die sein Interesse weckte, war eine lebhafte Brünette namens Yvonne. Aber wie sollte er sich ihr nähern? Eines war sicher — Stanley würde den von manchen seiner Altersgenossen benutzten Methoden, einem Mädchen den Hof zu machen, nicht folgen, denn er betrachtete sie als unaufrichtig und betrügerisch. Tatsächlich lehnte er es strikt ab, mit Mädchen, die einem Vertrauen schenkten, herumzuflirten, um sie rasch gegen eine andere auszuwechseln, wenn es ins eigene schwankende Belieben paßte.
Stanley betete lange und ernsthaft, um zu erfahren, ob Yvonne «Gottes Wahl» für ihn sei. Als er glaubte, die Versicherung erhalten zu haben, sie sei es wirklich, holte er tief Luft und näherte sich ihr eines Tages in einer stillen Ecke der Goulbourn Recreation Hall.
«Yvonne.»
Sie sah auf und lächelte ihn liebenswürdig an. «Ja, Stanley?»
«Yvonne», wiederholte er und versuchte sich an die einleitenden Worte zu erinnern, die er sich eingeprägt hatte. «Ich fühle mich zutiefst zu dir hingezogen, und nach langem Gebet glaube ich, daß du Gottes Wille für mich bist.»
Das Lächeln auf ihrem Gesicht erstarb plötzlich. Stan fuhr fort: «Du sollst wissen, daß dies für mich eine feierliche, heilige Sache ist, und du kannst dich darauf verlassen, daß ich dir treu sein werde, solange ich lebe.»
Yvonne erbleichte. Aber dann erinnerte sie sich daran, daß sie zu diesem zuverlässigen jungen Soldaten höflich sein mußte, denn er

würde schon bald für ihre Freiheit, Nein sagen zu können, kämpfen und vielleicht sterben. So lud sie Stanley zusammen mit anderen an zwei oder drei Sonntagnachmittagen zu ihrer Familie ein. Danach mied sie ihn allmählich immer mehr.

Stanley trug seine Enttäuschung wie ein Mann. «Ach ja!» seufzte er. «Das nächste Mal werde ich mich etwas weniger direkt nähern.» Aber es würde Stanley Albert Dale immer schwer fallen, sich indirekt zu nähern, gleichgültig, worum es sich handelte.

Seine romantischen Leiden wurden durch eine plötzliche Verlegung in das Kriegsgebiet abrupt beendet. Sein letzter Abschied in der Goulbourn Street war für seine Freunde ein feierlicher Akt. Sie waren von drei Dingen überzeugt: Erstens, Stanley werde niemals aus dem Krieg heimkehren, zweitens, er werde sein Leben so teuer wie möglich verkaufen und drittens, sie würden niemals einen anderen Menschen wie ihn treffen.

Stanleys Einheit landete in Port Moresby auf der Insel Neuguinea mit dem Befehl, den japanischen Vormarsch südlich von Lae an der Nordküste der Insel zum Stehen zu bringen. Dies bedeutete Fußmärsche durch Schlamm und tropische Hitze in die zerklüfteten Owen-Stanley-Berge, dem Rückgrat des östlichen Teils von Neuguinea.

Stanley war überrascht und entzückt, als er feststellte, daß fast alle Einheimischen entlang dem Pfad zum Owen-Stanley-Gebirge bereits Christen waren. Zumindest schien im Mittelpunkt jedes Dorfes eine Kirche zu stehen, und die Menschen waren äußerst freundlich.

«Wie gut, daß die Missionare zuerst hierherkamen», bemerkte Stanley seinen bis auf die Knochen erschöpften Kameraden gegenüber. «Sonst müßten wir auch noch auf diese Burschen aufpassen, nicht nur auf die Japse.»

Einige der Kommandosoldaten machten sich über die «choralsingenden» Papuas lustig, hatten aber später allen Anlaß, die eigenen Worte zu bereuen. Denn Hunderte von alliierten Soldaten wurden bei den Kämpfen in den Owen-Stanley-Bergen verwundet, und diese Papuas trugen die Verwundeten auf Tragbahren, notfalls sogar auf den eigenen Schultern den schlammigen Kokoda-Pfad hinab nach Port Moresby in Krankenhauspflege. Damals sprachen sie von den «Engeln mit den Wuschelköpfen». Als Stanley aber Dörfer mit den Negrito-Stämmen fand, die weit oben in den Bergen lebten, war er entsetzt über den Unterschied. Diese Men-

schen erschienen ihm hinterhältig und ruhelos. Ihre ausdruckslosen Augen wirkten wie kleine Löcher, durch die man ins Nichts schaute.
«Die Kirche Jesu Christi ist an diesen Menschen vorübergegangen», dachte Stan bei sich.
Auf einem Patrouillengang erklommen Stan und seine Kameraden später einen hohen Paß in den Owen-Stanley-Bergen und blickten auf ein weites Panorama des Makham-Flußtals. Nahe der Flußmündung löschten japanische Barkassen Nachschub für die feindlichen Schiffe, er aber ließ seinen Blick weit ins Land schweifen. Jenseits des Tales im Westen und Norden ragten weitere Bergketten schroff in den Himmel. Und dahinter weitere — und noch weitere, Bergketten über Bergketten.
Ein Gefühl der geheimnisvollen Weite Neuguineas überkam ihn. Er verstand nun besser den ehrfürchtigen Schauer, der Rudyard Kipling bewogen hatte, in einem anderen seiner ermutigenden Gedichte zu schreiben:

> Verborgenes — geh hin und spür es auf,
> geh hin und blicke über Bergesrücken.
> Verlorenes liegt hinter jenen Rücken,
> das auf dich wartet, nur — geh hin und sieh!

Was mochte wohl verloren hinter jenen Rücken liegen und vielleicht auf *ihn* warten?
Er dachte an die Wilden, an denen sie auf ihrem Marsch vorübergekommen waren, und überlegte, daß sie wahrscheinlich überall in jenen fernen Bergen verstreut lebten. Vielleicht Hunderttausende — in Hunderten von unerforschten Tälern — in Kriege verwickelt und ums Überleben kämpfend, von Krankheiten heimgesucht und von Dämonen gehetzt.

Als Jesus am Kreuz starb, starb er da nicht auch für *sie?*
Als er von den Toten auferstand, war es nicht auch, um *ihnen* ein neues Leben zu schenken?
Und als er sagte: «Geht hin in alle Welt und predigt das Evangelium der ganzen Schöpfung» (Mark. 16,15) — wollte er jene Menschen da ausschließen?
Nein. Sie gehören dazu, folgerte Stanley. *Aber die Kirche Christi hatte sie verfehlt.*
Daraus ergab sich logisch, daß er als verantwortliches Mitglied jener Kirche ...

Stanley biß sich auf die Lippen, tief in Gedanken versunken. Was würde zu einer solchen Aufgabe alles gehören? Wahrscheinlich das Erlernen ihrer Sprache. Er schluckte. Jene seltsame Mischung von Schwatzen, Schnattern und Kollern, das er auf dem Weg gehört hatte — wie konnte ein Weißer das je lernen? Und selbst wenn man lernte, es zu sprechen — wäre die Grammatik genügend entwickelt, geistige Sinngehalte ausdrücken zu können?

Die Aufgabe erforderte einen Mann mit einem scharfen, beweglichen Geist. Stanley blickte prüfend über die Gipfel und Schluchten um sich und fügte hinzu: «... und einen kräftigen Körper.»
Stanley sah auf seine Beine, die von dem Marsch kaum ermüdet schienen. Tief atmete er die dünne Bergluft ein, die seine schwergewichtigeren Kameraden oft zum Keuchen brachte und schwach wie kleine Kätzchen werden ließ.
«Herr, du hast vielleicht bessere Männer für eine solche Aufgabe», flüsterte er betend, «aber wenn sie nicht wollen, dann versuch's mit mir.»
Ein Schubs gegen die Schulter ließ ihn hochfahren. «Auf geht's, Kamerad. Wir haben einen langen Weg zurück ins Lager, bevor die Dunkelheit hereinbricht.»
Während einer Gefechtspause schlenderte Stanley zu einer in der Nähe liegenden Yankee-Einheit hinüber. Als er an einem Kabäuschen vorüberkam, hörte er ein lautes, gurgelndes Geräusch, gefolgt von einem langen Seufzer.
Stan wandte sich an einen vorbeigehenden Yankee und fragte: «Verzeih, Kamerad, was war das für ein Geräusch? Haltet ihr hier irgendein Tier im Käfig?»
«Mister, das war eine Wasserspülung.»
Stan trat einen großen Schritt zurück und stellte sich überrascht. «WCs an der Kampffront!» rief er mit gekränktem Ausdruck, als sei der Ruf aller an irgendeiner Front kämpfenden Weißen soeben in nicht wiedergutzumachender Weise besudelt worden.
Stanley schritt kopfschüttelnd davon. Aber dann kam er an einer Messe vorbei und sah einen amerikanischen Soldaten, der sich Gelee auf eine Scheibe Butterbrot schmierte. Wie vom Donner gerührt kehrte er in sein Zelt im australischen Lager zurück und murmelte einem Kameraden seiner Einheit zu: «Ich dachte, wir hätten eine Chance gegen die Japse, nun bin ich nicht mehr so sicher.»

***

«Dale!»
Das war die rauhe Befehlsstimme des kommandierenden Offiziers. Stan stand stramm.
«Sie und diese Leute hier wurden für einen Sondereinsatz ausgewählt. Bei Anbruch der Dunkelheit brechen Sie auf!»
Stan war innerlich erregt, obwohl seine zusammengebissenen Kiefer keine Spur einer Bewegung verrieten. Doch später an diesem Abend erfuhr Stan, daß sein Name ohne erkennbaren Grund wieder gestrichen worden sei. An seiner Stelle wurde ein anderer Angehöriger der Kommandoeinheit eingesetzt.
Sein Ersatzmann kehrte vom Stoßtrupp nicht zurück.
«Er ist der zweite, der an meiner Stelle starb», bemerkte Stan. «Mein Leben ist viel zu kostbar, als daß ich es für mich verschwenden dürfte.»

***

Stanley öffnete einen Brief von Sadie und las: «Lieber Stan, nachdem du in die Armee eingetreten bist, ging Papa zur Handelsmarine zurück — er wollte sich ebenfalls im Krieg nützlich machen. Er heuerte auf einem Schiff mit Namen Ceramic an. Eben erhielt ich die Mitteilung, daß es im Atlantik versenkt wurde. Papa ist mit dem Schiff untergegangen.»
Stan saß lange Zeit da mit Sadies Brief auf dem Schoß. Er blickte nachdenklich über das weite Tiefland zum Papua-Golf.

***

Im Jahre 1944 beendete Stan seinen Militärdienst und kehrte nach Australien zurück. Er hatte seiner Mannespflicht gegenüber seinem Land voll Genüge getan und konnte nun mit gutem Gewissen zu seiner ersten Liebe zurückkehren — der Bibel und der Verkündigung des Evangeliums. Er studierte bis zum Abschluß am Sydney Missionary and Bible College. Dann trat er mit William Tate unter der Schirmherrschaft der Tasmanian Gospel Campaigners eine Evangelisationsreise durch Tasmanien an. Stans Beitrag zu dieser Evangelisation war recht lebhaft! Mit kernigen Illustrationen aus seinen reichen Kenntnissen der Geschichte und seinen persönlichen Erfahrungen als Soldat hielt er die Zuhörer in Atem.
In der Stadt Launceston besuchte eine junge Krankenpflegeschülerin, Patricia McCormack, eine von Stanleys Evangelisationsversammlungen.

Stanley versuchte nicht, irgend jemandem zu gefallen; das brauchte er auch nicht. Er trat nur an das Pult und schaute seine Zuhörer an, in vollkommener Haltung, mit kühnem, ehrlichem Gesicht, klein von Gestalt, aber sehr groß im Charakter. Patricia McCormack stellte fest, daß sie auf alles, was er sagte und was er tat, besonders acht gab.

Als später, am 18. November 1945, ein Bekannter ihn dieser hübschen, sanften jungen Frau vorstellte, spürte Stanley bei ihr eine Geistesverwandtschaft, die er bisher beim schöneren Geschlecht noch nicht gefunden hatte. Ihre Bekanntschaft vertiefte sich zur Freundschaft, und die Freundschaft reifte bald zur Liebe.
Diesmal brauchte sich Stanley nicht ängstlich um die richtige Annäherung zu bemühen, Romantik und Gottes Wille fielen für Stanley Albert Dale nun wirklich zusammen.
Aber Patricia war mehrere Jahre jünger als Stanley und mußte zunächst ihre Ausbildung beenden. Stanley entdeckte inzwischen eine aufregende Aussicht, sich seinen Wunsch nach Rückkehr in das Innere von Neuguinea als Missionar zu erfüllen.
Alex Gilchrist, sein alter Freund und geistlicher Vater, war nun Sekretär für Australien einer internationalen Missionsgesellschaft geworden, die sich Unevangelized Fields Mission (Mission für unerreichte Gebiete) nannte. Und Gebiete, die noch nicht vom Evangelium gehört hatten, waren genau das, wonach Stanley sich sehnte!
Er bewarb sich um Mitgliedschaft, wurde für den Dienst in der Wildnis Neuguineas angenommen und befand sich schon bald auf einer Rundreise bei den Gemeinden von Neusüdwales, Tasmanien und Victoria, um seine Missionsreise anzukündigen und um finanziellen Rückhalt dafür zu erbitten.
Gegen Ende des Jahres 1947 setzte er seinen Fuß wieder auf den Boden Neuguineas, diesmal als Vorkämpfer Christi und anstelle eines Vickers-Maschinengewehrs mit der Bibel bewaffnet.

Die gnadenlose Minute

In Wasua, dem Hauptquartier der Unevangelized Fields Mission, in der Nähe der Mündung des Fliegenflusses, erhielt Stan seine erste Aufgabe zugewiesen: Unterricht an einer Dorfschule unter den Kopfjägern der Suki und Zimakani, die in einem Gebiet mit sumpfigen Lagunen etwa 360 Kilometer flußaufwärts von Wasua lebten.
Es war keine leichte Aufgabe. Wie sich herausstellte, betrachteten die jungen Suki-Burschen alles, was über zwei bis drei Tage Schule pro Woche hinausging, als ausgesprochene Belastung ihrer Lebensweise. Stans Tagebuch von 1948 weist eine Fülle von Eintragungen auf, die dies beweisen.
Sie stahlen ihm Messer, Teller, Töpfe und Pfannen und schließlich etwas, was seinem Herzen teuer war — seine Rückkehrmedaille, die er beim Ausscheiden aus dem aktiven Dienst erhalten hatte. Drei Tage nacheinander ging er umher und suchte danach, doch vergeblich.

Seine Probleme wurden dadurch erschwert, daß Stan fast völlig von anderen Missionaren isoliert lebte. Lange Zeit hindurch erhielt er Nachschub an Vorräten und Post nur einmal im Monat oder wann eben das Flußboot zufällig an seiner einsamen Insel in der Daviumbu-Lagune anlegte.
Sengendheiße Tage und lange, drückende Nächte verflossen in endloser Folge, in denen er sich der Tyrannei seiner fast unmöglichen Lehraufgabe unterwarf. Am Nachmittag und Abend hielt er seinen Geist wach mit dem Studium der Bibel, der Zimakani- und der Motu-Sprache, der Moralphilosophie oder mit dem Schreiben von Briefen an Freunde und Förderer in Australien.
Immer von neuem las er die zärtlichen Briefe von Patricia McCormack, die nun ihre Ausbildung als Krankenschwester in Tasmanien abgeschlossen und sich als Studentin in Stans Alma Mater, dem Sydney Missionary and Bible College, eingeschrieben hatte.

Manchmal fragte er sich, ob die Feindseligkeit der Zimakani gegen seine unbeliebte Pflicht zu einer persönlichen Gefahr werden könnte. Dennoch wagte er sich jedes Wochenende hinaus in die Dörfer rund um die Lagune, um zu predigen, obwohl nur wenige ihm zuhörten.

Stanley nahm seinen Mut zusammen und machte weiter, aber nun brauten sich Probleme anderer Art um ihn zusammen. Einige von Stans Kollegen schickten nach ihrer Rückkehr von seltenen Besuchen in seinem einsamen Außenposten kritische Berichte nach Wasua, er sei manchmal «zu hart zu den Eingeborenen»; auch begehe er Fehler, weil er sich nicht stärker auf die örtlichen Häuptlinge als Hilfe bei der Beilegung von Mißhelligkeiten mit den Stammesangehörigen stütze.

Da Stanley aber weder durch Isolierung, Einsamkeit, widriges Klima, Malaria noch von wilden Stammesangehörigen zu erschrecken war, ließen ihn auch einige kritische Worte seitens anderer Missionare kalt. Auf sich allein gestellt zu sein, war etwas, was er gut gelernt hatte. Trotzdem sollten seine Schwierigkeiten an diesem speziellen Standort zunehmen.

Im September 1948 entschied Georg Sexton, der Feldleiter des Missionsgebietes, es sei Zeit für Stan, Urlaub von seiner Lehrtätigkeit zu nehmen. Seit seinem Eintreffen in Neuguinea hatte Stan den Wunsch geäußert, dem mächtigen Fliegenfluß bis zur Quelle in den unerforschten Sternbergen zu folgen und nach Stämmen zu suchen, die noch nichts vom Evangelium gehört hatten.
Sexton gab die Genehmigung für Stanley, Ted Hicks, Fred Dawson und den Neuseeländer Nigel Gore. Innerhalb weniger Tage verstauten sie ihr Gepäck im neuen Flußboot der Mission, der Maino II, und machten sich auf den Weg zu den Sternbergen.

Stanley war überglücklich. *Dies* entsprach weit mehr der Bestimmung, die er im Auge gehabt hatte, als er nach Neuguinea kam. Als sie so dicht an die Berge herankamen, wie es die Stromschnellen erlaubten, verließen Stan und Nigel die Maino II und traten mit Trägern ihren Weg in unbekanntes Hinterland an. Wochenlang arbeiteten sie sich durch vorgelagerte Hügel, maßen freudig ihre Kraft an steilen Abhängen, durchquerten von Dünsten erfüllte Sümpfe mit Guru-Palmen, bahnten sich ihren Weg durch Wälder mit Riesenfarnen, durchdrangen Massen von fallenartigen Wurzeln und Schlingpflanzen, trieben Korridore in Bergwälder, die schwer waren von nebelfeuchtem Moos. Selbst auf dem Höhepunkt ihrer Reise waren Stanley und Nigel noch mehr als einen Dreitagesmarsch von den legendären Sternbergen mit ihren Viertausendern und den größeren Stämmen, mit denen noch nie jemand Kontakt hatte, entfernt.

Auf ihrem Wege begegneten ihnen kleinere Gruppen von verstohlen wirkenden Eingeborenen, denen sie mit großen Schwierigkeiten einzelne Proben des Stammesvokabulars entlockten, das als Richtschnur für Stammesgrenzen in diesem unbekannten Gebiet dienen sollte.
Ziemlich am Anfang des Fußmarsches schrieb Stan: «Meine Füße waren in den neuen Stiefeln bald voller Blasen. Von da an ging ich barfuß, doch wurden meine Füße bald von dem scharfen Gras übel zugerichtet. Als jeder Schnitt sich zu einer schmerzenden Wunde entwickelte, wurde das Gehen», hier folgt eine typisch Dale'sche Untertreibung, «unbequem.»

In der Zwischenzeit sahen sich ihre Kollegen, die auf der Maino II geblieben waren, einem anderen Problem gegenüber. Der Pegel des Flusses sank in einer Nacht plötzlich stark ab und ließ das Boot auf einer Sandbank stranden! In der Überlegung, daß der Wasserstand vielleicht lange Zeit so niedrig bleiben oder daß eine aus den Bergen kommende plötzliche Flutwelle die Maino II überfluten könnte, ehe sie ordnungsgemäß aufgerichtet war, schickte der Kapitän Fred Dawson in einem kleinen Beiboot auf die fast fünfhundert Kilometer lange Rückreise nach Lake Murray, um per Funk in Wasua Hilfe anzufordern.
Aber in der nächsten Nacht stieg das Wasser und machte die Maino II wieder flott. Der Kapitän beschloß, sich sofort auf den Weg flußabwärts zu machen, ehe das Wasser wiederum fiel und das einzige größere Boot der Mission gefährdete. Als Stanley und Nigel Wochen später von ihrer Dschungel-Odyssee zurückkehrten, fanden sie eine Notiz vor, die ihnen nahelegte, ihren Heimweg so gut es ging mit Floß oder Kanu anzutreten. Was sie auch taten!

Sie schnürten Bäume zu einem Floß zusammen und schnitzten sich Paddel. So fuhren sie los, die unzähligen Biegungen des von Krokodilen verseuchten Fliegenflusses hinab. Manchmal steuerten sie, machmal ließen sie sich einfach treiben. Wochen anstrengender Übung hatten jeden Muskel zu maximaler Leistungsfähigkeit trainiert. Am Abend des 25. Novembers legten Stan und Nigel an einer ausgedehnten Sandbank in der Wildnis an, schleppten ihre Gepäckstücke ans Ufer und blickten nachdenklich über den weichen, einladenden Sand. Plötzlich kam beiden der gleiche Gedanke.
Sie warfen sich einen Blick gegenseitiger Aufmunterung zu, und dann flogen sie davon, mit fliegenden Gliedern und Schreien des

reinen Glücks rasten sie mit unglaublichen Sprüngen die ganze Sandbank entlang und wieder zurück. Nachdem sie sich ihr Abendessen gekocht hatten, schliefen sie unter den Sternen der Tropen.

Vom 1. Dezember an führte sie der Fliegenfluß etwa einhundertsechzig Kilometer an der Grenze von Niederländisch-Neuguinea entlang, einem Land, das Stanley noch mehr reizte als Papua-Neuguinea, denn es galt als genau so weitläufig und noch geheimnisvoller.

Nigel und Stanley gingen in einem Dorf mit Namen Boset an Land. «Eine Kapelle mit Bambusflöten und Trommeln kam uns entgegen», schrieb Stan. Er legte von Boset ab mit dem untrüglichen Gefühl, daß er eines noch fernen Tages das Evangelium von Christus auch nach Niederländisch-Neuguinea bringen werde.

Am 3. Dezember landeten Stan und Nigel als unrasierte und sonnengebräunte südpazifische Ausgaben von Tom Sawyer und Huckleberry Finn in Obo, dem nördlichsten Außenposten der Mission. Nigel ließ seinen Packen unter dem Vordach des Missionshauses fallen und legte sein Paddel nieder. Eine große Müdigkeit überfiel ihn.

Nicht so Stan! Jemand reichte ihm Brief Nummer 104 von Patricia. Von einem Ohr zum anderen grinsend, ging er rasch davon und suchte sich einen ruhigen Platz.

***

Als nächstes bemühte sich Stanley, seine Mitarbeiter davon zu überzeugen, daß es nun an der Zeit sei, ihre Missionstätigkeit in die Gebiete auszudehnen, die er und seine Kameraden erforscht hatten, und darüber hinaus in die Sternberge und über die Grenze nach Niederländisch-Neuguinea hinein. Zu diesem Zweck verfaßte Stanley eindrucksvolle Berichte auf der Grundlage seiner verschiedenen Forschungsreisen und drängte die Mission, unverzüglich «die zuvor unbestrittene Souveränität Satans über verlorene Stämme, die noch unter seiner Herrschaft stehen», zu bekämpfen. Einige seiner Berichte wurden in der australischen Zeitschrift der Mission, «Light and Life» (Licht und Leben) veröffentlicht.

Aber Mitarbeiter im Missionsgebiet hielten eine derartige Entscheidung für schwierig. Einige meinten: «Wir sind schon viel zu dünn gesät. Zuerst müssen die in diesen Tiefländern neugegründe-

ten Gemeinden gestärkt werden. Später, wenn wir Verstärkung erhalten ...»
Für Stanley waren diese Einwände nur Ausflüchte, die entweder einen Mangel an Einsicht oder an Glauben oder beides zusammen verrieten. Er drängte, ja agitierte weiter.

Stanley hielt einmal eine Predigt, der er den Titel gab: «Die Agitatoren Gottes». Er zitierte darin aus einem Buch *The new Acts of the Apostles* (Die neue Apostelgeschichte) von A.T. Pierson, das von einem Reformator names Baron von Welz handelte: «Solche Männer sind die Agitatoren Gottes, ausgesandt, das Gewissen der Kirche zu führen, die Gesetze ihres Lebens zu formen und in Übereinstimmung mit seinem Wort und Willen die Methoden der kirchlichen Arbeit festzulegen.»
Stanley hatte das Gefühl, die Mission brauche an diesem Zeitpunkt einen solchen Mann, und er strebte danach, ein solcher zu sein, wenn man nur auf ihn hören wollte. So bat er drängend in Wort und Brief. Als andere Missionare ihm keine Beachtung schenkten, begann er nach Hause zu schreiben. Dies löste schließlich eine Aktion aus, aber nicht die, welche er sich erhofft hatte.

Am 8. Dezember begann Stanley, das Markus-Evangelium in die Zimakani-Sprache zu übersetzen. Einige seiner Schüler, die ihn nun als Freund betrachteten, halfen ihm bei der schwierigen Aufgabe. Durch diese intensive Arbeit erschloß sich einigen der jungen Männer endlich die Bedeutung des Evangeliums. Am 8. Januar 1949 öffneten sieben von ihnen, die von Stanleys Predigt tief bewegt waren, ihr Herz für den Gott, den Stanley ihnen verkündigt hatte.
Stanley schrieb: «Sie schienen aufrichtig zu sein, als sie beteten. Ich glaube, sie sind wirklich bekehrt.» Und so faßte er Mut. Die ersten Zeichen einer Ernte bei den Zimakani waren eingetreten!

Am 8. April jubelten Stanley und seine Gehilfen bei der Übersetzungsarbeit. Sie hatten einen ersten Entwurf für das Markus-Evangelium in der Zimakani-Sprache fertiggestellt!
Am 24. April taufte er einen der sieben in der Lagune.
Am Tag darauf fiel der Schlag.
Um die Mitte des Vormittags tuckerte ein Flußboot in Stanleys Lagune und lieferte Post ab. Als Stanley einen der Briefe öffnete, war er wie vom Donner gerührt durch die Worte: «Wir, die Missionsfeldleiter, haben durch Abstimmung beschlossen, Ihre Mit-

gliedschaft auf diesem Feld zu beenden. Der Heimatrat in Australien hat unsere Entscheidung bestätigt. Sie werden Ihre Sachen zusammenpacken und bei nächster Gelegenheit abreisen.»
Er las weiter. Der Brief drückte Lob für verschiedene bemerkenswerte Leistungen aus. Gleichzeitig hatten seine «ausgeprägte Individualität, seine hochtrabende Einstellung zur Führung und seine Haltung den Eingeborenen gegenüber» (eine Anspielung auf früher gegen ihn erhobene Kritik) den Ausschlag für seine Entlassung gegeben.
Es gab noch einen anderen Grund. Die Feldleitung befürchtete, vielleicht zu Recht, daß Stanleys offen kritische Briefe an seine Freunde in Australien das allgemeine Vertrauen in ihre Amtsführung auf dem Missionsfeld in Papua-Neuguinea untergraben könnten.
Stanley schluckte. Dann schloß er die Augen, als all seine Hoffnungen und Träume in Scherben fielen. Er sah auf den eben fertiggestellten Entwurf des Markus-Evangeliums auf dem Tisch und dann über die Bucht hinweg zum Dorf hin, wo sich die Zimakani-Christen bald zum Gebet zusammenfinden würden.
Er hatte so sehr gehofft, diese jungen Gläubigen zur Reife in Christus führen und die begonnene Übersetzung vervollständigen zu können. Aber nun ...
Stanley straffte die Schultern, atmete tief ein, blickte geradeaus und flüsterte: «Das also hat Kipling mit der 'gnadenlosen Minute' gemeint.»

Er verließ Papua-Neuguinea, ohne ein Wort gegen jene zu sagen, die ihn entlassen hatten.
Die Reise schien kein Ende nehmen zu wollen. Von Daviumbu nach Suki, nach Torerema, nach Mugu Muga, nach Wasua. Dann hinaus durch die Toto-Passage nach Daru und über die Torres-Straße nach Thursday Island. Dort legte er einen Aufenthalt ein, um in der Abteilung für öffentliche Arbeiten eine Beschäftigung aufzunehmen. Er klopfte Rost ab und verdiente sich damit ein Taschengeld für seine Weiterreise.
Am 13. Juni erreichte er Cairns. Es war ein allgemeiner Feiertag, und eine Musikkapelle spielte, als wolle sie seinen erschlafften Geist aufheitern.
In Sydney wartete Alex Gilchrist und hoffte, Stanley würde ihn im Missionshaus aufsuchen. Er war ein Mitglied des Rates, der sich genötigt gefühlt hatte, Stanleys Entlassung zu bestätigen.
Die Entscheidung hatte Alex gequält. Es war nicht leicht gewesen,

gegen diesen hitzigen jungen Mann zu stimmen, dessen stürmische Jugend eher die Voraussetzung für schnelle Reaktion und Unabhängigkeit geschaffen hatte als für das Einfühlungsvermögen, die Nachgiebigkeit und die Fähigkeit zur Teamarbeit eines Missionars.
Alex dachte an die Zeiten, als Stanley im Gebet sein Herz ausgeschüttet hatte, als er etwas für Gott sein wollte, als er große Dinge für Gott wagen wollte. Könnte er nur wieder mit Stanley zusammen beten, ihn beraten, ihn daran erinnern, daß Menschen, die keine Fehler machen, meist auch sonst nichts tun.
Aber Stanley kam nie zur Missionsverwaltung. Er suchte sich eine Arbeit in Queensland und machte sich sofort daran. Dieses Mal brauchte er mehr Geld für die Überfahrt nach Tasmanien.

5. November 1949: Verheiratet. Der Gottesdienst begann um 16.30 Uhr. Pat sah strahlend aus in weißem und cremefarbenem Satin. Der Empfang war um 17.45 Uhr. Vierzig Telegramme.
Sie hatte ihn verstanden und liebte ihn noch immer.

***

«Es ist ein Junge, Stan.»
An jenem kühlen Augusttag des Jahres 1950 blickte Stanley an dem Arzt vorbei durch eine offene Tür. Pat schaute blaß, aber stolz lächelnd aus dem Krankenhausbett zu ihrem Mann auf. In einem Arm hielt sie ein Bündel flauschiger Decken, dessen Ränder sich wie Blütenblätter um ein helles, rosiges Gesichtchen öffneten. Stanley trat vor, strahlend vor Freude und gefesselt von der ergreifenden Schönheit der Mutter und des Neugeborenen. Wenn man bedachte, daß Gott ihm beides geschenkt hatte zum Liebhaben und Beschützen!
Er lächelte auf sie nieder. Mit höchster Behutsamkeit berührte er die winzigen Finger, die sich bogen, streckten und ein Kinn mit einem Grübchen darin berührten. Er dachte an die Zukunft, an die Tage, wenn er seinem Sohn die Gedanken Gottes und edler Menschen, die Weisheit der Propheten und Dichter vermitteln könnte.
«David — mein Sohn», flüsterte er und sein Herz schwoll vor Freude.

Aber David starb.
«... Triumph und Unglück», hatte Kipling geschrieben. Doch für Stanley Albert Dale schien diese Formel umgekehrt in der Reihen-

folge, und nicht nur das, das Gewicht zog schwer in Richtung Unglück.
«Unser gegenwärtiges Leiden», so erinnerte er sich aus dem Neuen Testament, «schafft uns eine ewige und über alle Maßen gewichtige Herrlichkeit» (2. Kor. 4,17).
Er wußte, daß er sich auf diese Hoffnung immer stützen konnte. Doch er wagte auch zu glauben, daß er tatsächlich Gott *zutraute,* auch in *diesem* Leben durch ihn einen Triumph der Gnade zu bewirken. Einen Triumph, der nicht nur für die Heiligen und Engel im Himmel zu erkennen war, sondern auch für Bürger dieser Erde. Nicht daß irgend jemand Stanley Dale bewundern sollte, er wünschte sich lieber die Bewunderung seines Gottes.
Stanley seufzte, und durch die Tränen um David blickte er auf ein Diplom, das er soeben an der SIL (Summer Institute of Linguistics) mit dem Abschluß eines konzentrierten zehnwöchigen Kurses in der SIL-Technik für die Analyse der Grammatik und des Lautsystems ungeschriebener Sprachen, wie sie in Neuguinea zu finden waren, erworben hatte.
Mit dieser neuen Ausbildung bewaffnet, machte sich Stanley erneut auf den Weg nach Neuguinea, auf die Suche nach einer zweiten Chance, eine echte Pioniermission bei «einem christuslosen Stamm» zu beginnen. Pat blieb inzwischen bei Stans Mutter Ethel in Sydney.
Weniger als zwei Monate später kam Nachricht von Stan: «Bitte komm sofort, Liebling! Ich habe für uns weit im Westen am Sepik-Fluß einen Platz gefunden.»
Zusammen bauten Stan und Pat eine neue Arbeit in Lumi und Eritei unter den Angehörigen des Wapi-Stammes auf. Später boten sie an, ihre Arbeit der Leitung einer Missionsgesellschaft zu unterstellen, die unter dem Namen «Christian Mission to Many Lands» (Christliche Missionsarbeit in vielen Ländern) bekannt war.
Christian Missions to Many Lands, abgekürzt CMML, ist der ausländische Zweig der Brethren Assemblies («Offene Brüder»), einer internationalen Vereinigung von Gläubigen, die keine ordinierten oder besoldeten Pfarrer unterstützt, sondern sich ausschließlich durch Laienführung ausbreitet. Patricia und ihre Familie waren seit vielen Jahren der Brüder-Bewegung verbunden gewesen, und Stanley fand — unabhängig von ihrem Einfluß — die Brethren Assemblies mit ihrem Ideal einer mutigen, volksverbundenen Unabhängigkeit von kirchlicher Beherrschung genau nach seinem Geschmack.

Und so nahmen «die Brüder» und die CMML Stanley und seine aufkeimende Arbeit am Sepik als Teil ihrer weltweiten Missionsverantwortung auf. Sie taten dies, ohne zu fragen, warum seine vorherige Amtsperiode bei der Unevangelized Fields Mission nur zwei Jahre gedauert hatte anstelle der üblichen drei bis vier Jahre. Auch baten sie die UFM nicht um eine Referenz, Stanley machte auf sie einen guten Eindruck, und ihr eigenes Urteil genügte ihnen.

Bald entsandte die CMML noch weitere Missionare zu Stan und Pat an den Sepik. Die Arbeit gedieh.
Stanley arbeitete hart im westlichen Sepik-Gebiet. Außer seiner regelmäßigen körperlichen Arbeit und den weitreichenden Wanderungen im Dienste des Evangeliums lernte Stan die Sprache des Wapi-Stammes, die von einigen Tausend Menschen im Eritei gesprochen wurde. Als er sich eine gewisse Gewandtheit angeeignet hatte, verfaßte er mehrere Lieder als Hilfe für die Gottesdienste bei neu errichteten Gemeinden. In Erweiterung seiner Strategie setzte Stan seine kürzlich erworbene sprachliche Geschicklichkeit ein und begann, ausgewählte Teile der Bibel in die Wapi-Sprache zu übersetzen.

Die Erfahrung zeitgenössischer Missionare wie auch sein eigenes Studium der Geschichte der christlichen Kirche brachten Stanley zu der Überzeugung, daß die Übersetzung der Heiligen Schrift in die Muttersprache jedes Menschen eine heilige Verpflichtung sei. In einer im Jahre 1950 gehaltenen Predigt führte Stanley aus: «Vor vierhundert Jahren wurde William Tyndale erwürgt und verbrannt, weil er dem englischen Volk eine eigene Bibel gab. Aber als Ergebnis seiner Mühen kannten die englischen Landleute das Evangelium in mancher Hinsicht besser als die Bischöfe in ihren Klöstern! Tyndale konnte sein Leben als glücklicher Mann niederlegen!
Auch heute halten Hunderte junger Männer und Frauen jedes Opfer an Zeit, Geld und selbst an Leben wert, allen Völkern der Erde Gottes Wort in ihrer eigenen Sprache zu schenken ... Ruhelose Millionen warten auf das Wort, das alle Dinge neu macht.»

Aber wieder einmal sollte Stanley die Übersetzung, die er begonnen hatte, nicht zu Ende führen. Auch den Glauben der Wapi-Leute, die er zu Christus geführt hatte, konnte er nicht ausreifen sehen.

Nach vier Jahren Dienst am Sepik kehrten Stan und Patricia auf Urlaub nach Australien zurück. Voller Freude präsentierten sie Stans beiden Schwestern in der Nähe von Sydney und Patricias Familie in Tasmanien ihre beiden prächtigen Söhne, Wesley und Hilary, die in Neuguinea zur Welt gekommen waren. Dann machten sie sich als Abordnung für CMML nach Queensland auf den Weg. Sie wurden jedoch bald mitten auf der Reise durch einen Brief von CMML-Vertretern in Tasmanien zurückgerufen.
Später gaben sie eine Erklärung: «Stan, es tut uns leid, Ihnen mitzuteilen, daß Sie und Ihre liebe Familie nicht mehr in unsere Arbeit am Sepik zurückkehren können.»
Stan sah seine Freunde geradeaus an und wartete, was folgen würde.
«Einige auf dem Missionsfeld sind gegen Ihre Rückkehr. Sie sagen, sie seien nicht mit der Art und Weise einverstanden, wie Sie mit den Eingeborenen umspringen.»
Wieder einmal wurde ein von Stan aufgebautes Werk aus seinen Händen genommen und anderen gegeben.

Nichts an Stanley Albert Dale ist schwerer zu verstehen als seine Auffassung von Disziplin. Soweit dieser Biograph feststellen kann, hat Stan sein Verständnis davon nie schriftlich niedergelegt. Auch die unter uns, die ihn kannten, haben von ihm nie eine mündliche Erläuterung vernommen. Einige seiner Kritiker meinten, da gebe es nichts zu erklären. Er habe nur nie gelernt, sein Temperament zu zügeln. Andere, darunter einige seiner Bewunderer, erkannten Verhaltensmuster, die von Kindheit an tief eingeprägt waren, und sie versuchten, Nachsicht mit ihm zu üben, denn sie gestanden zu, daß wir alle unsere Schwächen haben.
Aber noch andere waren der Ansicht, daß die Motive für Stans Handlungsweisen tiefer lagen, als daß sie durch Herkunft oder Gewohnheit erklärt werden konnten. Sie sahen seinen Hang für strenge Disziplin als scharf durchdachte Strategie, menschliches Rohmaterial in kürzeren Zeitspannen zu etwas ausgeprägt Christlichem umzuformen. Für diese Ansicht gibt es gewisse Hinweise.

Stan hatte die Methoden der Armeesergeanten gründlich studiert, mit denen neue Rekruten zu harten Soldaten abgerichtet wurden, die auch im dicksten Kampfgewimmel Befehlen gehorchten. Seine Schriften und Unterhaltungen zeigen darüber hinaus, daß er seine Missionsarbeit als geistliches Äquivalent einer militärischen Eroberung auf Leben und Tod betrachtete.

Es muß auch eingeräumt werden, daß viele der von ihm Bekehrten tatsächlich einen bemerkenswerten Sinn soldatischen Verantwortungsbewußtseins an den Tag legten. Saiga und Donoma waren zum Beispiel zwei der Zimakani-Schulbuben, die zuerst Stans entschiedenen Versuch, nicht nur ihre Sitten zu formen, sondern auch ihr tägliches Leben einem Plan zu unterwerfen, heftig ablehnten. Dennoch erkannten beide schließlich Stan als ihren «geistlichen Vater». Nachdem Stan ihn getauft hatte, blieb Saiga seinem Glauben treu bis zu seinem Tod im Jahre 1968. Donoma wurde später ein Führer der evangelikalen Bewegung in Papua.

Aber für Stans Mitarbeiter der Brethren Assemblies («Offene Brüder») am Sepik waren seine häufigen scharfen Zurechtweisungen bei vom Glauben abirrenden Eingeborenen einfach zuviel.
«Es ist der Ruhm eines Missionars, sich nur auf persönliches Vorbild und moralische Überzeugung zu verlassen», argumentierten sie.
Und so verlor Stanley Albert Dale seinen zweiten Wirkungsort, wo er Christus in Neuguinea dienen wollte.
Für die meisten Missionare wäre eine Entlassung aus dem Auslandsdienst zusammen mit den anerkannten Unannehmlichkeiten und Frustrationen einer solchen Berufung ausreichender Anlaß, jeden weiteren Versuch einer Missionarslaufbahn aufzugeben. Und für die übrigen wäre eine zweite Entlassung Grund genug, jeden etwa noch vorhandenen Wunsch nach einer derart strengen Aufgabe zu ersticken.
Aber es gab *einen* Missionar, der wie üblich eine Ausnahme bildete: Stanley Albert Dale.

Nach einer Saison als Lehrer in Tasmanien (die ihm ein Empfehlungsbrief des Direktors für Erziehung in Port Moresby ermöglicht hatte), bewarb sich Stanley erneut um den aktiven Missionsdienst — dieses Mal in Niederländisch-Neuguinea, der weitläufigen und undurchdringlich-geheimnisvollen Region westlich des Gebietes, das Stan zuvor bereist und erforscht hatte.

Seine Wahl fiel diesmal auf die Regions Beyond Missionary Union (RBMU), eine von mindestens vier interdenominationalen Missionswerken, die, im neunzehnten Jahrhundert gegründet, auf Grundsätzen J. Hudson Taylors, einem Bahnbrecher der modernen christlichen Missionsarbeit, aufbauten. Die 1873 in London gegründete RBMU wurde die erste Mission, die David Livingsto-

nes berühmte Bitte von 1878 aus dem Herzen Afrikas: «Schickt mir eure jungen Männer!» beantwortete.
Noch im gleichen Jahr entsandte die RBMU acht junge Missionare, die durch fünfjährigen Dienst in den Slums Ost-Londons erprobt waren, in den von Seuchen heimgesuchten Kongo. Innerhalb weniger Jahre fiel die Hälfte von ihnen den verzehrenden Fiebern des Kongo zum Opfer, doch andere gingen hinaus und nahmen ihre Plätze ein. Und wieder andere, Welle auf Welle von jungen, begabten Männern, die sich nicht durch das sichere Wissen abschrecken ließen, daß mindestens die Hälfte von ihnen einen frühen, schrecklichen Tod durch Tropenkrankheiten erleiden würde.
Das Ergebnis war die Gemeinde Jesu Christi in einem breiten Streifen des nördlichen Zentralkongo.
Die Arbeit im Kongo war nur der Anfang. Um die Jahrhundertwende wagten sich andere Abordnungen nach Indien und Nepal, über den Atlantik nach Peru, und in dem Zeitraum zwischen den beiden Weltkriegen, nach Borneo.
Diese Mission betonte stets die gleiche Schau, wie sie in den Worten des Apostels Paulus ausgedrückt wird, die er an die von ihm in Korinth gegründete Gemeinde schrieb: «... in der Hoffnung ... das Evangelium in den *Regionen jenseits der euren* zu predigen» — das heißt, in unerschlossenen Gebieten, wo noch niemand jemals gearbeitet hatte.
Schließlich richtete sich nach dem Zweiten Weltkrieg der missionarische Blick auf das Innere Niederländisch-Neuguineas, der westlichen Hälfte der riesigen, großenteils unerforschten Insel, die Neuguinea hieß.
Als das Aktionsspektrum der RBMU sich verbreiterte, wurden neue Zweigstellen in anderen Städten der Industrienationen eröffnet: Philadelphia, Toronto und schließlich Melbourne in Australien. Es war der geschäftsführende Sekretär dieser letztgenannten Zweigarbeit, dem Stanley Albert Dale sich im Oktober 1958 vorstellte.
W.M. Jarvie sah sich diesen Mann an. Der Bedarf an Verstärkung für die aufkeimende Arbeit der RBMU in Niederländisch-Neuguinea war dringend. Bis jetzt bestand der Missions-Stoßtrupp, der die ausgedehnte Wildnis im Inneren Neuguineas erforschte, nur aus jungen Kanadiern und Amerikanern.
Mr. Jarvie war darauf bedacht, daß auch sein eigenes Mutterland Australien in seiner jungen Stärke einen Beitrag lieferte in dieses Grenzgebiet, das seiner eigenen Grenze so nahelag.

Dieser Mann hier mit Namen Dale, so überlegte Mr. Jarvie, zwar klein von Gestalt, aber offensichtlich sehr kräftig und mit achtjähriger umfassender Erfahrung in Papua-Neuguinea als Soldat und als Missionar — konnten er und seine Frau Australiens erste Mitarbeiter für die Operation der RBMU in Niederländisch-Neuguinea werden?
Eine Stunde und mehr plauderten der freundliche Missionsvertreter und der angehende Bewerber miteinander in Jarvies Wohnzimmer. Sie tranken Tee auf der Veranda. Sie schlenderten zusammen durch Jarvies Garten. Dann überreichte Jarvie Stanley einen Satz Bewerbungsbogen.

W.M. Jarvie ist inzwischen gestorben. Es ist zu spät, ihn zu fragen, ob er jemals die Gründe in Erfahrung brachte, warum Stan sich um die Mitgliedschaft in einer dritten Missionsgesellschaft bewarb. Auch die Briefe, die Jarvie in der Registratur der Mission hinterließ, werfen kein Licht auf die Angelegenheit. Wir wissen nur, daß er weder UFM noch CMML um schriftliche Referenzen über Stan bat. Er erhielt allerdings mündliche Auskünfte durch seine eigenen weitverzweigten persönlichen Kontakte, von denen einige vielleicht auch Angehörige von UFM oder CMML einschlossen.
Auf jeden Fall reichte Stanley seine schriftliche Bewerbung ein. Im Mai 1959 versammelte sich der australische Rat der RBMU in Melbourne, um eine schicksalsschwere Entscheidung zu treffen: die Bewerbung von Stanley Albert Dale für den Einsatz im Inneren Niederländisch-Neuguineas anzunehmen oder abzulehnen.

«Ich habe mit einigen gesprochen, die ihm gegenüber Vorbehalte haben», teilte Jarvie mit, «und mit anderen, die ihm höchstes Lob zollten als einem Mann von grenzenloser Hingabe.»
«Wie lautet Ihre eigene Bewertung?» fragte eines der Ratsmitglieder.
Jarvie breitete die vor ihm auf dem Tisch liegenden Papiere aus, die mit Stans großer, ungleichmäßiger Handschrift bedeckt waren. «Dale mag mehr Ecken und Kanten haben, als uns vielleicht lieb ist», begann er. «Aber schließlich ist das Innere von Niederländisch-Neuguinea kein Platz für zartbesaitete Männer.»

So nahm die Aussprache ihren Anfang, eine Diskussion, die zu dem Schluß führte, daß Stan vielleicht nicht der Mann für die «Feinarbeit» in der RBMU war, daß er aber offenkundig einen ge-

waltigen Beitrag leisten konnte in der aufreibenden Anfangsphase mit ihren wochenlangen Fußmärschen in unbekanntes Land, ihrer ermüdenden Arbeit in Schlamm und Regen, ihrer ständigen Konfrontation mit der Gefahr.
Als Jarvie seine Darlegungen beendet hatte, gab es bei niemandem einen Zweifel: Gott hatte diesem jungen ehemaligen Frontsoldaten eine besondere Gabe für *dieses* Amt verliehen, selbst wenn er keine anderen Gaben besitzen sollte. Wenn jene schwierige erste Etappe der Arbeit in Niederländisch-Neuguinea beendet war, würden sie wissen, ob er auch Fähigkeiten für andere Arbeiten aufzuweisen hatte.
«Ich glaube, dieser Mann ist einen Versuch wert», schloß Jarvie. «Später werden wir weitersehen.»

***

Vierzehn Monate danach landeten Stanley, Patricia und ihre vier Kinder Wesley, Hilary, Rodney und das sechs Monate alte Baby Joy in Hollandia, einer winzigen Enklave der Zivilisation an der Nordküste von Niederländisch-Neuguinea. Sie wurden finanziell unterstützt durch Brethren Assemblies und andere christliche Freunde in Australien.
Stanley kletterte aus dem Flugzeug und setzte seine Füße fest auf die berühmte Landebahn von Sentani, die zuerst von den japanischen Besatzungstruppen angelegt, später von General MacArthur erobert und nun als Zivilflugplatz benutzt wurde. Er sah sich um.
Jenseits der Landebahn erhoben sich die dschungelbedeckten Hänge des Mount Cyclops majestätisch in die Wolken und überragten diese sogar in wirren Zacken, die in ihrer eigenen Welt zu schweben schienen.
Dann wandte sich sein Blick nach Westen, wo die niedrigen Vorberge die in einiger Entfernung hinter ihnen liegenden, zerklüfteten, 5000 Meter hohen Ketten trügerisch verschwinden ließen. Er dachte an die vielen verlorenen Stämme, die wild zwischen diesen Bergketten lebten und noch nichts wußten von der wahren Bestimmung des Menschen. Er dachte auch an die unbekannten Schwellen, die er im Begriff war, zusammen mit seiner Frau und seinen Kindern zu überschreiten.

«Dies ist meine dritte Chance», dachte er, «und mit Gottes Gnade werde ich meine Sache gut machen!» Denn wenn er sein Ziel wie-

der verfehlte, dann gäbe es keine weitere Gelegenheit für ihn. Die Jahre eilten viel zu schnell dahin.
Dieses Mal mußte er zwischen diesen auf keiner Karte verzeichneten Gebirgsketten einen Stamm finden, seinen eigenen Stamm, einen einsamen Ort, wo es keine Kritiker gab, die sich einmischten und ihn aus seiner Arbeit rissen, ehe er Zeit fand, sie zur Reife zu bringen.
Mit Pat an seiner Seite würde er seinen Glauben an Gott ebenso wie seine Theorien über Missionspraxis gegen wer weiß welche Unwägbarkeiten einsetzen. Mit jeder Faser seines Körpers mußte er gegen diese Unwägbarkeiten kämpfen, bis das bedeutsamste Wunder auf Erden, eine neutestamentliche Gemeinde, in der unglaublichsten Umgebung auf Erden — der Steinzeithölle im Inneren Niederländisch-Neuguineas — erstrahlen würde!
Damit würde er allen seinen Kritikern beweisen, daß er wirklich ein Mann für jede Aufgabe war — nicht nur ein daherstampfender Pionier, sondern einer, der eine angefangene Sache auch vollenden konnte. Er würde dieses Mal beweisen, daß er ein Mann mit einer echten Berufung Gottes war und nicht nur ein Spinner mit einer Besessenheit für die Arbeit unter Primitiven, wie einige seiner Kritiker behauptet hatten.

Stanley reckte das Kinn vor und dachte wieder über Kiplings Zeilen nach: «Verlorenes liegt hinter jenen Rücken, das auf dich wartet, nur — geh hin und sieh!» *Er war auf dem Weg!*

Verlorenes ...

Eintrag in Pats Tagebuch, 13. Juli 1960: «Wir verabschiedeten uns um 6.30 Uhr von den Freunden in der Küstenbasis der RBMU. Der Pilot Paul Pontier flog uns meilenweit über Sagosümpfe.»

Eine dahinterliegende Wildnis mit zerklüfteten Bergrücken zwang die einmotorige Maschine zu größerer Flughöhe. Dann gingen die Gebirgsketten in den ausgedehnten Binnensumpf Lakes Plain (Seen-Ebene) über. Mitten durch diesen Sumpf wand sich der Idenburg wie eine schreckenerregende, prähistorische Pythonschlange, die sich von Horizont zu Horizont rollte und schlängelte.
Hinter dem Idenburg kamen dann die wirklichen Berge! Ausgezackte Bergketten ohne Namen nötigten die winzige Maschine, auf fast 4000 Meter zu gehen. Wie eine hellgelbe Fliege summte sie durch eine Lücke in den Zinnen, dann tauchte sie mit atemberaubender Geschwindigkeit in ein Tal hinab, das «Swart» genannt wurde nach einem holländischen Forscher, der es vor zwei Jahrzehnten entdeckt hatte. Zwischen grünen Bergkämmen kam ein briefmarkengroßer Landestreifen ins Blickfeld. Das war Karubaga, die Hauptbasis von RBMU in Irian Jaya (der heute gebräuchliche indonesische Name für Niederländisch-Neuguinea).

Der Pilot ging noch stärker auf Steilflug. Minutenlang fiel die Maschine in Spiralen, während Gipfel, Klippen, Wasserfälle, üppige Yamsgärten und auf Bergrücken liegende Dörfer mit winzigen, kegelförmig gedeckten Häusern in Fülle an den Fenstern vorüberwirbelten.

Als das kleine Flugzeug schließlich aufsetzte und ausrollte, blickten die sechs Fluggäste auf eine erschreckend fremde Landschaft und Wesen, wie man sie sich fremdartiger nicht vorstellen konnte! Es war, als habe das kleine Flugzeug sie nicht nur durch den Raum, sondern auch durch die Zeit befördert, zurück in eine langvergessene Welt. Durcheinanderquirlende Horden von Steinzeitmännern, Frauen und Kindern — von denen Tausende in letzter Zeit zum Glauben an Jesus Christus gefunden hatten — schauten ebenso verblüfft auf die Dale-Familie. Der Pilot ließ die Tür auf-

schwingen, und ein Stimmengetöse in eigenartigen, vielsilbigen Wörtern brach über die Ankommenden herein.
Dann hießen plötzlich Stimmen in Englisch mit kanadischem und amerikanischem Akzent die Dales in ihrer neuen Heimat willkommen. Die Nordamerikaner blickten Stan prüfend an, als er mit einem Satz aus der Cessna sprang. Er war jetzt ein rauher, 44 Jahre alter Veteran, aber erfreulich ehrlich — und mit starkem Selbstgefühl. Sein rechtes Auge blinzelte unter fast geschlossenem Lid hervor, eine Folge der Jahre unter der gleißenden Tropensonne. Es öffnete sich nur in Augenblicken seltener innerer Bewegung. Aber das linke Auge, grün und leuchtend, durchdrang einen mit scharfem Blick, der in einem einzigen Moment einen Menschen abschätzen konnte. Von dichten, buschigen Brauen überwölkt, verengten sich beide Augen in den Winkeln zu schmalen Furchen, die sich an den Ohren vorbei bis zum Kiefer forsetzten.
Als Stanley Dale ihnen die Hand schüttelte, war sein Griff kräftig. Eines war offensichtlich: sie hatten einen Mann von festem Willen als Verstärkung erhalten. Jede Unterhaltung mit Stan, seine Bewegungen, seine Haltung zeugten davon, daß dieser Wille in ihm brannte wie die Flamme in einer Lampe.

So begann die neue Missionsarbeit. Nachdem er Pat und den Kindern geholfen hatte, sich in einer der Missionswohnungen einzurichten, meldete sich Stan zur Arbeit mit Hammer, Säge und einer Schreinerschürze, deren Taschen von Nägeln ausgebeult waren.

Trotz seiner 44 Jahre arbeitete Stan so hart und gleichmäßig wie der jüngste unter seinen Mitarbeitern. Er wußte darüber hinaus, wie man einen langweiligen Job an einem verregneten Tag mit australischen Wortspielen und geschickt gewählten Zitaten von Wordsworth, Masefield oder Blake* aufheitert.
Die Yanks und Canucks (Nordamerikaner und Kanadier, Anm.d.Übers.) waren beeindruckt; sie mochten ihn. Eine Freundschaft begann aufzukeimen.
Manchmal jedoch — früh am Morgen oder unter dem nächtlichen Sternenhimmel — entfernte sich Stan aus der Missionsgemeinschaft und schaute hinüber zu der wilden Umwelt des Tales. Dann pflegte er Zwiesprache mit Gott und baute an seiner Vorstellung eines anderen Tales, das noch tiefer verborgen lag als das Swart-Tal. Denn dieses war für seinen Geschmack viel zu dicht mit Missionaren bevölkert. Nach Stans Vorstellungen sollten Missionare

* engl. Dichter, Anm. d. Verl.

immer so dünn wie möglich über die Erde verteilt sein, und jeder sollte im Idealfall die Arbeit von drei bis vier Männern tun. Sobald sie begannen, um der eigenen Gemeinschaft und Bequemlichkeit willen sich in größerer Zahl zusammenzuschließen (mit Ausnahme kurzer Konferenzzeiten einmal im Jahr oder so), entfernten sie sich von dem Großen Auftrag ihres Meisters, der sie geheißen hatte, in *alle* Welt zu gehen.

Aber der Missionstruppe in Niederländisch-Neuguinea, zu der die Dales gestoßen waren, fehlte es keineswegs an Idealismus. Sie erkundeten andere Seitentäler des unregelmäßig geformten Swart-Tales, das dichter besiedelt war als viele andere Gegenden von Niederländisch-Neuguinea, und errichteten zwei weitere Außenposten mit Landebahnen: Kangime im September 1960, genau zwei Monate nach dem Eintreffen der Dales, und Mamit im April 1961.
Stan selbst nahm an dieser Erweiterungsarbeit teil. Mit seiner Erfahrung in einer Kommandoeinheit, speziell im Umgang mit Dynamit, wurde er häufig gerufen, um auf neuen Landestreifen zimmergroße Steinblöcke aus dem Weg zu sprengen. So handelte er sich den Spitznamen «Dynamit-Dale» ein.

Als die jüngeren Missionare zwischen Karubaga und dem Gelände mit den neuen Landebahnen Fußmärsche unternahmen, entwickelte sich ein Wettstreit, wer die schnellste Zeit zwischen Karubaga und Kangime oder Karubaga und Mamit erreichte.
So ein angehender Rekordbrecher pflegte zuerst seine Armbanduhr mit der eines in Karubaga zurückbleibenden Missionsangehörigen zur vergleichen und sich dann auf den Weg zu machen. Er eilte über hohe Bergrücken und durch tiefe Schluchten, bis er endlich die Hütte mit dem Funkgerät beim neuen Landeplatz erreichte.
In Karubaga konnte dann jemand eine fast atemlose Stimme über Funk japsen hören: «Ich bin hier!»
Stan wurde unvermeidlich in diesen Wettstreit mit hineingezogen. Konnte der rauhbeinige alte Veteran die Geschwindigkeit und Ausdauer der jüngeren Männer erreichen?
Entschlossen, dies unter Beweis zu stellen, machte sich Stan eines Tages auf den Weg nach Mamit. Die mit Dynamit beladenen Dani-Träger fielen weit zurück, als Stan, mit einem stämmigen Dani als Eskorte, der Salz und eine Flasche mit Trinkwasser trug, kräftig ausschritt. Leider konnte selbst der leichtbeladene Dani

dies Tempo nicht mithalten. Als Stan sich durch den Schweißverlust schwach zu fühlen begann, legte er einen Halt ein und hoffte, vom Träger eine kräftigende Prise Salz zum Lecken und einen erfrischenden Schluck Wasser zu bekommen. Doch die Eskorte war nirgendwo in Sicht. Stan wollte keine kostbaren Minuten verlieren und drängte trotz Schwäche und Durst weiter.
Als er Mamit erreichte, phantasierte er. Er brach auf dem Boden der Funkstation zusammen. Dann lag er da und erzählte besorgten Mitarbeitern, die sich um ihn sammelten und ihm Salz und Wasser anboten, die großen Ereignisse der Weltgeschichte. Als er sich schließlich erholt hatte, konnten sie ihm eine gute Nachricht mitteilen.
Er hatte den Rekord bei weitem gebrochen!

Stan verbrachte viel seiner freien Zeit mit dem Studium einer 150 Zentimeter breiten Karte der US-Luftstreitkräfte von Niederländisch-Neuguinea, die fast ausschließlich an Hand von Luftaufnahmen gezeichnet worden war. Sorgfältig vermerkte er jede bekannte Einzelheit des Landes ebenso wie die nicht ausgefüllten leeren Stellen.
Eines Tages hörte Stan, wie der Pilot Bob Johannson ein bestimmtes Tal beschrieb, das er aus der Luft gesichtet hatte. Es lag in einer besonders zerklüfteten Region der Schneeberge. Später entdeckte Stan es auf seiner Karte. Der südwärts hindurchströmende Fluß trug keinen Namen, wie so viele hundert Flüsse in Niederländisch-Neuguinea. Das Tal lag weit außerhalb des Gebietes irgendeiner bis jetzt bestehenden Mission oder eines niederländischen Regierungspostens, doch nicht so weit entfernt, daß es zu Fuß unerreichbar gewesen wäre.
Aus einem Grund, den Stan nicht ganz verstand, schien dies Tal ihn zu rufen. Er dachte nach und betete. Schließlich erwähnte er Bob Johannson gegenüber sein Interesse. Bob erwiderte: «Ich kann Sie zu einem Überblick aus der Luft dorthin mitnehmen, wenn Sie wollen.»
Stan wollte. Anfang 1961 sprach er mit seinen Mitarbeitern über die Sache. «Wir haben jedes wichtige Gebiet des Swart-Tales gut besetzt», führte er aus. «Dennoch trifft durchschnittlich alle drei Monate eine neue Missionarsfamilie ein. Sollten wir nun nicht einen Fühler in neue Operationsgebiete ausstrecken?»
Das war ein aufregender Vorschlag. Er gefiel ihnen, und sie glaubten, daß der Geist Gottes dahinterstand.
Stan schrieb: «Im März hielten wir unsere Jahreskonferenz, die ei-

ne Zeit großen Segens war ... Auf dieser Konferenz brachten Pat und ich unseren Wunsch vor, zu einem Stamm zu gehen, der noch nie mit dem Evangelium in Berührung gekommen ist, und die Konferenz stimmte zu, daß dies die Führung des Herrn sein könne.»

So bewilligten Stans Mitarbeiter im Swart-Tal ihm am 20. März 1961 die Erfüllung seines Traumes. Sie beauftragten ihn und Pat offiziell, jenes unbekannte und namenlose Tal, das auf der Luftwaffenkarte nach Stan zu rufen schien, im Namen Jesu Christi zu besetzen.
Aber Stan und Pat sollten nicht allein gehen. Die Konferenz entschied, daß Bruno de Leeuw, ein vor kurzem aus Kanada eingetroffener junger lediger Missionar von gewinnender Wesensart, die neue Arbeit mit ihnen teilen sollte. Stan und Pat stimmten zu.

Stan teilte seinen Freunden und Betern in Australien mit: «Bruno de Leeuw und ich werden in etwa einer Woche zu Fuß zu dem neuen Gebiet aufbrechen. Betet für uns! Der Stamm, zu dem wir gehen, ist nicht unter Kontrolle der Regierung, und seine Sprache ist unbekannt. Das einzige, was wir wirklich von ihm wissen, ist seine Lage.»

Der erste Schritt war ein Aufklärungsflug.

***

In dem unbekannten Tal fiel das Licht der aufgehenden Sonne sanft auf das Dorf Balinga. Von seiner überragenden Position an der höchsten Stelle des Heluk-Tales überblickte das Dorf sowohl die Abhänge des Feindes östlich des Flusses wie auch viele der Bergrücken und Schluchten seiner Verbündeten im Westen.

***

Im matten Licht der Morgendämmerung stiegen Sunahan und sein Bruder Kahalek, bis an die Zähne bewaffnet, einen Abhang zu ihren Gärten in der Nähe des Heluk hinab. Mit größter Sorgfalt inspizierten sie den Fluß auf irgendwelche Anzeichen, daß ihn Feinde aus Kobak im Laufe der Nacht überquert haben könnten, denn der Kriegszustand, der vor vielen Monden mit der Tötung Selambos begonnen hatte, war noch in vollem Gange.

Als sie kein Zeichen für feindliches Eindringen entdecken konnten, gingen sie bis zur Mitte ihrer Gärten, legten ihre Waffen nieder und begannen, Süßkartoffeln auszugraben. Gelegentlich blickten sie wachsam zu den feindlichen Hängen hinüber, die jenseits des Flusses über ihnen aufragten. An jenen Hängen konnten sie jeden Garten von Kobak erkennen, der von seiner eigenen Steinmauer eingefaßt war, und jedes feindliche Dorf, das sich im Rauch der eigenen Kochfeuer abzeichnete.
Aber die Feinde selbst waren zu Sunahans und Kahaleks Erleichterung nirgendwo in Sicht.
Einen Augenblick später schien es Sunahan, als schieße ein Schwarm von Schwalben an ihm vorüber. Im nächsten Moment bohrte sich eine der «Schwalben» mit ihrem Kopf in Kahaleks Seite.
«Ein Hinterhalt!» schrie Kahalek und zerrte den blutigen, auf einem Rohrschaft sitzenden Widerhaken aus seinem Fleisch. Vom gleichen Gedanken beseelt, packten beide Brüder ihre Waffen und stürzten durch einen wilden Pfeilhagel auf eine niedere Steinmauer am fernen Ende ihres Gartens zu.
«Ich bin wieder getroffen!» schrie Kahalek, und dann: «Mobahai — Mobahai — ich muß dich erreichen!»
Sunahan sprang über die Steinmauer. Sofort wirbelte er herum, um zu sehen, ob Kahalek ...

Zu Sunahans äußerster Bestürzung lag Kahalek sterbend genau drei Schritte vom sicheren Ort entfernt. Feindliche Krieger umschwärmten ihn wie Bienen und schossen immer mehr «Schilf» in Kahaleks Körper. Ein weiterer Feind, der schwere Kriegskleidung aus Palmschilf trug, stand gerade außerhalb der Mauer, den Blick auf Sunahan gerichtet und einen Pfeil auf dem Bogen aufgelegt. Aber er ließ den Pfeil nicht los, denn Mobahai, der Ort, auf dem Sunahan stand, war die *kwalu*-Zuflucht für die nordwestliche Ecke des Heluk-Tales, so wie Ninia dies für den mittleren Talabschnitt war. Er stand nur bereit, falls Sunahan heraustreten sollte, um Rache für den Tod seines Bruders zu suchen.
Aber in der Hitze seines Zornes vergaß Sunahan für einen Augenblick, daß es auch ihm, solange er auf heiligem Grund stand, verboten war, Krieg zu führen, obwohl die Mörder seines Bruders in bequemer Reichweite für seinen Pfeil waren; der Bogen lag bereit in seiner Hand.
Mit einem Wutschrei spannte er den Bogen und schoß einen Pfeil auf den Feind, der dastand und ihn beobachtete. Dessen Augen

öffneten sich ungläubig, als Sunahans Bogen knackte.
Verstand dieser junge Mann aus Balinga das wene melalek nicht?
Sunahans Pfeil traf die Kriegskleidung des Feindes und blieb darin stecken.
«Dein Glück!» schrie der Feind über das Tosen des nahen Flusses hinweg. «Hätte dein Pfeil mein Blut fließen lassen, deine eigenen Freunde hätten dich in den Heluk geworfen!»
Sunahan erkannte schaudernd, was er getan hatte. Einen Augenblick lang erwartete er, daß der Feind seine Verletzung des *wene malalek* mit einer Erwiderung des Pfeilschusses ahnden werde. Aber dieser zog sich einfach zurück — er hielt sich an den Kodex der Ahnen.
Sunahan brannte vor Scham.

Andere Männer aus Balinga kamen nun an. Sie strömten von einem hohen Bergkamm herab, der den heiligen Ort überragte. Die Angreifer verschwanden in Richtung zum Fluß und ließen Kahaleks Leichnam als blutigen, mit Pfeilen gespickten Haufen auf den grünen Blättern des Gartens zurück.
Sunahan kletterte flink auf einen nahegelegenen Aussichtspunkt. Er war neugierig, wie der Feind ohne Brücke über den Fluß entkommen würde. Er traute seinen Augen nicht, als er beobachtete, wie sie ruhig, scheinbar auf Luft tretend, über die weißen Stromschnellen hinüberspazierten! Aber dann kniff er die Augen zu und sah, was er von den höhergelegenen Bergrücken im matten Licht der frühen Morgendämmerung zu seinen Füßen nicht hatte erkennen können — eine weiße Brücke!

Später entdeckte er, wie die einfallsreichen Leute von Kobak die Brücke weiß getarnt hatten. Während der Nacht hatten sie über den Heluk an einer Flußenge Stangen gelegt und sie mit großen Blättern des Kobak-Baumes, der östlich des Heluk in Fülle gedieh und der Gegend ihren Namen gab, bedeckt. Die Unterseite der Kobakblätter ist von weißlichgrüner Farbe. Dadurch, daß sie die Brücke mit den umgedrehten Blättern umwickelt hatten, wurde sie gegen das schäumende Wasser praktisch unsichtbar, vor allem im trüben Morgenlicht.
In Sunahans Zorn mischte sich Bewunderung. Er glaubte, man könne ihn nicht täuschen, aber es war ihnen doch gelungen. Und die Täuschung hatte Kahalek das Leben gekostet.
Nun stellte er sich die Frage, was seine eigene Sünde ihn selbst wohl kosten werde.

«Es wird gesagt, du habest einen Pfeil abgeschossen, solange du auf heiligem Grund standest!»
Die Priester in Balinga umstanden Sunahan mit bestürzt gerunzelter Stirn.
«Es ist wahr, meine Väter», gestand er mit niedergeschlagenen Augen. «Mein Herz war angeschwollen wegen meines Bruders Tod. Ich vergaß einen Teil der 'Alten Worte' und schoß einen Pfeil ab. Aber er verursachte keine blutende Wunde. Er wurde von der Kriegsbekleidung meines Feindes abgelenkt und fiel zu Boden. Was soll ich tun?»
Die Priester berieten miteinander im Hause *kembus* und kehrten dann mit ihrem Urteil zurück.
«Du bist ein Jüngling, der in die Mysterien von *kwalu* und *morowal* noch nicht eingeführt wurde, und du hast die heiligen Worte noch nicht vollständig gelernt. Unser Urteil ist, daß du für deine Sünde den *kembu*-Geistern ein Schwein opfern mußt!»
Als der Rauch von Sunahans Opfer gen Himmel stieg, hörten die Yali es — Bob Johannsons kleines gelbes Flugzeug, das in Spiralen vom Mugwi-Paß herabkam.
Durch ein von glühenden Wolken geformtes Tor erblickten Stanley und Bruno das nördliche Ende des Tales, das dalag wie eine dreieckige Schale unter einem offenen Himmel. Bob Johannson, der Pilot, ging erneut in die Kurve, und plötzlich waren sie durch das Portal hindurch und wanden sich zwischen den drei gezackten Gebirgskämmen hinab, welche dieses Tal bisher zu einer Welt für sich gemacht hatten.
Stan bemerkte das Zusammengehen zweier Gebirgsflüsse, die sich hier am Ende des Tales vereinigten und den Hauptstrom bildeten. Die Schluchten, die diese zentrale Arterie des Tales umgaben, deuteten ein gewaltiges Y an. Von da an nannten Stan und Bruno es das «Y»-Tal, bis sie den richtigen Namen kennenlernten. Hier, am Zusammenfluß dieses massiven «Y», sahen sie den Platz für eine künftige Landebahn.

In der Nähe der Verbindungsstelle des «Y» zog eine steigende Rauchwolke ihren Blick auf ein unregelmäßig auf dem Bergrücken ausgebreitetes Dorf — Balinga. Erschreckte Krieger zerstreuten sich, als das Flugzeug in geringer Höhe über sie hinwegfegte.
«Dies wird das erste Dorf sein, das wir erreichen, wenn wir vom Paß herunterkommen», sagte Stan zu Bruno. Sie wandten sich talabwärts und hielten Ausschau nach einem anderen Platz für ei-

ne Landebahn. Sie konnten nur eine Möglichkeit ausmachen: einen Hang zwischen zwei benachbarten Dörfern. Mitten auf diesem Abhang ragte ein kleiner Hügel empor, auf dem sich ein seltsames, großes Gebäude befand, das von einem kreisrunden Steinwall umgeben war. Wohin sie auch sonst blickten, überall waren scharfe Bergkämme und schreckenerregende Schluchten, die jeden Gedanken an eine Landebahn ausschlossen. An diesem zweiten Platz ließen Stan und Bruno Geschenke von Schneidewerkzeugen aus Stahl für die in der Umgebung lebenden Stammesangehörigen fallen. Dann kehrten sie über den Paß zu Johannsons Basis im fernen Wamena zurück.

Im Tal hinter ihnen tauchte eine erschütterte Bevölkerung aus tausend Verstecken auf und versammelte sich im Freien in Gärten oder Siedlungen. Sie blickten anhaltend zum hohen Mugwi-Paß hinauf, wo die Wolken nun hinter dem dröhnenden Eindringling einen Vorhang vorzogen.
«Bruder, was bedeutet das?» fragte Wanla Andeng. «Dieser brüllende Geistervogel, der seltsame Gegenstände vom Himmel geworfen hat.»
Andeng fand keine Antwort. Wußten die Geister selbst, was diese seltsame Erscheinung bedeutete? Und wenn sie es wußten, würden sie den Priestern zeigen, was — wenn überhaupt — getan werden sollte?
Andeng zitterte.

Hinter den Bergketten

Nach ihrem Erkundungsflug machten sich Stan, Bruno, ihre fünf Dani-Träger und ihre beiden Führer auf den Weg das Mugwi-Tal hinauf, einer Abzweigung der berühmten Balim-Schlucht. Verbissen arbeiteten sie sich über Abhänge, die mit Süßkartoffelgärten übersät waren, und kamen durch ein hochgelegenes Dorf nach dem andern mit spitzgiebeligen Dani-Hütten (Stan nannte sie «humpies»* in seiner knappen australischen Redeweise).
In jedem Dorf versuchten sie, Träger für die Zwischenstrecken anzuheuern, doch mit wenig Erfolg. In jedem Dorf schienen sich die Männer vor denen des nächstfolgenden Dorfes zu fürchten. Je weiter sie stiegen, desto steiler ragten die Berge vor ihnen auf. Schließlich passierten sie — nach Atem ringend wie Langstreckenläufer — die letzte menschliche Ansiedlung und standen den nebelverhangenen Bergflanken gegenüber, die in ferne Hochgebirgswälder emporführten.

Der Mugwi-Fluß, dessen Donner unten im Tal ihre Stimmen erstickt hatte, war nur noch als tröpfelndes Rinnsal zu hören, wie wenn jemand vor einer Gottheit angebetet hat und sich auf Zehenspitzen entfernt.
Unter heftigem, von Sturm begleiteten Regen drangen sie zu den Bergwäldern vor. Knorrige Bäume, regentriefend und mit Moos, Orchideen, Schwämmen und verschlungenen Lianen bewachsen, hingen in drohenden Formen über ihrem Pfad. Noch weiter oben wurde das Moos dichter und schluckte jeden Laut. Die beiden Forscher und ihre Helfer mußten schreien, um sich auf eine Entfernung von wenigen Metern klar verständlich zu machen.

Nach dem Regen senkte sich kalter Nebel auf sie nieder, hüllte sie in dichte Düsternis ein und ließ ihre verschwitzten Hemden erkalten. Bruno hielt an, um einen weiteren Pullover auszupacken. Er streifte ihn über, schauderte und eilte dann weiter, um die anderen einzuholen, ehe er sie im Nebel aus den Augen verlor, denn sie hätten ihn nicht rufen hören. Diese Stille war völlig anders als alles, was er bisher erlebt hatte. Sie schien unnatürlich.
Stunde um Stunde kämpften sie sich nach oben. Nebel wogte wie

*«Humpy» = bucklig, ist die australische Bezeichnung für eine Eingeborenenhütte (Anm. d. Übers.)

riesige Einzeller um sie. Um die Mitte des Nachmittags beschleunigte Yamwi, ein Bewohner des Mugwi-Tales und Hauptführer der Gesellschaft, seinen Schritt, um eine Höhle zu erreichen, wo er Schutz gegen die Frosttemperaturen der Nacht wußte. Auch einige der Danis schritten rascher aus, um Yamwi nicht aus der Sicht zu verlieren, aber Stan, Bruno und die übrigen Danis fanden sich bald in der einbrechenden Dunkelheit mit einem Zelt, aber ohne Schlafsäcke wieder! Denn die anderen Danis hatten das meiste Gepäck vorausgetragen, ohne zu merken, daß die Nacht so rasch einfallen würde.

Während nun die anderen Danis und Yamwi sich neben ein warmes Feuer in einer Kalksteinhöhle kauerten, verbrachten Stan, Bruno und ihre übrigen Begleiter eine schlaflose Nacht in bitterkaltem Regen und Wind. Am nächsten Morgen kehrten Yamwi und seine Begleiter zurück und fanden Stan und Bruno von der Kälte verstört und erschöpft vom Mangel an Schlaf. Es braucht wohl kaum erwähnt zu werden, daß Stan ihnen einige kräftige Worte an den Kopf warf. Die Danis waren tief gedemütigt, obwohl der Fehler ja nicht absichtlich geschehen war.

Von der Morgensonne durchwärmt, überstieg die Gesellschaft noch höhere Bergketten und querte den Mugwi-Paß in mehr als 3000 Metern Höhe. Aber als sie den Abstieg zum Heluk hinab begannen, schlug ihnen wieder Regen entgegen und durchnäßte sie bis auf die Knochen. Stan brachte mit Hilfe von Kerosin feuchtes Holz zum Brennen, und so wärmten sie sich alle für den weiteren Marsch. Der Pfad führte nun jedoch durch tiefes Moor, das trügerisch unter dichtem Bewuchs von Berggras versteckt lag. Sooft sie auf weiche Stellen in der Grasnarbe traten, gab der Untergrund nach und ließ sie in zähen Schlamm stolpern.

Als sie das Moor hinter sich gelassen hatten, gelangten sie wieder unter die Baumgrenze. Yamwi und der junge Emeroho, ein Yali, der sich vor einigen Monaten aus dem Heluk-Gebiet gewagt hatte, führten noch immer. Stan und Bruno vermochten kaum, ihre Eile zu zügeln. Das unbekannte Tal und seine unbekannten Menschen lagen nur noch wenige Wegstunden von ihnen entfernt.
Doch jeder einzelne Mann der Gruppe durchlebte seinen Augenblick des Zweifels. Worauf hatte er sich eingelassen? Was für Menschen mochten dort unten warten, und was würden sie tun? Gestern abend hatten ortsansässige Stammesleute in einem Au-

ßenposten namens Hetigima zum Mugwi-Paß hingedeutet und vor der unversöhnlichen Feindseligkeit der dahinter lebenden Menschen gewarnt.

***

Weit mehr als 1000 Meter unterhalb der Marschgruppe sahen sich vier Yali-Frauen aus Balinga, Kopai, Yal, Mul und Wo, von Kriegern aus Yabi umringt, einem mit dem Kobak-Volk verbündeten Dorf. Obwohl es nutzlos war, versuchten sie zu fliehen.
Je mehr Pfeile ihnen die lachenden Feinde in den Leib jagten, desto langsamer liefen die Frauen. Eine nach der anderen fiel und lag still zwischen den Yams-Pflanzen, die sie bearbeitet hatten. Kopai war die letzte, die niederstürzte; ehe sie, von Pfeilen gespickt, starb, schleppte sie sich bis in Sichtweite der unkrautüberwucherten Steinmauer von Mobahai. Aber im Gegensatz zu Sunahan suchte sie dort keine Zuflucht. Sie wandte sich von der Mauer weg mit einem Entsetzen, das fast so stark war wie das Entsetzen, das sie vor den Feinden hatte fliehen lassen.

Denn die *kembu*-Geister dieses Ortes waren nicht ihre Götter. Sie waren nur die Götter der anderen Hälfte der Heluk-Bevölkerung — nämlich der männlichen Hälfte. Tatsächlich konnte der Ruhm der *kembu*-Geister, die diesen Ort bewohnten, nur in dem Maße zunehmen, als Frauen aus ihrer Gegenwart verbannt waren. Der heilige Grund *kembus* bot deshalb für Kopai keine Zuflucht. Würde sie diesen heiligen Grund betreten, und sei es auch nur, um dem Tod zu entfliehen, wäre ihr lediglich der Tod von der Hand ihrer eigenen Angehörigen sicher.
Sie zog es vor, von der Hand ihrer Feinde zu sterben.

Für Nindik, Alisu, Kopai und andere war es zwar zu spät, doch die Abgesandten eines Gottes, der die *ganze* Bevölkerung zu seiner Herde zählen wollte, waren schon unterwegs. Es hatte lange Zeit gebraucht, *sehr* lange Zeit sogar für Menschen wie sie, einen Versuch zum Überschreiten dieses hohen, kalten Randgebirges zu unternehmen.
Aber nun hatten sie es überwunden und kamen herunter, so schnell ihre Füße sie trugen.

Bruno schlug vor, Emeroho vorauszuschicken, um die Menschen im Tal auf ihre Ankunft vorzubereiten, doch Stan sprach sich dagegen aus. In der Geschichte der Kontakte zwischen Europäern und Melanesiern war es immer wieder vorgekommen, daß solche Führer im letzten Augenblick zu Verrätern wurden und verkündeten, ihre Brotgeber seien böse Männer und müßten getötet werden, ehe sie die Möglichkeit hätten, einen verderblichen Zauber über das ganze Volk zu legen. Manchmal bedurfte es nur einer Kleinigkeit, einen Wandel im Herzen eines Führers zu bewirken — eine Enttäuschung beim Handel in einem fernen Posten Jahre zuvor etwa oder ein kindisches Verlangen, irgendein Schauspiel mitanzusehen. Bei einer Gelegenheit erzählte ein eingeborener Vorläufer dem Vernehmen nach einer bestimmten Gruppe von Papua-Kriegern, daß zwei in der Nähe vorbeikommende weiße Reisende unsterblich seien. «Wenn ihr Pfeile auf sie abschießt,» so erläuterte er, «werdet ihr sehen, daß die Pfeile abprallen.» Begierig, dieses Phänomen der Unzerstörbarkeit zu beobachten, schossen die Krieger eine ganze Salve von Pfeilen ab. Die beiden Reisenden starben an ihren Wunden.

So zogen es Stan und Bruno vor, plötzlich und unangemeldet in Erscheinung zu treten. Die Entscheidung wurde ihnen jedoch aus der Hand genommen, denn am letzten Abend ihres Abstiegs vom Mugwi-Paß entschlüpfte Emeroho, ihr Yali-Führer, um seine Leute zu warnen.

«Wir setzten», schrieb Stan später, «unseren Weg den Berg hinab in schier endlosem Nebel fort, an torfschwarzen Sümpfen vorbei und durch moosbehangenen, tropfenden Wald. Unsere Träger, die von der unnatürlichen Stille verschreckt waren, schritten geräuschlos im Gänsemarsch zwischen verschlungenen, moosbewachsenen Bäumen hindurch. Um Mittag hoben sich die Wolken und gaben den Blick auf das Land unter uns frei. Um 14.30 Uhr traten wir aus dem Wald heraus.»

***

Die vier Scheiterhaufen waren aufgeschichtet. Klagende Angehörige trugen die zerfetzten, blutverschmierten Leichen der unglücklichen Kopai und ihrer drei Freundinnen vom hochgelegenen Balinga-Kamm herab. Inzwischen veranstalteten über dem Heluk drüben Schwärme von Yabi-Männern im Verein mit ihren Verbündeten von Kobak ein Freudengeheul und höhnten die Trauernden, ja sie forderten sie sogar heraus, doch über den Fluß zu kommen und Rache zu nehmen. Aber die Bewohner von Balinga wa-

ren natürlich nicht so töricht. Sie sprachen nur in ihren Herzen: «Eure Freude wird von kurzer Dauer sein, o ihr Feinde! Denn die Zeit wird kommen, da werden wir oben auf dem Berge sein und ihr im Tal.»
Eine beliebte und besonders verletztende Herausforderung der Yabi war: «Warum all das zarte Fleisch verbrennen? Ihr Narren! Bringt es her, wir werden es für euch versorgen!»

Behutsam legten die Trauernden die vier Frauen auf ihr letztes Bett aus knorrigem Krüppelholz und entzündeten dann das Feuer unter ihnen. Ein Windstoß wirbelte den Rauch von den vier Scheiterhaufen hoch. Das Tempo der Klage steigerte sich mit dem Stakkato der knisternden Flammen. Verwandte, die weinten und sich die Tränen vom Gesicht wischten, schoben heraushängende Hände und Füße zurück in die Flammen. Andere nahmen die Kinder, die durch den Totschlag mutterlos zurückblieben, in die Arme und versuchten ihnen zu erklären, warum es für ihre Mütter notwendig war, verbrannt zu werden.
Während die Kleinen vor Entsetzen schrien, lösten sich ihre Mütter in Rauch und Flammen auf. Diejenigen, die schon alt genug waren, die Vorgänge zu verstehen, hielten sich die Ohren zu, um das entsetzlich laute Zischen nicht zu hören.

Hoch oben kauerte ein alter Mann aus Balinga auf einer Steinmauer und beobachtete die Verbrennung. Plötzlich veranlaßte ihn ein Ruf hinter ihm, sich umzudrehen. Ein Junge — Emeroho — näherte sich rasch vom Mugwi-Paß her.
In knappen Worten teilte Emeroho dem alten Mann seine Neuigkeit mit: «*Duongs* steigen vom Mugwi-Paß herunter!»
Duong war Emerohos verstümmelte Form von *tuan,* einem indonesischen Wort des Dani-Stammes, das zur Bezeichnung von Europäern gebraucht wurde. Emeroho hatte das Wort in Hetigima gelernt.
Ehe der alte Mann fragen konnte, was ein *duong* sei, eilte Emeroho an ihm vorbei, darauf bedacht, seine eigenen Leute talabwärts in Hwim und Sivimu zu warnen.
Duong? Der alte Mann dachte nach und versuchte sich zu erinnern, ob er das Wort schon einmal gehört habe. Mit verwirrtem Kopfschütteln erhob er sich und stolperte unsicher den Hügel hinab bis zum Verbrennungsort. Er platzte mitten unter die Trauernden, deutete mit seinem Spazierstock zum Mugwi hinauf und wiederholte Emerohos Warnung:

«*Duongs* steigen vom Mugwi herab!»
Ton um Ton ebbte der Tumult von hundert gemischten Trauergesängen ab. Dann herrschte plötzlich Stille mit Ausnahme des ersterbenden Knackens der vier Verbrennungsfeuer und dem fernen Geschrei von Yabi und Kobak.
«*Duongs* steigen vom Mugwi herab!» wiederholte der alte Mann.
«Was um alles in der Welt sind *duongs*?» fragte einer.
«*Duongs* sind Geister in Menschengestalt!» rief eine gebieterische Stimme vom Rand der Menge her. Alle drehten sich um, als ein hochgewachsener junger Mann mit Namen Suwi sich erhob. Suwi war ebenfalls jenseits des Mugwi gewesen und hatte Dani-Krieger aufgeregt über seltsame Wesen schwatzen hören, die neuerdings durch das Balim-Tal nach Hetigima gekommen wären.

Währenddessen wurden die Angehörigen der vier erschlagenen Frauen ungeduldig über diese alberne Unterbrechung der Bestattung ihrer Lieben.
«Geht und seht, ob es wahr ist!» befahlen sie. So machten sich Suwi und seine Freunde sofort auf zum Mugwi. Hinter ihnen klang die Klage um die Toten von neuem auf. Es dauerte nicht lange, und die meisten hatten die geheimnisvolle Ankündigung des alten Mannes vergessen. Nach einigen Stunden, als die Priester die Versorgung der Asche beendet hatten, wurden sie heftig daran erinnert.
Denn plötzlich brach unter den Feinden über dem Heluk drüben eine seltsame Unruhe aus. Von ihrer Position aus konnten sie über den Felsen hinübersehen, unter dem sich die Trauernden von Balinga versammelt hatten. Sie zeigten alle auf irgend etwas in Richtung des Mugwi.

Eine weitere Warnung war überflüssig. Die Trauernden zerstreuten sich. Frauen und Kinder eilten den Hügel hinauf und verschwanden in winzigen *homias* wie Kaninchen im Bau. Männer und Jugendliche vergaßen ihren Kummer, schwärmten den Berg hinauf und stellten sich der abgelegenen Dorfmauer entlang mit schußbereiten Waffen auf.

Eine Erscheinung mit australischem Schlapphut, so stand Stan breitbeinig, mit auf den Hüften aufgestützten Fäusten und blickte furchtlos auf die Kammlinie, die sich plötzlich mit bewaffneten Kriegern verdunkelte. Neben ihm erwartete ein blaßgewordener Suwi, der anstelle von Emeroho neu als Führer verpflichtet wor-

den war und noch schwankte, ob er nun privilegiert oder verdammt war, den nächsten unfaßbaren Einfall seines «übernatürlichen» Arbeitgebers. Mit einem Gebet im Herzen und Adrenalin im Blut, streckte Stan seine Hände mit der Handfläche nach oben als Zeichen des Friedens aus und schritt kühn direkt auf die am nächsten stehenden Krieger zu.
Unter den Männern von Balinga brach verwirrtes Geschrei aus. Stan kam gerade auf sie zu, leichtfüßig und energisch, als spiele er hier den Merkur für den «Jupiter» Bruno! Junge Männer mit nicht viel Willensstärke entschlüpften in ein Versteck. Nur die Tapfersten wagten es, angesichts seines Näherkommens stehenzubleiben, und selbst sie zitterten!

«*Nakni!* Meine Väter!» rief Stan und benutzte einen Ausdruck, den er von Emeroho gelernt hatte. Plötzlich fand Suwi seine Sprache wieder und tat sein Bestes, das Unerklärliche zu erklären. Die Männer von Balinga, die Suwi als einen der Ihren erkannten, kamen allmählich näher. Der erste Kontakt war hergestellt! Stan schrieb später über diesen Augenblick in seinem typisch romantischen Stil:
«Wir waren in das vergessene Tal gelangt. Unsere Reise war zu Ende. Unsere Aufgabe hatte begonnen!»

Danach stiegen Stan und Bruno an Balinga vorbei zum Heluk hinab. Sie wollten den ersten der beiden ins Auge gefaßten Plätze für Landebahnen vermessen, der dahinter lag auf einem sanften Abhang unterhalb des vorstehenden Bogens von Yabi. Um eine Talbiegung bemerkten sie Krieger aus Yabi und Kobak, die sich in voller Bewaffnung am anderen Ufer aufreihten. Die Männer von Balinga drängten sich inzwischen hinter Stan, Bruno und ihren Trägern den Hügel hinab und schrien aus vollem Hals.
Die Balinga-Krieger wollten natürlich den Eindruck vermitteln, als seien diese Fremdlinge gekommen, sich mit Balinga zu verbünden und nun eine breitangelegte Strafexpedition gegen Yabi und Kobak durchzuführen, vermutlich zusammen mit einer furchterregenden übernatürlichen Macht!

Soweit die Krieger von Yabi und Kobak erkennen konnten, schien dies der Wahrheit zu entsprechen. Unsicherheit breitete sich in ihren Reihen aus, doch sie waren bereit, auszuhalten. Kriegsgeschrei erscholl. Pfeile wurden angelegt, und die Bogen aus schwarzem Palmholz waren schußbereit gespannt.

Stan und Bruno hatten selbstverständlich keine Ahnung, in welche politische Situation sie hineingeraten waren. Eines aber war klar — die Krieger jenseits des Flusses warnten sie, nicht hinüberzugehen. Dies war natürlich eine Herausforderung, und für Stanley Albert Dale gab es nur eine Antwort auf eine Herausforderung: sie anzunehmen.
«Ganz recht, Kameraden!» brüllte er, «ich werde euch auf euren Bluff Antwort geben!»
Stan schritt mutig auf die Yabi-Kobak-Horde zu. Bruno, Suwi und die fünf Danis sahen ebenso wie die Schar der Balinga-Krieger voll Erstaunen zu. Immerhin waren es ja die letzteren, die blufften! Balinga wollte nicht wirklich, daß die Fremden einen offenen Angriff führten, sie hofften lediglich, daß der bloße *Anschein* eines Angriffs die Feinde zur Flucht bewegen könnte!

Um seinen Herausforderern nahezukommen, überquerte Stan den Zufluß, der vom Mugwi herabfloß, auf einer niedriggespannten Yali-Hängebrücke. Dann ging er über einen niedrigen Kamm auf den schäumenden Heluk zu. Hier gab es keine Brücke, denn hier war der Rand des feindlichen Territoriums. Stan schätzte den Fluß niedrig genug zum Durchwaten. Er stürzte sich in das weiße Wasser, direkt unter den Bogen der hochgradig erregten Yabi-und Kobak-Krieger.
Brunos Herz sank, als er verzweifelt für Stans Sicherheit betete. Stan war nun völlig außerhalb der Reichweite menschlicher Hilfe.

Der Hang auf der Balinga-Seite wurde zu einer riesigen Arena. Angsterfüllte Zuschauer strömten herbei, um zu sehen, wie der einsame Märtyrer voranschritt, um die Löwen an der Mähne zu packen!
Stan, der bis an die Hüften im wirbelnden Wasser watete, blickte auf die Feinde von Yabi und Kobak. Einige hielten bereits den Bogen angelegt, andere winkten mit den Armen eine letzte Warnung: «Geh zurück!»

«Zurückgehen?» überlegte Stan. «Tut mir leid, Kameraden — es ist zu spät für mich, zurückzugehen, achtzehn Jahre zu spät! Ich bin nicht den ganzen Weg hierhergekommen, um auf das Geheiß von Menschen zurückzuweichen.»
Er watete weiter. Die Strömung war stärker, als er erwartet hatte, und er wandte den Blick von seinen Gegnern am anderen Ufer ab, um einen sicheren Weg zu finden.

Die Männer aus Yabi und Kobak, die auf Stan niederblickten, waren wie vom Donner gerührt. Was für ein Mensch ist das, so fragten sie sich, der allein und unbewaffnet (denn sie hatten keine Ahnung, daß der über seine Schulter geschlungene «Stock» eine Waffe war) weiterging und sich der Gnade oder Ungnade von Männern aussetzte, die auf hohem Grund standen?
Er sah ohne Zweifel nicht verrückt oder von Dämonen besessen aus. Sein Gesicht strahlte eher die Zuversicht eines Priesters aus, der einen Streit schlichtete. Gleichzeitig erkannten mehrere Yabi-Männer die Wahrheit. Der Fremde kam nicht als Verbündeter von Balinga auf sie zu, sondern als neutraler Agent, der den Wunsch hatte, sich mit beiden Seiten des Tales gut zu stellen.
«Tötet ihn nicht!» rief einer. Die Bogensehnen entspannten sich.

Stan schrieb später: «Als ich das Ufer erreichte, waren die meisten der Männer verschwunden! Die übrigen schienen entschlossen, sich freundlich zu verhalten.»
Bruno, Suwi und die anderen sahen, daß Stan ihnen winkte, ihm zu folgen. Mit einem Seufzer der Erleichterung überquerten sie den Fluß und gesellten sich zu Stan. Am Rand eines breiten Abhangs unterhalb der Siedlung Yabi, der zwischen dem Heluk und einem seiner östlichen Nebenflüsse eingebettet lag, schlugen sie ihr Lager auf.
«Suwi sagt, diese zwei Dörfer auf beiden Seiten von uns seien im Krieg», vertraute einer der Dani Stan an. «Deshalb sind die Balinga-Männer so ängstlich, zu unserem Lager herüberzukommen.»
«Wir werden uns morgen darum kümmern», erwiderte Stan.

***

«Suwi!»
Suwi kam angerannt.
«Geh und sag den Kriegshäuptlingen deines Dorfes — Balinga — und von Yabi dort oben, sie sollen hier in unser Lager kommen und Frieden schließen!»

Als Stans Worte sich durch die Dani-Sprache vom Swart-Tal in den Mugwi-Dialekt und schließlich in Suwis Verstand umgesetzt hatten, war Suwi perplex. Er? Ein bloßer Jüngling? Er sollte einen Befehl an seine eigenen Eltern und an seine Feinde überbringen, einen Krieg zu beenden, der schon so lange gedauert hatte, daß er

Nindik und ihre Freundinnen erfahren nie etwas über heilige Dinge

Sar und Ongolek, Nindiks Vater und Mutter

Nindik kletterte auf eine Mauer des Dorfes und blickte suchend auf einen Hang mit aufgehäufelten Yams-Feldern, wo Ongolek meist ihrer Gartenarbeit nachging

»Toli, deine komische Nase steht gerade heraus wie eine Raupe, die auf einen anderen Zweig kriecht«

Andeng, der Hohepriester von Sivimu, flüsterte: »Ich fand das Kind innerhalb der *osuwa,* die Ninia genannt wird«

Die Krieger rasselten mit ihren Bogen und verfielen in einen wilden Tanz, *siruruk* genannt

»Ich glaube, meine Berufung ist bei diesen Bergstämmen«, hatte Bruno gesagt

Zwischen den beiden Dörfern stand das *kembu-vam* auf dem Hügel Yarino, Stans zukünftiger Landebahn

Sorgfältig spannte Libeng seinen Bogen

Der einzige Yali, der bis zum Ende der Reise blieb, war Yekwara

Das Flugzeug schwebte ins Blickfeld, überflog den Hügel Yarino und rollte auf dem ehemaligen Sumpf glatt aus

praktisch zu einer Lebensform geworden war? Was glaubte dieser grünäugige Fremde eigentlich, wer er sei?
Aber ein Blick dieses grünäugigen Fremden überzeugte Suwi, daß er keine andere Wahl hatte. Welch eine unglaubliche Autorität lag in diesem Blick!
Was soll ich sagen? Wie kann ich sie überreden? wollte er fragen. Aber die Worte gelangten nie bis zu Stan. Als er sah, wie Suwi zögerte, packte Stan ihn mit festem Griff an den Schultern, drehte ihn um und schickte ihn energisch auf den Weg.
Irgendwie brachte Suwi es fertig, mit Herzklopfen bis zum Hals weiterzugehen, immer weiter den gefürchteten Abhang nach Yabi hinauf, selbst innerhalb von Schußweite eines Pfeiles. Wildaussehende Männer kamen ihm entgegen mit einem leichten Grinsen im Gesicht. Schnell sprudelte Suwi seine Botschaft heraus:
«Die Fremdlinge sind Geister, die *duongs* genannt werden. Immer wenn *duongs* in ein Tal kommen, muß jeder im Tal aufhören zu kämpfen!»
Zu Suwis Überraschung schien etwas von der Autorität dieses grünäugigen Fremden in seine eigenen Worte eingeflossen zu sein und Bedeutung zu gewinnen, als er fortfuhr: «Nun, da diese *duongs* angekommen sind, befehlen sie uns allen, Frieden zu schließen. Ihr sollt herunterkommen in ihr Lager und die nötigen Vorbereitungen treffen!»

Wie um Suwis Worte zu unterstreichen, fegte Bob Johannsons gelbe Cessna erneut vom Mugwi-Paß herab und schraubte sich rasch in das Tal herunter, geleitet von zwei Signalfeuern, die Bruno und die Dani-Träger angezündet hatten. Johannson ging angesichts der drohenden Bergrücken in eine enge Kurve, und für einen kurzen Augenblick konnten Stan und Bruno einen Blick des RBMU-Kollegen David Martin erhaschen, der energisch Bündel mit Vorräten und Werkzeug aus einer Öffnung des Flugzeuges stieß.
Krach!
Ein Zwanzig-Liter-Kanister mit Brennstoff schlug im rechten Winkel auf einen tischgroßen Felsblock auf und ließ eine dramatische Flammensäule aufschießen.
«Seht!» Suwi deutete schaudernd hin. «Wir müssen heute Frieden schließen!»
«Erstaunlich!» stimmten die Yabi-Männer zu. «Wir werden zu unseren Verbündeten schicken und euch heute dort unten treffen.»

Suwi kehrte grinsend den Hügel hinab zurück. Wirklich erstaunlich, was man zuwege bringen kann mit ein wenig Hilfe von einem *duong* oder zweien!
Nun mußte er seine eigenen Ältesten in Balinga überreden.

Stan und Bruno waren nicht die Männer, die Zeit verloren. Sie durchkämmten das ganze zu Yabi gehörende Plateau und schritten jeden Winkel ab, der eventuell als Platz für eine Landebahn dienen konnte. Sie kamen bald zu der Überzeugung, daß es unmöglich war, die Mindestlänge zu erhalten, die von den Missionspiloten für ihre einmotorige Maschine gebraucht wurde.
«Also kommt nur der andere Platz unten im Tal in Frage», bemerkte Stan und erinnerte sich an die Schlüsse, die sie aus ihrer Luftinspektion gezogen hatten.
«Sieh mal, Stan!» Bruno deutete auf die Hänge unterhalb Yabis hochgelegener Position. Bewaffnete Yali-Männer strömten von dort herab.
«Hier kommen noch mehr von dieser Seite», fügte Stan hinzu und deutete auf einen gleichfalls gutbewaffneten Schwarm von Männern aus Kobak, die aus Südosten niederstiegen.
«Und dort kommen die von Suwi geführten Männer von Balinga», steuerte ein Dani in seiner eigenen Sprache bei.
«Unsere Friedensbemühungen müssen wohl Erfolg haben, Bruno», meinte Stan ruhig, «sonst entspinnt sich hier, wo wir stehen, ein entsetzlicher Kampf.»
Bruno betete, als Stan vorging, um die Krieger zu treffen.

Die Männer von Balinga und ihre Verbündeten überquerten im Vertrauen auf den friedlichen Kontakt mit den *duongs* vom Vortag als erste den Fluß und bauten sich hinter Stans und Brunos Lager auf. Die Horde aus Yabi und Kobak, die sich nicht so sicher war, hielt Abstand und hockte sich auf den Felskanten entlang wie auf Zaunstaketen nieder. Des öfteren riefen sie sich über die Schluchten hinweg Wörter zu mit seltsam gellenden Schreien.
«Wie Dingos» (australische Wildhunde), kommentierte Stan.
Schließlich kamen einige würdige, mit Federn geschmückte Heerführer von Yabi und Kobak herab. Stan fragte durch Suwi schroff, ob sie bereit seien, mit Balinga Frieden zu schließen. Sein Tonfall ließ erkennen, daß ihnen keine andere Wahl blieb. Aber Tausende von Yali zweifelten ebenso wie Bruno, daß dieser kleine Fremdling, der noch nicht einmal Sprache und Sitten der Yali kannte, so überzeugte Feinde wie die beiden gegnerischen Bünd-

nisse des Heluk-Tales überreden konnte, Frieden zu schließen. Zumindest nicht innerhalb seiner ersten vierundzwanzig Stunden im Tal!
Stan ließ sich mit den alten Kriegshäuptlingen von Yabi und Kobak in eine kurze, aber äußerst lebhafte Diskussion ein, wobei ihm der junge Suwi als Dolmetscher diente. Das war an sich schon eine schwierige Operation, denn Stan beherrschte nur einige Dutzend Dani-Begriffe, um seine Gedanken durch die Danis an Suwi zu übermitteln, aber diese Begriffe gebrauchte er mit erstaunlicher Energie. Suwi übersetzte ebenfalls mit bewegendem Eifer. Die alten Kriegshäuptlinge antworteten, als sei ein Friedensschluß genau das, was sie schon die ganze Zeit vorhatten.

Die Führer von Balinga stimmten gleichfalls zu, als hätten sie keine andere Wahl, obgleich normalerweise gerade sie Zeit gewünscht hätten, um zuerst die zuletzt erlittene Scharte auszuwetzen. Aber irgendwie versetzte sie der Schock von Stans und Brunos scheinbar außerirdischer Anwesenheit in die Lage, ihr Kriegsproblem in einem neuen Licht zu sehen. Schließlich mußte sich eine Seite mit einer geringeren Zahl von Opfern zufriedengeben, wenn je Frieden geschlossen werden sollte. Zur Abwechslung wäre es auch einmal ganz angenehm, ohne Angst vor einem Hinterhalt in seinem Garten zu arbeiten. Auf jeden Fall schien es sehr wahrscheinlich, daß diese beiden seltsamen Wesen Geister waren, deren Befehl man sich nicht widersetzen durfte!

Mit einer überwältigenden Fanfare von Geschrei und Reden trafen die Kriegshäuptlinge von Balinga, Yabi und Kobak auf dem nunmehr neutralen Boden von Stans und Brunos Lager zusammen. Mit einem überwältigenden Ausbruch an Gefühlen legten sie zuerst die Waffen nieder und faßten sich dann an den Armen; fast weinten sie vor gegenseitiger Vergebensbereitschaft.
Bruno war erstaunt. Hunderte junger Yali-Krieger, die in dichten Reihen auf den aufeinanderfolgenden Rücken der umgebenden Hügel hockten, trauten kaum ihren Augen. Zum erstenmal dämmerte ihnen etwas davon, daß eine geistige Macht von hoher Überzeugungskraft in ihr Tal getreten war.

Bis zum frühen Nachmittag hatten sich die Kriegshäuptlinge der östlichen und westlichen Seite des nördlichen Talabschnittes zerstreut, um einen gegenseitigen Austausch von «Friedensschweinen» vorzubereiten — die gültige Yali-Form, ein neues Friedensabkommen als formellen Vertrag zu besiegeln. Wildes Freudengeschrei brach nun los, als die jüngeren Krieger auf beiden Seiten den Führern in ihre Dörfer oben auf den Hügeln zurückfolgten.

«Bruno», sinnierte Stan, «dieser Friedensvertrag wurde an einem Tag bewerkstelligt.» Dann fügte er bedeutungsvoll hinzu: «Es hätte auch Jahre dauern können!»
Bruno erwog Stans Standpunkt: Einige Probleme vermindern sich im Verhältnis zum Unternehmungsgeist — nicht notwendigerweise zum überlegenen Können oder Wissen — derer, die sie anpacken. Oder sie nehmen zu im Verhältnis zur Furchtsamkeit derer, denen es an Wagemut fehlt. Einige Probleme, überlegte Bruno, aber vielleicht nicht alle.
Noch immer voll Erstaunen über Stans äußerste Furchtlosigkeit diesen unbekannten, unberechenbaren Menschen gegenüber, durchdachte Bruno sorgfältig die Möglichkeiten für die Zukunft. Die Arbeit mit einem so kühnen Kollegen unter solch kriegerischen Menschen würde sicherlich nicht langweilig werden! Sie könnte sich auch als gefährlich erweisen. Trotzdem hielt Bruno an seiner Verpflichtung fest, die Missionsarbeit mit Stan zu teilen. Taktvoll versuchte er, Stan nahezulegen, daß vielleicht ein wenig mehr Vorsicht ratsam sei, bis sie beide die Yali-Sprache etwas besser verstünden.

Aber Stan erwiderte: «Unter solchen Menschen, Bruno, ist ein kühnes Auftreten und eine feste Hand stets die sicherste Politik!» Bruno entgegnete nichts, und zusammen machten sie sich an ihr Mittagsmahl.
Nach dem Essen erhob sich Stan und blickte angestrengt talabwärts. «Während du auf unsere Sachen aufpaßt, Bruno, werde ich mal eben da hinuntergehen und diesen anderen Platz für eine Landebahn in Augenschein nehmen. Ich lasse dir solange die Flinte da.»
Bruno, selbst ein unermüdlicher Wanderer, war erstaunt über Stans Energie. Dieser langerträumte Zutritt zum «vergessenen Tal» schien ihn mit göttlicher Kraft — und mit Freude aufgeladen zu haben! Bis zum Einbruch der Dunkelheit waren es nur noch vier Stunden, und die für den Fußmarsch benötigte Zeit kannten sie nicht, doch Stan war mit einem Satz fort; er platschte durch den Heluk zurück und schritt auf einem Fußpfad talabwärts so rasch aus, daß der Yali-Teenager Suwi kaum als Führer vor ihm Schritt halten konnte. Ein Dani mit Namen Wandawak folgte

Stan als Gehilfe. Stan eilte an den Aschenhaufen der vier Verbrennungsfeuer vorbei, ohne sie wahrzunehmen. Er hielt an, um die Lage des Landes zu prüfen.

«Wie nennt man dieses Gebiet talabwärts, zu dem wir gehen?» fragte er Suwi in gebrochenem Dani.
Da sie in diesem Augenblick nahe bei Mobahai standen, der *kwalu*-Zuflucht, die vor kurzem Sunahan das Leben gerettet hatte, entschied Suwi, das Gebiet weiter unten im Tal mit dem Namen seiner eigenen entsprechenden *kwalu*-Zuflucht zu benennen — Ninia, wo die kleine Nindik sich verlaufen hatte.
«Du kannst es 'Ninia' nennen», erwiderte er.
«Ninia», wiederholte Stan und prägte sich den Namen ein. Von neuem machte er sich mit raschen, stetigen Schritten auf den Weg. Siedlung um Siedlung aufschreckend, erreichte Stan mit einer immer größer werdenden Menge von Begleitern schließlich einen Bergkamm nahe dem verborgenen Wasserfall der Kinder. Als sich die Nachricht von seinem Kommen durch das Gebiet von Sivimu verbreitete, jagten Yali-Männer ihre Frauen und kleinen Kinder auf Seitenwegen in den Wald. «Wenn ihr ihn auch nur anseht, müssen wir euch vielleicht Schweineblut in die Augen reiben oder euch vielleicht sogar töten!» warnten sie. Das war genug. Frauen und Kinder flohen in höchster, aus Schrecken geborener Geschwindigkeit. Stan sah auf seinem ganzen Weg nicht eine einzige Frau oder ein kleines Kind. Von der wispernden Stimme des Wasserfalls angezogen, kühlte er sich zuerst die Brauen mit einem Guß klaren, kalten Wassers und folgte dann dem Pfad hinaus auf den riesigen Felsen, von dem aus man Sivimu und Hwim und den dazwischenliegenden Hügel Yarino überblickte.

Er sah hinunter. Das Dorf Sivimu lenkte als erstes seine Aufmerksamkeit auf sich. Seine wahllos verstreuten Hütten lagen auf einem Kamm zur Linken Stans hingebreitet. Zu seiner Rechten zogen sich die Häuser von Hwim in einem Bogen den Kamm eines höheren Hügels entlang, wie die Schuppen auf dem gepanzerten Rückgrat eines höckerigen Dinosauriers.
Und zwischen den beiden Dörfern ...
Stan schnappte nach Luft.

Konnte dies sein, was er und Bruno «den zukünftigen Platz einer Landebahn» genannt hatten? Aus einer Höhe von mehreren hundert Metern in der Behaglichkeit eines weich fliegenden Flugzeugs hatte es tatsächlich so ausgesehen. Aber nun, da er mit seinen Füßen auf dem rauhen Terrain stand, fragte sich Stan, ob nicht nur schiere Einbildung je davon träumen konnte, hier eine Landebahn anzulegen.

Erst einmal begann das Gelände mit einer 18%igen Neigung. Stan hatte in anderen Teilen von Neuguinea steile Landebahnen gesehen, aber niemals derart steil! Zum anderen endete der 18% geneigte Abhang in einem Sumpf, den weder er noch Bruno aus der Luft bemerkt hatten. Hinter dem Sumpf wandelte sich das Gelände etwa 70 Meter weit zu einem Anstieg bis zu jenem auffälligen einsamen Gebäude und der umgebenden hohen Steinmauer auf der Spitze des Hübels.

Seltsames Bauwerk, überlegte Stan. Wahrscheinlich so eine Art Männerklubhaus.

Über dem Hügel drüben fiel der Hang wieder ab; soweit sich aus der Entfernung schätzen ließ, betrug die Neigung mindestens 14 Grad. Vor dem endgültigen Absturz in die Heluk-Schlucht flachte sich der Abhang etwas ab — wie das Ende einer Skisprungschanze.

Um das Maß voll zu machen, war das Gelände auch noch mit etwa einem Dutzend tischgroßer Felsblöcke übersät!

Stan seufzte: «Herr, du machst es uns wirklich nicht gerade leicht.»

Um die Länge des Geländes zu vermessen, wickelte Stan ein Bandmaß aus, gab ein Ende Wandawak zu halten und begann dann den Hügel hinabzusteigen, wobei er im Gehen das Band immer wieder auflegte. Er umrundete den Sumpf und bewegte sich, immer noch messend, direkt auf die *osuwa* zu. Ihm entging völlig die plötzliche Spannung, die sich der Menge staunender Yalis bemächtigt hatte, die ringsum auf Bergkämmen und Hängen versammelt waren. Vor allem die Priester fühlten, wie sich ihr Magen vor Angst zusammenzog.

«Wer ist dieser Mann, wenn er ein Mann ist?» fragte Andeng.

«Wer kann sagen, wer oder was er ist oder von wo er kam», erwiderte Lisanik.

«Das Wichtigste ist, ob er den *kembu*-Geistern geweiht ist», warf Wanla ein. «Denn wenn er nicht geweiht ist, und er überquert oder berührt auch nur jene Steinmauer, dann, Brüder, haben wir eine Pflicht zu erfüllen.»

«Rasch!» befahl Andeng und eilte den Abhang hinab, um Stan abzufangen.
«Was sollen wir tun?» fragten die anderen und folgten Andeng unsicher.
«Wir müssen diesen jungen Mann Suwi fragen; vielleicht weiß er Antwort.»
Suwi sah die Priester herankommen, gefolgt von bewaffneten Kriegern aus Sivimu. Er kannte bereits die Fragen, die sie stellen wollten. Schnell lief er vor Stan hin und deutete auf einen Pfad, der an der heiligen Mauer vorbeiführen würde.
«Bitte, mein Vater», flehte er. «Laß uns diesen Pfad einschlagen; er ist kürzer.»
«Nicht nach dort, wo ich hingehe», antwortete Stan und fegte an ihm vorbei.
«Wo gehst du hin?» fragte Suwi nervös.
«Über jene Steinmauer», knurrte Stan und versuchte, seine Aufmerksamkeit auf die Meßarbeit zu richten.
Suwi biß sich auf die Lippe und versuchte es von neuem: «Bitte, mein Vater, berühre jene Mauer nicht!»
Stan hielt mit seiner Zählung inne und wandte sich um. «Warum nicht?»
«Weil ...» In Suwis Geist drehte sich alles. Wie konnte er es ihm verständlich machen? Sein Vokabular in Dani war so spärlich, und es war schwierig, seine Gedanken durch Wandawak, Stans Dani-Helfer, zu übermitteln.
«Weil da ein *kembu*-Geist drin ist! Es ist ein schlechter Platz für dich!»
«Was ist ein *kembu*-Geist?» bohrte Stan nach. Denn im Swart-Tal, wo Stan die Dani-Sprache gelernt hatte, war *kembu* nur der Name eines bestimmten Berges.
«Ein *kembu*-Geist ist wie ein *mugwat»,* antwortete der Junge und benutzte dabei das Dani-Wort für Geist. «Nur ist ein *kembu*-Geist ein viel mächtigerer *mugwat.*»
«Ein Geist, so?» Stan warf noch einen Blick auf den *kembu-vam.* Plötzlich erinnerte er sich an jenes «verwunschene» Haus seinerzeit in Bowral und an die trügerischen Bemühungen der Rowdies, ihn ängstlich zu machen.
Nun wohl, überlegte er. Wenn diese Menschen jemals von ihrer Furcht vor Geistern befreit werden sollen, muß ihnen jemand zeigen, daß es da nichts gibt, wovor man sich fürchten müßte. Dieser Jemand könnte sehr wohl ich sein, und jetzt ist die Zeit genau so günstig wie sonstwann!

Die Priester und ihre bewaffneten Begleiter eilten näher. Stan hatte sie noch immer nicht bemerkt.
«Um euch zu zeigen, daß ich mich nicht vor Geistern fürchte, überschreite ich jetzt diese Mauer. Paßt auf und seht, ob mir irgendetwas geschieht.»
Stan wandte sich um. Er drückte seinen alten australischen Armeehut fest über die Ohren, schritt rasch auf die Mauer zu, und mit einem Dreisprung schwang er sich hinüber.
Suwi erbleichte, als Andeng, Wanla und Lisanik mit finsteren Gesichtern daherkamen.
«Wer ist dieser Mann?» zischte Andeng, als er sich Suwi näherte. «Wurde er *kembu* geweiht?»
«Er ...» begann Suwi, doch bei Andengs Frage fehlten dem gewandten jungen Mann zum erstenmal die Worte. In ihm wuchs die Furcht, daß die Priester *ihn* für die Verstöße des *duong* zur Rechenschaft ziehen und auch ihn töten könnten!
«Andeng!» Wanla sprach ganz leise vor ehrfürchtiger Scheu. «Hast du bemerkt, wie sehr dieser Fremde ...» Wanlas Kiefer mahlten unsicher, er wagte kaum, das Unglaubliche in Worte zu fassen, während er mit aufgerissenen Augen unruhig auf Stan blickte: «... aussieht wie...»
«Aussieht wie wer?» fragte Andeng ungeduldig.
«Wie... wie... Kugwarak!»

Andengs buschige Brauen zogen sich zusammen. Auch er sah Stan scharf an. Als ihn die Ähnlichkeit wie ein Hammerschlag traf, fuhr er auf. «Du hast recht!» keuchte er. «Sein Kiefer, seine Nase, die zusammengekniffenen Augen — selbst seine Statur. Genau wie Kugwarak, ehe die Krankeit ihn einschrumpfen ließ!»
Im nächsten Augenblick traf der gleiche Schock der Erkenntnis auch Lisanik: «Es ist unheimlich», quiekte er. «Er hüpfte über den Grat und ging direkt hier herunter, ohne daß jemand ihm den Weg zeigen mußte, als ob er genau gewußt hätte, wohin er gehen müsse. Als ob er früher schon hier gewesen sei.»
Keiner der Yali hatte eine Ahnung, daß dieser selbe *duong* die Lage des Geländes schon von dem brüllenden Himmelsgeist aus studiert hatte, der vor zehn Tagen über ihren Köpfen gekreist war.
«Meine Brüder», fragte Andeng, tief in Gedanken versunken: «Wenn dies Kugwarak ist, warum ist dann sein Haar so glatt und seine Haut so ohne Farbe?»
«Vielleicht», hob Wanla an, besessen von dem Drang, die dramatische neue Theorie zu erweitern, die er entwickelt hatte, «als Buk-

ni ihn verbrannte, schmolz das Feuer die Kräuselung aus seinem Haar und bleichte seine Haut weiß! Und nun, da er wieder am Leben ist, bleibt er so!»
«Das leuchtet ein.» Lisanik machte einen aufgeregten Luftsprung und schrie der Masse von Yali-Männern und -Jungen, die aus allen umliegenden Ortschaften herbeigeströmt waren, laut zu: «Unser Bruder Kugwarak ist an seinen eigenen Ort und zu dem *kembu-vam* zurückgekehrt, das er für uns vor seinem Tod wieder aufgebaut hat!»

Die Menge schob sich auf Stan zu, um selbst die Ähnlichkeit zu prüfen — doch nicht zu nahe, um kein Risiko einzugehen bei der Begegnung mit einem Besucher von den Toten! Die Luft war erfüllt von einem Chor entzückter Ausrufe derer, die Kugwarak in der Blüte seines Lebens gekannt hatten. Sie bestätigten die erstaunliche Ähnlichkeit und schluckten Wanlas Erklärung für die seltsame Farbe seiner Haut.

Stan, der noch immer sein Bandmaß über den heiligen Grund neben «seinem» *kembu-vam* zog, hatte keine Ahnung, daß ihm Wanlas hervorragendes Gedächtnis für Gesichter während eben dieser Minuten das Leben gerettet hatte.
Doch ebensowenig wußten die Yali, daß ihr zurückgekehrter Kugwarak auf der Grundlage seiner Messungen beschloß, der geheiligte Bau, der seinen Namen trug, müsse in Kürze niedergerissen werden, um einer neuen Art von *osuwa* Platz zu machen — einer Fluglandebahn!

Stan wickelte sein Bandmaß auf und rief Wandawak, seinen Dani-Gehilfen, zu sich: «Sag Suwi, wir werden in zwei Tagen zurückkommen, um den Leuten dieses Land und diese Gebäude abzukaufen!»
Wandawak tat sein Bestes, um Suwi diese Mitteilung klar zu machen, doch bis sie zu den Ältesten der Yali durchgedrungen war, hatte sich das Wort «kaufen» in «fordern» gewandelt. Die Ältesten nickten nur zustimmend mit den Köpfen. Natürlich mußten sie erwarten, daß Kugwarak sein Eigentum, das ihm zu Lebzeiten gehört hatte, wieder beanspruchen werde. Schließlich hatte ihn niemand je dafür bezahlt.

Die Yali glaubten ebenso wie viele andere Stämme in Irian Jaya ohne weiteres daran, daß die frühe Menschheit Unsterblichkeit

besessen habe — symbolisiert durch eine Eidechse oder Schlange, doch später dem Tod zum Opfer gefallen sei — symbolisiert durch einen Vogel. Einige Stämme stellen den Übergang in Form eines Wettlaufes zwischen der Eidechse des Lebens und dem Vogel des Todes dar. In der Yali-Fassung verspottete der Vogel, der den Wettlauf gewonnen hatte, die Menschheit, indem er sagte: *«Fong! Fong!* — Wie schlimm für euch! Wie schlimm für euch!»
Aber da der Mensch einmal die Unsterblichkeit besessen hatte, konnte unterstellt werden, daß er sie eines Tages wieder erlangen könnte. Einige Stämme brachten diese ursprüngliche Hoffnung ohne Schwierigkeiten in Einklang mit der Verheißung der christlichen Botschaft auf eine Neuwerdung des Lebens jetzt und der Wiederauferstehung des Leibes später. Demzufolge hatten drei Stämme, die im Westen der Yali lebten, bereits mit einem großen Eifer auf das Evangelium angesprochen, wie er in der zweitausendjährigen Geschichte des Christentums vielleicht nicht seinesgleichen hatte.

Der Stamm der Ekari beispielsweise nannte jene alte Hoffnung *ayi* — die Rückkehr eines «goldenen Zeitalters». Nicht lange nachdem die ersten Missionare die Verkündigung des Evangeliums unter ihnen begonnen hatten, erklärten Weise der Ekaris, daß das Evangelium die Erfüllung des *ayi* sei.
Eine Welle der Erregung brandete durch die Ekari-Dörfer. Über Nacht erlangte Anwesenheit und Lehre der Missionare für die Ekari eine außerordentliche Bedeutung. Die Erlernung des Geheimnisses ihres eindeutig und betont friedlichen Lebensstils nahm alle Gedanken und Geisteskräfte in Anspruch.

«Ist so etwas schon jemals in dieser Weise geschehen?» fragten sich die Missionare. Der Anblick Tausender von Ekari-Gesichtern, die lauschend erhoben jedes einzelne Wort abnahmen, machte die Vorstellung leicht, dies sei das erste derartige Ereignis in der Schöpfung, vielleicht sogar unwiederholbar.
Aber es würde sich wiederholen. Denn *ayi* war eine Vorstellung, die auch bei anderen Stämmen bekannt war, zum Beispiel bei den Damal.

***

Mugumenday, ein Damal-Häuptling, lag im Sterben. Den, sein Sohn, saß neben ihm in der Düsternis eines Damal-Rundhauses.

Der alte Mann streckte schwach seine Hand aus und berührte Dens Arm.
«Mein Leben lang habe ich auf *hai* gewartet», krächzte Mugumenday. (*Hai* war das Damal-Wort für *ayi*). «Ich hoffte, *hai* würde noch vor meinem Tode kommen ...» Die Berührung des alten Mannes wurde zu einem festen Griff. «Aber es kam nicht. Nun mußt du, mein Sohn, an meiner Stelle wachsam sein. Sei bereit, falls *hai* während deiner Lebenszeit kommt.»

Bald darauf verbrannte Den den Leichnam seines Vaters auf einem Scheiterhaufen. Doch noch Jahre später erinnerte er sich. Widi-ai-bui, ein Ekari-Händler, der bei der früheren Erweckung unter seinem eigenen Volk zu Christus gefunden hatte, begleitete den Missionar Don Gibbons bei seelsorgerlichen Besuchen in Damal-Heimen im Ilaga-Tal. Durch sorgfältigen Gebrauch zweisprachiger Begriffe gelang es Don, Widi-ai-buis Zeugnis sozusagen durch Ritzen der Sprachbarriere der Damal hindurchzuquetschen. Die Damal hörten wißbegierig zu. Früher war der seltsam sprechende Ekari nur gekommen, um Handel zu treiben; was aber war dies?
«O mein Volk!» Den, nun ein reifer Mann, hatte sich erhoben. «Wie lange haben unsere Ahnen auf *hai* gewartet! Wie traurig ist mein Vater gestorben, ohne es zu sehen! Aber nun — versteht ihr nicht? — bieten uns diese weißen Freunde *hai* an. Und dieser Ekari beweist, daß es für normale Menschen wie wir ist und nicht nur für irgendwelche exotischen Wesen von der Welt draußen. Wir müssen ihren Worten gehorchen, sonst verpassen wir die Erfüllung der alten Hoffnung unserer Ahnen!»

Weder Erdbeben noch Hurrikan oder Feuer vom Himmel hätten einen dramatischeren Effekt auf den Geist der Damal hervorrufen können! Innerhalb weniger Jahre bekannten sich 80 Prozent der 10 000 Mitglieder des Stammes zum Evangelium und verließen die Fetische, die sie bis zu diesem Augenblick mit einer Hierarchie unheilvoller Geisterwesen verbunden hatten. Krieg, Totschlag, Ehebruch und Diebstahl wurden nur noch erschreckende Ausnahmen in der freudvollen Ruhe, die nun in den Tälern der Damal einzog. Selbst Krankheit und Tod wurden seltener, als die Missionare mit ihren Arzneien Krankheiten ausrotteten und Seuchen in wilden Gebieten eindämmten.
Das goldene Zeitalter war wirklich angebrochen. Die Damal waren «high» auf dem *hai des Evangeliums!*

Die Dani, politische Oberherren im Damal-Tal, waren erbost über den radikalen Abfall ihrer Damal-Nachbarn von «der alten Art». «Nun werden die Geister uns alle vernichten!» prophezeiten sie. Als die Vernichtung ausblieb, begannen die Dani, die Logik hinter der Entscheidung der Damal zu untersuchen. Denn auch die Dani erwarteten die Erfüllung von etwas, das sie *nabelan-kabelan* nannten — der Glaube, daß ihr Stamm eines Tages auf Krieg, Verrat und schwarze Magie verzichten und in einen Zustand des Gesegnetseins mit nachfolgender Unsterblichkeit eintreten werde. Konnte die Botschaft, die für die Ekari *ayi* und für die Damal *hai* war, das *nabelan-kabelan* der grausamen, unberechenbaren Dani werden?

Es dauerte nicht lange. Wieder einmal bewies das Evangelium, daß es das war, was Gott beabsichtigt hatte — eine lebenswichtige Botschaft, die nicht nur die Erlösung des einzelnen Menschen (ihr Hauptanliegen) vermittelte, sondern auch die Erfüllung der höchsten Ideale der Menschen! Unter der Verkündigung des Evangeliums durch die amerikanischen Missionare Gordon und Peggy Larson entstand unter den Dani spontan eine geistlich-kulturelle Schockwelle. Einmal in Gang gesetzt, war sie nicht mehr aufzuhalten. Von ihrem Epizentrum im Ilaga-Tal breitete sie sich ostwärts aus und erschütterte in einem Tal nach dem anderen die Bevölkerung.
Wie ihre Mitbrüder bei den Ekari und den Damal fragten sich auch die jüngeren Missionare unter den Dani: «Ist es jemals schon auf diese Weise geschehen? Seht! Tausende von Steinzeitmenschen! Wie sie singen, tanzen und in Scharen herbeiströmen!» Und die Menschen fragten: «Was müssen wir tun, um die Botschaft aufzunehmen, die ihr bringt?»

Die Missionare waren hierauf nicht vorbereitet. Zweitausend Jahre christlicher Theologie hatten sie keineswegs darauf hingewiesen, dies zu erwarten! Es schien unmöglich, daß tief im Heidentum verwurzelte Barbaren einen so glühenden Wunsch, das Evangelium aufzunehmen, an den Tag legen könnten! Von Zweifeln gequält, waren manche Missionare dafür, die Bewegung zu unterdrücken.

«Diesen ehrfurchtsvollen Ausbruch von Freude unterdrücken?» entgegneten andere. «Und wenn nun Gott dahintersteht? Diese Bewegung abzulehnen kann nicht wiedergutzumachenden Scha-

den anrichten! Eine Begeisterung wie diese könnte, einmal erstickt, vielleicht nie wieder entzündet werden.»
Die Bewegung breitete sich weiter aus. Zehntausende von Männern, Frauen und Kindern der Dani empfingen voll Freude den christlichen Glauben. Darunter waren auch die fünf Träger, die nun mit Stan und Bruno die Gefahren des Heluk-Tales teilten. Unter Leitung von Ältesten aus den Dani wurden Hunderte von Gemeinden gegründet. Vielleicht erlebte keine Kultur in der Geschichte in so kurzer Zeit einen derartigen Wandel.
Stan und Bruno hofften verständlicherweise auf eine ähnliche Reaktion unter den Yali (obwohl sie die kulturellen Faktoren, welche die überwältigende Reaktion unter den anderen Stämmen ausgelöst hatten, nur vage verstanden).
In jedem Fall war es die gleiche Erwartung von *nabelan-kabelan*, (die Yali nennen es *habelal-kabelal)* welche es den Yali ermöglichte, so bereitwillig daran zu glauben, daß sogar der eingeäscherte Kugwarak von den Toten auferstehen könnte. Ihnen selbst wie auch Stan war nicht bewußt, daß die Kraft des Evangeliums einen weiteren Wendepunkt in der Geschichte bringen sollte.

Ehe Stan zum Lager zurückkehrte, wandte er sich, um eine halbkreisförmige, ebene Terrasse in Augenschein zu nehmen, die an das Gelände für die Landebahn grenzte und dem *kembu-vam* und seiner *osuwa* gegenüberlag.
«Hier ist Platz für zwei Häuser», überlegte er. «Eines für Pat und mich und eines für Bruno.» Schon konnte Stan im Geist die beiden einfach gestalteten Behausungen sowie eine Klinik, Schule und Kirche erblicken, die auf der Terrasse verstreut und von Gärten umgeben wären.

In diesen Augenblicken erfüllte Stan ein Gefühl des Jubels. Seiner Natur nach verlangte ihn danach, bis auf den Grund erprobt zu werden, und dieses Tal und seine Menschen versprachen durchaus, seine äußerste Anstrengung zu fordern. Hier, rund um diese winzige Terrasse im Gelände zwischen den drei hochgelegenen Bergrücken sollte sich das Drama abspielen, das — soweit überhaupt möglich — die Existenz von Stanley Albert Dale rechtfertigen würde.
Schon strafften sich seine Muskeln, und sein Kinn schob sich vor —, denn Stan hatte eine Fähigkeit, die nur wenige besitzen, nämlich den Schlamm zu seinen Füßen als das zu erkennen, was er werden könnte: eine Pflanzstätte der Geschichte.

Mit einem schroffen Befehl rief er Wandawak und Suwi von ihrer gemeinsamen Übersetzungsarbeit weg und machte sich auf den Weg zurück ins Lager.

Stans Tagebuch gab an diesem Abend nur schwach die Spannung wieder, die er während seines Erkundungsganges talabwärts unter den Yalis gefühlt hatte. Er schrieb: «Ich ermittelte für eine Landebahn das mögliche Gelände, das wir aus der Luft gesehen hatten, und mit einiger Erleichterung — denn ich war völlig unbewaffnet — kehrte ich bei Einbruch der Dunkelheit wohlbehalten zurück.»
«Wie sieht es aus?» fragte Bruno.
«Teilweise ziemlich rauh, Kamerad», untertrieb Stan. «Aber wenigstens ist es lang genug. Mit ein wenig Kies und drei bis vier Monaten harter Arbeit kann es in einen Landestreifen umgewandelt werden.»

Bruno seufzte und entspannte sich. Stans Zeiteinschätzung beruhte natürlich auf der Mithilfe von mehreren hundert Yalis an diesem Projekt. Aber wenn sie ihre Hilfe versagten...?
Während des folgenden Tages, Dienstag, 23. Mai 1961, waren Stan und Bruno mit dem «Friedensfest» beschäftigt, das helfen sollte, eine neue Beziehung zwischen Balinga, Yabi und Kobak zu festigen. Am 24. Mai brachen sie ihr Lager ab und zogen mit Hilfe von Trägern aus Balinga das Tal hinab nach Ninia.
Stan schrieb später: «Wir trafen ein in Nieselregen, naß, schmutzig und müde. Ich ließ mein Gepäck beim besten Lagerplatz fallen, den ich entdecken konnte, wandte mich an meinen Gefährten und sagte: 'Nun, Bruno, das ist's.' Erst sehr viel später sagte er mir, als er sich auf dem Gelände umgesehen habe, sei ihm das Herz bis in die Stiefel gerutscht!»

Für den Augenblick jedoch schluckte Bruno seine Verzweiflung einfach hinunter und half, das Zelt aufzustellen. Jammern hatte keinen Zweck — sie hatten schließlich keine andere Wahl! Wenn eine Landebahn in diesem Tal angelegt werden sollte, mußte es hier sein! Und wenn er und Stan den großen Missionsbefehl Jesu im Heluk-Tal erfüllen sollten — ohne die kostspielige Plackerei, Tonnen an Versorgungsgütern über den öden Mugwi-Paß zu befördern — dann mußte unbedingt ein Landestreifen her. Wenn nicht um Stans und Brunos, doch um Pat und der Kinder willen. Denn es war, wie Stan später schrieb: «Familien können in diesen isolierten Tälern ohne einen Landestreifen nicht leben.»

Die Yali ihrerseits hatten nicht die leiseste Idee, was die beiden *duongs* und ihre fünf eingeborenen Helfer zu tun beabsichtigten. Ihre Hauptsorge galt im Moment Bruno!
Wenn der kleinere *duong* Kugwarak war, wer konnte dann der größere sein?
Wanla starrte Bruno lange und ausdauernd an. Ohne Zweifel war etwas Vertrautes an ihm. Wenn er sich nur erinnern könnte... Plötzlich dämmerte ihm die Erkenntnis: «Aber natürlich!» rief er. «Erinnert ihr euch nicht an Kugwaraks Schützling, der, den er als seinen Nachfolger zum Priester ausbildete? Sein Name war Marik! Er war groß, mit einer scharfen, spitzen Nase und blinzelnden Augen, gerade wie dieser Mann. Marik! Er ist es! Marik ist zusammen mit seinem Lehrer Kugwarak von den Toten zurückgekehrt!»
«Laß mich eine Frage stellen», unterbrach Andeng. Wenn es irgendwelche Fragen gab, dann stellte sie Andeng. «Wie kommen Kugwarak und Marik — die nun durch die Einäscherung weiß geworden sind — in Verbindung mit diesen fünf anderen, die noch immer schwarz sind wie wirkliche Menschen?» fuhr Andeng fort und deutete auf die fünf Danis, die nun eifrig damit beschäftigt waren, sich eine Unterkunft zu bauen.
Wanla verfiel von neuem in tiefes Nachdenken. Er prüfte die Danis gründlich, und langsam, mühevoll förderte er eine Antwort zutage: «Vor Jahren starben fünf Männer, die mit Kugwarak in Verbindung standen, hoch oben in den Bergen. Ihre Leichen wurden erst gefunden, als nur noch die Knochen übrig waren, so daß man sie nicht zu verbrennen brauchte.»
Beiden Männern kam sofort der gleiche Gedanke: Das erklärt, warum die fünf Helfer noch immer schwarz sind — es hat kein Verbrennungsfeuer gegeben, das sie weiß gebleicht hätte! Nun war alles so logisch, so wasserdicht, daß selbst der skeptische Andeng überzeugt war. Und so geschah es, daß sich diese Theorie weit verbreitete und als Tatsache akzeptiert wurde. Unerwartete neue Entwicklungen würden jedoch in Kürze die festgeschweißten Nähte der Theorie fast bis zum Bersten belasten.

***

Von einem der höchsten Felsvorsprünge des Dorfes Hwim blickte der junge Emeroho gedankenvoll hinab, als Stan, Bruno und die fünf Helfer ihr Lager aufschlugen. Er wollte so gerne zu ihnen hinuntergehen und sich zeigen, um zu sehen, ob sie ihm zürnten,

weil er sie in jener letzten Nacht auf dem Mugwi verlassen hatte. Wenn sie ihm nicht zürnten, wollte er wieder für sie arbeiten.
«Wenn du daran denkst, hinunterzugehen und diesen Männern zu helfen, dann vergiß es!» Emerohos Vater hatte sich noch immer nicht von dem Schock erholt, daß sein Sohn dazu beigetragen hatte, lebende Tote ins Heluk-Tal zu bringen. Es war heutzutage gefährlich, seine Kinder über die Berge ziehen zu lassen; man konnte nie sagen, in welch seltsame Beziehungen sie dort verwickelt wurden!
«Aber Vater!» protestierte der junge Mann. «Ich fürchte mich jetzt nicht mehr vor ihnen wie zuerst. Sie waren alle freundlich zu mir.»
«Wer weiß, zu welchem Zweck!» fauchte sein Vater. «Ich will nichts mehr davon hören. Du wirst nicht in die Nähe dieser Männer gehen — wer immer sie sind! Wenn irgend etwas sich zum Schlechten entwickelt, könnten die Leute dir vorwerfen, daß du sie ins Tal geführt hast. Du weißt, was das bedeuten könnte.»

Emeroho verstand die Warnung seines Vaters und zitterte. Daran hatte er nicht gedacht! Furcht erfaßte ihn. Und doch, trotz seiner Furcht wollte er immer noch zu den *duongs* hinabgehen, denn er wußte, daß er mehr von ihnen verstand als sonst jemand im Tal, mehr selbst als Suwi. Er fühlte, daß diese draufgängerischen *duongs* bald alles Verständnis, das sie erhalten konnten, verzweifelt nötig hätten! Aber Emeroho blieb, wo er war, und gehorchte seinem Vater. Später vielleicht.

***

Bis zum nächsten Nachmittag hatten Stan und Bruno sorgfältig die Namen aller Eigentümer von Gärten und Behausungen registriert, die der Landebahn im Wege standen.
«Wir werden euch nun eine Anzahlung in Salz geben», versprach Stan. «Wenn unsere Arbeit vollendet ist und der große Vogel auf diesen Grund aufsetzt, werden wir euch voll mit Äxten und Muschelschalen bezahlen.» Muscheln waren natürlich die einzige Währung, welche die Yali in ihrer Wirtschaft verwenden konnten. Stan war zu schlau, ihnen schon im voraus volle Bezahlung zu geben, damit die Yali nicht später, wenn sie erst einmal die Bezahlung erhalten hatten, das Abkommen wieder rückgängig machten. Das Zahlungsversprechen drang jedoch nicht durch die sprachliche Barriere der Yali. Wegen ihrer eigenen Annahme hinsichtlich

der Identität von Stan und Bruno verstanden sie lediglich, daß Kugwarak und Marik und ihre fünf Verwandten das Land beanspruchten, das einmal das ihre gewesen war.

Auf dieser Grundlage nickten sie begreiflicherweise zustimmend und waren verblüfft, als Stan und Bruno prompt an die Eigentümer von Land und Behausungen eine beträchtliche Menge glänzend weißes Salz verteilten. Die Empfänger hatten Angst, diese Nahrungsgabe von zurückgekehrten Toten zu versuchen, und so standen sie da und hielten das Salz verwirrt fest, bis die fünf Dani ihre Finger hineintauchten und das Salz an die Lippen von einem Dutzend und mehr Yali hielten.
Sie leckten es ab und seufzten vor Behagen, als ein ausnehmend feiner Geschmack ihre Zunge reizte. Nicht einmal die Salzquellen unter den Kalksteingipfeln der hohen Gebirgskette konnten Salz von derartigem Wohlgeschmack hervorbringen! Es war nicht von dieser Welt!

Als Stan, Bruno und die fünf Danis darangingen, die nächstliegenden Yali-*yogwas* und *homias* abzureißen, gab niemand besonders acht. Alle leckten gierig das Salz der *duongs,* als ob sie nie zuvor richtiges Salz geschmeckt hätten und vielleicht nie wieder diesen Vorzug genießen würden.
Der Abbruch der örtlichen *yogwas* und *homias* machte ihren Bewohnern wenig Sorge, denn fast jeder Mann und jede Frau der Yali besaß noch eine weitere Behausung, in die sie sich zurückziehen konnten. Wenn nicht, dann wurden sie in der Wohnung von Verwandten aufgenommen. Stan, Bruno und die Danis stellten inzwischen fest, daß die mit Steinäxten behauenen Bretter der Yali von hervorragender Beschaffenheit waren und verwendeten sie sofort für den Bau neuer, größerer Wohnungen für ihren eigenen Bedarf: eine Hütte für die Dani, eine Hütte für Stan und Bruno und ein gemeinsames Kochhaus für beide. Da Stan und Bruno noch immer sich in ihr Zelt zurückziehen konnten, erhielten die Behausung für die Dani und das Kochhaus Vorrang. Als diese beiden fertig waren, blieben nur noch wenige Bretter von den ehemaligen Hütten übrig.

«Das macht nichts», sagte Stan. «Wir werden dieses Geisterhaus auf dem Hügel morgen niederreißen. Es muß wegen der Landebahn ohnehin weichen, und es wird uns eine Menge guter, langer Bretter zur Fertigstellung unserer eigenen Behausungen liefern.»

Bruno und die fünf Danis wurden sehr ernst. Sie hatten bemerkt, daß die Yali den Hügel und seine gesamte Umgebung mit tiefem Respekt zu behandeln schienen. Dieser Vorschlag, schon in der ersten Woche ihres Aufenthaltes im Tal ein Zentrum des Animismus abzubrechen, war keineswegs nach Brunos Geschmack! Wie sehr wünschte er, daß sie warten könnten, bis der Heilige Geist durch das Evangelium die Yali dazu bewog, dies selbst zu tun, wenn es wirklich geschehen mußte! Aber Bruno behielt seine Gedanken für sich. Denn er hatte inzwischen gelernt, daß Stan einen äußerst praktischen Geist besaß; was getan werden mußte, mußte getan werden, und gegenteilige sentimentale Wünsche wurden als kindisch verworfen.

«Herr, du wußtest, als du dieses Tal schufst», betete Bruno, «daß dieser Interessenkonflikt entstehen würde. Du hättest einen Hang für eine Landebahn irgendwo anders vorsehen oder die Yali daran hindern können, diesen Platz für ein Geisterhaus auszuwählen. Da du dies nicht getan hast, muß dieser Interessenkonflikt Teil deines Planes sein. Vielleicht willst du hierdurch dein Werk tun.»
Die Danis erwogen inzwischen ein sehr viel näherliegendes Problem: Würden die Yali Gewalt anwenden, um ihr heiliges Haus zu verteidigen? Als erste Prüfung der Haltung, die die Yali einnehmen würden, berichteten sie den Ältesten der Yali von den Plänen der *duongs*.

«Unser *kembu-vam* niederreißen?» stöhnte Andeng. «Warum um alles in der Welt sollten Kugwarak und Marik das heilige Haus zerstören, das sie mit eigenen Händen wieder aufgebaut haben?»
Stille trat ein, während die anderen Priester über Andengs schwerwiegende Frage nachdachten.
«Vielleicht wollen sie es zuerst niederreißen und dann erneut aufbauen?»
«Hm...», murmelte Andeng, «aber die Bretter sind noch nicht zerfallen. Warum nicht einfach das Dach ersetzen?»
Wanla schlug sich mit dem Problem herum. Wieder einmal war die Glaubwürdigkeit seiner großartigen Theorie auf dem Spiel! Aber was konnte er diesmal sagen? Plötzlich hatte er die Antwort.
«Ah, meine Brüder!» rief er aus. «Ich glaube, ich verstehe es! Nachdem Kugwarak, Marik und die fünf anderen aus der Geisterwelt zurückgekehrt sind, brauchen sie natürlich keine gewöhnlichen *kembu-vams* oder *osuwas* wie wir, die wir noch sterblich sind. Sie brauchen eine neue Art von heiligem Ort, der ihrem neu-

en Zustand entspricht. Zu diesem Zweck wollen sie die Bretter wieder haben.»
«Natürlich!» rief ein anderer. «Sie wollen, daß wir unser *kembu-vam* anderswohin verlegen!»
«Dann müssen wir heute nacht all unsere heiligen Gegenstände aus dem *kembu-vam* wegholen», meinte Andeng. «Wir werden das *dokwi-vam* in Sivimu als vorläufiges Zentrum wählen.»

Und so transportierten die Ältesten in der Nacht, als Stan, Bruno und die fünf Danis schliefen, mit größter Sorgfalt den großen *kembu-Stein* auf seiner Rindenunterlage zu seinem neuen Aufbewahrungsort. Sie entfernten auch die Yali- und *hwal*-Fetische, die in ihren Netzbeuteln an den Wänden hingen. Bis zum Morgen war das *kembu-vam* leer.

«Noch etwas», murmelte Andeng am nächsten Morgen, als Stan, Bruno und die Dani mit Hackmessern bewaffnet aus ihrem Unterschlupf kamen. «Keiner von uns sollte ihnen bei dem helfen, was sie vorhaben. Nur für den Fall...», er blickte Wanla ruhig an, «nur für den Fall, daß sich mein Bruder geirrt hat.»

Wider Willen erschauderte Wanla. Hätte er gewußt, daß es *dazu* käme, dann hätte er es vorgezogen, weniger weise zu erscheinen.

***

«Angetreten!» bellte Stan. Bruno, der in der niederländischen Armee gedient hatte, nahm Haltung an und salutierte grinsend. Die fünf Danis versammelten sich einfach um sie herum und prüften die Schneiden ihrer Hackmesser. Sie hatten dabei ein wachsames Auge auf die Hunderte von Yali, die nun auf den umliegenden Graten standen oder hockten, um zu beobachten, was jetzt geschah. Obwohl die Danis des Swart-Tales in ihrer Kultur nichts annähernd so Heiliges wie das *kembu-vam* der Yali kannten, hatten sie doch vor langer Zeit Gerüchte von Stämmen in anderen Tälern gehört, deren Sitten und Glauben weit strenger waren als ihre eigenen. Konnten die Yali zu diesen Stämmen gehören? Wenn ja, was könnte dann geschehen, wenn «Tuan Dale» den Angriff auf dieses ominös aussehende Geisterhaus anführte?
Denn keiner der sieben Mitglieder der Mission hatte die geringste Ahnung von Wanlas eleganter Theorie, die für den Augenblick einen kräftigen Schutzschild über ihnen aufbaute.

Stan, der ihre Sorge spürte, blickte die fünf Helfer von der Seite an wie ein Feldwebel, der seine Männer vor dem Einsatz unterrichtet: «Denkt daran!» sagte er fest in der Dani-Sprache. «Wir sind nicht auf das Wort von Menschen hin in dieses Tal gekommen, sondern auf das Geheiß unseres Herrn Jesus Christus, der gesagt hat: 'Geht hin und macht alle Völker zu Jüngern! Er hat auch gesagt: 'Und siehe, ich bin bei euch alle Tage bis an das Ende der Welt!' Das bedeutet, daß er gerade an diesem Ort bei uns ist, und nichts kann sich uns in den Weg stellen, nicht einmal der Dämon, von dem gesagt wird, er wohne in jener Hütte.»

Stan und Bruno wußten, daß für die Danis ebenso wie für die rings auf den Graten versammelten Yali Geister über jeden Zweifel hinaus Wirklichkeit waren. Es wäre zwecklos gewesen, gegen die Existenz solcher Geister zu argumentieren. Denn für Stan und Bruno selbst waren die Berichte des Neuen Testaments über Dämonen und deren Austreibung unbedingte Wahrheit, obwohl sie nicht jede Erzählung der Eingeborenen über Dämonen für bare Münze nahmen. Stan fuhr fort:
«Wenn dieser Dämon weiß, was für ihn gut ist, wird er auf schnellstem Wege ein anderes Tal aufsuchen, ehe wir auch nur über diese Mauer gestiegen sind!» Und dann übersetzte er die unsterbliche Verheißung Jesu in die Dani-Sprache: «Ich werde meine Gemeinde bauen, und die Pforten der Hölle sollen sie nicht überwältigen. Das gilt auch für die Steinmauern der Hölle!»

Bruno war wie elektrisiert, als er sah, wie die fünf Dani vor neuem Mut und Entschlossenheit strahlten. Es war klar, daß sie sogar bereit waren zu sterben, wenn es notwendig war, um dieses neue Tal gewinnen zu helfen. Sie konnten niemals jene Zeit der Herrlichkeit in Karabaga vergessen, als ihre eigene Nacht der Angst der Morgendämmerung wich.

Brunos Puls hämmerte. Kein Zweifel — Stan war eine Persönlichkeit, die viel Begeisterung auslösen konnte!
Stan und Bruno machten sich zusammen auf den Weg. Die Danis gingen neben ihnen. Gleichmäßig und ruhig schritten sie auf die *osuwa* zu, ein tapferes kleines «Fähnlein der sieben Aufrechten». Sie konnten die Blicke aus Hunderten von Augen spüren, die ihnen folgten, und ein schweres Gefühl von Vorahnung — oder war es Spannung? — oder Zorn? —, das selbst die Luft im Tal gerinnen ließ.

Ohne anzuhalten überschritten sie die Mauer. Leben oder Tod, sie hatten eine Arbeit zu erledigen, und vor Sonnenuntergang würde sie beendet sein oder auch nicht.

«Nehmt zuerst das Dach ab», befahl Stan. Die fünf Danis kletterten den Treppenpfosten des *kembu-vam* empor, schlüpften nach innen und krochen in das Gebälk des kegelförmigen Daches. Krach! Wandawak durchtrennte einen Knoten aus Palmschilf, und der erste der alten Pandanus-Wedel, schwer von erstarrtem Rauch, glitt zu Boden. Krach! Tuanangen, ebenfalls einer der fünf, schnitt einen weiteren Knoten der Bindung durch, und ein zweiter Wedel glitt herab. Beide Männer konnten spüren, wie der unsichtbare Dämon sie in höchstem Zorn anstarrte. Sie beteten um Schutz und schwangen ihre Hackmesser von neuem. Und nochmals ...

Stan und Bruno, die auf dem Boden standen, begannen die Bindungen zu lösen, mit der die handbehauenen Bretter an dem kreisförmigen Rahmenwerk der Wand befestigt waren.

***

Oben auf dem Kamm eines Bergrückens in der Nähe des Zentrums von Sivimu hob sich Andeng groß und düster gegen die Wolken ab. Er schaute hinunter. Seine Muskeln zuckten unwillkürlich, als der Klang der Hackmesser zu ihm herüberdrang. Es war beinahe, als dringe das Messer in sein eigenes Fleisch ein. Hätte er nicht als Versicherung die Interpretation seines Bruders Wanla für diese seltsamen Vorgänge gehabt, dann hätte er denken müssen, nicht nur sein eigenes Fleisch, sondern die Sehnen von Zeit und Raum selbst würden durchtrennt.

An einem bestimmten Punkt, als die von Kugwarak und Marik so sorgfältig behauenen Bretter eines nach dem anderen von der Tempelwand fielen, quoll Erregung fast bis zur Raserei in Andeng auf.
Wenn nun Wanla sich geirrt hatte?
Kaum konnte er sich zurückhalten, das Zeichen zum Angriff zu geben. Aber er gab es nicht. Er wartete ab. Hatte Wanla sich wirklich geirrt, dann wäre es für das Volk besser, zu sehen, wie *kembu* selbst mit diesen unberechenbaren Fremdlingen umspringen würde.

In weniger als zwei Stunden war das *kembu-vam* bis auf die Grundmauern niedergerissen. Der in heiligem Schweinefett verankerte, zum Himmel weisende Pfahl, die vier Pfosten des heiligen Feuerplatzes, der Brettervorhang und das staubige Heiligtum dahinter waren nun nichts mehr als ein Haufen Bretter, beschädigtes Palmschilf und alte Dachbedeckung aus Pandanus-Wedeln.

Wie Andeng es befohlen hatte, half nicht ein einziger Yali bei diesem Zerstörungswerk. Am gleichen Nachmittag trugen die Danis alle noch brauchbaren Bretter aus der *osuwa* heraus auf die angrenzende Geländeterrasse. Dort begannen sie, eine feste rechteckige Hütte für Stan und Bruno zu errichten.
«Arbeit! Arbeit!» rief Stan in seinen verlockendsten Tönen. «Kommt und arbeitet bei uns! Wir werden euch Kaurischalen bezahlen, wenn ihr Kaurischalen wollt. Oder Buschmesser. Oder Äxte.»
Keiner rührte sich. Andengs Verbot galt noch immer. Und so hockten die erhofften Helfer der Missionare einfach zu Hunderten auf dem bevorzugten Ausguck auf den Bergrücken und starrte wie ein Forum schwarzer Dämonen auf die beiden weißen Männer und ihre fünf Helfer hinab. Es war höchst gespenstisch, und zwar nicht nur für die Missionsgruppe, sondern auch für die Yali, die ihrerseits die Missionare und ihre Helfer als Dämonen ansahen.

Stan, der erstaunt zurückstarrte, bemerkte zu Bruno: «Da kann man sich nur wundern, auf was man da trifft!» Er rief von neuem: «Arbeit! Arbeit! Kommt und arbeitet mit uns!»
Wiederum rührte sich keiner.
Stan erblickte eine Gruppe von Männern, die in der Nähe seines Lagers auf ihren Fersen hockten. Er schritt mit breitem Lächeln auf sie zu in der Hoffnung, ihnen eine Schaufel in die Hand drücken und ihnen zeigen zu können, was seiner Ansicht nach wirklich ein einfacher Vorgang war. Sie sprangen auf und liefen weg, wobei sie sich beim Rennen niederduckten.

«Das ist ein anderer Schlag, diese Yali», murmelte Stan, als er zu Bruno zurückkehrte. «Dort hinten im Swart-Tal brauchte man nur zu sagen 'arbeitet', und man wurde von dem Ansturm beinahe zu Boden gerissen. Hier kauern sie sich nieder und rennen weg!»
Er versuchte, sich zwei jungen Burschen zu nähern (Yekwara und Bengwok), die aus einer anderen Richtung zusahen, doch auch sie flüchteten.

Stan ließ den Blick seines grünen linken Auges über die gesamte gewundene, unebene Länge der 150 Meter langen Bahn streifen. Dann wandte er sich an Bruno, um mit dieser unerwarteten, unwahrscheinlichen Situation fertigzuwerden.

***

An diesem Punkt hatten Stan und Bruno die Wahl. Sie konnten eine kleine Hütte bauen und sich für mehrere Monate der Aufgabe widmen, das Vertrauen der Heluk-Yali durch Annäherung als «Handelspartner» zu gewinnen, eine Praxis, die von den Yali seit langem akzeptiert war. Sie konnten mit Dingen wie Arzneien für Krankheiten, die im Heluk-Gebiet umgingen, handeln. Oder sie konnten daran gehen, mit dem Bau der Landebahn zu beginnen im Vertrauen darauf, daß die Beobachter auf den Kämmen oben bald Mitleid bekommen, herabsteigen und helfen würden.

Der erste Weg wäre vielleicht für Bruno, der Junggeselle war, einfacher gewesen. Aber Stan hatte eine Frau und vier Kinder, die ihn brauchten. Der Bau einer Landebahn würde ihn lange genug von seiner Familie fernhalten. Er konnte deshalb nicht noch weitere Monate der Trennung verschwenden, um sich in diplomatischen Versuchen um halsstarrige Stammesangehörige zu bemühen. Außerdem ging er bereits auf die fünfundvierzig zu, und die Zeit eilte ihm davon.

Er traf seine Entscheidung. Jeder andere Stamm von den Paniai-Seen ostwärts hatte den Bau von Landestreifen akzeptiert und auch später nicht bedauert. Sicherlich konnten die Yali keine Ausnahme sein, wenn das Ding nur erst in Betrieb gesetzt war.

«Also, Kameraden!» knurrte Stan. «Wir werden selbst anfangen und sehen, was passiert!» Und er drückte jedem Mann eine Schaufel in die Hand.

«Wir werden zuerst dieses stehende Gewässer an der tiefen Stelle trockenlegen und dann die Höhlung mit Steinbrocken von dieser Steinmauer auffüllen», fügte er hinzu und deutete auf die *osuwa*. «Jeder mag seinen Platz wählen!»

Mit schwellenden Muskeln legte sich Stan eine weitere Schaufel über die Schulter und marschierte energisch auf den Rand des Sumpfes zu. Bruno und die getreuen Danis unterdrückten ein Gefühl dumpfer Verzweiflung und folgten grimmig. Dann brach einer der Danis in lautes Geschrei aus, als befinde er sich auf dem Kriegspfad, und raste auf den Sumpf zu, seine Schaufel über dem

Kopf schwenkend. Die anderen Danis und Bruno folgten dicht auf und schrien mit. Sie begannen an einem Ufer des Sumpfes zu graben und lachten laut vor sich hin, weil sie das Unmögliche versuchten.

Selbst Stan, der selten lachte, kicherte bei dieser Gelegenheit. Doch innerlich kämpfte er darum, bis zum allerletzten Rest jenen Geist Kiplings zu mobilisieren, den er in seiner Knabenzeit gelernt hatte. Er brauchte ihn wie nie zuvor, um die Furcht zurückzudrängen, diese seine langerträumte Mission — das, wovon er hoffte, daß es seine Existenz auf Erden rechtfertigen werde — könnte binnen kurzem als Narrenposse enden!

***

Es gab noch mehr Grund zur Furcht als Stan oder Bruno erkannten. Beide hatten während der vorgegangenen Monate in dem aufnahmebereiten Swart-Tal den Eindruck gewonnen, daß die Kulturen Niederländisch-Neuguineas ziemlich leicht dazu gebracht werden könnten, den Animismus zugunsten des neuen Glaubens aufzugeben. Hatten nicht die Ekari, Damal und die westlichen Dani zu Zehntausenden das Evangelium mit offenen Armen aufgenommen?
Sicher würden sich die Yali, ein benachbartes Volk, in dieser Hinsicht als nicht völlig anders erweisen! Denn mit ihrer Kosmetik aus Schweinefett und Ruß, ihrem Putz aus Netzbeuteln, Kaurimuschelschalen, Fellen von Beuteltieren und Federn, ihrer Nahrung, ihrem Penisschutz aus Kürbissen und ihren Waffen waren die Yali des Helukgebietes den Dani des Swart-Tales zum Verwechseln ähnlich.

Stan und Bruno fanden auch bereits Hinweise, daß die Sprache der Dani und der Yali etwa so eng verwandt waren wie Englisch und Französisch! Sie bemerkten natürlich auch gewisse deutlich sichtbare Unterschiede: Die Dani des Swart-Tales umgaben ihre Dörfer und Gärten mit Zäunen aus gespaltenen Brettern; die Yali errichteten Steinmauern. Die Yali-Behausungen waren kleiner, um in einem kälteren Klima die Wärme zu bewahren. Dagegen waren ihre Geisterhäuser größer. Hierin lag ein feiner Hinweis auf eine bedeutende grundsätzliche Verschiedenheit zwischen den Kulturen der Dani und der Yali — eine Verschiedenheit, die für Stans und Brunos Mission eine düstere Zukunft andeutete.

Denn die westlichen Dani, die auf den weniger steilen Nordabhängen der Schneeberge lebten, bearbeiteten ein vergleichsweise sanftes Terrain mit verhältnismäßig mildem Klima. Erwärmt von längeren Perioden des Sonnenscheins konnten die Süßkartoffel und Yams-Ernten der Dani in nur drei Monaten heranreifen. Die Gärten konnten jahrelang brachliegen, denn geeignetes Land war reichlich vorhanden. Erdbeben und Erdrutsche waren selten und weniger schlimm.
Daher konnten die westlichen Dani darauf vertrauen, daß die Natur, selbst wenn sie ihre Götter nicht auf peinlich genaue Weise ehrten, ihnen gnädig war wie eine gütige Mutter, die den Zorn eines ärgerlichen Vaters ausgleicht. Für die westlichen Dani genügte daher eine einzige Weihe — und noch dazu eine sehr formelle —, um die jungen Männer in das Wissen der Geister einzuführen. Niemals würden die Schamanen der westlichen Dani eine Todesstrafe für Verletzung religiöser Geheimnisse durch Frauen oder ungeweihte Kinder fordern, wenn die Dani überhaupt irgendwelche Geheimnisse besaßen, die sie vor Frauen und Kindern bewahrten!

Die Yali des Helukgebietes waren dagegen durch ihre eigene geheimnisumwobene Vorgeschichte dazu verdammt, eine karge Existenz in einem völlig andersartigen Gelände zu fristen — den chaotisch aufgetürmten Südflanken der Schneeberge. Hier bauten sie ihre winzigen Hütten auf kalten, scharfkantigen Bergrücken und bearbeiteten ihre hügeligen Gärten in regendurchweichten Beeten aus dem Lehm der Felsklippen. Und während sie arbeiteten und Kriege führten, verdichteten heftige Monsunstürme, die von den 4000 Meter hoch aufragenden Bergwänden eingefangen wurden, fast täglich die Luft zu dauernden Niederschlägen, als seien sie entschlossen, die Schluchten drunten solange zu überfluten, bis auch die letzte Spur menschlicher Besiedlung verschwand.

Doch irgendwie überlebten die Yali des Heluk-Tales ebenso wie ihre Nachbarn in den ähnlich feindlichen angrenzenden Tälern. Sie überlebten, obwohl ihre Gärten, denen die Sonne fehlte, oft zehn Monate brauchten, um Süßkartoffeln hervorzubringen, die nur ein Viertel so groß wurden wie die der Dani.
Sie überlebten sogar, obwohl sie es sich kaum leisten konnten, ihre Gärten zur Regeneration brach liegen zu lassen; obwohl die schweren Niederschläge und Erdbeben häufig Erdrutsche auslösten und Ernten vernichteten, ehe sie eingebracht werden konn-

ten; obwohl ihre Schweine, die bestenfalls Zwergwuchs erreichten, während der Zeiten andauernder Dunkelheit und Kälte leicht an Lungenentzündung starben. (Kein Wunder, daß Yali-Frauen den Schweinen eine Seite ihrer eigenen warmen Behausungen einräumten und sie gelegentlich sogar säugten, um sie am Leben zu erhalten!)

Die Angehörigen des Yali-Stammes hatten auf Grund dieser ständigen Heimsuchung durch die Elemente im Laufe der Jahrhunderte eine extreme Abhängigkeit von den *kembu-Geistern* entwickelt. Nach Ansicht der Yali konnten die *kembu-Geister,* und nur sie, die Natur zugunsten des Menschen niederzwingen. Der «Schutzzoll», den die Geister forderten, war oft bitter schwer: häufige Schweineopfer, absoluter Gehorsam gegen die Fetische und unnachsichtige Bestrafung bei Verletzungen eines Tabus. Die Forderungen waren so hart und verlangten zuzeiten eine so vollständige Unterdrückung jeglicher menschlicher Naturtriebe, daß die Yali-Männer schon vor Äonen es für notwendig erachtet hatten, Frauen von allen Belangen der Religion auszuschließen. Wenn es darum ging, entweder den Geistern zu gehorchen oder einem natürlichen Instinkt, wie etwa der Mutterliebe, nachzugeben, dann war auf Frauen kein Verlaß. Die Religion der Yali war daher schon vor langer Zeit von jeglicher Beziehung zur weiblichen Psyche gereinigt worden, da sie andernfalls sehr bald die entschiedene Haltung des Mannes den Geistern gegenüber untergraben hätte. Die Menschen hätten dann die Hilfe der Geister eingebüßt, und Männer wie Frauen wären ihrem Verderben ausgeliefert gewesen.

Diese Unterdrückung der religiösen Gefühle bei den Frauen hatte natürlich ihre Nachteile. Die Yali-Frauen, die jeder Empfindung religiöser Begeisterung beraubt waren und sich nur ständig der gegen sie gerichteten Feindseligkeit der *kembu*-Geister bewußt waren, lebten in ständiger Depression. Es gab unter ihnen keine heiter lebhaften Persönlichkeiten. Ihre Selbstmordrate lag zehnmal höher als bei den Yali-Männern und um das vielfache höher als bei ihren westlichen Gegenbildern, den Dani, die munter, fröhlich, ja kühn waren!
Daher gab es weniger Yali-Frauen, die Kinder gebaren und — was weit mehr Sorge bereitete — die Gärten bearbeiteten!
So kam es mit der Zeit dazu, daß Religion für die Yali unlöslich verschmolzen war mit dem Instinkt fürs Überleben, was die Religion wirklich zu einer sehr ernsten Angelegenheit machte! Um die-

sen äußersten Ernst jeder folgenden Generation einzuprägen, entwickelten sie nicht eine, sondern vier Initiationszeremonien, von denen jede darauf ausgerichtet war, den jungen Männern zunehmend ein geschärftes Bewußtsein für religiöse Mysterien einzuimpfen. Die Yali gaben ihrem uralten Gesetz — dem *wene melalek* — eine eindringliche Bedeutsamkeit, wie man sie bei gleichartigen Dogmen anderer Steinzeitstämme selten findet. Darüber hinaus wurde unweigerlich die Todesstrafe für eine Vielzahl von Verletzungen des Stammesgesetzes verhängt, für welche die Schamanen der westlichen Dani kaum mehr als eine mündliche Maßregelung vorsehen würden.
Aus diesen Gründen erschien den Yali jeder, der es wagte, ihnen auch nur die geringste Abweichung von ihren religiösen Traditionen nahezulegen, als Vorbote der Verdammnis und nicht als Prophet des Heils. Wenn jemand gar die völlige Abkehr von *kembu,* den heiligen Steinen, der *osuwa* und dem *wene melalek* predigen wollte, — das Trauma des Entsetzens bei den Yali ließe sich nicht mit Worten beschreiben!

Stan und Bruno hatten nun aber die Absicht, genau das zu tun, ohne die Vergünstigung einer warnenden Voraussicht zu haben. Denn wenn je zwei Missionare tiefgehende und gründliche Überlegungen nötig hatten, um einem ums Überleben kämpfenden, verzweifelten Volk dabei zu helfen, seine Abhängigkeit von den Naturkräften auf eine neue Grundlage zu stellen, dann waren es Stan und Bruno.
Was aber war nun, beim Fehlen entscheidend wichtiger kultureller Erkenntnisse, wirklich ihre Strategie?

Teil III

Der Stützpunkt jenseits der Bergkämme

Ein einsamer Platz zum Sterben

Stan und Bruno waren beide tief beeindruckt gewesen von der «heilige Ehrfurcht einflößenden Kraft des Geistes Gottes», die Zehntausende von Ekari, Damal und westliche Dani nach weniger als zehn Jahren — an manchen Orten nach nur zwei bis drei Jahren — eines gezielten Missionseinsatzes zum Glauben an Jesus Christus geführt hatte.
Sie wußten auch, daß der Heilige Geist diese ungewöhnliche Reaktion nicht aus einem leeren Raum hervorgerufen hatte. Gewisse Aspekte der Stammeskulturen, zu denen auch die den Stämmen eigene Vorahnung gehörte, daß eines Tages die Botschaft von der Unsterblichkeit die Leiden der Menschen lindern werde, schienen die Aufgabe des Heiligen Geistes zu «vereinfachen». Denn sie führte zuerst zu einer allgemeinen Umstellung im Stammesverhalten, der später in Tausenden von Fällen eine persönliche Übergabe an Jesus Christus folgte.

Die meisten Missionare jedoch betrachteten zu jener Zeit den Beitrag der kulturellen Faktoren noch als mehr oder weniger zufällig. Sie waren der Ansicht, der Heilige Geist wolle überall das Gleiche ohne Rücksicht darauf bewirken; die kulturellen Gegebenheiten wiesen nur «zufällig» in die gleiche Richtung, so wie eine Meeresströmung einem Schiff weiterhelfen kann, auch wenn dieses Schiff genügend Kraft hätte, seinen Bestimmungsort selbst gegen die Strömung zu erreichen.
Diese Ansicht von der unerhörten Empfänglichkeit schien unterstützt zu werden durch die Tatsache, daß Missionare unter den Ekari-, Damal- und Dani-Stämmen die geheimnisvollen Begriffe von *ayi, hai* und *nabelan-kabelan* nicht im voraus zu entdecken brauchten! Sie predigten einfach das Evangelium. Die Angehörigen der Stämme stellten selbst die Assoziation zu ihren alten Glaubensvorstellungen her und reagierten entsprechend, das heißt mit explosionsartiger Gewalt! Die Sammlung Tausender von Bekehrten war eine verhältnismäßig einfache Tätigkeit wie die Ausbeutung einer reichen Mine.

Bis jetzt war noch niemand auf den Gedanken gekommen, daß die Kulturgegebenheiten tatsächlich unabdingbare Förderer jener besonderen Art von Empfänglichkeit sein könnten und daß die Su-

che nach ähnlichen Berührungspunkten in anderen Kulturen unter Umständen Schwierigkeiten verursachen könnte, die dem Schürfen tief unter Tage gleichkämen! Oder daß Missionare solche Faktoren einfühlsam mit dem Evangelium in Verbindung bringen mußten, um sonst widerspenstige Kulturen zu gewinnen!
Stan und Bruno, nun, wollten die Yali-Sprache gründlich lernen und im Verlaufe ihres täglichen Lebens die Kultur der Yali sorgfältig beobachten. Darüber hinaus betrachtete sich keiner der beiden als tiefschürfender Erforscher der Stammeskultur. Keiner von beiden sah jedenfalls eine Kannibalenkultur als vielversprechende Möglichkeit an, nutzbringende Inhalte für die Verkündigung des Evangeliums zu enthalten! Wenn solche Elemente wirklich existiert hatten, dann hatte sie der Fürst der Finsternis unter Ausnutzung der Jahrtausende langen Abwesenheit des Wortes Gottes zweifellos längst ausgerottet!

Aber sowohl Stan wie Bruno waren wohl vertraut mit einer Botschaft, die seit langem berühmt war als Katalysator des Erbarmens für menschliche Probleme — dem Evangelium! Sie vertrauten unbedingt darauf, daß derselbe Heilige Geist, der unter den Ekari, Damal und Dani die Aufnahmebereitschaft erweckt hatte, dies auch bei den Yali irgendwie zustandebringen werde, trotz begrenzter Fähigkeiten seiner Diener. Ja, er würde auch hier einen Widerhall bewirken in den Herzen der Hunderte von Yali, die nun scheinbar gleichgültig zuschauten, während zwei schwitzende weiße Männer und eine Handvoll Helfer versuchten, einen Sumpf und zwei Hügelrücken in etwas zu verwandeln, was Landebahn genannt werden konnte!
Das Vertrauen, das Stan und Bruno erfüllte, war von altersher, und es war wohlerprobt. Ohne Zweifel würde es wiederum wirken bei der Gewinnung des Yali-Stammes. Wirklich?

Yekwara und Bengwok, die vor Stan geflüchtet waren, als er sich ihnen mit Schaufeln näherte, ließen sich wieder nieder, diesmal auf einem etwas entfernteren Ausguck, um ihre neugierige Prüfung fortzusetzen.
«Hast du bemerkt, wie Vater Kugwarak lächelte, als er mit jenen Grabdingern auf uns zukam?» fragte Yekwara.
«Vielleicht denkt er, daß wir seltsam aussehen!» warf Bengwok ein.
«Sei vorsichtig, mein Freund! Wenn sie Geister sind, können sie uns vielleicht hören!»

«Ich glaube, sie müssen ganz einfach menschlich sein», entgegnete Bengwok. «Sieh mal, sie beginnen eine neue *osuwa* für ihren *kembu* zu machen — das bedeutet doch, daß sie noch menschlich sein müssen!»

Yekwara erwog Bengwoks Vorstellung. «Wenn sie eine *osuwa* für ihren *kembu* machen, warum verbietet Andeng uns dann, ihnen zu helfen? Helfen nicht all unsere Dörfer einander bei solchen Dingen? Sicher wird unsere Weigerung ihren *kembu* zornig machen.»

Nun dachte Bengwok seinerseits über den Sinn von Yekwaras Gedanken nach.

Yekwara fuhr fort: «Schon haben diese sieben zurückgekehrten Toten den Krieg zwischen Balinga und Yabi beendet. Und nun heißt es, daß unsere Feinde von Kobak versuchen, mit uns Frieden zu schließen, damit sie unbeschadet herüberkommen und diese seltsamen Wunder anschauen können! Diese Männer bringen Frieden in unser Tal — und so danken wir es ihnen!»

Die nächsten drei Tage bettelten die beiden Jungen ihre Väter und älteren Brüder um Erlaubnis an, den Fremden helfen zu dürfen. Andeng wollte nicht nachgeben. Aber schließlich stimmte Bengwoks älterer Bruder Dongla, ein lebhafter, höchst selbständig denkender junger Mann, zu, daß Hilfe geleistet werden müsse. Dongla sprach mit seinem Freund Luliap, der ebenso wie ein anderer junger Mann — Aralek — beipflichtete. Alle drei ignorierten im Vertrauen darauf, daß kein wirklicher Bruch eines Tabus vorlag, kühn das Verbot Andengs und marschierten mit Bengwok hinunter ins Lager der weißen Männer. Natürlich erlaubte dann Kebel auch Yekwara, mitzumachen. Und Liakoho gestattete Foliek, der seinerzeit beinahe wegen der Pilzgeschichte hingerichtet worden wäre, ebenfalls hinzugehen und zu arbeiten.

«Warum sollten wir nicht unseren eigenen Vorvätern helfen?» riefen sie denen zu, die protestierten. Das schien eine vernünftige Frage. Zumindest vorerst war den Opponenten der Mund gestopft.

Stan schmunzelte, als er an die neue Mannschaft Schaufeln austeilte.

«Es erinnert mich an die Zeile jenes Liedes, das du heute früh gesungen hast, Bruno: ‘Ein edles Heer von Männern und Knaben’!»

Vom Bergkamm Sivimu aus blickte Andeng hinab und knurrte, aber er unternahm nichts. Es wäre auch unter seiner Würde als Hoherpriester gewesen, seine Herrschaft mit persönlicher Brutalität auszuüben. Ein Hohepriester beherrschte die Lage mit Charisma, kaum je durch persönliche Anwendung von Gewalt. Im Augenblick allerdings erwies sich das Charisma der neuen weißen Kugwarak und Marik als stärker als sein eigenes, sogar bei seinen beiden eigenen Söhnen. Das war ein schmerzhafter Stich, aber Andeng trug ihn ruhig. Er wollte die Aufmerksamkeit der weißen Wesen nicht auf sich selbst lenken — noch nicht und vielleicht niemals. Es gab noch zu viel Unbekanntes. Wenn irgend etwas zu unternehmen war, dann würden Andeng und die Hunderte von Mitpriestern es später tun — hinter der Bühne. Inzwischen sollten die Jungen ruhig ihre Neugierde befriedigen.

Ermutigt von der etwas größeren Mannschaft und begierig, den Beobachtern auf den Galerien an den Hügeln zu beweisen, daß es auch ohne ihre Hilfe voranging, verausgabte sich Stan bis an die Grenzen seiner Leistungsfähigkeit. Am späten Nachmittag, als Bruno in das kleine Zelt zurückkehrte, um eine Abendmahlzeit zuzubereiten und den Funkkontakt mit Karubaga herzustellen, arbeitete Stan noch immer mit Schaufel und Hacke und schwatzte in den wenigen Yali-Sätzen, die er früher von Emeroho aufgeschnappt hatte, mit Yekwara, Bengwok, Dongla, Aralek, Luliap und Foliek, bis die Sonne unterging und die Mannschaft sich auf den Heimweg machte, ihn neben dem Sumpf zurücklassend.

Er sah sich um. Der Fleck, den sie hergerichtet hatten, schien noch so jammervoll unbedeutend. Konnte die Aufgabe je zu Ende geführt werden? Plötzlich überfiel ihn Müdigkeit; er stolperte zurück ins Zelt, nahm einen gefüllten Teller von Bruno entgegen, dankte Gott und aß mit einer kleinen Zugabe von Salz (er erinnerte sich an diesen Rat, den er vor vielen Jahren von einem zähen Unteroffizier bekommen hatte).
Dann rollte er sich mit einem tiefen Seufzer in seinen Schlafsack. Das nächste, was er bemerkte, war, daß ihm jemand die Stiefel aufschnürte und auszog. Stan hob ruckartig den Kopf und sah Bruno, der sich über ihn beugte. Seine Gestalt hob sich ab gegen einen seltenen Sternenhimmel über dem Tal.
«Ich danke dir, Bruder», ächzte er, «ich muß vergessen haben, sie auszuziehen.»
Während Bruno ihm die Füße massierte, schlief Stan ein.

***

Kalter Regen und Nebel konnte sie ebensowenig aufhalten wie sengende Sonne. Sie schufteten, den Rücken über die Schaufel gebeugt; in der einen Stunde wurde ihr Blick durch Schweiß, in der nächsten vom Regen getrübt, der ihnen an der Nase herunterlief. Inzwischen begannen die Yali-Beobachter auf den Hügeln, die unter ihren schützenden Umhängen aus Pandanuswedeln hervorblickten, Humor in der Situation zu entdecken. Sie entwickelten eine neue Art von Wettstreit unter sich, nämlich zu sehen, wer den einfallsreichsten oder lustigsten Begriff für die Verbissenheit des neuen weißen Kugwarak und seiner seltsam beflügelten kleinen Mannschaft fände.

Der junge Yekwara, der zwar begeistert war vom Gemeinschaftsgeist bei der Arbeit, klagte Bengwok gegenüber: «Wenn nur ihr *kembu* nicht gar so eine riesige *osuwa* verlangen würde!»
Stan und Bruno, die diese beiden jungen Männer unter den Tausenden von Yali sonst vielleicht nie bemerkt hätten, kannten bald jeden von ihnen mit Namen und behandelten sie mit besonderer Aufmerksamkeit. Tag um Tag fühlten sich ein oder zwei Beobachter auf unerklärliche Weise bewogen, sich den Fremden mit ihrer freundschaftlichen Verrücktheit zuzugesellen — zur weiteren Bestürzung der Priester. Die Mannschaft wuchs, wenn auch langsam. Doch die Menge der geleisteten Arbeit nahm sich im Vergleich zu der noch vor ihnen liegenden aus wie die Kratzer einiger Ameisen im Mittelpunkt eines Sandkastens.
Sie brauchten Hilfe, und am dritten Sonntag im Tal sah es so aus, als sollten sie diese Hilfe bekommen. Denn an diesem Tag gelang es einer Horde Männer aus Dörfern des östlichen Bündnisses, angezogen von Neuigkeiten über Wundergestalten ohne Penishülsen, die von den Toten zurückgekehrt wären und exotische Schneidewerkzeuge aus einer unbekannten Substanz feilhielten, endlich einen Friedensvertrag mit Hwim und Sivimu abzuschließen, um unbeschadet Zugang zu dem Gebiet zu erhalten.

Und so kamen die Totschläger und Verzehrer Selambos, um Stan und Bruno zu sehen. Sie kamen bis an die Zähne bewaffnet, gaben sich aber größte Mühe, ihren frisch versöhnten Feinden in Sivimu keinen Alaß zur Wiederaufnahme des Krieges zu bieten.
Sie waren große, wild aussehende Männer mit mächtigem Brustkorb, furchterregend in ihrem Gehabe, herausgeputzt mit Eber-

stoßzähnen in der Nase, Muschelschalen und Federn und kräftig eingeschmiert mit altem Schweinefett. Zuerst schenkten sie Stan und Bruno, die den Anlaß ihres Besuches bildeten, keine Aufmerksamkeit. Statt dessen widmeten sie ihre Aufmerksamkeit ganz der diplomatischen Sorge, ihre Gastgeber, die Männer von Sivimu, Hwim und Ombok, angemessen zu begrüßen. Natürlich würden nach einer so langen Zeit des Krieges und der Entfremdung nur die liebevollsten, glühendsten skatologischen (kotigen) Grüße genügen. Stan und Bruno hätten sich wohl grün verfärbt, wenn sie die Bedeutung dieser inbrünstigen Grüße verstanden hätten!

Aber als das skatologische Gemurmel, das heftige Packen an den Unterarmen und das zärtliche Kratzen am Kinn beendet waren, wandten sich alle Stan und Bruno zu, die ruhig in ihrem kleinen Lager saßen, alle gewaschen und rasiert und in Sonntagsruhe.
«Es stimmt! Sie tragen keine Kürbisse!» meinte ein Yali naserümpfend. «Wie kann man nur so unmännlich sein!»
Als die Menge sich um sie versammelte und sie mit furchtsam aufgerissenen Augen anstarrte, bemerkte Stan aus dem Mundwinkel heraus zu seinem sanftblickenden Gefährten: «Es ist Sonntag nachmittag im Zoo von Ninia, Bruno. Nur sind es du und ich, die im Affenkäfig sitzen, und nicht die Schimpansen.»
Dann erhob sich Stan langsam und setzte hinzu: «Ich werde ihnen etwas zeigen, was noch kein Schimpanse gemacht hat!»

Mit vollendetem Selbstbewußtsein schlenderte er auf den sich schließenden Ring der Krieger zu, riß weit den Mund auf, nahm die obere und die untere Zahnprothese heraus und klapperte sie von Hand gegeneinander vor Hunderten von Augen, die ihren Blicken nicht trauten! Kaum jemals hat wohl eine einzige Tat so schnell die Gelassenheit aus einer Menge würdiger Gesichter gewischt! Und ist wohl je eine Versammlung tapferer Männer in größerer Angst auseinandergespritzt?!
Aber auf den Ton von Stans lautem, beruhigendem Gelächter verlangsamten sie ihren überstürzten Rückzug, nahmen wieder Haltung an und kehrten allmählich zurück, wobei sie sich gegenseitig für ihre Feigheit verspotteten.
«Sowas, Nemek — du und wie ein erschrecktes Kind fliehen!» sagte einer der Männer zu Selambos Totschläger.
«Was soll das heißen? Ich bin nur gerannt, weil du auch gerannt bist!»

«Wir stürzten los wie eine Herde aufgescheuchter Schweine», kicherte ein anderer. «Unter- und übereinander und in alle Richtungen!»

«Wie beschämend!» meinte ein anderer errötend. «Unsere Feinde hüllen sich in ihre Regenumhänge, um ihr Gelächter zu verbergen. Ihr könnt die Umhänge wackeln sehen.»
«Kümmere dich nicht darum. Wahrscheinlich hat er bei ihnen den gleichen Trick abgezogen. Auf diesen Mann muß man aufpassen. Er ist unberechenbar. Wer weiß, was für andere Tricks er noch in der Spitze seines Kürbisses versteckt hält.»
Selbst wenn er sie auf keine andere Weise mehr beeindruckt hätte —, Stan war bereits zur Legende geworden.
Nachdem die Besucher Stan und Bruno etwa eine Stunde lang gründlich beobachtet, ihre verschiedenen Utensilien im Lager untersucht und damit ihre Neugierde befriedigt hatten, forderte Stan sie mit Hilfe seiner jungen Yali-Gehilfen als Dolmetscher auf, am nächsten Tag wiederzukommen und an der Landebahn mitzuarbeiten. Sie verließen ihn, noch über diesen Vorschlag diskutierend und über die Schulter zurückblickend, ganz erstaunt, daß Stan irgendwie seine Zähne wieder in seinen Mund zurückbefördert hatte.

Bruno kommentierte: «Wo sonst in der Welt könnte man eine veritable Armee einfach damit in die Flucht schlagen, daß man seine falschen Zähne herausnimmt?»
Stan erwiderte: «Ich werde dir von jemand erzählen, der mich noch übertroffen hat — ein Missionar namens Bill, drüben in Papua-Neuguinea. Bill hatte mehrere hundert Stammesangehörige, die an einer Landebahn arbeiteten. Sooft er wegging, setzten sie sich alle nieder. So rief Bill nun eines Tages: Seht her! Ich gehe jetzt für eine Weile weg, aber ich lasse eines meiner Augen hier auf diesem Baumstumpf! Gesagt, getan. Bill nahm sein Glasauge heraus, legte es auf den Baumstumpf mit der Pupille gegen die Arbeiter, und mit seinem einen gesunden Auge marschierte er los über den Hügel. Als er einige Zeit später zurückkehrte, fand er die gesamte Mannschaft noch immer hart arbeitend und noch immer schaudernd vor!»

Die beiden Gefährten lachten leise. Sie verbrachten den Nachmittag in entspannter Unterhaltung, während Yali-Männer und -Jungen aller Altersstufen rings auf Klippen und Felsen saßen und

nur beobachteten. Dann, als Stan die Abendmahlzeit zubereitete...
«Bruno!»
Bruno wandte sich um und sah, daß Stan sich vor Schmerzen krümmte. Er eilte an seine Seite und hörte ihn nach Luft schnappen. «Dieser plötzliche schreckliche Schmerz in meinem Unterbauch! Lieber Gott, nein, laß es nicht — ja Bruno, sicher kann dies nur eines bedeuten — Blinddarmentzündung!»

Blaß vor Schreck eilte Bruno zu dem kleinen fahrbaren Funkgerät und rief Karubaga um medizinischen Rat. Aber Pat, die erst vor einer Stunde mit Stan geplaudert hatte, gab keine Antwort, denn das Funkgerät in Karubaga war inzwischen abgeschaltet worden. Zornige atmosphärische Störungen verspotteten Brunos Notruf. Stan stolperte indessen ins Zelt und legte sich auf seinen Schlafsack. Fast sofort zwang ihn Übelkeit, die seinen Leib zu zerreißen schien, wieder ins Freie. Er kniete auf Hände und Knie nieder und betete und würgte zugleich. Bruno, der in hilfloser Angst herumstand, sah Stan den Kopf heben und zu den kalten Sternen emporblicken, die gerade jetzt über den schwarzen Bergwänden des Heluk-Tales aufzugehen begannen. Aus seinem Gesichtsausdruck konnte Bruno fast ablesen, was Stan bewegte:
«Es ist hier einsam genug zum Leben; aber es ist ein noch einsamerer Ort zum Sterben!»

Noch ein Zuhörer

Stan und Bruno wußten, daß es selbst für die willigen Dani-Helfer unmöglich sein werde, Stan auf einer Tragbahre über die trügerischen Bergsümpfe und steilen Felsen des Mugwi-Passes zu tragen. Sollte einer der Träger ausrutschen, dann würde Stan fallen und sein entzündlich geschwollener Blinddarm durchbrechen.
Sie mußten also warten und hoffen, daß Stan solange am Leben bliebe, bis sich irgendwo ein Arzt fände, der willens und imstande war, den Fußmarsch über den Paß mit der für eine Operation in der Wildnis erforderlichen Ausrüstung zu unternehmen.

Während sie warteten, erhob sich noch ein anderes Problem, denn auf Stans Stöhnen kamen Yali-Männer angelaufen. In höchstem Erstaunen sahen sie, wie ein Mann, den sie für unsterblich gehalten hatten, sich vor Schmerzen krümmte und würgte. Allen drängte sich gleichzeitig dieselbe Frage auf — wie konnte Wanlas Theorie hierfür eine Deutung geben!?
Es gab nur einen Weg, dies herauszufinden, nämlich Wanla zu fragen.
Wanla seufzte. Die Ausschmückung seiner einst so eleganten Theorie wurde rasch zu einer anstrengenden Aufgabe. Sollte er einfach zugeben, daß er die Antwort nicht wußte? Oder gab es einen Weg, auch diesen Widerspruch vernünftig zu erklären?
Inzwischen war auch der Verstand seines Bruders Andeng nicht müßig. Erst vor wenigen Tagen, so sinnierte Andeng, hat dieser «Kugwarak» die Zerstörung unseres *kembu-vam* angeordnet. Nun wird er plötzlich krank, wie von einer unsichtbaren Macht niedergestreckt. Könnte es sein, daß er nicht Kugwarak war, sondern nur ein Sterblicher? Schleuderten die Geister nun in der Tat ihr Gericht auf ihn, wie sie in der Vergangenheit auf ähnliche Weise selbst Yali-Priester bestraften, die in heiligen Dingen abgewichen waren?
Auch Bruno, obwohl ihm die Überlegungen der Yali um ihn herum nicht bewußt wurden, fragte sich, ob die Leute wohl Stans Erkrankung als Gericht der übernatürlichen Welt interpretieren und sich mit den Geistern gegen sie verbinden würden. Konnte es wirklich sein, daß Geister, die dem Evangelium feindlich gesinnt waren, auf diese Weise Stans und seine Sendung zu vereiteln suchten?

Ein Gefühl tiefer Einsamkeit, verbunden mit furchtbarer Verantwortung, durchdrang Bruno. So viel hängt davon ab, daß Stan sich wieder erholt, überlegte er. Was kann ich — ohne medizinische Vorbildung — tun, um ihn am Leben zu halten, bis Hilfe kommt?

Fürs erste, so entschied er, *kann ich beten!* Und das tat er auch. Eine Stunde um die andere. Glühend und mit zunehmendem Vertrauen trotz der aussichtslosen Lage. Nachts wachte Bruno bei Stan, der schlaflos und mit schmerzverzerrtem Gesicht dalag. Mit dem ersten Morgenlicht am Montag früh begann Bruno über die kleine Funkstation zu rufen. Bis 6 Uhr früh hatte er nicht nur mit Pat Verbindung bekommen, sondern auch mit Myron Bromley in Hetigima, dessen erst kürzlich angetraute Frau Marge Ärztin war. Sie bestätigte Stans eigene Diagnose einer wahrscheinlichen Blinddarmentzündung und bereitete Penicillinspritzen vor, die über Nina aus der Luft abgeworfen werden sollten. MAF-Pilot Bob Johannson strich sofort seinen Flugplan für diesen Tag und flog nach Hetigima, um das Penicillin zu übernehmen. Etwa um die Mitte des Vormittags fand Johannson eine Lücke in den Wolken über dem Heluk und stieß über den entstehenden Landestreifen herunter, wo er die kostbaren Ampullen zusammen mit einem Thermometer an einem winzigen Fallschirm abwarf.

Bruno barg das Paket aus dem nahegelegenen rauhen Gelände und öffnete es besorgt, fand aber den lebenswichtigen Inhalt unversehrt vor. Er zitterte, als er die furchteinflößende Spritze mit der langen, scharfen Nadel hochhob, denn Bruno hatte noch nie zuvor eine Injektion gegeben! Er folgte ruhig Marge Bromleys detaillierten Anweisungen, füllte die Spritze mit der verordneten Million Einheiten Penicillin, wälzte den Patienten auf die Seite und stieß mit zusammengebissenen Zähnen die Nadel hinein.

Stan wimmerte. Bruno öffnete die Augen und zog die Nadel etwas zurück. In der Spritze erschien kein Blut, und so wußte er, daß er keine Ader getroffen hatte. Noch immer zitternd drückte er allmählich den Spritzenkolben nieder, zog die Spritze dann heraus und wischte sich den kalten Schweiß von der Stirn.
In diesem Augenblick hörte er das Funkgerät wieder knacken. Einer von Bob Johannsons Pilotenkollegen, George Boggs, hatte sich mit Dr. van ten Brink in einem niederländischen Regierungshospital neben den Paniai-Seen, fast 400 Kilometer im Westen, in

Verbindung gesetzt. Der Doktor war bereit, den Fußmarsch über den Mugwi-Paß zu unternehmen.
Bruno seufzte vor Erleichterung tief auf. Nun gab es Hoffnung, wenn nur Stan noch ein paar Tage länger am Leben blieb.
Dann rief Pat wieder aus Karubaga an, um zu sagen, daß RBMU-Missionar John McCain aus Florida sich erbot, Dr. van ten Brink über die Berge zu begleiten. Bruno drehte das Funkgerät auf volle Lautstärke, damit Stan Pats liebevolle Worte der Hoffnung hören konnte, mit denen sie ihrem schwer geprüften Gatten Mut zusprechen wollte.

Am späten Nachmittag dieses Tages flog George Boggs Dr. van ten Brink, einen Sanitäter, John McCain und eine Handvoll Dani-Träger in strömendem Regen knapp über den Baumwipfeln das gewundene Balim-Tal hinab nach Hetigima. Sie stiegen aus der Maschine, sortierten rasch ihr Gepäck, tranken ein heißes Getränk aus der Thermosflasche und machten sich auf den gleichen schwierigen Pfad zum Mugwi.
Im Heluk-Tal verschmolz der Tag in die Nacht, und die Nacht ging wieder in einen Tag über, während die Zeit für Stan Dale in einem Nebel der Schmerzen nur langsam dahinschwand. Nach einer scheinbaren Ewigkeit des Duldens fragte Stan: «Bruno, welcher Tag ist nun?»
«Es ist Donnerstag abend», antwortete Bruno. «Du warst fünf Tage ohne Nahrung.»
«Und ohne Schlaf», setzte Stan hinzu. «Bruno!»
In Stans Stimme lag ein scharfer Klang der Verzweiflung.
«Ich kann dies nicht mehr länger ertragen. Bete wieder für mich, Bruno! Bete, daß der Schmerz nachläßt und ich schlafen kann! Wenn dies nicht aufhört, kann ich nur ein paar Stunden mehr durchhalten.»
Zitternd vor Bewegung legte Bruno seine Hand auf Stans Kopf, nach einem Gebot des Apostels Jakobus, und betete für Stans Genesung.
Noch nie hatte er einen solchen Augenblick erlebt. In der überwältigenden Sorge um Stans Leben und um das Wohlergehen von Stans Frau und seinen vier Kindern fand Bruno sich in der Lage, bedingungslos an die Realität von Gottes Liebe zu Stan und an Gottes Fähigkeit zu glauben, seiner eigenen Schöpfung entgegenzuhandeln, einem Kosmos, aufgebaut auf dem Naturgesetz von Ursache und Wirkung. Plötzlich war es, als ob selbst die Materie um ihn durch die Kraft Gottes sich seinem Wünschen unterordne-

te und daß die drohende Möglichkeit von Stans Tod überhaupt nicht mehr bestand. Sicher würde Gott Bruno doch nicht dieses reine und einfache Vertrauen schenken, nur um ihn zu enttäuschen!
Doch dann schoß ihm der stechende Gedanke durch den Kopf: «Hatten nicht andere vor dir das gleiche starke Vertrauen, und sie wurden dennoch nicht erhört?»

Während Brunos Hand auf Stans Stirn lag, zwangen John McCain und Dr. van ten Brink ihre müden Beine, den schlüpfrigen Pfad vom Mugwi-Paß hinabzueilen. Grimmig entschlossen drangen sie durch die Sümpfe und das Labyrinth moosbehangener Wälder, dankbar, daß sie endlich von jenen kahlen Höhen heruntersteigen konnten, wo sie zwei Tage lang der Regen bei Temperaturen nahe dem Gefrierpunkt ständig bis auf die Knochen durchkältet hatte.

Bruno nahm seine Hand von Stans Stirn, kroch aus dem Zelt und blickte talaufwärts Richtung Balinga. Er suchte die dunkler werdenden Bergketten nach irgendeinem Zeichen naher Hilfe ab. Aber es gab noch immer keins. Hatte irgendeine Verletzung das ärztliche Team zur Rückkehr gezwungen? Nach einer Minute wandte er den Blick zurück zu Stan und sah, daß er in tiefen Schlaf gefallen war. Auf seinen entspannten Gesichtszügen war kein Anzeichen von Schmerz mehr zu erkennen.
Brunos Herz pochte wild vor Dankbarkeit. Er hob beide Hände und lobte Gott.
Dann kehrte er an seine Arbeit zurück, einen Operationstisch zu konstruieren.

Erst zehn Stunden später erwachte Stan. Bruno sah, daß der Schleier des Schmerzes aus seinen Augen geschwunden war. Stan meinte, er fühle sich erfrischt und sei bereit, den Kampf um sein Leben wieder weiterzuführen. An jenem Nachmittag, dem 9. Juni 1961, überschritten John McCain, der Arzt und der Sanitäter den Kamm und wanderten eilig hinab ins Lager.
Nun war Bruno mit dem Schlafen an der Reihe.
Während Dr. van ten Brink sich um Stan kümmerte, kamen Yali-Männer in den *yogwas* von Hwim und Sivimu schnell zu ihrer eigenen Diagnose von «Kugwaraks» schlimmer Lage:
«In der Nacht, ehe er krank wurde», so wußte ein Informant zu berichten, «sah ich eine riesige Fledermaus in dem Yelep-Baum

hinter ihrem Lager von den Früchten fressen. Als sie fertig war, hörte ich sie in der Dunkelheit herabflattern. Im nächsten Augenblick sah ich ihn — Kugwarak — aus dem Schatten heraustreten und in sein seltsames kleines Haus gehen. Ich bin sicher — fast sicher —, daß die Fledermaus und der Mann ein und dasselbe Wesen waren. Er hatte sich in eine Fledermaus verwandelt, um auf dem Baum zu fressen, kam herunter und verwandelte sich wieder in einen Mann. Ich war so erschrocken, daß ich wegrannte!»
Furcht vor dem Übernatürlichen senkte sich auf die Älteren. «Willst du sagen», so fragte einer von ihnen, «daß es die Yelep-Frucht war, die ihn so krank machte?»
«Das ist meine Vermutung!» meinte der Informant. Und so verbreitete sich die Geschichte und wurde von vielen benutzt, Wanlas ursprüngliche Theorie auszuschmücken. Andere, unter ihnen Andeng, nahmen eine abwartende Haltung ein: «Wenn er stirbt, dann sage ich, daß es *kembu* war und nicht die Yelep-Frucht, die ihn tötete!» sagten sie.

So warteten die Yali auf den Ausgang von Stans Krankheit, während Dr. van ten Brink Stans Blutdruck und Puls maß und weitere Arzneien verabreichte. Als er sah, daß Stans Zustand sich ständig besserte, entschied sich Dr. van ten Brink dafür, keine Operation im Zelt zu versuchen. Stattdessen blieb er mehrere Tage bei Stan im Heluk-Gebiet, bis er sicher war, daß die Infektion abgeklungen war. Dann kehrten der Arzt und sein Sanitäter über den Mugwi-Paß nach Hetigima und von dort mit dem Flugzeug an die Paniai-Seen zurück. Später war Stan in der Lage, in langsamem Tempo den Fußmarsch zu wagen, um sich am Blinddarm operieren zu lassen. Bruno, der von einem Malariaanfall ebenfalls geschwächt war, begleitete ihn. Die unsichere Reise war mit beträchtlicher Sorge verbunden, daß Brunos Malaria oder die Entzündung in Stans Unterleib durch die Anstrengungen reaktiviert werden könnten.

John McCain blieb in der Zwischenzeit in Ninia und arbeitete mit dem Dani-Team und der Handvoll Yali bis einige Wochen nach Brunos Rückkehr. Die Arbeitsgruppe war in dieser Zeit bis auf neun Mitglieder zusammengeschmolzen. Als John McCain wegging, um ein neues Unternehmen von RBMU bei Stämmen in den südlichen Tiefländern zu beginnen, kam der in Missouri geborene Kollege Bill Widbin per Fußmarsch nach Ninia und arbeitete weitere vier Monate mit Bruno. Während dieser Zeit wurden die

Steine der heiligen Mauer von der *osuwa* auf Yarino abgetragen und als Auffüllmaterial in den Sumpf befördert. Und wieder einmal schützte Wanlas Theorie die Missionsleute vor einem Massaker.

Stans Blinddarmoperation wurde bis Oktober hinausgeschoben, damit durch den Eingriff die immer noch latente Infektion nicht im Körper verbreitet würde. Schließlich führten die Ärzte in Hollandia die Operation erfolgreich durch, und am 9. November begab sich Stan, völlig wieder hergestellt, auf den Rückmarsch nach Ninia.

Dieses Mal wurde er von Oscar, einem eingeborenen Schreiner, begleitet, den Stan angeheuert hatte, um in Ninia ein Missionswohnhaus in Familiengröße zu errichten.
Später beschrieb Stan den letzten Tag ihrer Reise:
«Als ich von den Bergketten herunterkam, hob sich der Morgennebel, und ich konnte das unter mir liegende Heluk-Tal sehen. Ein großes Verlangen kam über mich, in all seinen Dörfern Gruppen von Christen zu sehen, zu hören, wie sie Lieder zum Lob Gottes anstimmten! Ich stand für einige Augenblicke auf dem Pfad still und nahm das Tal durch den Glauben für Christus in Besitz!»

Und so hoben die Yali den Blick und sahen, wie ihr künftiger geistlicher Eroberer von den Pforten des Todes mit sicherem und stetigem Schritt zurückkehrte. Wieder einmal drängten sich die Priester der *kembu*-Geister in den *kembu-vams* von Balinga bis Sivimu und darüber hinaus und debattierten endlos über die Bedeutung der aufsehenerregenden Rückkehr des toten Kugwarak in die Welt der Menschen. Allgemein wurde Stans Genesung als weitere Bestätigung für die «Wanla-Theorie» aufgefaßt; so erhielten Stan und Bruno noch mehr Zeit, ihren Brückenkopf im Tal auszubauen.

Stans Genesung brachte auch Andeng dazu, sein Verbot einer Beteiligung von Yali an dem Bauprojekt zu lockern. Demzufolge stand eine große Zahl von Arbeitern zur Verfügung — wenn das Wetter gut war! Natürlich bestand eine Gefahr: Je länger sich die Wanla-Theorie hielt, desto stärker konnte der Rückschlag sein, wenn sie einmal endgültig zusammenbrach.

***

«Ich hoffe, es wird Stan gefallen», sagte Bruno. Er und Bill Widbin hatten ausgezeichnete Fortschritte erzielt, wenn man die Rauheit des Geländes und die geringe Zahl der Arbeiter während Stans Abwesenheit in Betracht zog. Ein Haken war allerdings bei der Sache: sie hatten es vorgezogen, die Grabarbeiten durch den Hügel Yarino etwa um 6 Meter schmäler zu machen, als Stan angegeben hatte. Ihnen selbst war der Sinn ihrer Entscheidung völlig klar.
«Wir können sie später verbreitern», versicherten sie sich gegenseitig. «Aber unser Anfangsziel muß sein, etwas fertigzustellen, auf dem in künftigen medizinischen Notfällen wie dem, der Stan beinahe das Leben kostete, ein Flugzeug landen kann. Jeder Zentimeter zusätzlicher Breite wird die wichtige erste Landung um eine Woche oder mehr verzögern!»

Später an diesem Tag kam Stan über den Kamm, gefolgt von Oscar, dem Schreiner. Die Begrüßung war freudig genug, als Stan das Gepäck fallen ließ und sich den Schweiß aus den Brauen wischte. Aber dann ging er hinüber, um zu prüfen, was Bill und Bruno gemacht hatten.
«Was ist hier passiert?» knurrte er. «Das ist viel zu schmal.» Ohne ein weiteres Wort zerrte Stan die Pfosten heraus, die Bruno und Bill gesteckt hatten, und markierte eine neue, weitere Grenze für die ohnehin schon riesigen, von Hand durchzuführenden Grabungsarbeiten. Brunos Herz sank. Er versuchte, Stan die Gründe zu erklären, aber Stan wollte sie gar nicht hören. Seine Befehle als «kommandierender Offizier» waren mißachtet worden, basta! Aber es gab noch ein anderes, viel ernsteres Feld für Unstimmigkeiten.
«Kommt und holt's euch!» schrie Stan. Um die Kosten des Projekts möglichst niedrig zu halten, hatte Stan selbst das Kochen der Mahlzeiten übernommen. Bill und Bruno schritten zum Kochhaus hinüber. Nach einem harten Arbeitstag waren sie hungrig wie die Wölfe. Sie blickten auf das Essen hinunter, das Stan ihnen anbot: Rindfleisch aus der Dose und Reis. Seit Stans Rückkehr war dies das fast unveränderte Menü. Es gab keinen Zweifel — Stan selbst war nicht nur zufrieden, sondern sogar glücklich, Tag für Tag das gleiche zu essen. Aber Bill und Bruno hatten andere Vorstellungen.
«Stan», wagte einer der beiden vorzuschlagen, «könnten wir nicht für den nächsten Abwurf um etwas Schmackhafteres bitten?»
«Was denn, zum Beispiel?»

«Nun, sowas wie Obstkonserven oder etwas Marmelade.»
Solche Dinge gab es in den holländischen Läden in der Nähe der Missionsbasis an der Nordküste im fernen Hollandia, der Hauptstadt von Niederländisch-Neuguinea.

Stan sträubte sich in Erinnerung an das, was er vor Jahren als Extravaganzen der US-Streitkräfte auf dem Kriegsschauplatz von Neuguniea angesehen hatte.
«Wie können sich Gottes Soldaten hier draußen an der Kampffront eines geistlichen Krieges solchen Luxus wie 'Obstkonserven' und 'Marmelade' leisten?» verlangte er zu wissen. «Als nächstes werdet ihr noch Toiletten mit Wasserspülung bestellen!»
Sie versuchten, ihn zum Nachgeben zu bewegen, aber Stan war nicht der Mensch, der leicht nachgab, wenn er erst einmal einen Standpunkt eingenommen hatte.
Vergeblich durchsuchten Bill und Bruno die Hügel des Yali-Gebietes nach frischen Früchten zur Ergänzung ihrer Nahrung. Sie fanden Bananenbäume, die jedoch wegen der großen Höhe und dem ständigen kalten Regenwetter nur selten Frucht trugen. Die Yali zogen Bananenbäume vor allem, weil sie die Blätter zum Kochen verwendeten. Ebenso waren Ananas, Papaya und andere köstliche Tropenfrüchte im grimmigen Heluk-Tal unbekannt.

Die Spannung nahm zu und entlud sich schließlich.
«Du kannst für dich selbst kochen», erklärte Bruno fest, «und mit den Dani essen! Von nun an werden wir unser Essen selbst bestellen und zubereiten.»

Es kam zwar niemals so weit, doch Stan war trotzdem gekränkt. Auch war es für Bruno nicht leicht, ihm entgegenzutreten, denn Stans größtes Problem war die außergewöhnliche Verwegenheit, die er in seiner Kindheit gelernt hatte. Bruno kämpfte umgekehrt gegen eine tief verwurzelte Schüchternheit. Während seiner Kindheit in Holland hatte er sich stark auf seine ältere Schwester Rinske gestützt, die ihm zuerst geholfen hatte, der großen, kalten Welt hinter dem Ende der malerischen Straße mit dem Katzenkopfpflaster, in der sie wohnten, entgegenzutreten. Dann kam die deutsche Besetzung, die Wegführung durch die Militärpolizei ... qualvolle Monate beim Ausheben von Schützengräben in Holland und Deutschland ... Zwangsarbeit in einer U-Boot-Werft ... gefolgt von den vier Nachkriegsjahren in der niederländischen Armee. Diese Erlebnisse brachten Brunos Schüchternheit langsam zum

Schwinden und bereiteten ihn auf das nächste große Abenteuer vor — die Auswanderung nach Kanada und, nach seiner Bekehrung zu Jesus Christus, die Reise nach Niederländisch-Neuguinea.

Die Straße zum Selbstvertrauen war rauh und hart gewesen, Bruno hatte einen langen Weg zurückgelegt. Doch wann immer Stan, der Prototyp des geborenen Führers, seinen strengen, gebieterischen Blick auf ihn richtete, empfand Bruno zuzeiten, wie sich sein Geist in die alte Schüchternheit zurückzog. Erst jetzt hatte er unter Aufbietung jeder Faser seines Seins die Kraft gefunden, sich Stans Willen zu widersetzten.

Für Bruno war dies ein seltenes Experiment, und es hatte Erfolg. Zumindest bis zu dem Tag, an dem Bill Widbin, der in außerordentlichem Maß zum Projekt Ninia beigetragen hatte, über die Berge zu seiner eigenen Arbeit in einem anderen Teil Neuguineas zurückkehrte. Von neuem fanden sich Stan und Bruno allein im Tal mit ihren schwarzhäutigen Partnern. Die Unstimmigkeiten über die Ernährung hatten sich zu diesem Zeitpunkt gelegt.

Missionare haben einen Vorteil, auch wenn sie sich sonst ebensosehr unterscheiden wie andere Menschen: im Durchschnitt lösen sie ihre Meinungsverschiedenheiten schneller als andere, denen es die Umstände erleichtern, Leute zu ignorieren, mit denen sie uneins sind.

Und was aßen sie nun? Vorwiegend Rindfleisch aus der Dose und Reis natürlich! Denn da sich Stan nicht von seinen Grundsätzen lösen konnte, fand Bruno in der Kraft Jesu die Gnade, seinen persönlichen Geschmack dem Diktat des Gewissens seines Kollegen unterordnen zu können. Trotzdem konnte er nicht der Versuchung widerstehen, Monate später irgendwo einem Bekannten gegenüber einen leicht sarkastischen Kommentar zu geben: «Ich muß ein tiefes, dunkles Geheimnis gestehen.» Er seufzte verloren, doch seine Augen zwinkerten verschmitzt. «In einer Nacht in Ninia öffnete ich eine Dose mit Mandarinen und aß sie unter meiner Bettdecke!»

***

«Die Eimerbrigade heran!»

Als Stan und Bruno brennende Holzklötze von einem massiven Felsblock wegstießen, kamen schreiende Dani und Yali herzu und gossen eimerweise kaltes Wasser auf den erhitzten Stein.

Krach! Knacks! Zur großen Freude der Arbeiter begann sich die Oberfläche zusammenzuziehen und von dem noch ausgedehnten inneren Kern abzublättern, wodurch die Größe des Klotzes reduziert wurde. Noch einige Runden der Erhitzung und raschen Abkühlung, und der Fels war klein genug, daß man ihn als Füllmaterial in den Sumpf hinabrollen konnte.
Woher hatte Stan diese Idee? Aus seiner tiefen Kenntnis der Geschichte! Einer der Helden seiner Knabenzeit, Hannibal, hatte bei seiner Überquerung der Alpen zum Angriff auf Rom die gleiche Methode benutzt, um Felsblöcke zu zerkleinern, die seiner Streitmacht im Wege lagen.

Es war ein weiterer kleiner Fortschritt in diesem Mammutunternehmen. Während Stan und Bruno ursprünglich für die Fertigstellung drei bis vier Monate veranschlagt hatten (unter Zugrundelegung einer weit größeren Arbeitstruppe), revidierten sie nun ihre Schätzung auf sieben bis acht Monate. Noch wußten sie nicht, daß die Aufgabe volle zehneinhalb Monate Knochenarbeit erfordern würde, ein noch nie dagewesener Zeitraum für den Bau einer einzigen Landebahn im Inneren von Irian Jaya. Später wurden drei weitere Männer der Mission zusammen mit frischen Dani-Mannschaften entsandt, um die Arbeit etwas zu beschleunigen, doch brachte dies wenig ein. Der Berg schien entschlossen, seinen vollen Tribut zu fordern — nicht nur an Mühen, sondern auch an Zeit, ehe seine völlige Unterwerfung unter die Räder eines Flugzeuges gelänge.

Natürlich war jeder zusätzliche Arbeitstag für die verheirateten Männer ein weiterer Tag der Trennung von ihren Frauen und Kindern, was die Geduldsprobe noch verschärfte. Doch zu keiner Zeit versuchten die Missionare, unwillige Yali zu einer Teilnahme an der Arbeit zu zwingen oder ihrem Ärger gegen die Beobachter auf den Hügeln wegen ihrer scheinbar unerklärlichen Zurückhaltung Luft zu machen. Obwohl jeder der an dem Projekt arbeitenden Missionare überzeugt war, daß der Bau der Landebahn den Yali des Heluk-Tales unschätzbare geistige, medizinische, erzieherische und möglicherweise auch wirtschaftliche Hilfe brächte, gestand jeder den Yali das Recht zu, sich an dem Bau nicht zu beteiligen.
Von jenen relativ wenigen Yali jedoch, die an dem Projekt mitarbeiteten, wurde erwartet, daß sie, dem Beispiel der Missionare folgend, ebenso gleichmäßig ihre Arbeit leisteten. Diese Erwartung

bei einem Volk, das nicht daran gewöhnt war, Befehle von Außenstehenden entgegenzunehmen, führte gelegentlich zu Spannungen. An einem bestimmten Zeitpunkt schaute ein Missionar auf und sah, wie eine Anzahl Yali mit erhobenen Schaufeln auf Stan losging. Er kam gerade noch rechtzeitig, um Schaden von Stan abzuwenden.
Später bemerkte er: «Ich bin mir zwar nicht sicher, aber ich glaube fast, ich habe Stan das Leben gerettet.»
Doch Stan, obwohl er dankbar war, wischte den Vorfall als nicht der Rede wert beiseite. Für Leute, die das Fehlen von Angst als Maß für Männlichkeit ansehen, war Stan Dale einer der tapfersten Männer, denen man je hoffen konnte zu begegnen. Sicher war die drückende Notwendigkeit, eine Landebahn unter schlechten Witterungsbedingungen und in äußerster Abgeschnittenheit von der Außenwelt fertigzustellen, nicht die ideale Voraussetzung für das erste Zusammentreffen zweier einander so entgegengesetzter Kulturen!

Tatsächlich zeigten alle Mitglieder des Projekts einschließlich Stan im Laufe der Monate harter Arbeit Zeichen von Ermüdung. Aber für ein Mitglied erwies sich der Streß als unerträglich.
Schon seit Beginn seines Vordringens in die Schneeberge stand Oscar, der von Stan selbst ausgesuchte Papua-Schreiner, unter seelischem Druck. Der lange Fußmarsch über den Mugwi in Graupelschauern und Nebel, die unnatürliche Stille der moosbehangenen Wälder, die Fremdheit des Yali-Volkes und die Gerüchte über dessen furchterregende übernatürliche Kräfte, die «Unmöglichkeit», die Landebahn von Ninia mit so wenigen Arbeitern zu bauen, Stans Beinahe-Zusammenstoß mit dem Tod — von dem Oscar vermutete, er sei durch Hexenkraft der Yali herbeigeführt worden — und die nahezu ununterbrochene Rauheit des Heluk-Wetters, hielten seine Nerven über drei Monate hinweg straff gespannt wie Drahtseile.

Gegen Ende des Jahres 1961 begannen Stan und Bruno damit, ihm zu berichten, daß Indonesien und die Niederlande unmittelbar vor einem Krieg über den Besitz von Oscars Heimat, Niederländisch-Neuguinea, stünden. Dies stürzte den Schreiner noch tiefer in Angst und Sorge.

Mit dem Einsetzen des Westmonsuns im Januar 1962 verschlechterte sich das Heluk-Wetter zu einem ausgewachsenen *o-sanim,*

wie die Yali es nannten. Dies bedeutete, daß man von den Helfern Arbeit in schweren Regenstürmen verlangen mußte.
Die Yali weigerten sich und erklärten: «Der Regen ißt uns auf!» Die Dani waren zwar willig, besaßen jedoch keine wasserdichte Kleidung und waren bald so durchgefroren, daß sie an ihre wärmenden Feuer zurückgeschickt werden mußten. Oscar, der die Verantwortung für das Haus der Familie Dale hatte, war zwar zweckmäßiger gekleidet, doch die langen Stunden der Arbeit im Regen untergruben seine Geisteskräfte schneller als die Regenfluten den Boden zu seinen Füßen.
Bald kamen Oscar Gerüchte zu Ohren, wonach die Yali-Schamanen den Ausländern die Schuld am *o-sanim* gaben. «Die *kembu*-Geister sind verärgert, weil die Fremden ihnen nicht untertan sind!» lautete die Klage. Oscar begann zu glauben, daß das gesamte Missionsunternehmen zum Untergang verurteilt sei. Er sah keinen Weg, wie diese beiden tollkühnen Weißen auch nur ihre unmögliche Landebahn vollenden konnten, geschweige denn, wie sie unter einem so finster unberechenbaren Volk Menschen für Jesus gewinnen wollten.

Am 19. Januar 1962 konnte Oscar es nicht länger ertragen.
In Karubaga verzeichnete Pat in ihrem Tagebuch einen knappen Funkspruch von Stan: «Oscar ist durch unsere Situation hier geistig gestört.»
Zwei Tage später litt Oscar unter Halluzinationen; er glaubte, die Yali-Schamanen hätten ihn mit einem Fluch belegt. Stan kniff unter drohend buschigen Brauen ein Auge zu und blickte rundum auf die in geheimnisvollem Dunst, auf ungeschützten Berghängen kauernden Dörfer.
«Vielleicht haben sie das wirklich getan!» dachte er bei sich. An einem solch trostlosen Ort und Tag war es leicht, an Verfluchungen zu glauben.

Seit dem 26. Januar 1962 war Oscar beinahe nicht mehr zu bändigen. Es lag auf der Hand, daß er nicht länger im Heluk-Tal bleiben konnte. Bruno und drei der ursprünglichen Dani-Begleiter machten sich von Ninia aus auf den Weg, um Oscar in die Zivilisation zurückzubringen. Auf dieser seiner vierten Überquerung des eisigen Mugwi-Passes schaute ein ermüdeter Bruno durch schwarze Wolkenschichten hinunter auf das ferne Balim-Tal, das im Sonnenschein badete. Wie von einem Magnet gezogen, beschleunigte er unwillkürlich seine Schritte. Erst in diesem Augenblick wurde ihm bewußt, wie schwer seine eigene Depression gewesen war, die sich im Laufe der sechsmonatigen Arbeit an diesem entsetzlichen Landestreifen nach und nach entwickelt hatte. Das rauhe Wetter und ein unheimliches Gefühl von dämonischem Widerstand in der Atmosphäre des Heluk-Gebietes verstärkten den seelischen Druck.

Es gab aber für Bruno noch ein ernsteres Problem — Stan. Bruno spürte, daß Stan seine Rückkehr nicht wünschte.
«Du hast hier sechs harte Monate mitgemacht, Bruno», hatte Stan gesagt. «Warum nimmst du nicht Urlaub, wenn du Oscar in ärztliche Betreuung übergeben hast?»
Aber die Art, wie sich Stan nach dem Sprechen abwandte, schien Bruno auszudrücken: «Und nach deinem Urlaub, wenn du da woanders hingehen mußt ...»
Bruno hatte der Art und Weise zugestimmt, wie Stan den Landestreifen baute, und er rang darum, mit Stans spartanischem Essen auszukommen. Doch es ging um eine andere Streitfrage, in der sich die beiden Männer um Welten getrennt sahen — war es wirklich notwendig, die Yali-Arbeiter anzufahren, wenn sie sich mitten unter der Arbeit hinsetzten? Warum sollte man nicht einfach versuchen, sie mit Freundlichkeit zum Aufstehen und Weitermachen zu bewegen?
Stan glaubte in echt soldatischer Tradition, daß ein übermäßig diplomatischer Umgang zu einem unkontrollierbaren Zusammenbruch der Disziplin führen würde. Und Bruno hatte es tatsächlich oft schwierig gefunden, die Yali mit Freundlichkeit zu überreden. Bruno, der sanfte Pragmatiker, fürchtete, daß zu viel Disziplin die Leute entmutigen und von dem Projekt vertreiben werde.
«Halbherzige Hilfe ist besser als gar keine», überlegte er.
«Aber in einem weiteren Sinn», dachte Bruno, «muß Stan, der eingefleischte Individualist, vielleicht wirklich allein arbeiten. Vielleicht ist er eine Art Johannes der Täufer, der endlich seine Wildnis als zu ihm passende Umgebung gefunden hat. Hier in dieser Wüste muß Stan nun einen besonderen, einsamen Missionsauftrag bei magerer Kost erfüllen —, und ich bin nur ein ganz normaler Bursche, der normal essen und normal arbeiten möchte!»
Bruno fand Aufmunterung in diesem Gedanken. «Wahrscheinlich hätte nicht einmal der Apostel Paulus das Leben von Johannes dem Täufer voll und ganz teilen können; vielleicht sollte ich mich nicht gar so schlecht fühlen, weil ich mich nicht darüber freue, mit Stan Dale zusammenzuarbeiten!»

Bruno hätte sich noch mehr ermutigt gefühlt, wäre ihm bekannt gewesen, daß er keineswegs der erste Mitarbeiter war, der ernsthafte Unstimmigkeiten mit Stan hatte. Bruno achtete Stan wegen seiner langen Dienstjahre im östlichen Neuguinea. Diese Achtung bewahrte ihn davor, mit Stan in allen, nicht nur in den schmerzlichsten Problemen uneins zu sein. Und nun machte sie ihn bereit, sich bescheiden aus Stans Leben zurückzuziehen.
Bruno sah über die Schulter zurück auf Oscar, der in dumpfem Elend hinter ihm hertrottete, von einem nicht endenwollenden Alptraum verfolgt. Bruno seufzte: «Nur die Gnade Gottes hat mich davor bewahrt, ebenso daherzukommen!»

***

Weit hinter Bruno, im Heluk-Gebiet, stand Stanley Albert Dale allein in heulendem Sturm und Regen; das Wasser strömte von der Krempe seines alten australischen Armeehutes. Grimmig überblickte er seine geliebte Landebahn; sie hatte sich nun in einen abwärts geneigten Schlammsee verwandelt. Nie hatte er sich geistig ausgehöhlter gefühlt. Die restlichen Dani und alle Yali waren zu ihren warmen Feuern geflüchtet; doch Stan stand noch immer da, vor sich hin brütend und kälteschauernd.

«O Gott!» brüllte er plötzlich in den Wind. «Zwei Hügel und ein Sumpf für eine Landebahn. Menschen, die nicht helfen wollen! Blinddarmentzündung in meinem eigenen Kadaver! Eine halbe Sintflut! Und dazu noch Wahnsinn in der Mannschaft! Was kommt als nächstes, Herr?»
Einen Augenblick lang kroch wie eine haarige Spinne aus einer Ritze der Gedanke durch sein Gehirn, daß vielleicht Oscar der einzig Normale sei! Aber nur einen Augenblick lang. Denn in dieser Stunde der Not kamen ihm wie vom Himmel die Worte Rudyard Kiplings wieder in den Sinn:

> Wenn du das Herz, die Nerven und die Sehnen
> zum Dienst zwingst, da sie letzte Kraft verläßt,
> dastehst mit hart zusamm'gebißnen Zähnen,
> wenn nichts als nur der Wille sagt: Steh fest!

«Weiche hinter mich, Satan!» schrie er in den Regen. «Ich habe dieses Tal und diese Menschen bereits für Jesus Christus in Besitz genommen, und ich habe meinen Sinn nicht geändert, hörst du?»
Er lehnte sich gegen den tosenden Wind, während der Regen Schlamm über seine Stiefel spülte.

«Ich beklage mich nicht über all das! Es ist zwar nicht das, worauf ich gehofft habe, aber Gott läßt dies zu, und ich bin froh! Klar?»

Der Wind fegte ihm eine Regenböe ins Gesicht, aber er biß die Zähne zusammen und rief triumphierend: «Mehr noch, diese Yali werden ihren Schöpfer durch Jesus Christus kennenlernen, hörst du? Und seine Gemeinde wird in diesem Tal und darüber hinaus gegründet werden, weil Gott der Vater, der Sohn und der Heilige Geist und Pat und ich und Bruno und wir alle es wollen! Hörst du?»

Mit neuer Entschlossenheit stieß Stan seine Schaufel wieder in den Morast, als pflanze er eine Fahne auf. Als er sich dann umblickte, riß er beide Augen weit auf, denn auf den höheren und niedrigeren Hügeln, wo immer er und die anderen die Grasnarbe mit dem dicken Berggras abgetragen hatten, löste der schwere Regen allmählich Tonnen von Kies und ließ sie abwärts rutschen, direkt in die riesige Sumpfschüssel, die sie trockengelegt hatten.

Mit plötzlich aufbrechendem Lobpreis Gottes im Herzen erkannte Stan in dem Regen seinen Verbündeten, den ihm Gott gesandt hatte, um den Mangel an Arbeitern wettzumachen.

«Ein kontrollierter Erdrutsch!» überlegte er. «Ein Arbeiter, der keinen Lohn verlangt, ein als Naturphänomen verkleidetes Wunder! Wie der Dichter sagt:

> Jene Wolken, die so sehr dich ängsten,
> Sind erfüllt von Gnade, und sie brechen
> Über deinem Haupt mit reichem Segen!»

«Halleluja!» schrie er und rannte über die ganze Breite der Grabung hin und her, wobei er noch mehr Erde lockerte, damit das Wasser sie für ihn hinunterschwemmen konnte.

Einige Tage später trafen zwei andere RMBU-Missionare, John Dekker und Philipp Masters, ein, um Brunos Platz einzunehmen. Aber es war noch keine Woche vergangen, als ein Funkspruch aus Karubaga John Dekker darüber informierte, daß sein Heim im Swart-Tal zusammen mit seiner ganzen Habe bis auf den Grund niedergebrannt war.

«Komm rasch zurück, John», krächzte eine Stimme aus dem Funkgerät, «Helen und die Kinder brauchen dich!»

John machte sich unverzüglich auf den Weg und legte den Pfad über den Mugwi-Paß in Rekordzeit zurück.

Stan und der aus Iowa stammende Phil Masters blieben allein im Heluk-Tal zurück.

Der umgängliche Phil, ein ehemaliger Farmer und Schullehrer, und seine fröhliche Frau Phyliss waren erst vor kurzem in Holländisch-Neuguinea angekommen. Die Unterstützung Stans in Ninia war eine von Phils ersten Aufgaben.
In jener ersten Zeit machte Stan einen tiefen Eindruck auf Phil, und auch Stan war von Phil trotz seiner Nationalität beeindruckt. Eines Tages kletterten die beiden Männer in Ninia über der Landebahn auf einen hohen Fels in der Nähe des versteckten Wasserfalls der Kinder. Phil hinkte leicht, und Stan, der schnellfüßig war wie eine Bergziege, wartete auf Phil und half ihm hoch.
Zusammen saßen sie da und schauten nach Osten auf die zerklüfteten Berge jenseits des Heluk.
«Hinter diesen Gebirgsketten liegt wieder ein Tal», überlegte Stan laut.
«Und hinter jenem Tal noch eine Kette und noch ein Tal», setzte Phil hinzu, Stans innere Schau teilend.
«Und so geht es weiter über fast zweihundert Kilometer bis zur Grenze nach Papua», fuhr Stan fort, «und in jedem dieser Täler sind Menschen, die irgendwie leben, ohne etwas von ihrem Schöpfer und seinem Sohn, der zur Erde kam, zu wissen!»

Phil sah sie im Geist vor sich und empfand Stans schwere Last der Verantwortung für diese Menschen.
«Weißt du, Phil, manchmal sitze ich hier auf diesem Fels und sehe nach Osten und denke an die Menschen in all den Tälern —, und wenn ich ganz scharf hinhöre, dann kann ich fast ihre Stimmen vernehmen, wie sie rufen.»
Mit tiefer Leidenschaftlichkeit begann Stan aus «St. Paul» zu zitieren, einem Gedicht von F.W.H. Meyer:

Und dann durchdrang ein schmerzliches Verlangen
Mein Inneres wie ein Trompetenschall:
«O könnt ich sterben, um sie zu erretten!
Um ihres Lebens willen möcht ich Opfer sein!»

Schweigend stiegen sie vom Fels herunter. Nun hatten die Stimmen jener östlichen Täler noch jemand gefunden, der sie hörte — Philipp Masters.
In dieser Nacht lag Phil in seinem Schlafsack wach und fühlte den gleichen Trompetenschall auch durch sein eigenes Wesen dringen. «Vielleicht, o Herr», betete er, «sendest du mich eines Tages als Antwort über jene noch entfernten Gebirgsketten!»

***

Oscar kam in das Königin-Juliana-Hospital in Hollandia. Nach einer Zeit des Krankenhausaufenthaltes erlangte er seine normale Gemütsverfassung wieder und wurde in ein sinnvolles, produktives Leben entlassen. Inzwischen kehrte Bruno nach einmonatigem Urlaub nach Karubaga zurück und fragte nach einer neuen Aufgabe.

Bill Mallon, der Feldleiter von RBMU, war anderer Ansicht. «Wir haben keine andere Aufgabe, Bruno, die deiner Fähigkeiten würdig wäre, sofern du nicht zu John McCain in unserer neuen Arbeit unter den Kopfjägern in den südlichen Sümpfen stoßen willst. Aber meine Frau Barbara und ich hoffen, nach dem Urlaub dorthin gehen zu können. Wir erwarten auch ein neues Ehepaar — Don und Carol Richardson —, die im April ankommen sollen, und wir hoffen, daß auch sie in den Süden gehen werden.»

«Ich glaube, meine Berufung liegt bei diesen Bergstämmen», sagte Bruno.

«Dann ist Ninia der Platz für dich», entgegnete Mallon. «Ich weiß, daß du glaubst, Stan wolle dich nicht zurückhaben — ich habe selbst diesen Eindruck gewonnen nach dem, was er sagte —, aber ich bin immer noch der Ansicht, daß du zurückgehen solltest. Ganz gleich, wo du unter Missionaren bist, Bruno, du wirst dort immer starke Persönlichkeiten finden. Hätte Gott uns nicht so geschaffen, wären wir gar nicht hier, geschweige denn, daß wir etwas zustandebrächten, wenn wir erst einmal hier sind. Aber jede starke Persönlichkeit braucht jemanden als Gegengewicht, der sie in der Balance hält. Ich glaube, oft sind unsere Gegenpole die Schleifsteine, auf denen Gott uns nach dem Bild Christi zurechtformt.»

«Das stimmt sicher.» Bruno schluckte. Doch bei sich selbst dachte er: «Er versteht es nicht; Stan ist nicht irgendein starker Charakter. Er ist ein Johannes der Täufer.»

Mallon fuhr fort: «Ich habe eben von Stan über Funk gehört: Ninia wird am 22. März für die erste Landung eines Flugzeuges fertig sein. Doch zuerst muß ein RBMU-Missionar einen MAF-Piloten über den Mugwi-Paß geleiten, um den Boden des Landestreifens und die Funkanweisungen zu prüfen, die der Pilot erhält, der die Landung durchführt.»

Bruno sah, was nun kam.

«Ich habe niemanden sonst, den ich mit dem Piloten schicken kann. Ich bitte dich, Bruno, ihn dorthin zu bringen. Du kennst den Weg. Und ich bitte dich, bis zu unserer Jahreskonferenz im

April bei Stan zu bleiben. Wenn du dann möchtest, kannst du die Konferenz um die Zuweisung einer neuen Aufgabe bitten.»
Mallon wartete. Und in der Stille seines Herzens spürte Bruno wieder die Gegenwart des Einen, der sprach: *Wenn ein Mensch seine eigene Lebenserfüllung sucht, wird er sie verlieren! Wer aber seine Lebenserfüllung um meinet- und des Evangeliums willen aufgibt, der wird sie finden!*
Bruno sah seine Pflicht und beschloß, sie zu tun, auch wenn er für sich selbst nichts darin finden konnte.

***

Der in Kalifornien geborene Hank Worthington, der Pilot, erwies sich als schneller Marschierer für einen Mann, der daran gewöhnt war, in einem gepolsterten Flugzeugsitz über die Bergketten zu brausen. In leichtem Schritt überquerten er und Bruno den Mugwi-Paß in nur drei Tagen und erreichten Ninia am 21. März. Bruno fragte sich, wie Stan ihn wohl begrüßen werde. Zurückhaltend? Vielleicht sogar mit Widerwillen?
«Hallo, Stan», bemerkte Bruno mit offenem, wenn auch etwas zurückhaltendem Lächeln. Stan richtete sich auf und blickte Bruno gerade an. Sein Blick war kühl, und die Augenbrauen waren noch buschiger und wilder, als Bruno sie in Erinnerung hatte.
«Hallo, Bruno», erwiderte Stan ruhig. Plötzlich brach das runzlige Gesicht des alten Veteranen zu einem breiten Grinsen auf. «Fein, daß du wieder hier bist!»
Der kurze Arm mit seiner schwieligen Hand und den stumpfen Fingern fuhr vor. Bruno packte ihn und grinste zurück.
Die Luft war klar.

***

Ängstlich wie die Bräutigame bei einer Dreifachhochzeit saßen Stan, Bruno und Phil da und beobachteten, wie der schlaksige Hank Worthington die Landebahn von einem Ende zum anderen abschritt, Neigung, Scheitel und Härte prüfte.
Dann ging er zurück zum Sendegerät und rief Bob Johannson im fernen Wamena: «Sie ist in Ordnung, Bob; du kannst kommen!»
In diesem Augenblick fühlte Stan und Bruno, wie die mehr als zehneinhalbmonatige Sorge von ihren Schultern glitt.
Phil, der zwar nur etwas weniger als zwei Monate in Ninia gearbeitet hatte, konnte ihren Seufzer der Erleichterung würdigen.

Aber beinahe sofort erhob sich eine neue Spannung — die Sorge um Bob Johannson, der in wenigen Minuten etwas vollbringen mußte, was noch niemand vor ihm vollbracht hatte: seine einmotorige Maschine an dieser Westwand der Heluk-Schlucht in die Kurve zu bringen und auf einer der zweifellos steilsten Landebahnen der Welt sicher aufzusetzen!
«Wenn die Neigung durchgehend gleich wäre, dann wäre es leichter», erklärte Hank. «Aber Bob muß seinen Anflug teilen in eine 14prozentige Steigung, dann über diese Aufschüttung flach hinwegfliegen und dann wieder 18 Prozent Steigung bis zum oberen Wendepunkt nehmen. Bei drei verschiedenen Neigungen, die man im Auge behalten muß, liegt die Gefahr nahe, daß eine optische Täuschung ihn verleitet, entweder zu steil oder zu flach anzufliegen.»

Minuten später kreiste Johannson oben und ging langsam auf die Schlucht herab. Er sah die Landebahn weit unten —, sie nahm sich wie ein Heftpflaster auf dem Knie des Berges aus. Allein mit Gott und mit seinen Instrumenten ging Bob, über dschungelbedeckte Kalksteinriffe gleitend, in den endgültigen Anflug. Es war nur eine kurze Anflugstrecke, doch der Talboden war noch immer mehr als 300 Meter unter ihm! Es gab kein Gefühl für die Horizontale, keine Bezugspunkte außer den drei Winkeln des Streifens selbst.
Auf dem Boden kauerte Stan, angespannt, die Arme wie Flügel ausgebreitet, als wolle er Johannson durch Fernsteuerung helfen. «Näher, Bob, ganz leicht, Mann! Bring sie leicht herunter!» flüsterte er. Plötzlich verschwand die Maschine hinter der Kante der Bahn, und das Geräusch ihres Motors erstarb. Stans Herz setzte beinahe aus, bis er sich daran erinnerte, daß der Fuß des Streifens, sozusagen das Ende der Skisprungschanze, außerhalb des Gesichtsfeldes unter dem Hügel Yarino lag, den auch monatelange Arbeit nicht völlig einebnen konnte.

So plötzlich, wie sie verschwunden war, hüpfte die Maschine wieder ins Blickfeld und rollte leicht über das, was einmal ein Sumpf gewesen war. Johannson öffnete die Drosselklappe noch einmal, um die letzte Steigung zum Wendepunkt oben an der Landebahn zu nehmen.
Nun brach ein wilder Lärm los, als Stan, Bruno und Phil einander mit strahlenden Gesichtern voller Freude umarmten. Stan und Bruno stürzten den Hügel hinauf zum Wendepunkt, während Phil

versuchte, Schritt zu halten. Dort hockte Johannsons Vogel keck am Wendepunkt, die Nase in die Luft gereckt, als sei er stolz auf seine Leistung. Johannson wartete auf sie, einen Arm um eine Schwingenstrebe geschlungen. Er schien ruhig, doch innerlich war er voll Freude. Für Bob war es ein besonderes Vorrecht, diesen rauhen Männern für die langen Monate erschöpfender, schwerer Arbeit die Erfüllung bringen zu können.

Während Hank und Bob die Landung diskutierten, standen Stan, Bruno und Phil einige Augenblicke schweigend beieinander, blickten den großen Bogen der Landebahn hinab — und erinnerten sich.

Dann kam Johannson herüber, und Hank, noch immer wund von seinem Dreitagemarsch über den Mugwi, kletterte in den Pilotensitz. Er war dankbar, daß er im Flugzeug zurückkehren konnte und nicht wieder zu Fuß über den Paß mußte. Tatsächlich überzeugte ihn der Mugwi davon, daß es in Zukunft für einen Piloten nicht notwendig sein würde, so abgelegene Landebahnen vor der ersten Landung auf dem Boden zu inspizieren. Hank warf die Cessna an, fegte die «Sprungschanze» hinab und hob ab, um selbst eine erste Landung zu versuchen.

Auch er brachte es fertig, auf dem seltsam geformten Boden sanft aufzusetzen. Das Projekt war nun ein Erfolg; der Heluk war ein geöffnetes Tal! Bald würden Hank und Bob andere Missionspiloten in den neuen Flugplatz einweisen, und ein reger Austausch mit der Außenwelt konnte beginnen. Eine Woche später flogen Stan, Bruno und Phil Masters nach Karubaga zur zweiten Jahreskonferenz, wo sie über die Öffnung des Heluk-Tales berichteten.

Ebenfalls auf dieser Konferenz wurden Stan und Bruno in das vierköpfige Exekutivkomitee gewählt, das von Zeit zu Zeit zusammentrat, um Leitungsaufgaben der Mission zu besprechen. Es war der Maßstab für die hohe Wertschätzung, die sie durch ihren «Mut und ihre ausdauernde Arbeit» erlangt hatten.

Bruno entschloß sich, die Konferenz nicht um eine neue Aufgabe zu bitten. Er hatte auf den Steinen des Heluk-Tales zu viele Liter Schweiß vergossen, um es nun zu verlassen. Selbst wenn er dort auch sein Blut vergießen müßte — er würde bleiben, bis die Konferenz selbst entschied, ihn von dort abzuziehen.

Prüfungen einer Familie

«Der Ausblick ist sehr schön, in der Nähe eines Wasserfalls», hatte Stan nach Erreichen von Ninia im vorigen Mai über Funk Pat mitgeteilt. Viel wichtiger jedoch war Pat als Frau, Mutter und Bereiterin des Heims die «Innenansicht» einer passenden Behausung an dem neuen Ort!
Am 30. März hatte Stan dann in Karubaga vor seiner Familie zugegeben: «Es wird ein kleines bißchen hart werden, Liebling, bis unser Heim gebaut ist. Ich hoffe, es wird nicht lange dauern. Oscar hat die Fundamente fertiggestellt, ehe er das Tal verlassen mußte. Und wenigstens sind wir nach all diesen Monaten der Trennung wieder beieinander.»

Bruno hatte der Familie Dale seine kleine Behelfswohnung angeboten, bis ihr eigenes Heim fertig war. Inzwischen würde er im «Kamelhöcker» bleiben, der Hütte, die Stan, Bruno und die Dani aus den Brettern vom Hause *kembus* gebaut hatten.
Einigermaßen vorgewarnt, stimmte Pat zu, Stan mit den vier Kindern im Anschluß an die Konferenz nach Ninia zu folgen. Bruno würde einige Wochen später zurückfliegen.
Nach einer Landung, die ihr fast das Herz stillstehen ließ, tauchte Pat etwas mitgenommen aus dem Flugzeug auf. Als sich ihre Kleinen um sie scharten, fühlte sie, wie ihr Mut sie verließ. Solch eine wilde, abweisende Landschaft! Eisige Höhenlage, nackte Yali-Männer, kalt und finster dreinblickend in ihrer schwarzen Kosmetik ... «Warum lächeln sie nicht wie unsere Dani-Freunde im Swart-Tal? Wo sind die Frauen? Da ist nicht eine einzige Frau in Sicht!»
«Mammi, ich habe Angst!» piepste eines der älteren Kinder, als ein neugieriger Yali das Kind in die blassen Wangen kniff.

Als Stan Pats Bestürzung sah, versuchte er, sie zu trösten. Er wies auf den verborgenen Wasserfall jenseits der Landebahn mit dem idealen Picknickplatz. Er lenkte ihre Aufmerksamkeit auf die majestätischen Berge; dann zeigte er ihr die freundlichen jungen Yali, unter ihnen Yekwara und Bengwok, die beim Bau der Landebahn so treue Helfer gewesen waren. Wahrscheinlich würden sie auch bereit sein, Pat bei der Hausarbeit zu unterstützen!
«Wo ist das Haus?» fragte Pat. Sie sehnte sich nach einer siche-

Mit diesem Gutschein möchten wir Ihnen ein herzliches „Dankeschön" sagen für den Einsatz eines CFA-Filmes!

Wußten Sie es schon? Nachdem man im englischen Fernsehen die Zefirelli-Folgen „Jesus von Nazareth" gezeigt hatte, machte man eine Umfrage. 62% aller Befragten gaben an, sie hätten ihr ganzes Wissen über das Leben Jesu Christi aus diesen Filmen bezogen.

Wir sehen in der Filmarbeit eine wesentliche und vor allem zukünftig wichtige missionarische Aufgabe, die wir unter keinen Umständen vernachlässigen dürfen. Deshalb bemühen wir uns um qualitativ gute und aussagekräftige Filme, obwohl wir es hier mit einer reinen Zuschußarbeit zu tun haben.

Dennoch setzt sich CFA gern und ganz für den Film als missionarische Möglichkeit ein. Bedenken Sie: Millionen gehen schon lange in keinen Gottesdienst mehr. Für die meisten Menschen ist das Lesen – im Vergleich zum Fernsehen – zu aufwendig. Filme bieten hier eine einmalige Möglichkeit, solche Menschen mit dem Evangelium bekannt zu machen.

CFA – dieser Name ist ein Programm:

CHRISTUS FÜR ALLE!

Gutschein

10

Bei Einsendung von
zehn dieser Coupons verleihen wir kostenlos einen Film
im Wert bis DM 80.- aus unserem Angebot.
Ihr CFA - Filmverleih

ren, angenehmen Wohnung als Zuflucht in dieser seltsamen, kalten, vorherrschend männlichen Welt.
«Es liegt hinter jenen Bäumen. Komm mit und sieh es an!»
Pat folgte Stan zu einem Bodenvorsprung neben der Landebahn. Ihr Herz sank noch tiefer, als sie das «Haus» sah, eine grasgedeckte Hütte mit Lehmfußboden, viel zu winzig für eine Familie. Pat sah im Geist vier Kinder, wie sie übereinander krabbelten, um in und aus dem Bett zu kommen.
Gerade in diesem Augenblick startete das kleine Flugzeug, das sie nach Ninia gebracht hatte, zu seinem Rückflug. Pat gelang es nur schwer, ihre Gefühle vor Stan und den Kindern zu verbergen, denn nun waren sie allein. Allein mit diesen Stammesleuten und an diesem Ort. Innerlich betete Pat flehentlich: «Lieber himmlischer Vater, mein Mann ist sicher, daß dies dein Wille für ihn ist, und deshalb muß es ja auch dein Wille für mich sein. Ich hoffe, es ist wirklich dein Wille, Herr; denn sonst könnte ich das hier unmöglich ertragen. Und selbst wenn es dein Wille ist, werde ich eine Menge Gnade von dir brauchen.»

Die Hütte besaß zwei Fenster. Sie waren beide mit undurchsichtigen Plastikfolien bedeckt, wie man sie eher für Lagerhäuser als für Wohnungen benutzt. Die Folie hielt Fliegen, Wind und Regenböen fern, und die Undurchsichtigkeit machte es den Yali schwer, hineinzuschauen. Aber sie erlaubte es auch nicht, hinauszusehen, und an trüben Tagen schien sie die Düsternis eher zu verstärken als zu erhellen. In ihrem diffusen Licht konnte man auf einem aus rohen Pfosten gemachten Wandbett liegen, dem tropfenden Regen zuhören und sich vorstellen, man träume, obwohl man wach lag.

Nachdem Stan einige weitere Schnüre zum Kleideraufhängen gespannt hatte, half Pat den Kindern beim Auspacken ihrer Beutel und suchte nach Platz, um die Sachen auf den wenigen Regalen unterzubringen. Der Nebel von Ninia senkte sich auf die Station nieder und drang durch Wandritzen in die Hütte ein. Pat sah die feuchtkalten Schwaden vorbeiziehen, und schaudernd weinte ihr Herz: «Stan, wann kannst du mit dem Haus beginnen?»

***

«Pfähle und Palmrinde! Pfähle und Palmrinde!» rief Stan in holperigem Yali und fügte bei sich selbst hinzu: «Mein Königreich für

ein paar Pfähle und Palmrinde!» Nach und nach tauchten die Männer von Hwim und Sivimu aus ihren *yogwas* auf und starrten ihn mit erwachendem Interesse an. Also «Kugwarak» wollte Pfähle und Palmrinde gegen seine Stahlwerkzeuge tauschen, wie? Nun, das war zumindest etwas menschlicher als Bergsättel zu bewegen, um Sümpfe aufzufüllen. Die Yali bezweifelten stark, daß die *kembu*-Geister die Veränderung ganzer Landschaften guthießen, doch gegen Handel gab es keine Gesetze!
Als der Nachmittag seine Höhe erreichte, waren in Richtung Ninia Trampelpfade entstanden aus Sivimu, aus Lilibal, Ombok und Balinga. Yali-Männer trugen weißglänzende Pfähle auf den Schultern. Mit dem frischen Material begannen Stan und Bruno einen Fußboden über die Fundamente zu legen, die Oscar gebaut hatte. In der Zwischenzeit versuchte Pat, mit einem qualmenden kleinen Holzofen in der Grashütte ein Arbeitsabkommen zu treffen. Draußen vor der Tür kniffen Yekwara, Bengwok und andere Yali-Jungen den kleinen Rodney Dale ständig in die rundlichen Backen, als wollten sie prüfen, ob er schon fertig zum Essen sei! Noch etwas weiter weg, nahe dem Rand der Schlucht, diskutierten Rodneys ältere Brüder Wesley und Hilary die Namenswahl für die einzelnen Kaninchen in dem neuen Verschlag, den Stan gebastelt hatte.

Für Wesley und Hilary war Niederländisch-Neuguinea ein Paradies, und Ninia war — trotz des feuchten Wetters — seine Hauptstadt! Was konnten sich zwei kleine Jungen mehr wünschen als das Leben in einem weitgehend unerforschten Land mit hochragenden Bergen und riesigen Schluchten, voller Wasserfälle und richtiger, lebendiger Kannibalen, die mit echten Bogen, Pfeilen und Speeren herumliefen! Und die oft noch richtige Kriege ausfochten!

Außer den Kaninchen hatte ihnen Vati versprochen, daß jeder einen eigenen Garten bekäme mit eigener Hühnerzucht!
Natürlich gab es da noch das Schulproblem — Korrespondenzkurse, die ihre Mutter an fünf Vormittagen in der Woche in der überfüllten Hütte mit ihnen durchnahm. Die Zivilisation brachte es doch tatsächlich fertig, einen auch an so abgelegenen Plätzen wie Ninia zu verfolgen! Aber oft kamen ihnen die MAF-Piloten während der Schulstunden zu Hilfe, wenn sie mit Post und Paketen von Tanten und Großmüttern ins Tal einfielen. Damit war die Mutter zumindest für eine Weile abgelenkt.

***

«Yekwara!» rief Stan, und der Junge kam angelaufen. «Ich möchte, daß du mir hilfst, die Yali-Sprache besser zu lernen.»
Yekwaras breites Lächeln strahlte Zustimmung. Stan hatte bereits gute Fortschritte in Yali gemacht, wenn man bedachte, daß der Bau der Landebahn fast ein ganzes Jahr verschlungen hatte.
«Lehre mich zuerst etwas mehr über eure Grußformen.»
In völliger Unschuld nannte Yekwara zuerst *halabok*. Ebenso unschuldig schrieb Stan es nieder. Dann nannte ihm Yekwara *halbisok-sok*. Stan grinste vergnügt. Endlich wußte er, wie er die Yali in ihrer eigenen Sprache begrüßen konnte. Dies müßte ihm helfen, eine Beziehung zu ihnen herzustellen. Zur Übung rief er einem in der Nähe vorbeigehenden Yali einen der Grüße zu und war erfreut über die unmittelbare Reaktion.
Dann nahm er die Sätze, die ihm Yekwara gegeben hatte, etwas genauer unter die Lupe und erkannte ihre wahre Bedeutung. Stan erbleichte. Hatte er, ein Diener Gottes, gerade eben dies zu einem Mitmenschen gesagt?

«Yekwara», erkundigte er sich, «bedeutet *halabok* nicht...», und er brachte es fertig, die wörtliche Bedeutung in anderen Yali-Worten auszudrücken.
«Natürlich!» antwortete Yekwara ungerührt.
«Willst du damit sagen, daß deine Leute sich tatsächlich gegenseitig mit derart Übelkeit erregenden Worten begrüßen?»
«Was meinst du mit 'Übelkeit erregend'?» fragte Yekwara erstaunt. «Was sollen wir sonst zueinander sagen?»
Stan schauderte vor Abscheu. Seine Zunge, die diese Worte als Gruß benutzt hatte, fühlte sich unrein an. Dann wurde sein Gesicht ernst.

«Yekwara, ich werde diese Grußformen nie wieder benutzen. Hilf mir, irgend etwas anderes zu finden, um in der Yali-Sprache Freundschaft zum Ausdruck zu bringen.»
«Dies sind die besten Ausdrücke», beharrte Yekwara. «Wenn du sie nicht sagst, werden dich die Leute für *min* (kaltherzig) halten.»
Der Ausdruck in Stans Gesicht belehrte Yekwara, daß diese Angelegenheit nicht danach entschieden werden konnte, was die Yali dachten. «Nun gut, du kannst einfach sagen *naray* (mein Freund)!»
Stan schrieb es nieder.

«Yekwara, von nun an ist *naray* der Gruß, den wir unter uns gebrauchen werden, und wir werden ihn als Ausdruck echter Liebe und Achtung verstehen. Wir werden diese anderen Grüße, die beleidigend sind, nicht verwenden. Sag das auch Bengwok, Ɗongla, Luliap und den anderen.»
Yekwara gab diese Worte voller Erstaunen an die anderen weiter, und wie er es vorausgesagt hatte, fragten sie: «Wie kann er nur so kalt sein?»
«Ich weiß es nicht», antwortete Yekwara. «Aber ich bin sicher, daß er seine Gründe hat.»

***

So wie Stan schon die mit Steinbeilen behauenen Bretter der Yali erfolgreich verwendet hatte, fuhr er fort, einigermaßen solide *yogwas* aufzukaufen von jedem, der willens war, zu verkaufen. Nach Abbruch lieferte jede *yogwa* bis zu siebzig Bretter für das schnell wachsende Dale'sche Wohnhaus — zuvor wurden sie jedoch in Kreosot eingeweicht, um das Ungeziefer zu vernichten.

Eines Morgens brachte ein Mann aus Balinga Palmrinde, um sie Stan zu verkaufen. Aralek, der als Stans Assistent fungierte, zählte die Rindentafeln und ging weg, um Stan herzuholen. Während Aralek weg war, brachte der Mann seine Palmrinde zur Seite. Dann kam Hulu, ein großer, majestätisch wirkender Priester *kembus* mit einem Gesicht so würdig wie der Mond. Auch er brachte Palmrinde, die er an den gleichen Platz legte, auf dem die Rinde des Balingamannes gelegen hatte.
Bald kam Stan mit der Bezahlung für den ersten Mann — einem der geschätzten stählernen Breitbeile, die bei den Yali zum Zuhauen der Bretter für ihre Häuser hoch im Kurs standen. Hulus Augen leuchteten auf, als er es sah.
«Ist das deine Palmrinde?» erkundigte sich Stan.
«Ja», sagte Hulu, und Stan bot ihm das Beil. Doch ehe er es nehmen konnte...
«Warte!» rief Aralek, der eben auf der Szene erschien. «Ein Mann aus Balinga brachte diese Palmrinde.»
Stan zog rasch das Beil zurück. Seine Augen verengten sich.
«Also mit der Bezahlung eines anderen verschwinden wollen, was?»
«Nichts dergleichen!» schnaubte Hulu. «Diese Palmrinde gehört mir.»

«Aber ich sah erst vor kurzem, wie ein Mann aus Balinga sie hierherlegte», sagte Aralek verwirrt.
Hulu streckte zornig das Kinn vor. Seine Ehrlichkeit war bezweifelt worden.
Ein anderer sollte seine Bezahlung bekommen? In deutlichen Worten sagte er Stan und Aralek, was er von ihnen hielt.

Mit gesträubten Haaren stellte sich Stan dem riesigen Yali, doch ehe er wußte, wie ihm geschah, erhielt er einen heftigen Schlag gegen die Brust und wurde platt in den Schmutz geworfen. Im gleichen Moment wurde ihm das Beil aus der Hand gewunden, und Hulu war weg.
Mit einem einzigen Satz war Stan wieder auf den Beinen, brennend vor Entrüstung. Wie üblich, sahen viele Yali von den Hügeln aus zu. Auch sie waren nun aufgesprungen und drängten sich, um zu sehen, was Hulu für seine kühne Tat passieren werde.
Stan erfaßte blitzartig den Ernst der Lage. Wenn Hulu mit dem Beil entkam, waren Stan und Bruno in Schwierigkeiten. Andere Yali würden die gleiche Kühnheit versuchen und vielleicht noch Schlimmeres. Die Ehrfurcht, die ihre gewalttätigen Naturen in Schach hielt, wäre dann abgebaut.

So tat Stan das, was seiner Ansicht nach getan werden *mußte.* Er jagte Hulu nach, immer einige Schritte hinter ihm, wie ein Terrier hinter einem Windhund.
Hulu seinerseits wollte nicht mit «Kugwarak» kämpfen. Er wollte nur das Beil, von dem er wußte, daß es rechtmäßig ihm gehörte. Er zweifelte nicht, daß er seinen Verfolger in einem Handgemenge besiegen konnte, doch es gab da noch andere Probleme. Emeroho warnte die Yali beständig, daß es hinter den Bergen in Wamena noch viele solche wie Stan und Bruno gab. Einige von ihnen, die man Polizisten nannte, hatten, wie zu vernehmen war, Menschen mit etwas, was «Bumm» genannt wurde, getötet.

«Bedenkt», warnte Emeroho, «wie ihr diese Menschen und ihre Kleinen behandelt. Wenn ihr ihnen Schaden zufügt, dann werden die Polizisten mit ihren Bumms kommen, und das Ergebnis wird euch nicht gefallen.»
So beschloß Hulu, Stan wegzulaufen. Er wählte einen hügelaufwärts führenden Pfad. Bergaufwärtsrennen war etwas, was Hulu seit seiner Kindheit getan hatte. Als Stan und Hulu sich die Serpentinen nach Hwim hinaufwanden, spornten die Zuschauer auf

einem Dutzend Hügelrücken sie mit Beifall an. Bald tauchten die Yali, von dem Geschrei angelockt, zu Hunderten aus ihren Häusern auf, um das Schauspiel zu genießen.
Stan legte all seine Kraft in die Verfolgungsjagd, mußte jedoch zu seinem Erstaunen feststellen, daß er den Abstand nicht um einen Zoll verringern konnte. Als seine Lungen es schließlich aufgaben, sprang Hulu noch immer mit beachtlicher Leichtigkeit bergauf. Stan hielt an, um Luft zu holen, und fühlte wachsenden Respekt vor Hulu.
«Du dicker, hüpfender, schwarzer Bettler», sagte er bewundernd, womit er eine andere Zeile von Kipling zitierte, die er gut im Gedächtnis bewahrt hatte. «Ich hätte nie gedacht, daß du mich niederschlagen könntest, geschweige denn mir davonlaufen!»
Bis Stan zurückkehrte, hatte Aralek seinen Irrtum bemerkt. «Geh und entschuldige dich bei Hulu», sagte Stan. »Sag ihm, er habe sein Beil doppelt verdient.»

So wurden Stan und Hulu Freunde. Doch es war keine ungetrübte Freundschaft, denn Hulu sollte Stan noch dreimal niederschlagen, ehe der große Höhepunkt eintrat, der Stans Differenzen mit den Yali ein für allemal beilegte.

***

Volle zwei Monate arbeiteten Stan und Bruno, wenn Material vorhanden war, an dem Familienhaus der Dales. Wenn kein Material zur Verfügung stand, verbesserten sie die Landebahn weiter oder studierten die Yali-Sprache. Schließlich nagelten sie Mitte Juni das Aluminiumdach fest und brachten die letzte Außenverkleidung an. Am 19. Juni 1962 nagelte Stan die Stufen vor dem Eingang fest, und die Familie zog ein.

Pat seufzte vor Erleichterung. Das Haus war noch immer eine bloße Schale, windig und kalt, ohne Zimmerdecke, und viele Innenwände waren noch ohne Bretterverkleidung. Aber zumindest hatte sie Platz, Platz, um sich frei umherzubewegen, Platz, um Sachen unterzubringen, daß sie nicht abhanden kamen oder verschmutzt und zertreten wurden. Stück um Stück würden sie zusammenarbeiten, um es zu einem angenehmen Heim zu machen. Viele Male hatte sie während jener qualvollen zwei Monate in der kleinen Hütte im stillen geweint, wenn die anderen alle schliefen. Sie weinte vor Sehnsucht nach Familie und Freunden in Tasma-

nien, vor Sorge um ihre Kinder und ihre Erziehung in dieser wilden, heidnischen Umwelt, in dem schrecklichen Gefühl, daß viele Yali sie nicht hier haben wollten und sich vielleicht gegen sie wenden würden, und vor Bedrückung über die vielen Unbequemlichkeiten, die Probleme beim Kochen, Waschen und Baden.
Aber es gab auch einen Ausgleich. Die Kinder waren glücklicher als sie erwartet hatte und trotz des feuchten Klimas bis jetzt gesund. Und Stan und sie waren zusammen. In jenen langen Monaten in Karubaga hatte sie sich ohne ihn oft so einsam gefühlt.

«Stan, bitte, laß heute das Sprachelernen sein», bat Pat eines Morgens. «Das Haus ist noch nicht fertig. An den Schlafzimmern sind noch keine Türen, und wir haben keine Schränke, nicht genügend Regale, und zwischen einigen Zimmern sind noch keine Wände.»
Stan hörte nicht. Mit Bengwok als Informant war er gerade dabei, einen Durchbruch bei der Konjugation eines Yali-Verbs zu erzielen.
«Wenn es also erst vor kurzem geschah», murmelte er tief in Gedanken, «dann endet das Verb auf *-swa*. Wenn es vor langer Zeit geschah, endet es auf *-fag*. Wenn ich nun nur noch Präsens und Futur herausfinden könnte.»
Pat wiederholte ihre Bitten. Diesmal hörte er sie, aber es dauerte einige Sekunden, bis sein Geist sich von den Verben gelöst hatte.
«Wie? Die Türen? Die Wände? Es tut mir leid, Liebes, aber die Männer haben noch nicht genügend Pandanusrinde gebracht.»
«Wie lange wird es noch dauern?»
«Ich bin nicht sicher. Die meisten der willigen Arbeiter sind in den Wäldern, um eine bestimmte Art der Pandanusfrucht zu sammeln, für die jetzt eben Reifezeit ist. Vielleicht in einigen Tagen.»
«Stan, irgend etwas muß schon vorher geschehen. Dieser Mangel an Türen, Wänden, Regalen und Schränken und an Privatleben — kannst du nicht irgendwas tun?»
Stan dachte nach und legte seine Feder nieder.
«Ich glaube ja. All diese Jutesäcke von den abgeworfenen Sachen sind sauber gewaschen und liegen nur im Vorratsraum herum. Ich werde sie aufschneiden und vorübergehende als Wände aufhängen.»
«Nein!» rief Pat. «Ich will keine groben alten Säcke in meinem Haus hängen haben!»
Aber Stan war bereits auf dem Weg. Trotz ihrer Proteste schnappte er sich einen Armvoll Jutesäcke aus dem Vorratsraum, breitete

sie auf dem Wohnzimmerboden aus und begann, sie mit seinem Buschmesser aufzuschlitzen. Mit Hammer und Nägeln ging er dann von Zimmer zu Zimmer und nagelte Säcke an die kahlen Pfosten der unvollendeten Wände.
«So, Pat, es sieht zwar nicht viel gleich, aber es erfüllt seinen Zweck. Es wird für einige Wochen genügen, bis unsere Arbeiter von der Nahrungssuche zurückkehren und uns Pandanusrinde bringen. Inzwischen können diese restlichen Säcke», Stan nahm eine Handvoll, die er nicht aufgeschnitten hatte, «als eine Art Regal und Schrank dienen.» Damit kehrte er zu Bengwok auf die Hintertreppe zurück.

«Wutswa, wutswa, wutfag, wutfag», übte er immer wieder, bis seine Zunge mit dem Verb und seinen Endungen vertraut war.
Es war in der Tat ein wichtiges Verb, denn es ermöglichte die Übersetzung eines Verses, den er als Text für eine Predigt verwenden wollte: «Die Füchse haben Gruben, und die Vögel unter dem Himmel haben Nester; aber des Menschensohn hat nirgends eine Stelle, wo er sein Haupt hinlegen kann» (Luk. 9,58).
Pat seufzte, dann lächelte sie. Ihr Gatte war wirklich ein echter Nachfolger jenes Menschensohnes, der sich nicht um eigene Bequemlichkeit und Behaglichkeit sorgte. Aus praktischen Gründen begann sie jedoch, die rechte Zeit und den rechten Ort abzuwarten, um Stan auch auf bestimmte andere Schriftstellen aufmerksam zu machen, wie etwa: «Dieser Mann hat angefangen zu bauen und kann's nicht ausführen» (Luk. 14,30).
«Stans Leben dreht sich um Verben und Verse», seufzte sie wieder, «und das meine um Säcke und Schachteln.» Aber für den Augenblick kehrte sie einfach zu ihrer Kocherei auf dem qualmenden Herd zurück.
Eines Abends, als die Kinder schliefen, saßen Stan und Pat zusammen in dem feuchten Wohnzimmer, um die Bibel miteinander zu lesen und zu beten.
«Nach dem Gebet ist sicher ein günstiger Zeitpunkt, eine neue Bitte wegen des Hauses vorzubringen», dachte Pat, und so lasen und beteten sie zusammen.

Aber als Stan für die Errettung der Yali und anderer Stämme jenseits von ihnen betete, ging ihm ihre tiefe geistliche Not besonders auf. Er dachte an den alten Sar mit dem traurigen Gesicht, der Stan kürzlich eine alte, aber sehr gut gebaute *yogwa* wegen der glatt behauenen Bretter in den Wänden verkaufte. Stan erfuhr, daß Sars Bruder vor Jahren, ehe er getötet wurde, diese *yogwa* gebaut hatte.

«Was mag nur geschehen sein, daß dieser alte Mann so traurig aussieht?» fragte sich Stan. «Nun, was auch immer, Christus kann die Sorgen des alten Sar heilen, wenn nur Sar ihn kennen würde!» Stan dachte an den hochgewachsenen Hulu, jenen prächtigen Yali, der getan hatte, was seit fernen Kindertagen im entlegenen Kyogle niemand mehr fertiggebracht hatte — er hatte Stan niedergeschlagen und war ungestraft davongekommen!
Er dachte an den mürrischen Libeng, der den Ruf hatte, Tabuverletzer zu bestrafen, und den knopfäugigen Andeng, der alles, was Stan tat, so aufmerksam verfolgte.
«O Gott! Mein Gott! Mein Gott!» Stan stöhnte, als sich die Verantwortung für diese und Tausende von anderen Menschen schwer auf sein Herz legte. Er sah — und er fühlte — den ungeheuren Wert jedes zum Ebenbild Gottes geschaffenen Wesens, ein Wert, der von Hautfarbe oder Kultur völlig unabhängig war. Er brannte vor Empörung, weil Gottes wundervolles Bild vor Jahrtausenden in der Yali-Menschheit zerstört, umgestürzt, erstickt, verleugnet worden war. Er zitterte vor Erwartung, weil er, wenn Gott wollte, dazu ausersehen wäre, dafür zu sorgen, daß dieses Ebenbild bei Yali-Männern und -Frauen neu aufleuchten und die Herrlichkeit seines rechtmäßigen Urbildes — Gott selbst — widerspiegeln würde!
Tränen — die weder Schmerz noch Terror ihm je hatten entlocken können — strömten unter dem Druck dieser schwersten unter allen Lasten über seine Wangen.
Stan weinte.
Pat, die unter diesem Einblick in die Seele ihres Mannes verstummte, verschob ihre Klagen über das Haus auf einen anderen Tag.

***

Schnipp, schnipp, schnipp. Schnipp, schnipp, schnipp...
Bruno ging, von dem Geräusch angezogen, zur Vorderseite des Dale'schen Hauses. Dort saß Stan und schnippelte an einem Holzklotz.
«Was machst du denn, Stan?» fragte Bruno.
«Ich schnitze diesen Klotz zu einem Sims für Gitterfenster im Wohnzimmer. Diese undurchsichtige Plastikfolie ist an den ande-

ren Fenstern ganz in Ordnung, aber Pat und die Kinder wollen beim Wohnzimmer hinausschauen können.»
Der Klotz schien Bruno reichlich breit für einen Fenstersims, aber wenn er einmal fertig war, konnte er natürlich als Ablagebrett für Krimskrams oder für ein oder zwei Blumentöpfe dienen. In der Zwischenzeit würde er allerdings noch eine Menge Schnitzarbeit erfordern. Ohne Sägemühle war das Glätten von Holzflächen eine harte Arbeit, wie jeder Yali-Holzhauer wohl wußte.
Tag um Tag dauerte das Schnitzen an, gelegentlich unterbrochen von dem Raspeln von Stans Feile, wenn er seine Werkzeuge für weiteres Schnitzen schärfte. Stan war ein solcher Genauigkeitsfanatiker, alles mußte perfekt sein. Zeit spielte dabei keine Rolle.

Entdeckungsreisen

So hielt das Christentum nach zwei Jahrtausenden schließlich seinen ersten Einzug ins Heluk-Tal. Es war bestenfalls ein blindes Eindringen, aber dies war unvermeidlich. Es sollte noch weitere sechs Jahre dauern, bis ein Anthropologe, Klaus Friedrich Koch, im Jahre 1968 die erste Beschreibung der Welt über die Yali-Kultur veröffentlichte. Selbst diese Beschreibung befaßte sich in erster Linie mit nur einem Aspekt des Yali-Lebens — der Konfliktstrategie. Acht Jahre später sollte Siegfried Zöllner, ein deutscher Missionar, der bei Yali-Sippen nördlich des Hauptkammes der Schneeberge lebte, mit der Veröffentlichung der ersten Beschreibung der Welt über die Yali-Religion seine Doktorarbeit in Anthropologie machen.* Dieser Aspekt der Yali-Kultur war es, der Stan und Bruno am meisten beschäftigte.

Es lag auf der Hand, daß Stan und Bruno nicht auf solch wertvolle Hilfen warten konnten. Ihr Brückenkopf im Heluk-Gebiet, der unter dem ihnen noch immer unbekannten Schutz von Wanlas Theorie errichtet worden war, mußte seine Aufnahmebasis erweitern, sonst war er verloren. Stan und Bruno, die spürten, wie schwach ihre Stellung war, bemühten sich eifrig, die Yali-Sprache zu lernen. Sie teilten ihre Entdeckungen auch mit Pat, die zwischen den Lernstunden mit den Kindern noch Zeit zum Studium fand.

Nach mehreren Monaten hatten Stan und Bruno das Gefühl, daß die Zeit gekommen sei, mit der Verkündigung des Evangeliums unter den Yali zu beginnen. Die fünf Dani-Helfer, die ihren ersten Vorstoß in das Heluk-Tal mitgemacht hatten, waren bereits zur weiteren Ausbildung nach Karubaga zurückgekehrt. Später sollten die fünf noch an weiteren Expeditionen teilnehmen, und zwar nicht einfach als Träger und Arbeiter, sondern als Prediger, Evangelisten, Lehrer und Krankenpfleger. Aber im Augenblick mußten Stan und Bruno die Evangelisation im Heluk-Gebiet ohne die Hilfe christlicher Stammesangehöriger aus anderen Gebieten in Angriff nehmen. Stan übernahm die Verantwortung für alle Dörfer innerhalb einer halben Tagereise von Ninia, so daß er jeden Abend zu seiner Familie zurückkehren konnte. Bruno übernahm die Aufgabe, alle Dörfer zu erreichen, die mehr als eine halbe Tagereise entfernt lagen.

*Siegfried Zöllner, Lebensbaum und Schweinekult, Haan-Gruiten 1977.

Ein scheinbar unbedeutender Zweimann-Stoßtrupp — so zogen sie aus über hoch aufragende Hänge, durchwateten donnernde Flüsse, erklommen steil abfallende Gebirgsgrate. Als die Yali-Führer sie zu verborgen lebenden Bevölkerungsgruppen brachten, predigten sie, stockend zuerst, doch mit jeder Woche nahm die Sprachgewandtheit zu.
Auf einem seiner Ausflüge, bei denen er über Nacht wegblieb, wagte sich Bruno durch eine finstere, trügerische Schlucht weit nach Süden, nach Yalisili. Es war ein Gebiet, in dem die Wanla-Theorie ihn nicht schützen konnte, selbst wenn er von der Existenz einer solchen Theorie gewußt hätte.
«Ich meine, wir sollten ihn töten und aufessen!» flüsterte einer der Yali-Männer dem anderen zu, als Bruno zu predigen begann.
«Glaubst du, das wäre richtig?» fragte ein etwas Vorsichtigerer. «Ich habe gehört, er sei eine sonderbare Reinkarnation eines Mannes namens Marik.»
«Marik ist kein Verwandter von uns», entgegnete der erste Sprecher. «Reinkarniert oder nicht, sein Fleisch sieht für mich ganz wirklich aus. Und ich wette, es schmeckt so gut wie irgendeines, das wir je gegessen haben!»

«Vielleicht besser!» setzte ein weiteres Mitglied der Gruppe hinzu. «Nach allem, was wir wissen, eine seltene Delikatesse!»
«Hört auf, so zu reden, meine Brüder!» drängte Kwel, ein Mann aus Ninia, der vor einiger Zeit nach Yalisili gezogen war. Da er die Unterhaltung mit angehört hatte, wandte er sich nun Brunos Predigt ab und ihnen zu.
«Marik ist ein Verwandter von uns», fuhr er fort. «Es wäre sicherlich ein Kriegsgrund — ein großer Riß in unserem westlichen Bündnis — wenn ihr das tut.»

Bruno hatte die Leute von Yalisili gebeten, gut aufzupassen, wenn er predigte. Warum führten dann Kwel und jene anderen so eine immer heftiger werdende Diskussion? Bruno hatte nicht die leiseste Ahnung, daß Kwel um Brunos Leben stritt, und zwar nicht weniger grimmig wie irgendein Rechtsanwalt vor einem modernen Gericht.

«Es ist mir gleichgültig, ob die Leute von Kobak uns auslachen, weil sie Selambo aufgegessen, wir aber seit langem keinen mehr verspeist haben! Marik ist mein Freund; ich bin entschlossen, ihn zu beschützen, solange er unter uns weilt!»

Kwel berichtete Bruno nicht von dieser Gefahr. Denn solange Bruno sich voll Vertrauen bewegte, mit strahlendem Lächeln und augenzwinkerndem Schalk, gab es eine Chance, daß der Tötungsinstinkt der Männer von Yalisili in Schach gehalten wurde. Wäre er aber ängstlich geworden und hätte versucht, das Dorf übereilt zu verlassen, dann wäre er ihnen zum Opfer gefallen wie ein Milchferkel bei den wilden Hunden.
«Aber selbst, wenn meine Fürsprache zum Scheitern verurteilt ist und er sterben muß», überlegte Kwel, «sollen seine letzten Stunden ohne Sorgen sein!»
Während der Nacht, solange Bruno schlief, ging die Debatte weiter. Bis zum nächsten Morgen hatte der erschöpfte Kwel gewonnen.
«Es ist gut für diesen Marik, daß ein großer Streiter wie du seine Partei ergriffen hat!» sagte einer der verhinderten Totschläger. «Ein gewöhnlicher junger Mann hätte ihn nicht retten können.»
Noch immer in glücklicher Ahnungslosigkeit über das Drama um ihn, kehrte Bruno am nächsten Tag nach Ninia zurück. Erst Jahre später erfuhr er, wie nahe er dem Tode gewesen war.
Inzwischen bewirkte Stan in den Gebieten unmittelbar um die Station — wenn auch unwissentlich — die rasche Auflösung von Wanlas schützender Theorie.

Zuerst einmal verblüffte er alle Priester *kembus,* einschließlich Wanla, indem er ständig darauf drängte, daß *Frauen* — jawohl, Frauen — (ganz zu schweigen von den noch ungeweihten Kindern) an seinen Veranstaltungen teilnehmen müßten, um «die Botschaft des Großen Geistes, der Himmel und Erde geschaffen hat», zu hören.
«Wie», so rätselten sie herum, «kann Kugwarak, der doch alle vier Stufen des 'Durchbruch-des-Wissens' durchlaufen hat, etwas so Unvorstellbares verlangen? Er kannte doch die Wege der Geister besser als wir alle!»
Von den Yali-Frauen selbst hatte bisher nur eine Handvoll den Mut gefunden, wenn Stan weg war, sich Pat Dale mit Nahrungsgaben zu nähern. Als sie aber erfuhren, daß ihr Gatte — der große grünäugige *duong* — nun ihre Teilnahme an den Veranstaltungen verlangte, damit sie die Geheimnisse eines bestimmten *kembu* hören könnten, waren sie maßlos entsetzt.
«Heilige Worte hören?» entgegneten viele. «Und dann Schweineblut in die Augen geschmiert bekommen? Was glaubt er eigentlich, wer wir sind!»

Gleichzeitig weckte jedoch das bloße Wissen darum, daß jemand wirklich Frauen heilige Dinge sagen *wollte,* eine ungewohnte Neugier in einigen Yali-Frauen. Einmal entfacht, konnte diese Neugierde nur eines tun — wachsen.

Die zweite Handlung Stans, mit der er den letzten Schutz von Wanlas Theorie zerschlug, war seine öffentliche Feststellung: «*Kembu* ist schlecht.»

Er sagte es durch ein geistliches Lied — vielleicht das erste, das er in der Yali-Sprache schrieb und das er zu einer Melodie dichtete, die im Englischen zu dem Text «I Will Make You Fishers of Men» (Ich will euch zu Menschenfischern machen) gehört. Eines Tages versuchte er, das Lied einer Versammlung von Yali-Männern und -Jungen beizubringen.

«Sprecht es mir nach», drängte Stan:

> «*Kembu ele nit nererim, nit nererim, nit nererim;*
> *kembu ele nit nererim, kembu at syak!*»

Die Worte bedeuten: «*Kembus* Worte lehnen wir ab, lehnen wir ab, lehnen wir ab; *kembus* Worte lehnen wir ab — *kembu,* er ist schlecht!»

Den Versammlungsteilnehmern klappte vor Entsetzen der Kiefer herunter. Grauen überzog jedes Gesicht.

«Los, singt mit mir», rief Stan und begann wieder mit der ersten Zeile.

Seine Stimme ertönte allein.

Stan blickte nacheinander in ihre Gesichter; im Augenblick war er verdutzt über die seltsame Art, wie sie ihn ansahen. Einer nach dem anderen, Yekwara, Bengwok, Dongla, Luliap, Foliek und andere, wandten den Blick ab. Bis zu diesem Augenblick hatten fast alle jedes Zugeständnis gemacht, das sie möglicherweise rechtfertigen konnten, um die Launen dieser unberechenbaren Reinkarnation zu befriedigen.

Aber zu sagen, daß *kembu* schlecht sei und seine Worte abzulehnen, dazu mußte das *wene melalek* als Verfassung des Himmels und der Erde erst völlig umgeformt werden. Diese müßte dann von mindestens einer Dreiviertelmehrheit aller *kembu*-Priester gebilligt werden.

Wer konnte es jemals über sich bringen, so etwas zu sagen? Nur jemand, der sich einer Todesstrafe aussetzen wollte oder der seinen Verstand verloren hatte wie Bukni.

Nach zwei oder drei Versuchen, sein Lied trotz der drückenden Stille zu lehren, gab Stan es auf und dachte über die Bedeutung

dieser «undurchdringlichen Schicht» von Widerstand nach, die er so unerwartet entdeckt hatte. «Wie anders sind die Yali als die Dani», überlegte er. Bei den Dani kommen die Frauen in großer Zahl zu den Versammlungen, und Männer wie Frauen singen mit großer Inbrunst Lieder, in denen sie die Ablehnung der früheren Tyrannei der Dämonen bekräftigen. Aber hier nicht.
Die Versammlung zerstreute sich. Als sich die Neuigkeit verbreitete, begruben Yali in meilenweitem Umkreis die letzten Überreste von Wanlas Theorie.

«Er ist ganz eindeutig *nicht* Kugwarak. Er ist irgendein fleischgewordener Teufel, der versucht, Verderben über uns alle zu bringen», meinten viele.
«Wir sind betrogen worden!» sagten andere zornig. «Und während wir das zuließen, da hat doch dieser Teufel und seine Freunde unser *kembu-vam* und die *osuwa* drumherum zerstört. Nicht genug damit, er hat unseren jungen Männern auch noch beigebracht, daß unsere Grußformen dreckig seien und daß wir uns die Haare schneiden und aufhören sollten, unsere Haut mit Schweinefett und Asche zu schwärzen! Nun will er noch Frauen und Kindern Geheimnisse der Abstammung erzählen, während er davon spricht, *kembu* sei schlecht! Was wird als nächstes kommen?»
So setzte der Rückschlag ein.
«Wer hat ihnen den Weg in unser Tal gezeigt?» fragten viele anklagend. «Kein anderer als Emeroho und dieser vorlaute Suwi! Sie verdienen den Tod!»

Die Drohungen gegen Emeroho und Suwi waren jedoch nur das Vorspiel zu einer viel drastischeren Idee, die sich nun im Hintergrund mancher Yali-Köpfe vage abzuzeichnen begann, nämlich der Gedanke, die Verpflichtung zu haben, alle *duongs* aus dem Heluk-Tal zu vertreiben.
Und wenn sie nicht gehen wollten — sie zu töten!

***

«Kembu ist schlecht!» sagte Stan den Yali geradeheraus. War Stan nur ein engstirniger Fanatiker? Oder hatte er recht?
War die Yali-Religion in ihrer Gesamtheit nichts weiter als ein entartetes System, das auf völlig falschen, sogar schädigenden Voraussetzungen beruhte?
Nicht alle Christen wären dieser Meinung gewesen.

Vor siebenhundert Jahren hatte Papst Gregor III. versucht, alle Probleme der Verständigung mit anderen Kulturen für katholische Missionare durch eine einzige Feststellung zu lösen: «Menschen anderer Religion suchen schließlich auf ihre Weise nach Gott. Wir wollen daher unsere Botschaft ihrem Glauben anpassen.»

Allerdings haben viele katholische Missionare, die unmittelbar mit den düsteren Seiten des Heidentums in Berührung kamen — zum Beispiel Kinderprostitution in den Tempeln oder die Witwenverbrennung zusammen mit der Leiche ihres Ehemannes — Schwierigkeiten gehabt, solch eine Lösung ohne weiteres in Übereinstimmung mit ihrem Gewissen zu bringen.

In scharfem Gegensatz dazu sehen einige protestantische Theologen die Kluft zwischen Heidentum und Christentum als unüberbrückbar. Katholische Versuche der «Anpassung» führen ihrer Ansicht nach zu einem Mischmasch von Glaubensvorstellungen, die kaum noch als biblischer Glaube zu erkennen sind. Einer ihrer Sprecher drückt es so aus:

«Die Kirchengeschichte erweist, meine ich: Wenn die christliche Verkündigung sich nicht an die Kultur anpaßt, sondern totale Veränderung fordert und die Entscheidung sehr schwer macht, manchmal sogar bis zum Märtyrertod, dann zeigt es sich, daß der Glaube tief einwurzelt und es viel weniger Abtrünnige gibt, wenn später der Wind sozialer Veränderung einsetzt.»*

Stan Dale war ohne jeden Zweifel ein überzeugter Anhänger dieses Standpunktes. Auf Grund seiner eigenen Erfahrung mit anderen Stammeskulturen und vom Standpunkt eines ernstgläubigen Christen aus gesehen, erwartete Stan voll und ganz, daß sich die Yali-Religion als vollständig unvereinbar mit dem Christentum erweisen würde.

Tatsächlich sollte sich dies in Kürze erweisen — in aller Deutlichkeit äußerster Rache! Aber für Stan gab es keinen anderen Weg als den frontalen Zusammenstoß mit dieser Religion, ohne daß eine Seite der anderen nachgab. Denn die Yali-Religion war nach Stans fester Überzeugung nichts anderes als ein ungeheuerlicher, satanischer Betrug, gleichgültig, wie interessant sie als Studienobjekt für Anthropologen oder andere Spezialisten sein mochte.

Stan glaubte daran, daß auch der gewalttätigste Yali-Kannibale nach dem gleichen Ebenbild Gottes geschaffen war, das die Seele

*Arthur Johnston, Christianity today (Januar 1977), S.11.

jedes Menschen erlösenswert machte. Doch er war ebenso überzeugt davon, daß ihre eigene animistische Religion der schlimmste Feind, die schwerste Fessel des Yali-Volkes war.
Generationenlang hatten Männer und Frauen der Yali, von ihrer Religion betrogen, sich und ihre Kinder bereitwillig unnötigen Schrecken und Qualen unterworfen, und das alles nur zum sadistischen Vergnügen geheimer dämonischer Mächte.

Hätte Stan dazu die unverhältnismäßig hohe Selbstmordquote der Frauen im Heluk-Tal entdeckt, dann hatte er sie wohl als objektives, meßbares Zeugnis für einen tödlichen Nebeneffekt der Yali-Religion aufgezeigt.
Auf jeden Fall konzentrierte sich Stans Wille nun auf eine einzige, rasche Entscheidung: dieser ganze dämonische Unfug hatte nun lang genug gedauert! Yali-Väter und -Mütter und ihre Kinder hatten ihn lange genug ertragen! Je rascher und entschlossener er aus dem Heluk-Tal verbannt würde, desto besser. Stan war nicht an Anpassung interessiert, sondern an Revolution!

Alle anderen RBMU-Missionare stimmten mit ihm überein, daß die Religion der Yali im besten Fall Unterdrückung bewirkte. Aber nicht alle waren der Meinung, daß Stans aggressive Methoden, mit denen er diese Überlieferungen durch den Glauben an Jesus Christus ersetzen wollte, richtig seien. Obwohl viele damit einig waren, daß «*kembu* schlecht ist», hätten sie es lieber gesehen, wenn die Yali Schritt für Schritt dahin geführt worden wären, diese Schlechtigkeit selbst zu erkennen.
Stan sprach jedoch zu den Yali tatsächlich in Begriffen ihrer eigenen Kultur. Er schrieb: «Ich suchte ständig nach Bildern aus der Kultur der Yali, um ihnen den Weg der Erlösung zu verdeutlichen, und nach Worten, um die Grundwahrheiten des Evangeliums auszudrücken.»
Als er beispielsweise die Yali-Version vom Wettlauf zwischen dem Vogel des Todes und der Eidechse des Lebens entdeckte, da führte er die Linie weiter zur biblischen Lehre vom Sündenfall des Menschen. Während jedoch viele Missionare die Legende als steinzeitliche *Allegorie* der Wahrheit angesprochen hätten, erklärte Stan den Yali klipp und klar, es handle sich dabei um eine «Verdrehung».*
Vielleicht verstanden die Yali deshalb das Evangelium nicht als Erfüllung der in der Legende ausgedrückten Hoffnung, während

* Stan Dale, The Valley and the Vision, S.18.

vor wenigen Jahren Zehntausende ihrer Dani-Nachbarn dies begriffen hatten.
Stan schrieb ferner: «Bei einer anderen Gelegenheit predigte ich über die Sintflut und die Erscheinung des Regenbogens als Zeichen von Gottes Barmherzigkeit und seinem Bund mit den Menschen. Die Yali erwiderten, wenn sie zu einem Regenbogen aufsähen und den roten Farbstreif entdeckten, pflegten sie zu sagen: 'Seht! Da ist Blut! Wer ist gestorben?'
Dies gab mir Gelegenheit, ihnen von Gottes eigenem Sohn zu sprechen, der vom Himmel herabkam und sein Blut für die sündigen Menschen vergoß, und von Gott, der 'seinen Bogen an den Himmel setzte' — einen Bogen ohne Sehne — als Zeichen seiner Gnade für die, welche ihm vertrauen.»*
Ein weiterer Aspekt der Yali-Kultur, den Stan und Bruno mit durchschlagender Wirkung hätten nutzen können — hätten sie ihn entdeckt — war die Zufluchtsstätte der Yali, eine Auffassung, die tief und nachdrücklich an die sechs Freistädte des Alten Testamentes (Jos. 20-21) erinnert und an die Beschreibung der Nachfolger Christi als Menschen, die «zu der angebotenen Hoffnung geflohen sind, um sie zu ergreifen und festzuhalten» (Hebr. 6,28).
Stan und Bruno bemerkten oft die von einer Steinmauer umgebenen Flächen, die von den Yali heilig gehalten wurden, irgendwie entdeckten sie jedoch nie ihre Bedeutung als geweihte Zufluchtsstätten. Trotzdem machten die von Stan und Bruno benutzten Analogien auf viele Yali tiefen Eindruck. So verzeichneten Stan und Bruno nach zwei Jahren im Tal und trotz der wachsenden Opposition von seiten der *kembu*-Priester Fortschritte. Ihre Zuhörer waren jedoch vorwiegend Teenager — angeführt von Yekwara, Bengwok, Dongla und Luliap — und einige Kinder. Ältere Männer kamen selten, wenn Stan oder Bruno predigten.

Es geschieht so oft in Neuguinea und rund um die Welt, daß die christlichen Missionen damit beginnen, unter der Jugend zu arbeiten, manchmal mit dem Ergebnis, daß fast die ganze ältere Generation davon unberührt bleibt. Don Gibbons, einer der Pioniere, die mit *widi-aibui* bei den Damal durchbrachen, war ein Missionar, der es vorzog, die jungen Männer davon abzuhalten, daß sie «das Evangelium schnappen und damit weglaufen, ehe die älteren Leute erfahren haben, was es damit auf sich hat».
Das hatte zur Folge, daß Don und seine Mitarbeiter später erfolgreich Damal-Männer und -Frauen aller Altersstufen für den Glau-

**Ebd. S.19.

ben an Jesus Christus gewannen. Stan und Bruno hatten jedoch keine Bedenken, ihre Arbeit fast ausschließlich unter der Jugend zu beginnen, obwohl sie wie Gibbons das Ziel hatten, auch die ältere Generation zu gewinnen.

Während die erwachsenen Männer besonders stark Stans Unterweisung ablehnten, wurden die Jungen durch die schiere Kühnheit seiner Aussagen zum Zuhören geschockt. Sie waren fasziniert von der bloßen *Möglichkeit,* Auffassungen zu verwerfen, die jahrtausendelang nicht in Frage gestellt worden waren. Dies umso mehr, als Stan nicht nur die alten Wege verwarf, wie es Bukni getan hatte, sondern mit Entschiedenheit versuchte, eine wirklich brauchbare Alternative zu formulieren.
Es war ein Gedanke, der — einmal gesät — nur eines tun konnte: Wachsen.

Mit seinem ganzen Wesen strahlte Stan das Vertrauen aus, die von ihm angebotene Lebensmöglichkeit könne und werde auch die Yali überzeugen. Und so fühlten sich im Laufe der Zeit die jungen Männer rund um Ninia von Stans Unterricht in Glaubensfragen angezogen wie die Motten vom Lampenlicht. Nicht alle mochten Stan; da sie aber einerseits von seiner Schärfe eingeschüchtert, andererseits von seinen Auffassungen fasziniert waren, konnten sie ihn einfach nicht übergehen.
Die *kembu*-Priester hielten inzwischen ihren Wunsch, Emeroho zu töten, vor dem jungen Mann selbst ebenso geheim, wie vor seinen nächsten Verwandten. Doch Verwandte in entfernteren Gebieten erhielten davon Kenntnis und warnten ihn: «Komm und wohne bei uns! Du bist dort in Lebensgefahr!»
Aber Emeroho lehnte ihre Einladung ab. Selbst wenn sein Leben in Gefahr war, konnte er ohne die Unterrichtsstunden des *duong* nicht mehr sein. Sie wurden immer interessanter, weil der *duong* seine Ausdruckskraft in Yali ständig steigerte. Emeroho konnte es nicht ertragen, irgend etwas zu verpassen, was Stan sagte.
Doch in dem Maß, wie die Faszination der jungen Männer rund um Ninia zunahm, entbrannte auch der heftige Unmut der Schamanen gegen Stan selbst. Die Folge war, daß die Priester allmählich ihren Groll gegen die jungen Männer Emeroho und Suwi vergaßen; sie konzentrierten sich jetzt auf das größere Wild.

Eine besondere Bedrohung für Stan war Libeng, der in der Achtung gestiegen war, seit er vor vielen Jahren den ersten Pfeil auf

Kiloho abgeschossen hatte. Denn Libeng hatte nun einen neuen Ehrgeiz entwickelt — er wollte der erste sein, der gegen die *duongs* losschlug. Eines Tages setzte sich Libeng hin und begann, einen neuen großen Pfeil mit Bambusspitze zurecht zu schnitzen.
Etwas in der Art, wie er dies machte, erregte die Aufmerksamkeit vorbeigehender Krieger. Als Freunde, die Unannehmlichkeiten befürchteten, ihn fragten, für wessen Tod der Pfeil gedacht sei, erwiderte er offen: «Für den Tod des *duong,* der aussieht wie Kugwarak.»
Stans junge Freunde überbrachten ihm diese Neuigkeit. Stan war zwar nicht im geringsten eingeschüchtert, hatte aber nun doch ein wachsames Auge auf Libeng. In einem während jener Tage geschriebenen Brief bezieht er sich beiläufig auf «unerfreuliche Typen wie Libeng».

Der Widerstand der Yali nahm sogar Züge psychologischer Kriegsführung an. Oft, wenn Stan auf einer seiner Eintagesreisen unterwegs war, erreichten Gerüchte Pats Ohr, die etwa besagten: «Wir werden euch alle töten», oder: «Männer sind schon auf dem Weg, um die Station zu zerstören».
Dies wäre für jede Frau eine schwere Nervenprobe gewesen, geschweige denn für eine Mutter mit vier kleinen Kindern, doch Pat brach nicht zusammen, wie es einige Yali offensichtlich beabsichtigt hatten.
Trotz Isolierung, Einsamkeit, Unannehmlichkeiten und Einschüchterungsversuchen stand sie ihrem Mann fest zur Seite. Aber mit der Zeit mußte die Anspannung doch ihren Tribut fordern.

***

Bruno, dessen «Gemeindebezirk» über eine weit größere Entfernung verstreut war als Stans, fand es schwierig, jedes Dorf so häufig zu besuchen, daß sich die Eindrücke so nachhaltig vertiefen konnten wie bei Stan. Seine Arbeit war eher eine «Aussaat» in der Hoffnung auf Frucht und spätere Ernte.
Es schien ihm, als steige er ständig auf Berge und wandere über halsbrecherische Pfade in tiefe Schluchten hinab, und oft brachte die körperliche Müdigkeit auch geistige Entmutigung mit sich, so daß er zwischen den einzelnen Reisen längere Ruhepausen in Ninia brauchte. Um Bruno zu ermuntern, ging Stan oft mit ihm, soweit es eine Tagereise zuließ; dann kehrte er um, damit Pat und die Kinder nicht zu lange alleinblieben.

Bei einigen Gelegenheiten, als Bruno nicht zur erwarteten Zeit zurückkehrte, war Stan sehr besorgt. Einmal machte er sich auf, Bruno zu suchen, und nahm medizinische Ausrüstung und frische Vorräte mit, falls Bruno verletzt oder krank wäre.
«Stan ist sehr loyal», erkannte Bruno. «Wenn ich je dort draußen in diesen wilden Schluchten in Schwierigkeiten gerate, dann weiß ich, daß Stan sein Bestes tun wird, mir zu helfen.»
Die Gemeinschaft zwischen Stan und Bruno war ohne Frage am herzlichsten, wenn sie zusammen zu Fuß unterwegs waren. Wahrscheinlich war sie am tiefsten, als beide einen zehntägigen Fußmarsch in die wilden, unerforschten Täler östlich von Ninia unternahmen.

Bruno schrieb: «Diese Reise zeigte mir wirklich, was für ein Mensch Stan war. Wenn er sich einmal etwas vorgenommen hatte, dann führte er das auch aus. Zehn Tage lang wanderten wir Tag für Tag in scharfem Tempo über weite Strecken in unbekanntes Gebiet ...
Wir hatten kein Funkgerät bei uns (um einem Piloten beim Abwurf von Material den Weg zu weisen), und so hatten wir nur soviel Lebensmittel bei uns, wie wir tragen konnten. Es war schwer, Süßkartoffeln für unsere Träger zu kaufen.»
Aber Stan entwickelte eine wirksame Methode, um Lebensmittel zu bitten: «Er legte seine Hände auf den Magen wie ein Verhungernder und rief 'supuru! supuru!' (Süßkartoffeln)!»
Wißbegierige Stammesleute fanden — obwohl durch die seltsame Erscheinung der Reisenden erschreckt — Stans Darbietung belustigend und reagierten im allgemeinen damit, daß sie Lebensmittel anboten. Dafür erhielten sie das weißeste, würzigste Salz, das ihnen je auf die Zunge gekommen war.

Während dieser Reise gelang Stan und Bruno der erste Eintritt in ein Tal, das Seng genannt wurde, ein Tal, das später bei der Entscheidung über das Schicksal des Yali-Volkes eine folgenschwere Rolle spielen sollte. Nachdem sie über das Seng-Tal hinübergeklettert waren, machten Stan und Bruno eines Nachmittags direkt unterhalb der Baumgrenze in einem verlassenen Yali-Dorf Lager. Während Bruno Vorbereitungen für die Abendmahlzeit traf, schaute Stan hinüber zu dem Paß, der in das nächste Tal führte und hoch und geheimnisvoll über ihnen aufragte. Der Gedanke an ein weiteres unbekanntes Tal, das dahinter verborgen lag, beschäftigte Stan so stark, daß er sich vom Lager abmeldete und auf

den Weg zum Paß machte, obwohl der Nachmittag schon weit vorgerückt war und die Nachtregen bald einsetzen mußten.
Immer höher und immer schneller kletterte Stan auf die Kammlinie am Horizont zu. Dabei klang jenes andere Gedicht von Kipling in ihm wider wie in einem weiten Raum:

Bis eine Stimme wie beladenes Gewissen
von unendlichen Veränderungen rief,
wie ein immerwährendes Geflüster,
das nun Tag und Nacht sich wiederholte:
Verborgenes — geh hin und spür es auf!
Geh hin und blicke über Bergesrücken.
Verlorenes liegt hinter jenen Höhen,
das auf dich wartet. — Geh nur hin und sieh!

Kaum zu glauben, aber er erreichte die Paßhöhe noch bei genügend Tageslicht, um einen Blick in das nächste versteckte Tal werfen zu können. Lange stand er da und schaute in die Schatten hinab — ein einsamer Glaubender, der den Geist des unbekannten Landes voll in sich aufnahm und seinen Wunschtraum dadurch erneuerte.
Bruno schrieb: «Er blieb lange Zeit weg, und ich fragte mich wirklich, ob etwas passiert sei. Als es schon fast vollständig dunkel war, kehrte er zurück und erzählte mir, er sei ganz oben auf dem Berg gewesen und habe in das nächste Tal geschaut. Ich war tief beeindruckt von seinem Eifer.»

Und so marschierten sie weiter. Sie machten Notizen über die Geographie des Landes, die Zusammenflüsse von Wasserläufen, die Lage von Dörfern, Veränderungen in den Dialekten. Und vergeblich suchten sie nach Plätzen für zukünftige Fluglandebahnen in diesem unglaublich steilen Gelände.
Manchmal wanderten sie auf messerscharfen Graten entlang. Auf der einen Seite sahen sie in Täler hinunter, in denen die Wolken brodelten, während auf der anderen Seite die Täler im Sonnenglanz lagen. Und überall ragte im Norden hoch über ihnen der Hauptkamm der Schneeberge mit seinen zackigen Gipfeln — wie die Backen-, Schneide- und Reißzähne in einem furchterregenden Gebiß aus Kalkstein.
Fünf Dani und ein Yali dienten auf dieser schwierigen Reise als Träger. Weitere Yali waren mit ihnen zusammen von Ninia aufgebrochen, doch hatten sie später den Treck verlassen aus Furcht

vor den in der unbekannten Welt lebenden Kannibalen. Der eine Yali, der bis zum Ende der Reise blieb, war der gutaussehende Junge, den Bruno als einen »sehr feinen und treuen Menschen, auf den man sich vollkommen verlassen konnte», beschrieb — Yekwara.

Yekwara war auch bei einer noch weiter vorstoßenden Exkursion in die östliche Wildnis im Juni 1963 mit dabei.

Philipp Jesse Masters, der mit Stan die beiden abschließenden Monate der Arbeit am Landestreifen von Ninia geteilt hatte, kehrte endlich zurück.

Phil konnte den peinigenden Ruf der Täler jenseits von Ninia nicht vergessen. Die Arbeit unter den Dani in Karubaga war sehr lohnend gewesen. Er und seine Frau Phyliss waren dem Dani-Volk sehr nahe gekommen und hatten durch ihre Evangeliumsverkündigung und ihr Beispiel viel zur Stärkung der Dani-Gemeinde beigetragen. Doch irgend jemand mußte Gottes Wort in das Gebiet jenseits von Ninia tragen, und Phil glaubte, Gott habe ihn zu dieser Aufgabe berufen.

Für Phyliss war die Annahme dieser Welt sehr hart. Karubaga mit seinen freundlichen Menschen, dem fruchtbaren Boden und angenehmen «nördlich-der-Berge-»Klima war kein Ort, den man leichten Herzens verließ. Aber um die Zeit, als die dritte Jahreskonferenz zusammentrat, war Phyliss mit Tränen der Freude bereit zu sagen: «Ich will!»

Phil landete in Ninia mit einer Cessna-Ladung stämmiger, fröhlicher Dani-Begleiter — den größten, stärksten und zuverlässigsten, die er hatte finden können. Unter ihnen nahm sich Yekwara wie ein Bub aus. Mit Bruno machten sie sich am 20. Juni von Ninia aus auf den Weg. Zwei weitere Yali-Jungen folgten ihnen ebenfalls, aber wiederum verließen sie die Gesellschaft nach ein oder zwei Tagen. Zehn Tage später erreichten die Entdecker den entferntesten Punkt, den Stan und Bruno früher einmal erreicht hatten, und ließen ihn hinter sich. Jetzt hatten sie den Yali-Stamm weit hinter sich gelassen und entdeckten eine Bevölkerung von pygmäenartigen Menschen, die später als Kimyal bekannt wurden. In jedem neuen Tal suchten sie nach einem möglichen Platz für einen Landestreifen, aber wie Stan und Bruno vorher konnten auch sie keinen finden.

Schließlich entdeckten sie am 6. Juli in einem Tal, das die Pygmäen Indol nannten, ein geeignetes Gelände für eine Landebahn. Ein neuer Name wurde in die Missionskarten eingetragen — Korupoon.

Die jungen Ersatztruppen

Während Phil, Bruno und die Dani mit den überraschend freundlichen Pygmäen arbeiteten, um einen Landestreifen in Korupoon zu eröffnen, verzeichneten die Dales weitere Fortschritte in Ninia. Am 1. Januar 1963 erhielt Pat Dale ein erfreuliches Neujahrsgeschenk — den ersten Besuch einer Yali-Frau in ihrer Küche! Pat hatte auf diesen Augenblick acht Monate lang gewartet! Am nächsten Tag kamen weitere zwei Frauen, mit großen Augen und sehr vorsichtig. Aber fast zwei Monate später wurde ein noch viel wichtigerer Meilenstein gesetzt — 40 Yali-Frauen kamen zur allerersten Frauenversammlung im Heluk-Tal!

Pat war entzückt. Die Frauen und ihre Kinder nannten sie höflich *nisinga* (unsere Mutter), ein Yali-Ausdruck der Achtung. Ein weiterer Brückenkopf war direkt unter der Nase der feindseligen «Herren der Erde» errichtet worden.
Besonders drei Dinge beeindruckten die Yali-Frauen, die vor Pat saßen und ihr zuhörten:

Einmal Pat selbst! Sie konnte lächeln und sogar munter und lebhaft sein, Eigenschaften, von denen Yali-Frauen glaubten, man könne sie in solcher Fülle nur bei kleinen Mädchen finden, die noch nichts von den grimmigen Realitäten des Frauenlebens wüßten. Und sie lebte im gleichen Haus wie ihr Mann, nicht in einer *homia* für sich! Sie übernahm auch die Verantwortung für den Unterricht ihrer Söhne, statt sie der Herrschaft der Männer zu überlassen. Am erstaunlichsten aber war, daß sie ungezwungen und voller Begeisterung über offenkundig heilige Dinge sprach, ohne sich vor Bestrafung zu fürchten!
Zweitens berichtete ihnen Pat, daß eines Tages der Sohn des höchsten Geistes unter allen eine *homia* in einem Dorf mit Namen Bethanien besuchte. Eine der beiden Schwestern, die in der *homia* lebten — ihr Name war Maria — kam tatsächlich und setzte sich zu Füßen des Sohnes und befragte ihn über seine heiligen Worte. Pats Yali-Zuhörerinnen waren entsetzt. Pat erzählte weiter, daß dann Marias Schwester —Martha — sie zurechtwies, weil sie die Frauenarbeit liegengelassen hatte, um so etwas zu tun!
«Natürlich!» dachten die Yali-Frauen bei sich. «Sie mußte unbedingt zurechtgewiesen werden, ehe sie sich in die größten Schwie-

rigkeiten brachte!» Pat erzählte weiter: «Aber der Sohn verteidigte Maria und sagte: 'Maria hat das beste Teil erwählt, das soll nicht von ihr genommen werden!'»
Das Wunder drückte seine Spuren bis hinein in die Herzen der Zuhörerinnen. Der Höhepunkt war, als Pat schloß: «In gleicher Weise erwartet der Sohn auch von euch — ihr Frauen des Heluk-Tales — daß ihr euch entschließt, seine Worte zu hören. Das ist euer Vorrecht, und es kann nicht von euch genommen werden!»

Drittens erzählte ihnen Pat ein andermal, daß Mütter versuchten, als er irgendwo lehrte, ihre kleinen Kinder zu ihm zu bringen, damit er ihnen seine Hände auflegen und sie segnen konnte. Aber die Jünger Jesu schalten die Mütter und sagten: «Bringt diese Kinder weg vom Meister!»
Pats Zuhörerinnen dachten: «Die Jünger waren 'Männer-des-Wissens', und sie wußten, daß ungeweihte Kinder keinen Teil an heiligen Dingen haben können!»
Aber Pat fuhr fort: «Der Sohn wies seine Jünger zurecht und sagte: 'Lasset die Kindlein zu mir kommen!' Sie kamen zu ihm, und er legte seine Hand auf sie und segnete sie!»
Jetzt hatte das Wunder für dauernd Wohnung genommen in den Herzen von Pats Zuhörerinnen.
«Und so sollen nicht nur wir Frauen selbst zu Jesus kommen», schloß Pat, «sondern wir dürfen auch unsere Kinder zu ihm bringen!»
Unter den Zuhörerinnen war auch Latowen, eine Kousine der kleinen Nindik, die in den Heluk geworfen worden war, weil sie in einen heiligen Platz eingedrungen war. In ihrem Herzen weinte sie, als sie bei sich dachte: «Wären diese Worte früher zu uns gekommen, vielleicht hätte meine Kousine dann nicht sterben müssen!»

Latowen kam später zum Glauben, und teilweise war es ihrem Einfluß zuzuschreiben — wie auch dem Pats —, daß Yali-Frauen und -Mädchen begannen, die fast täglich von Stan gehaltenen Predigtgottesdienste zu besuchen. Sie saßen getrennt von den männlichen Zuhörern und hatten die Augen gesenkt, aber sie hörten zu — zumindest, wenn die Babys nicht schrien. Noch mehr Leute wurden angezogen — wenn auch vereinzelt —, bis an einigen Tagen Rekordhöhen von 200 bis 400 Zuhörern erreicht waren.
Dies bedeutete keineswegs, daß die Feindschaft der *kembu*-Priester abnahm. Im Gegenteil, sie nahm noch zu, als sie sahen,

wie sichtbar diese neue und unerwartet kraftvolle Religion in ihrem Tal an Boden gewann.
Was hielt sie davon ab, in Massen in Ninia einzufallen und alle Befürworter dieses «feindlichen» Glaubens zu erschlagen? In erster Linie die Furcht, daß militärische Regierungskräfte (was immer «Regierung» bedeuten mochte), die unmittelbar hinter dem Horizont jenseits des Mugwi lebten, den Tod eines *duong* durch Yali rächen würden. Außerdem waren auch die Priester immer noch eingeschüchtert durch Stans Kühnheit. Ohne diese Kühnheit wäre Ninia vielleicht schon vor Ablauf des Jahres 1963 zerstört worden. «Ein Mann, der trotz der unmöglichsten Widrigkeiten so kühn sein kann», überlegten die Priester, «muß Trümpfe in seinem Ärmel haben, von denen wir noch nichts gemerkt haben. Wir sollten lieber vorsichtig sein und uns von den Geistern die richtige Zeit und den richtigen Weg zu einer Auseinandersetzung mit ihm zeigen lassen.»

So geschah es, daß der einsame Außenposten der Dales und Brunos bis 1964 überlebte. In diesem Jahr kehrte Bruno zu seinem ersten Heimaturlaub nach Kanada zurück. Während dieser Zeit erneuerte er eine alte Bekanntschaft mit einem flachshaarigen Mädchen, Marlys Neilsen, einer Schwesternschülerin aus Calgary, Alberta. Sechs Tage nach dem Zusammentreffen machte Bruno ihr einen Heiratsantrag, und Marlys nahm ihn an! Als Stan die freudige Nachricht erhielt, schrieb er am 14. September 1964 an Bruno:
«Laß mich dir vor allen Dingen sagen, wie sehr ich mich freue, daß du ein reizendes gläubiges Mädchen gefunden hast. In nur sechs Tagen! ... Du bist wahrlich ein schneller Arbeiter! Ich vertraue darauf, daß sich für euch alles gut entwickelt...»
Anschließend erging sich Stan in einem milden Ausfall gegen die seiner Meinung nach vorherrschende Überbetonung einer höheren Bildung für Missionare in diesen modernen Zeiten:
«Ich habe die Absicht, dem Beratungsausschuß zu empfehlen, daß Marlys — vor der Heirat — eine Ausbildung an der Bibelschule, dem College und dem Seminar durchmacht, wenn sie mit der Schwesternausbildung fertig ist! Missionare müssen heutzutage doch gebildet sein! Und es dauert auch nur zehn Jahre!»

Im Juli 1964 hatten die Dales vier Dienstjahre vollendet, und ihr Heimaturlaub in Australien war fällig. Stan hielt, seinem Charakter getreu, für seine eigene Gesundheit diesen Urlaub nicht für

notwendig, erkannte jedoch Pats dringendes Bedürfnis nach Ruhe an.
«Pat braucht wirklich einen Urlaub», schrieb er an Bruno. «Sie ist völlig erschöpft ... Ich versuche, den australischen Missionsrat zu überreden, daß sie mich hier lassen, während Pat heimreist.»
Seine Bitte wurde abgeschlagen, und so flog die Familie Dale am 28. November 1964 zu einem einjährigen Urlaub von Ninia in ihre Heimat.
Bei ihrer Ankunft in Sydney und später in Melbourne wurden die Dales jubelnd begrüßt von Verwandten und Freunden, die sehr erleichtert waren. Denn die Berichte, die Stan und Pat nach Hause geschickt hatten, vermittelten etwas von der Spannung und Gefahr, unter der die Familie Dale während ihrer beinahe vier Jahre unter den Yali gelebt hatte.

***

Inzwischen bahnte sich im fernen Heluk-Tal ein weiteres Drama an.
Fast zwei Monate lang nach dem Heimflug von Stan, Pat und den Kindern war die Station Ninia unbesetzt, und das Heluk-Tal war oft sehr ruhig. Bruno schrieb einmal: «Manchmal war es so ruhig, daß ich mich fragte, ob all die Leute in ein anderes Tal abgewandert seien.» Aber es war nun noch ruhiger, weil die Priester allein dasaßen und sich wunderten über das, was geschehen war. Würde der grünäugige *duong* zurückkehren und alles wieder aufnehmen, oder würden diese seltsamen Vorgänge bald im Dunst entschwinden und nur eine weitere, halb erinnerte, schlecht verstandene Legende werden?
Es war ruhig, weil die verhältnismäßig geringe Anzahl von Männern, Frauen und Kindern, die angefangen hatten, Stan, Pat und Bruno zu verstehen, sich einsam fühlten und Sehnsucht hatten — und nicht in erster Linie nach den Missionaren, sondern nach ihrer Lehre. Alle diese neuen Vorstellungen, diese verblüffend andere Anschauungsweise — konnten sie ohne sie je wieder glücklich werden? Waren sie tatsächlich jemals glücklich gewesen, ehe sie solche Worte gehört hatten?
Es war auch ruhig, weil mit dem Drehen des Monsuns ein weiterer *o-sanim* die Bergketten und das Tal in Düsternis hüllte.
Zu diesem Zeitpunkt war es, daß er kam: ein fröhlicher junger Missionar mit Namen Costas Macris, der Sohn eines griechischen Kaufmanns und Unternehmers in Athen.

«Wir bitten Sie und Alky, Stan und Pat für den Rest ihres Heimaturlaubs in Ninia zu ersetzen», hatte es in dem Brief des Feldsekretärs geheißen. Aber Costas kam zuerst allein, um die Dinge in Augenschein zu nehmen.
Als er aus der Cessna auf die lehmige Landebahn von Ninia trat, war er nicht beeindruckt. Die vorhergehende zweijährige Arbeitszeit im sonnigen Swart-Tal unter dem fröhlichen Dani-Volk hatte er genossen — «der Stamm, bei dem sich Besucher wie Könige und Königinnen fühlen, seit das Evangelium ihre Herzen veränderte»!

Aber hier in Ninia standen die Menschen im Schatten und blickten düster. Nur eine Handvoll kam heraus, ihn zu begrüßen, und auch sie schienen unsicher, bis auf Yekwara. Die Unsicherheit beruhte auf Gegenseitigkeit, als Costas seinen Schlafsack über die Schulter schwang und dem MAF-Piloten ein Lebewohl zuwinkte.
Das Flugzeug donnerte die Landebahn hinunter und startete nach sonnigeren Gegenden; Costas blieb allein in diesem grabähnlichen Tal zurück. Er ging zum Wohnhaus der Dales hinunter und sperrte mit einem Schlüssel auf, den man ihm gegeben hatte. Kein Feuer hatte seit Wochen das Haus erwärmt, und das dunkle Innere wirkte noch kälter und dumpfer als das Wetter draußen.
Costas schauderte.
Er sah sofort, daß das Haus noch unvollendet war. In der Küche und einer Anzahl anderer Räume waren die Zimmerdecken noch nicht eingezogen worden. Er überlegte: «Die Wärme vom Küchenherd entweicht rasch zwischen den Balken und durch das dünne Metalldach, und der größte Teil des Hauses wird nicht warm. Ich muß eine Decke über diese Räume ziehen, ehe ich Alky und die Kinder hierher bringe.» Dann sah Costas die Jutesäcke, die noch immer in einigen Türen hingen und die Verkleidung vieler Wände bildeten. (Stan hatte eine Anzahl Säcke durch braunes, wasserdichtes Papier ersetzt). Als Costas hinsah, strömte kalter Nebel durch Wandritzen ein.

«Dies muß alles mit Pandanus—Rinde verkleidet werden», überlegte er. Costas wollte sich um diese Dinge kümmern, damit Stan nach der Rückkehr seine ganze Zeit nutzen konnte, die Sprache zu studieren und den Yali zu helfen. Der Fußboden aus gespaltener Palmrinde war in mehreren Räumen noch nicht festgenagelt; beim Drauftreten gab er nach, und Wind und Nebel drangen durch einzelne Ritzen ein.

«Ich werde diese hier festnageln und den ganzen Boden mit einer zweiten Schicht von Palmrinde belegen, um die Ritzen abzudecken», beschloß er.
Costas ging zur Tür und sah sich draußen nach Arbeitern um, die er anheuern konnte, fand aber nur den getreuen Yekwara. Stan und Pat hatten ihre Dani-Helfer heim ins Swart-Tal geschickt, ehe sie nach Australien flogen. Vergeblich ging Costas die schlammigen Wege nach Hwim und Sivimu auf der Suche nach Arbeitern. Es war *o-sanim*-Wetter, und selbst die wenigen Yali, die Außenstehenden gegenüber noch freundlich gesinnt waren, zeigten sich abgeneigt. So kehrte Costas zum Sendegerät der Missionsstation zurück. «Bi-i-tte!» flehte er mit seinem besonders zu Herzen gehenden griechischen Akzent. «Ich brauche Arbeiter! Starke, wi-illige Dani-Arbeiter! Schickt mir eine Flugzeugladung voll, so schnell es geht!»
«Ich werde sehen, was ich tun kann», erwiderte ein Mitarbeiter.
Die ganze Nacht zitterte Costas in seinem unzureichenden Schlafsack. Am nächsten Morgen hätte er eine Tasse mit dem aus dem Schlafsack gewrungenen Kondenswasser des Nebels füllen können!
Bald brachte ein Flugzeug sechs kräftige Dani zu seiner Rettung. Bald danach schickte Costas sie los — mit Yekwara als Führer — in den umgebenden Dschungel. Es dauerte nicht lange, da begannen sie aus den hochgelegenen Wäldern Palmrinde und gespaltenen Bambus anzuschleppen, die Costas benötigte.

Tag um Tag schufteten Costas und seine tüchtige Mannschaft. Sie richteten zu, sägten und hämmerten. Pat Dale würde ihr Heim kaum noch wiedererkennen, das ihr Gatte in seinem Eifer, die Sprache zu lernen und zu predigen, nie fertiggebaut hatte. Verschwunden waren die grauen, sackverkleideten Wände und Türen. Glatte, winddichte Wände, Fußböden und Zimmerdecken ließen die Räume behaglich und bequem erscheinen. Aber der schwelgerische Costas war noch nicht zufrieden. Das Haus war noch immer kalt, weil die Wärme aus dem Holzofen sich in der Küche fing und nicht im ganzen Haus zirkulieren konnte.
Einfallsreich wie er war, fand er einen Weg, dieses Problem zu beseitigen. Er schnitt längliche rechteckige Schlitze in die Wände, und zwar im ganzen Haus direkt unterhalb der Zimmerdecke, so daß Warmluft aus der Küche in jeden Winkel des Hauses strömen konnte. Die Wirkung war verblüffend. Zentralheizung war in das ferne Heluk-Tal vorgedrungen!

Ebenso installierte Costas eine Toilette mit Wasserspülung und eine Dusche, Waschbecken, Spülbecken und einen Wandspiegel in einem Raum, den Pat als Speisekammer zu nutzen gedachte. Es gab nun keine Fußmärsche mehr in regnerischen Nächten zu jenem zugigen, klapprigen Häuschen am Rande einer nahegelegenen Klippe!
Costas war immer noch nicht zufrieden. Er erweiterte die Blumenbeete, die Stan angepflanzt hatte, und gestaltete den umliegenden Hof mit Wegen aus flachen Steinplatten und malerischen Stützmauern.
So nach und nach begann die Station Ninia einem englischen Landgarten ähnlich zu werden!
«Ich hoffe, den Dales wird dies alles gefallen!» sinnierte Costas. Auf jeden Fall wäre Ninia zumindest ein angenehmer Platz für Costas' eigene geliebte Frau Alky und ihre beiden schnell heranwachsenden Söhne, Jonathan und Haris. Erstaunlich, daß die Arbeit nur sechs Wochen von dem Jahr, das Costas als Ersatz für die Dales verbringen sollte, in Anspruch nahm.
Nachdem er das Innere seiner Behausung in Ninia erwärmt hatte, wandte Costas als nächstes seine Aufmerksamkeit der Kälte *draußen* zu — der Feindseligkeit der großen Mehrheit des Volkes im Heluk-Tal.

***

Er erlebte die harte Wirklichkeit dieser Feindseligkeit einige Tage, nachdem Alky und die Kinder zu ihm nach Ninia gekommen waren.
«*Duong!* Ich habe ein Geschenk für dich!»
Doch die Stimme klang nervös und gespannt.
Costas öffnete die Tür und blickte in die gehetzten Augen eines hageren alten *kembu*-Priesters. Im nächsten Augenblick ließ der Priester etwas von seinen Schultern auf den Weg vor Costas' Schwelle fallen — ein totes Schwein. Der Priester begann sich zurückzuziehen, als fürchte er Vergeltung. «Ich gebe dir dieses Schwein zum Essen!»
«Danke!» erwiderte Costas, verwirrt durch die Nervosität des Spenders. «Bitte, erlaube mir, dafür zu zahlen. Was möchtest du gern haben?»
Aber der alte Mann wollte nicht auf Bezahlung warten. Er wich verstohlen vor Costas zurück, drehte sich plötzlich um und flüchtete. Später erläuterte Yekwara die finstere Absicht des alten

Mannes: wilde Hunde waren nach dem Glauben der Yali tatsächliche Inkarnationen böser Geister. Wann immer ein aus den Hochwäldern kommender wilder Hund in eine Yali-Herde einbrechen und ein Schwein töten oder auch nur verwunden konnte, sah man dieses Schwein als den Geistern zur eigenen Nahrung geweiht an. Wenn ein Mensch das Fleisch eines solchen Schweines aß, würde er rasch unter einem Fluch sterben.

Das «geschenkte Schwein» zu den Füßen Costas' war von einem wilden Hund gebissen worden. So hatten die Priester den Plan ausgeheckt, Costas und seine Familie dazu zu bringen, dieses Schweinefleisch zu essen, um herauszufinden, ob die Geister ihre Macht über Leben und Tod wie über die Yali auch über die *duongs* ausübten.

Wenn nun die Geister den *duong* und seine Familie erschlugen, wäre das *duong*-Problem des Yali-Volkes gelöst. Wenn andererseits die *duongs* sich als unverletzlich gegenüber der Rache der Geister erwiesen, dann müßten die Yali wohl darüber nachdenken und es sich zweimal überlegen, ehe sie Rache auf eigene Faust versuchten.
«Sie wollen also sehen, ob ihre Geister stark genug sind, uns zu töten», dachte Costas. «Es ist eine gute Frage, und sie verdient eine entschlossene Antwort.»
«Zerlegt dieses Schwein für uns!» wies Costas seine Helfer an, und dann rief er Alky zu: «Heute abend werden wir Schweinefleisch essen!»
Er ging ins Haus und erläuterte ihr die Situation. «Wir werden zuerst beten, um den Leuten zu zeigen, daß wir auf Gott vertrauen, der uns beschützen wird! Diese Menschen müssen eine Demonstration seiner Macht sehen!»
Einige der freundlichen Yali drückten ihre Besorgnis aus. «Freund, weißt du eigentlich genau, was du tust?» fragten sie.
Costas wußte es. Er und seine Familie aßen das Schwein und erschienen am nächsten Morgen wohlbehalten und gesund wie immer vor ihrem Heim!

Die Yali waren verblüfft. Die beiden ersten *duongs* hatten ein *kembu-vam* zerstört und den heiligen Grund darum umgegraben — und sie waren straflos geblieben. Nun wagten es ein dritter *duong* und seine Frau und Kinder, ein Schwein zu essen, das den Geistern gehörte, und es gab keinerlei schlimme Folgen.

Für Leute, die Augen hatten zu sehen, begann sich Beweismaterial aufzuhäufen, das für die Voraussetzungen der Yali-Religion vernichtend war. Die Mehrheit aber zog es vor, jeglichen Beweis zu übersehen, der nicht ihre alten Glaubensvorstellungen bekräftigte. Die Feindseligkeit hielt an.
Costas stieß wieder auf sie, als er das erste Mal versuchte, Balinga einen Besuch abzustatten, das erste Dorf, mit dem Stan und Bruno in Berührung gekommen waren.

Die Leute von Balinga waren aufgebracht. Kurze Zeit, ehe Stan und Pat nach Australien abreisten, hatte ein Mann aus Balinga Stan ein Hasenfell gestohlen. Stan ging nach Balinga, um das Fell zu reklamieren, und es erhob sich ein Handgemenge, bei dem ein Yali Stans kleinen 0,22-Krachmacher auf einem Stein zerschmetterte.
Seither hatten die Leute von Balinga eine zornige Haltung eingenommen und Costas eine Warnung geschickt, er dürfe ihr Dorf nicht besuchen.
Die Warnung wirkte natürlich auf Costas so gut wie eine Einladung, denn er war entschlossen, wenn irgend möglich alle Mißverständnisse im Tal zu bereinigen. Eines Tages machte er sich mit Yekwara, Dongla, einem Dani und seinem Deutschen Schäferhund als Begleitung auf den Weg nach Balinga.
Unterwegs sahen Yekwara und der Dani frische Asche unter den Büschen und erstarrten. «Sieh!» sagte Yekwara. «Hier saßen Späher unter den Büschen und wärmten sich am Feuer.»
«Gerade vor uns ist eine ausgezeichnete Stelle für einen Hinterhalt!» meinte Dongla unheilvoll. Costas schaute empor auf eine Klippe, die über ihnen aufragte, und sah drei befiederte Köpfe sich schnell außer Sicht wegducken.

«Wir sollten hier ein paar Minuten warten», riet Costas und schickte seinen Schäferhund voraus, um in den Büschen zu schnuppern. Der Hund blieb ruhig, und so gab Costas das Zeichen zum Weitergehen.
Minuten später überstiegen sie einen Hügelkamm und blickten auf das Dorf Balinga hinab. Im ganzen Dorf war nur ein Mann zu sehen — Suwi, Stans und Brunos Helfer. Trotz Drohungen gegen sein Leben nannte er sich immer noch einen Freund der *duongs.*

«Die Leute hier sagen, sie würden euch töten, wenn ihr das Dorf betretet», warnte er. Costas fühlte einen Schauer durch seinen

Körper rieseln bis zu den Zehen, doch er blieb fest und betete heiß und innig.
«Wartet hier», sagte Yekwara. «Ich habe Verwandte in diesem Dorf. Laßt mich gehen und mit ihnen reden.»

Während Costas gespannt wartete, ging Yekwara von Haus zu Haus, steckte seinen Kopf in die Eingänge und sprach beruhigend zu den Kriegern, die drinnen lauerten. Es dauerte nicht lange, bis er einen nach dem andern überredet hatte, herauszukommen und Costas die Hand zu schütteln, der Rasiermesser und Salz als Geschenk an jeden verteilte, der kam.
«Bald kamen sie aus allen Richtungen», schrieb Costas später. «Das Rinnsal wurde zum Strom. Die Gegenwart des Herrn war mir sehr teuer, als er uns durch Yekwara Befreiung schickte. Ich wußte, daß sie mich hätten töten können, aber statt dessen versammelten sich viele um uns in einer Hütte und hörten uns stundenlang bis weit in die Nacht hinein zu. 'Sprich weiter', sagten sie, sooft ich einhielt.»
So begann Costas, regelmäßige Zusammenkünfte in Balinga abzuhalten, wie Stan dies vor der Hasenfell-Affäre getan hatte. Bald wagte sich Costas bis nach Yabi, einem Dorf des östlichen Bündnisses, und fand auch dort freundliche Aufnahme. Costas konnte nun aufatmen. Aber nicht lange.

Um diese Zeit herum baute Costas eine kleine Schule mit Strohdach und lud die jungen Männer und Kinder der Yali zum Unterricht ein. Tag um Tag beobachtete der knopfäugige Andeng voll Verdruß, wie eine steigende Zahl junger Männer und Buben aus Hwim und Sivimu zu Costas' Schule strömte. Andengs Verdruß erhielt dadurch besondere Schärfe, daß seine beiden eigenen Söhne, Dongla und Bangwok, die Anführer dieser Bewegung waren! Andeng konnte nicht verstehen, was an dem Unterricht des *duong* so Außergewöhnliches war, daß seine Söhne sich so faszinieren ließen. Er wußte nur, daß er wünschte, Dongla und Bengwok würden den Wegen der Geister folgen, wie er und seine Väter vor ihm seit Anbeginn der Welt.

Andeng hatte gehofft, die Geister selbst würden die weißen Eindringlinge vernichten. Nun war es klar, daß die Geister entweder nicht fähig oder nicht willens waren, sich mit ihnen auseinanderzusetzen. Offensichtlich war eine Konfrontation auf der menschlichen Ebene notwendig. Je länger er zuwartete, so entschied An-

deng, desto schwerer würde es werden, die wachsende Macht des *duong* zu unterminieren. Er mußte also jetzt handeln.
«Die Weisung wurde ausgegeben, daß die Kinder nicht mehr zur Schule kommen sollten», teilte Dongla seinem griechischen Freund traurig mit.
Dongla erwähnte nicht, daß sein eigener Vater hinter diesem Befehl stand.
«Sag ihnen», erwiderte Costas ruhig, «daß es allen, die nicht kommen wollen, freisteht, wegzubleiben; aber wenn jemand zur Schule kommen möchte, sollte niemand ihn daran hindern! Wer immer dies versucht, bekommt es mit mir zu tun!» Costas war sich keineswegs darüber im klaren, was er dem tun würde, der seine Herausforderung annähme. Aber er wußte, daß er irgend etwas unternehmen mußte.

Costas Antwort ging zurück zu Andeng. Die Herausforderung wurde angenommen. Die Fronten waren abgesteckt.
Am nächsten Morgen fragte Costas den kleinen Deli, der in einer Ecke der Schule kauerte: «Warum weinst du?»
«Meine Väter sagen, sie werden mich töten, wenn ich heute zur Schule gehe!»
«Aber du bist trotzdem gekommen», sagte Costas sanft.
«Ja», schnüffelte Deli zitternd.
«Habe keine Angst, Deli», sagte Costas und legte seinen Arm um die Schultern des Jungen. «Ich werde nicht zulassen, daß sie dich töten. Sieh mal! Ich habe einen Ball mitgebracht! Komm, wir spielen!»
Der Ball flog zwischen ihnen hin und her, und bald hellte ein Lächeln Delis Gesicht auf. Dongla rief Costas hinaus in den Schulhof. Grimmig deutete er auf die Kammlinie, wo zornige Männer aus Sivimu schreiend durcheinanderwimmelten.

Luliap trat zu Dongla und Costas, während sie die Szene beobachteten.
«Wir sollten hinaufgehen und mit ihnen reden», riet Luliap optimistisch. Costas zog die Brauen zusammen. «Ich?» fragte er sich. «Ich soll da hinaufgehen und diesen zornigen Männern entgegentreten? Vor einigen Tagen riskierte ich mein Leben in Balinga; muß ich es heute wieder aufs Spiel setzen?» Dann kam die schleichende Versuchung: «Ich bin nur als Ersatz hier. In einigen Monaten kommt der Mann zurück, der diese Arbeit angefangen hat, und ich gehe wieder weg. Die Ehre für alles, was hier erreicht wur-

de, wird ihm zufallen, nicht mir. Warum sollte ich mich also in Gefahr begeben? Meine eigene Arbeit erwartet mich in einem anderen Tal, unter einem Volk mit anderer Sprache. Sollte ich mich nicht für diese Arbeit bewahren und damit zufrieden sein, in diesem schwierigen Ninia lediglich die Stellung zu halten?»
Doch dann schnitten — wie eine Kreissäge durch Furnier — die Worte Christi in Costas' Sinn, wie dies zuvor auch schon Bruno geschehen war: «Wer zuerst seine eigene Erfüllung sucht, wird sie verlieren.»
Costas schob das Kinn vor, und seine dunklen Augen blitzten. «Ich bin nicht bloß eine Randfigur in diesem Drama», entschied er. «Solange ich hier bin, ist es ebenso meine Verantwortung, mein Bestes zu geben wie Stan, wenn er hier wäre!»

Dann quälte ihn ein anderer Gedanke. «Was geschieht mit meiner lieben Alky? Welche Qual muß sie erdulden, wenn sie mich dort hinaufgehen sieht, diesen zornigen Männern entgegen? Sicher muß ich sie um ihre Meinung fragen, ehe ich mein Leben riskiere.»

Das tat er denn auch. Einige Augenblicke lang verdüsterte tiefe Sorge Alkys Gesicht. Dann erwiderte sie voll Überzeugung: «Costas, ich glaube, du solltest zu ihnen gehen. Ich spüre in meinem Herzen, daß Gott dich beschützen wird.»
Mit dieser Ermutigung machte sich Costas mit Dongla, Luliap, Yekwara und anderen dicht hinter sich auf den Weg nach Sivimu. Andeng war bereit, als Costas sich näherte. Er sprang auf die Steinmauer, von der Sivimu umgeben war, und legte einen Pfeil auf ihn an. Costas sah, daß der rasiermesserscharfe Bambuspfeil direkt auf seine Brust gerichtet war.

«Halt, *duong!*» brüllte Andeng. Costas blieb fast das Herz stehen, und er erbleichte. Doch irgendwie brachte er es fertig, näher und näher auf Andeng zuzugehen. Dongla blickte über Costas' Schulter, und er sah tödliche Entschlossenheit in den Augen seines Vaters. Mit all seiner Kraft schleuderte er Costas zur Seite und schob sich vor den verblüfften Missionar.

Alky, die vom Rand der Landebahn aus die Vorgänge durch das Fernglas beobachtete, sah ihren Gatten zur Seite taumeln.
«Lieber Herr!» betete sie laut und angstvoll, «gib Costas in dieser Stunde den Sieg!»

In diesem Augenblick schützte Dongla Costas mit seinem eigenen Körper
«Mein Vater!» flehte er Andeng an, «wenn du diesen meinen Lehrer töten willst, dann töte mich zuerst! Ich lebe oder sterbe mit diesem Mann!»
«Ist er dein Vater?» bellte Andeng zurück. «Nein! Ich bin dein Vater! Geh zur Seite! Die Geister fordern den Tod dieses Mannes!»
Dongla, der durch Argumente Zeit zu gewinnen hoffte, trat vor und sagte: «Er dient einem Geist, der weit größer ist als alle, die wir je gekannt haben! Er soll leben!»
Dongla stürzte vor und packte den Bogen seines Vaters. Andeng, von loderndem Zorn erfüllt, zerrte heftig an der Waffe. Im nächsten Augenblick schnitt die scharfe Spitze des Bogens in Donglas Ohrläppchen. Blut floß, doch der verletzte Dongla entwaffnete Andeng.

Costas, Luliap und andere Yali-Christen sprangen über die Mauer in das Dorf — nur, um sich einer Wand von Pfeilen gegenüberzusehen, die Andengs Freunde auf sie angelegt hatten.
Costas schluckte. «Nun ist's soweit! Wir sind nur ein Häuflein unbewaffnete Kinder vor ihnen. Sie werden uns alle töten!»
Laut rief er: «Wir sind nicht hier, um zu kämpfen! Wir sind unbewaffnet hierhergekommen, um mit euch zu reden!» Und dann fügte er mit großem Nachdruck hinzu: «Hit ninendao! (Es ist, weil wir euch lieben!)»
Als Antwort rückten die Krieger näher. Die rechten Ellbogen hielten sie hoch gereckt, wie es die Art der Yali ist, wenn sie bereit sind zu töten. Luliap, Yekwara und Bengwok gingen zuversichtlich weiter und packten die schußbereiten Bogen der nächsten Angreifer. Jeden Augenblick erwartete Costas, daß diese fürchterlichen Bambuspfeilspitzen seinen Freunden ins Fleisch eindrangen. Halb erwartete er das gleiche Schicksal, doch er beteiligte sich mit den anderen Christen an der Entwaffnung der Krieger. Erstaunlicherweise wurde nicht ein einziger Pfeil abgeschossen. Die Männer von Sivimu schienen plötzlich verwirrt — vielleicht auch erschreckt — durch die Haltung der Christen. Sie leisteten kaum Widerstand, als ihnen die Bogen aus der Hand genommen und in einem Stapel außerhalb der Dorfmauer aufgeschichtet wurden. Costas selbst entwaffnete auch eine Anzahl Krieger. In einem bestimmten Augenblick sah er über die Schulter gerade einen Yali mit einem erhobenen Steinbrocken auf sich zurennen. Costas trat

zur Seite, und die Wucht des Schwungs, den der Mann vorlegte, und das Gewicht des Steines warfen den Angreifer zu Boden. Costas packte ihn an den Schultern, setzte ihn hin und sagte fest: «Nun bleibst du gefälligst hier sitzen!»
Der Mann gehorchte Costas' Befehl.
«Ihr andern kommt ebenfalls her!» rief Costas den anderen Angreifern wie auch den Umherstehenden zu, die den Kampf vom Dorfrand aus mitverfolgt hatten. Sie kamen, als bliebe ihnen keine andere Wahl.

Mit tränenerfüllten Augen rang Costas flehentlich mit seinen unerwartet «gefangenen» Zuhörern. «Wir kamen zu euch unbewaffnet, in Liebe — und ihr habt versucht, uns zu töten! Ihr habt das Blut Donglas — eures eigenen Verwandten und meines Freundes — auf diesem Boden vergossen. Alles, was wir erbitten, ist, daß ihr diese Kleinen, die das Wort Gottes hören wollen, nicht bedroht oder ihnen Leid zufügt.»
Tief bewegt weinte Costas vor ihren Augen.
Verblüfft durch ihre offensichtliche Unfähigkeit, ihre ursprüngliche Absicht auszuführen, hörten die Yali in tiefem Staunen zu. Welch seltsame Macht war das, die diese *duongs* und ihre Yali-Freunde unverwundbar zu machen schien?
Costas sah der Reihe nach in ihre Gesichter; er forschte nach dem winzigsten Zeichen von sichtbarer Anteilnahme an seiner Sache. Er konnte keines entdecken. Er bemerkte, daß Andeng vom Schauplatz geflüchtet war. Wollte er vielleicht Hilfe aus anderen Dörfern holen?

Traurig verließ er das Dorf und kehrte heim. Von ihrem Ausguck neben der Landebahn rannte Alky ihm entgegen. Eine Weile hielten sie sich, zitternd vor Erleichterung, umschlungen. Es war nun fast dunkel. Grauer Nebel breitete sich über die Station und die Landebahn. Zusammen gingen sie zum Haus. Nach dem Eintritt wandte sich Costas zum Funkraum. Er hob das Mikrophon zum Mund und rief Karubaga, nur für den Fall, daß ein Missionar zu dieser späten Stunde noch Bereitschaftsdienst tat.
Zu seiner Erleichterung hörte er: «Costas? Hier spricht David Martin in Karubaga. Ich kann dich hören. Wie lautet deine Botschaft?»
Costas begann: «Ruf uns am Morgen, Dave. Wenn wir nicht antworten, schick ein Flugzeug, um zu sehen, ob noch alles in Ordnung ist. Wir...»

In diesem Augenblick erstarb das Trägersignal des Senders. «O nein!» stöhnte Costas. «Die Batterie ist leer!»
Martin rief weiter: «Costas! Was ist passiert? Bist du in Gefahr? Du bist ausgeblendet, wir können dich nicht hören.»
Verzweifelt klemmte Costas die leere Batterie vom Sender ab und brachte sie zu einem kleinen 12-Volt-Generator in seiner Werkstatt hinaus. Rasch füllte er den Kraftstofftank des Generators, machte den Vergaser betriebsbereit und zog das Anlasserkabel. Der Generator sprang nicht an.

Costas war ein Mann von vielerlei Talenten, aber das Reparieren von Motoren gehörte nicht dazu. Er zog jedoch immer wieder am Anlasserkabel, bis schließlich nach etwa 20 Minuten durch irgendeinen glücklichen Ruck von Vergaser, Kraftstoffleitung oder Zündkerze der Motor anlief. Er seufzte vor Erleichterung, lud die Batterie mehrere Minuten lang auf und trug sie dann zum Sendegerät zurück. Diesmal drang er durch die zunehmenden statischen Signale des späten Nachmittags durch. Martin antwortete mit besorgter Stimme.
«Soweit wir es übersehen können, sind wir in keiner unmittelbaren Gefahr», versicherte ihm Costas. «Aber wir wissen nicht, was das Morgen bringen wird. Wenn wir in der Frühe nicht antworten...»
«Ich verstehe», antwortete Martin.

Am nächsten Morgen warteten Costas und Alky gespannt, ob die Yali-Kinder zur Schule kämen. Zu ihrem höchsten Entzücken kamen nicht nur die Kinder, sondern auch alle Männer und Frauen von Sivimu einschließlich Andeng gegen 10 Uhr zur Schule!
Nicht, daß Andeng etwa sich entschlossen hatte, Christ zu werden. Weit gefehlt! Er blieb hochmütig abweisend, während Costas und Dongla aus der Bibel unterrichteten. «Wenigstens dringt das Evangelium bei ihm ein», überlegte Costas. «Vielleicht ist Hoffnung.»
Von diesem Zeitpunkt an hörten die Yali-Männer auf, das Evangelium als Botschaft für Kinder zu verspotten. Der Anblick des grimmigen alten Andeng, wie er dasaß und zuhörte, bewies das Gegenteil. Bald konnte Foliek zu seiner Freude bemerken, wie sein Vater Liakoho sich Andeng in getreuer Aufmerksamkeit zugesellte. Dann kam Andengs Schwager Dukuloho und der alte Sar mit dem traurigen Gesicht, der vergrämte Vater der kleinen Nindik.

Endlich begann etwas von dem Eis zu schmelzen.
In jenen glücklichen Tagen kamen Dongla, Luliap, Yekwara, Bengwok, Foliek und andere zu Costas und sagten: «Lieber Lehrer, bis jetzt haben wir dem Evangelium geglaubt, aber in einem Winkel unseres Herzens gab es noch Zweifel, ob es wirklich für Menschen, wie wir es sind, gedacht ist. Nun wissen wir, daß es auch uns gilt. Wir glauben, daß Jesus Christus der Sohn Gottes ist und daß er auch für *unsere* Sünden starb, nicht nur für eure.»
Costas glühte vor Freude. Das große Werk, das Stan, Pat und Bruno begonnen hatten, wuchs kräftig. Er betrachtete es als großes Vorrecht, an dem teilzuhaben, was sie angefangen hatten. Noch war er keineswegs am Ende angelangt.

Ehe Costas in das Heluk-Tal gekommen war, hatte er Hunderten von Dani im Swart-Tal das Lesen und Schreiben beigebracht. Nun begann er auch im Heluk-Tal mit Lese- und Schreibunterricht für die Yali-Christen. Er kaufte ein Vervielfältigungsgerät und verfaßte eine Yali-Fibel. Dann zog er sie etwa ein Dutzend mal ab und begann den Unterricht. Die Gläubigen ließen sich rasch von Costas' Begeisterung anstecken. Darüber hinaus erwies sich ihr Geist als wach und aufnahmebereit. Bald begannen die Silben zu Worten zu verschmelzen — Yali-Worte, die für die Leser einen Sinn ergaben.

***

«Andeng ist krank!»
«Hat er mich gebeten, ihm Arznei zu bringen?» fragte Costas.
«Nein», antwortete der Überbringer der Nachricht. «Im Gegenteil, er hat seine Mitpriester gebeten, für ihn den Geistern ein Schwein zu opfern. Aber könnten wir ihm nicht außerdem noch deine Medizin geben?»
«Er soll sich für das eine oder das andere entscheiden», entgegnete Costas. «Wenn wir ihm beides geben und er erholt sich wieder, dann werden die Leute seine Genesung dem Schweineopfer zuschreiben. Die Macht der modernen Medizin würde in diesem Fall nur die Torheiten der Geisterbeschwichtigung verstärken.»

Hoch oben auf dem Kamm von Sivimu opferten Andengs Mitpriester ein Schwein. Ein *hwalong* oder Heiler murmelte Beschwörungen. Andengs Krankheit verschlimmerte sich. Am zweiten Tag verlangte ein geschwächter Andeng die Opferung eines zweiten

Schweines, gefolgt von weiteren Beschwörungen. Die Krankheit verstärkte jedoch ihren Griff auf seinen schon mitgenommenen Körper.
Am dritten Tag verstärkte Andeng sein Flehen an die Geister durch das Blut eines weiteren Schweins, begleitet von noch drängenderen Beschwörungen. Zu diesem Zeitpunkt war es für jeden — Andeng eingeschlossen — offenkundig, daß die Geister ihm nicht helfen konnten oder nicht helfen wollten. Entsetzen erfaßte Andengs Herz. Er fühlte, wie der Tod seinen Schatten über ihn warf und ihn bis ins Mark erschauern ließ.
Sein Sohn Dongla redete mit ihm: «O mein Vater! Die Geister haben dich im Stich gelassen. Laß mich Costas rufen. Vielleicht ist es noch nicht zu spät, daß er dir helfen kann!»
Andeng wollte nicht antworten. Dongla ließ in tiefer Sorge den Kopf hängen.
«Komm, wir wollen hinaufgehen und ihm Medizin geben, Costas!» regte Luliap an.
«Du kennst die Regel, die ich aufgestellt habe», erwiderte Costas. «Bittest du mich, sie zu brechen?»
«Wenn du ihm jetzt Medizin gibst, und er erholt sich, dann werden sowohl Andeng als auch die anderen Leute wissen, daß nicht die Schweineopfer und die Beschwörungen ihm geholfen haben», erklärte Luliap. «Es wird keine Verwirrung geben.»
So stieg Costas von neuem nach Sivimu hinauf.
«Da lag Andeng praktisch in den letzten Zügen», berichtete Costas später. «Ich rief ihn bei seinem Namen, aber er reagierte mehrere Minuten lang nicht. Dann erkannte er mich und flüsterte meinen Namen. Ich beugte mich über ihn und fragte sanft: 'Andeng, willst du, daß wir dir Medizin geben und für dich beten?'
'Ja', kam die schwache Antwort.»

Dongla und Bengwok sahen mit neuer Hoffnung zu, als Costas rasch Terramycin und Penicillin verabreichte und dann laut betete, daß Gott, der allein die genaue Art von Andengs Krankheit kenne, ihn entweder durch die Arznei oder unabhängig davon heilen möge.

Mehrere Tage lang kehrte Costas zweimal täglich an die Seite jenes Mannes zurück, der versucht hatte ihn zu töten; er gab ihm Arznei, betete mit ihm und richtete Andengs Geist durch ermunternde Worte auf. Hunderte von Yali-Augen schauten ihm bei seinen Bemühungen zu.

«Während meines Jahres in Ninia», erinnerte sich Costas später, «kam ich mir oft wie ein Gladiator vor, der allein im Mittelpunkt eines riesigen Kolosseums steht. Ich forderte meine Zuschauer beständig auf, in die Mitte zu springen und mein keineswegs beneidenswertes Geschick zu teilen, aber die große Mehrheit zog es vor, weiterhin die Rolle des Zuschauers zu spielen. Einige jedoch reagierten und sprangen zu mir in die Mitte. Es war ein sehr einsamer Platz, doch sie hielten bei mir aus. Die Gemeinschaft, die wir miteinander hatten, war wunderbar!»

Die kleine Gruppe im Mittelpunkt der Arena erhielt unerwartete Verstärkung — Andeng. Unter Costas' Pflege erlangte er seine Gesundheit wieder und beschloß, Christ zu werden. Es war ein weiter Sprung für einen Mann seines Formats, aber er überlebte den Sprung, und nur sein Stolz litt ein wenig Schaden.
Andeng, nun nicht länger abweisend, hörte von da an mit großem Interesse auf das Evangelium. «Andeng ließ keine Versammlung aus», erinnerte sich Costas.

Gleichzeitig war Andengs *yogwa* jedoch noch voll von Fetischen als Verbindung zu seiner alten Lebensweise. Costas erkannte den Widerspruch, der Andengs Versuch anhaftete, den Glauben an Christus mit der Abhängigkeit von den Geistern zu verbinden. Aber er wartete seine Zeit ab. Das Yali-Verständnis des Evangeliums konnte nur schrittweise vor sich gehen. Costas wartete geduldig auf die Gelegenheit des Heiligen Geistes.
Ehe diese Gelegenheit kam, kehrten Stan und Pat aus Australien zurück.

Der Konflikt

Pat wollte nicht mehr nach Irian Jaya, wie Niederländisch-Neuguinea nun unter der neuen indonesischen Administration hieß, zurück. Eine Vorahnung erfüllte sie, daß mindestens ihren Mann das Martyrium erwartete, wenn er zum Yali-Volk zurückging, und ihre fünf heranwachsenden Kinder brauchten dringend die Bildungsmöglichkeiten, die Australien bot.

Stan überredete sie jedoch zur Rückkehr. Die Möglichkeit des Märtyrertodes schreckte ihn nicht im mindesten ab. Nach Ansicht einiger Beobachter liebäugelte Stan geradezu damit. Er wußte nur, daß er die im Heluk-Tal begonnene Missionsaufgabe zu Ende führen müsse, koste es, was es wolle.

Ehe die Familie Australien verließ, brachte Stan seine beiden ältesten Söhne, Wesley und Hilary, in einem netten Heim für Missionarskinder in Melbourne unter. Dort konnten sie eine öffentliche Schule im kulturellen Bereich ihrer eigenen Heimat besuchen. Pat wäre dadurch frei, die jüngeren Kinder im Schulalter, Rodney und Joy, zu unterrichten; dies geschah durch Briefkurse, die von der australischen Regierung zur Verfügung gestellt wurden.

Im März 1965 kehrten Stan und Pat mit Rodney, Joy und dem Baby Janet nach Irian Jaya zurück. Als sie auf der Landebahn in Ninia aus der MAF-Maschine stiegen, bemerkten sie einige beachtliche Veränderungen, die Costas und Alky Macris während ihres einjährigen Einsatzes zustandegebracht hatten. Die Landebahn von Ninia war erheblich verbessert worden; Costas hatte eintausend Dollar aufgewendet, um sie in einen brauchbareren Zustand zu versetzen. Viele Yali, die zuvor der Mission ferngeblieben waren, begrüßten Stan und Pat fröhlich und halfen ihnen, die Koffer zu tragen — wohin? An einer Seite der Landebahn befand sich nun eine erhöhte Plattform! Man mußte nicht länger seine Koffer auf das von Hunderten vorbeieilender Füße schlammig gewordene Gras stellen. Die Seiten der Landebahn waren mit Reihen weißer Steine eingefaßt.

Costas und Alky begleiteten Stan, Pat und die Kinder liebevoll über einen Weg, der wunderbar in eine Landschaft mit steinernen Stützmauern und üppigen Blumenbeeten eingefügt war. Mauer und Blumen dehnten sich über das Missionsheim hinaus bis zu dem Punkt, wo Brunos Häuschen über die Heluk-Schlucht blickte.

Sie betraten das Missionshaus. Der doppellagige Palmrindenboden fühlte sich unter ihren Füßen solide an. Ansprechende Platten aus geklopfter Pandanusrinde ersetzten an den Wänden die Sackleinwand. Die Deckenbalken waren verkleidet. In der Küche war eine Wand mit Geschirrschränken ausgestattet, und ein wuchtiger Kleiderschrank befand sich im Schlafzimmer.
Pat schaute in den kleinen Raum, den sie eines Tages als Speisekammer hatte benutzen wollen. Er enthielt nun eine Toilette, ein Waschbecken und eine Dusche. Blumensträuße schmückten das Wohnzimmer und das Schlafzimmer.
Costas führte Stan durch das neue Schulgebäude und zeigte ihm mehrere Dutzend Yali, die eifrig ihre Fibel studierten.
«Costas, du hättest dies nicht alles zu tun brauchen», sagte Stan. «Und ich habe nicht das Geld, dir alle deine Unkosten zurückzuzahlen.»
«Stan», erwiderte Costas, «wenn diese Dinge dir und deiner Familie mehr Bequemlichkeit bringen und dir mehr Zeit geben, dem Yali-Volk zu helfen, dann ist dies alles, was ich möchte.»

Nach diesem königlichen Willkommen nahmen Stan und Pat ihre Arbeit unter dem Yali-Volk wieder auf. Einige Tage später flogen Costas, Alky und ihre beiden Söhne zu einem zweiten Einsatz als freiwillige Ersatzleute. Ungefähr einhundertachtzig Kilometer südlich von Ninia, in der von der Hitze versengten Tiefebene, bereiteten meine Frau Carol und ich uns auf die Abreise in den Heimaturlaub vor, nachdem wir unsere ersten vier Jahre unter einem Kopfjägerstamm, der als die Sawi bekannt war, verbracht hatten. Viele Sawi hatten der Kopfjägerei den Rücken gekehrt und waren vom Kannibalismus zum Glauben an Jesus Christus gekommen; aber sie brauchten noch immer viel Rat, Unterweisung und medizinische Hilfe.

Mit bemerkenswerter Selbstlosigkeit erklärten sich Costas und Alky bereit, den Beginn ihrer eigenen Pionieraufgabe für ein weiteres Jahr zu verschieben, damit die jungen «Säuglinge in Christus» unter den Sawi ständige geistliche Nahrung während der kritischen ersten Jahre ihres Christenlebens erhalten konnten.
Als Carol und ich ein Jahr später aus dem Heimaturlaub zurückkehrten, fanden wir — ebenso wie Stan und Pat in Ninia — eine Reihe weiterer Stammesangehöriger, die Christus als ihren Erlöser angenommen hatten. Drei neue Schulen quollen von Hunderten fleißiger Schüler über. Die Kranken waren getreulich versorgt

worden. Unser eigenes Haus und der Hof waren beträchtlich verbessert worden. Und in jedem Raum grüßte uns ein Blumenstrauß!
Wir schauten uns ehrfürchtig um. Nie hatten wir den Geist Christi stärker zum Ausdruck kommen sehen als bei Costas und Alky! Obwohl sie unser Heim erheblich verbessert hatten, wohnten sie selbst in diesem Jahr in einem noch kleineren und unbequemeren Gebäude.

Stan liebte zwar Schönheit und schätzte die außerordentliche Freundlichkeit, die Costas zu den Veränderungen am Missionsheim in Ninia bewogen hatte, dennoch beschloß er, sie nicht alle in Anspruch zu nehmen. Die Felsmäuerchen zum Beispiel paßten nicht zu seinem nüchternen Lebensstil. Denn eines seiner Ziele war, ein Vorbild für andere Missionare zu sein, die seiner Ansicht nach zuviel Zeit und Geld darauf verwendeten, ihre Umgebung schön und bequem zu gestalten. Wenn Stan selbst in einer landschaftlich reizvoll gestalteten Umgebung wohnte, dann geriete sein Beispiel in Mißkredit. So trug er die Mauern wieder ab und benutzte die Hunderte von Steinen, die dabei anfielen, zur weiteren Verbesserung der Landebahn.

Ebenso verschloß er die Warmluftschlitze wieder, die Costas unter der Zimmerdecke eingeschnitten hatte. Zugegeben, es war fein, in einem behaglich warmen Haus zu wohnen; doch Stan fürchtete, daß ein Missionar, der in einem behaglich warmen Haus wohnt, nach und nach immer mehr Zeit im Haus und immer weniger Zeit auf Fußmärschen in der kalten, regnerischen, schlammigen, windigen Wildnis zubringt, wo all die kranken und bedürftigen Menschen leben.
Auch lehnte er es ab, die von Costas installierte Toilette im Haus zu benutzen. Wie grimmig auch das Wetter sein mochte, er wanderte zu dem unbequemen Häuschen, das an der Kante eines steilen Hanges hinter der Station klebte.
Aber er gestattete seiner Familie, die Toilette im Haus zu benutzen.
Auch auf die Gefahr hin, die Gefühle Costas zu verletzen, hielt sich Stan an seine Grundsätze. Als Costas später hiervon erfuhr, lächelte er gutmütig: «Laßt Stan so leben, wie er leben muß; wir sind nicht alle gleich!»

***

Zwei Monate nach der Rückkehr aus Australien kam Stan zu einer wichtigen Entscheidung: Es schien nun an der Zeit, das heikle Problem der Abhängigkeit der Yali von Amuletten, Fetischen und Zaubereizubehör in Angriff zu nehmen. Er wußte, daß Hunderte solcher Objekte in staubigen *kembu-vams, dokwi-vams* und *yogwas* gehortet waren. So wie politische Revolutionäre beim Umsturz eines Systems, das sie als korrupt ansehen, nicht nur das System selbst zerstören, sondern auch die damit zusammenhängenden Symbole, so war auch Stan nicht weniger entschlossen, sich die Zerstörung der Symbole von *kembus* alter Macht zur Aufgabe zu machen.

Mao Tse-tung gab keine Entschuldigung für die gewaltsame Zerstörung Tausender unersetzlicher Kunstwerke in seiner «Kulturrevolution»; ebenso wenig entschuldigte sich der Apostel Paulus 2000 Jahre früher, als eine Verkündigung in Ephesus die freiwillige Verbrennung von Zaubereihandbüchern im Wert von 50 000 Silberstücken nach sich zog (Apg. 19,18.19). Auch Stanley Albert Dale würde sich nicht entschuldigen, wenn er Yali-Christen dazu ermunterte, ihren Fetischen ein für allemal abzusagen und sie zu vernichten.

Stan beschrieb seinen Schritt über diese neue Schwelle: «Meine Frau und ich gingen Ende 1964 auf Heimaturlaub; bei unserer Rückkehr stellten wir fest, daß diejenigen, die schon vor unserem Weggang ihre Bekehrung bezeugt hatten, noch immer dem Herrn folgten. Viele lernten lesen, und Hunderte empfingen regelmäßig Glaubensunterweisung in vier Zentren und gelegentlichen Unterricht an anderen Plätzen.

Wir entdeckten jedoch, daß sich keiner von ihnen von seinen Fetischen getrennt hatte; und es hat sich in diesem Land überreichlich erwiesen, daß ein vollständiger Bruch mit der Vergangenheit in dieser Frage notwendig ist als Schutz gegen ein Zurückgleiten in die alte heidnische Lebensweise.»

Dann stellte Stan fest, was er als Kernpunkt der Sache ansah: «Niemand kann völlig dem Herrn folgen, solange er noch Fetische hat, so wie er dem Herrn nicht völlig angehören kann, während er noch seine Götzen besitzt.»*

Nach Stan Dales Meinung, wie auch nach Meinung der meisten gläubigen Christen, konnte der christliche Glaube nicht als bloßer

* Stan Dale, The Valley and the Vision, S. 23.

Zusatz zu anderen geistlichen Hilfequellen bestehen. Der Glaube an Christus konnte nur dann Wirklichkeit werden, wenn er alle anderen geistlichen Hilfsmittel ersetzte. Stan nahm sich nicht heraus, die Weisheit des Apostels Paulus zu übertreffen, der junge Gläubige in Thessalonich lobte, weil sie «sich von den Götzen zu Gott bekehrt» hatten; (1. Thess. 1,9) und der die Heiden in Lystra aufforderte, «sich von diesen falschen Göttern zu bekehren zu dem lebendigen Gott» (Apg. 14,15).
Stan schloß: «Wir fühlten, daß die Zeit gekommen war, da das Heluk-Tal zum 'Tal der Entscheidung' werden sollte.»*

Bald sollte es weit mehr als das 'Tal der Entscheidung' werden. «Wochenlang», fuhr Stan fort, «gaben wir der kleinen Gruppe von Gläubigen zusätzliche Unterweisungen über die Notwendigkeit für Christen, dem Bösen abzusagen. Am Sonntagabend, 22. Mai 1966 ... stellte ich dann die Anwesenden zur Rede wegen der Tatsache, daß sie noch nicht auf ihre Fetische verzichtet hatten.»

Unmittelbar vor Stan kauerte Dongla, der zum Führer der kleinen christlichen Gemeinde geworden war. Stans Herausforderung traf Dongla wie ein Bambuspfeil. «Meine Fetische vernichten?» dachte er. «Dann werde ich nicht mehr die Macht haben, meine Ahnen zu rächen, die im Kampf umgekommen sind!»
Doch plötzlich erkannte Dongla, daß er nicht länger den Wunsch hatte, die Vergangenheit zu rächen. Seine Bestrebungen hatten sich nach und nach auf eine bessere und neue Zukunft hin gerichtet.
«Ich würde auch keine weitere Berührung mit den *kembu*-Geistern haben», überlegte er weiter.
Dongla konnte niemals den Tag vergessen, an dem vor Jahren einer der *kembu*-Geister in seinen Körper eingedrungen war und ihm für mehrere Tage den Verstand geraubt hatte. Aber nun zog ihn der heilige Geist Gottes, des Schöpfers Himmels und der Erde, in eine sanfte Gefolgschaft der Liebe, die bewirkte, daß sein Geist sich heil und rein fühlte in einer Weise, wie er es nie zuvor erlebt hatte.
«Es ist ein Unterschied zwischen den *kembu*-Geistern und Gott», stellte Dongla fest. «Stan hat recht, wenn er sagt, daß wir nicht beiden folgen können. Und da ich nicht beiden folgen kann, weiß ich, welchen ich wähle!»

* Ebd. S. 23.

Dongla erhob sich, holte tief Luft und sagte: «Ich werde morgen meine Zaubersachen und Fetische verbrennen!» Bei sich selbst dachte er: «Dies bedeutet natürlich Krieg!»
Yekwara, Bengwok, Luliap und etwa fünfzehn weitere junge Yali-Christen verbrachten eine nahezu schlaflose Nacht. «Wird Dongla sie wirklich verbrennen?» fragten sie sich beständig. Noch mehr quälte sie die Frage: «Können wir, die wir ebenfalls Christen sind, zusehen, wie er das allein tut?»

Bis zum Morgen hatten Yekwara und Bengwok beschlossen, daß sie nicht beiseitestehen und Dongla diesen gefährlichen Schritt allein tun lassen könnten. Die beiden jungen Leute, die sich daran erinnerten, wie Nindik, Kiloho und Bukni wegen verschiedener Verletzungen des Yali-Gesetzes hingerichtet worden waren, wußten, daß Dongla sicherlich ein ähnliches Schicksal erwartete. Denn obwohl Nindik, Kiloho und Bukni verschiedene Tabus gebrochen hatten, waren sie nicht so weit gegangen, den eigentlichen Mittelpunkt der Yali-Religion zu entweihen — die Fetische. Die von Dongla vorgeschlagene Aktion war eine so undenkbare Verletzung des Yali-Gesetzes, daß nie ein Verbot dagegen formuliert worden war! Und doch beschlossen Yekwara und Bengwok, daß es ein notwendiger Schritt sei, um ihren völligen Übertritt in die neue Welt des Glaubens an Jesus Christus durchzuführen.
«Laßt uns mit Dongla sterben!» sagte Yekwara. «Wir haben die Wirklichkeit Jesu in unseren Herzen erfahren; wir können niemals in die Abhängigkeit von bloßen unbelebten Objekten zurückkehren.»
Kaum hatten Yekwara und Bengwok ihre Entscheidung verkündet, da verbreitete sich der Gedanke wie eine Flamme unter den anderen Gläubigen. Stan beschrieb, was geschah:
«Jodelnd und schreiend rasten die Gläubigen den Berg zu ihren jeweiligen Dörfern hinauf, tauchten in die Klubhäuser der Männer ein und begannen, Beutel mit Fetischen aus den dunklen Ecken zu zerren.»
Es gab da jedoch ein Problem, das Stan offensichtlich nicht bewußt war — die Yali-Christen waren selbst nicht die alleinigen Eigentümer der Objekte, die sie ergriffen. Ein Dutzend und mehr Männer mochten sich als Wächter eines heiligen Gegenstandes betrachten. Obwohl Stan den Christen geraten hatte, nur ihre eigenen Fetische zu bringen, war ihnen dies, von kleineren Zaubersachen abgesehen, nicht möglich. Das Eigentum an solchen Dingen war immer eine Sache der Gemeinschaft, nicht des einzelnen.

Als nun Dongla, der fleißig am Verbrennen war, sich der *yogwa* näherte, die er mit seinem Vater teilte, drohte ihm Andeng: «Diese *kembu*-Objekte gehören nicht dir zum Zerstören. Sie gehören uns allen. Wenn du versuchst, sie zu nehmen, werde ich dich töten, auch wenn du mein eigener Sohn bist!»

Dongla hatte bereits damit gerechnet. «Glaube mir, Vater! Diese Gegenstände sind in Wirklichkeit Fallstricke, die unser Leben in Fesseln halten! Ich will diese Fesseln nicht länger ertragen! Ich will frei sein! Auch du kannst frei sein! Komm, wir verbrennen sie!»
Andeng, der einen Augenblick erschreckt war von dem feurigen Geist seines Sohnes, zögerte. In diesem Augenblick des Zögerns schlüpfte Dongla an ihm vorbei in die *yogwa* und erschien gleich darauf wieder, in den Armen Netzbeutel voller Zauberdinge. Andeng schrie vor Entsetzen auf wie ein Mann, der zusehen muß, wie sich sein ganzes Universum aufzulösen beginnt. Aber seine Glieder schienen wie gelähmt —, er versuchte nicht, Dongla zu töten. «NEIN! NEIN!» brüllte er. «HALT!»
Aber Dongla war weg. Brüllend vor Erregung trug er die Gegenstände zur Landebahn hinab — dem für die umliegenden Orte zentralsten Platz. «Er wird zurückkommen und noch mehr holen wollen», überlegte Andeng. «Ich werde sie zuerst verstecken!» Und das tat er dann auch.

Auch anderswo schienen die heidnischen Yali wie gelähmt, als die kleine, von unglaublichem Eifer erfüllte Christenschar das Kommando übernahm. Stan stand ruhig neben der Landebahn und beobachtete stolz, wie seine geistlichen Kommandotruppen ihren Auftrag mit perfekter Präzision ausführten.
Während er dastand und wartete, wuchs der Stapel mit Fetischen zu seinen Füßen.
«Es ist genau wie es sein sollte», dachte er begeistert, «die Apostelgeschichte wird in der Yali-Sprache neu geschrieben!»
Stan beschrieb die Fetische: «Es gab da lange, oval geformte flache Steine, kleine runde Steine, Kugeln aus feuergebranntem Ton geformt, Klumpen von getrocknetem Fett der Schweine, die den Geistern geopfert worden waren, Pfeile, die Menschen getötet oder verwundet hatten, und so ging es weiter. Es war, als verdunsteten die aufgehäuften Ängste ganzer Generationen wie Morgennebel, sobald diese bösen Objekte einmal ans Tageslicht gezerrt worden waren.

Etwa um 11 Uhr versammelten wir uns um den Stapel mit den Fetischen, sangen einige Lieder und dankten Gott, daß er den Christen Mut geschenkt hatte, sie zu vernichten.»
Dann goß Stan als «Befehlshaber» Benzin über den Stapel und hielt entschlossen ein Streichholz daran.
«Die Christen sangen wieder vor Freude», schrieb er später, «als die Flammen emporloderten.»
«Was wird nun mit uns geschehen?» Dies war die Frage aller Heiden unter den Yali.
«Sicher wird sofort ein *o-sanim* einsetzen!» meinten einige.
«Unsere Gärten werden nun verderben! Unsere Schweine werden krank werden und sterben!»
«Wir werden alle verhungern!»
«Wir werden keine Zeit haben zu verhungern!» entgegneten andere.
«Der *kulamong* wird zurückkehren; wir werden wie unsere Ahnen in einer Plage der Finsternis sterben!»

Dann erhob sich der gequälte Schrei: «Warum haben wir diesen bösen Einfluß in unserer Mitte nicht zerstört? Warum sind unsere Hände so schwach geworden? Wenn wir sie jetzt alle töten, ist es vielleicht noch nicht zu spät, um die Vernichtung abzuwenden!»

Aber zur Bestürzung der Ungläubigen ließen die Christen eine entscheidende Aktion auf die andere folgen. Dongla zum Beispiel — der beweisen wollte, und zwar über jeden Zweifel hinaus, daß sein Volk in keiner Gefahr von den Geistern sei — kündigte an, daß er etwas von den heiligen Pflanzen essen wolle, die innerhalb der geweihten *osuwa* mit Namen Ninia wuchs, wo die kleine Nindik sich aus Versehen den Zorn der Geisterwelt zugezogen hatte.
«Meine Väter!» rief Dongla Hunderten von Zuschauern zu. «Die *kembu*-Priester haben uns Jahrhunderte lang gewarnt, daß jeder, der Nahrung aus den heiligen Gärten ißt, aufschwellen und sterben werde. Von der Macht Gottes geschützt, werde ich diese Nahrung essen und nicht sterben! Gebt acht!»

Dongla führte seinen kühnen Angriff aus eigenem Antrieb aus, ohne Stan vorher etwas zu sagen —, ein Beweis, daß diese plötzliche Aufwallung von Entschlossenheit im Willen der Yali-Christen selbst verankert war.
Dongla nahm eine Süßkartoffel aus der *osuwa* Ninia, buk sie und aß sie vor den Augen der Zeugen. Wie er vorhergesagt hatte,

schwoll er nicht auf und starb auch nicht. Diese Demonstration diente dazu, den Widerstand der Fetischisten am Ort weiter zu schwächen.
Es erschien nun sicher, daß ein tödlicher Gegenschlag nicht aus dem Bereich Hwim-Sivimu kommen würde. In der Zwischenzeit verbreitete sich die Nachricht von dem, was die Christen an jenem ersten Tag getan hatten, mit Windeseile in andere Gegenden.

***

Während der Tage, die unmittelbar auf die erste Verbrennung von Fetischen folgten, hielt Stan laufend Versammlungen ab, um den Christen zu bestätigen, daß ihr Vorgehen in der Sicht Gottes das Richtige war, wenn auch vielleicht nicht in der Sicht aller Menschen. Stan bekräftigte den Yali-Gläubigen, daß ihre Aktion gleichzusetzen sei mit der Zerstörung des goldenen Kalbes, das sich die Israeliten in der Wüste gemacht hatten, durch Mose, oder mit Gideons Zerstörung der Götzenbilder seines eigenen Vaters in den Tagen der hebräischen Richter.

Nicht lange danach kam es zu weiteren Fetisch-Verbrennungen. Die Christen berichteten eines Tages, daß Leute, die im Süden in dem Ort Liligan wohnten, nun beschlossen hätten, dem Beispiel der Christen in Ninia zu folgen. Stan wanderte nach Liligan mit einigen jungen Männern, und eine weitere Verbrennung nahm ihren Lauf.
Während Stan weg war, kam Erariek eilends zu Pat mit der Warnung: «Männer aus Balinga sind im Anmarsch, um gegen uns Krieg zu führen!»

Pat holte ihre Kinder ins Haus, während Dongla Stan Bescheid sagen ließ. Inzwischen sah Pat Krieger aus Balinga auf dem Bergkamm von Sivimu zusammenströmen.
«Sind die Führer von Ninia nur Kinder?» höhnten sie. «Warum erlaubt ihr bloßen Jungen, solche Dinge direkt unter eurer Nase zu tun?»
Aber als Stan zurückkehrte, zerstreuten sich die Krieger. Eine seltsame Unsicherheit hielt selbst überzeugte Fetischisten davon ab, einen gemeinsamen Gegenschlag zu führen.
Stan ging auf die Herausforderung von Balinga ein, sammelte die Christen um sich und zog am folgenden Tag hin! Einige Einheimische kamen mit Pfeil und Bogen heraus und versuchten, sein Vor-

dringen aufzuhalten. Doch Stan und seine «Kommandos» marschierten kühn direkt ins Zentrum von Balinga hinab!
«Ihr habt von der Verbrennung von Geisterobjekten in Ninia und Liligan gehört», rief er. «Wir sind hierhergekommen, um die Gründe dafür zu erklären und euch zu versichern, daß auch ihr frei sein könnt von der Macht solcher Dinge, wenn ihr wollt!»
Nachdem sie Stans Rechtfertigung für die Verbrennungen gehört hatten, entschieden vier Leute aus Balinga, die vom Evangelium beeindruckt gewesen waren: «Auch wir werden heute unsere Geisterobjekte verbrennen!»
Und so geschah es.
Als der Rauch hochstieg, stiegen Krieger von der festungsähnlichen Position Yabis zum Heluk hinunter und riefen zu den Balinga-Männern hinüber:
«Halt! Ihr begeht einen schrecklichen Fehler!»
Stan wandte sich um und maß diese neuen Herausforderer mit adlerscharfen Augen.

Die Christen wußten bereits, wie er reagieren würde, und sie waren bereit, ihm zur Seite zu stehen. Stan gab ein Zeichen, und sie stürzten hinunter, ein Miniaturstoßtrupp, dessen einzige Waffe der Glaube war. Die Yabi-Krieger hatten sich inzwischen in Raserei hineingesteigert. Einige schwenkten Bananenblätter und schrien: «Kommt herüber, und wir werden euer Fleisch in diesen Blättern kochen!»
Als Stan sich dem Fluß näherte, schossen Männer aus Yabi eine Salve Pfeile auf ihn ab. Die meisten waren zu kurz gezielt, einige trafen neben Stan ins Gras, aber er ließ sich nicht im geringsten aufhalten, auch seine Yali-Gefährten nicht. Während Stan die Aufmerksamkeit der Yabi-Bogenschützen auf sich gelenkt hielt, durchwateten Luliap, Dongla und die anderen den Heluk. Dann zogen sie ihrerseits die Aufmerksamkeit auf sich, so daß auch Stan den Fluß überqueren konnte. Als er am andern Ufer aus den Büschen auftauchte, sah er zu seiner Erleichterung, daß die Yabi-Krieger, obwohl bis an die Zähne bewaffnet, sich den Hügel hinauf zurückzogen, als unbewaffnete Christen auf sie zurückten!

Stan schloß sich dem Vormarsch an und rief die Yabi-Männer, so laut er konnte an, ihre Waffen niederzulegen und die Christen ihren Fall vortragen zu lassen. Als Reaktion schossen die Yabi-Männer eine Salve von etwa fünfzig Pfeilen ab. Die Christen entgingen ihnen leicht und gingen weiter vorwärts. Stan schrieb:

«Drei Männer warteten auf mich, als ich einen steilen Anstieg emporkletterte. Sie begannen auf mich zu schießen. Ich schrie, daß ich ihr Freund sei und hielt meine Hände hoch, um zu zeigen, daß ich unbewaffnet war. Zu diesem Zeitpunkt waren sie jedoch bereits so erregt, daß sie mich nicht hören konnten. Der erste Pfeil ging direkt über meinen Kopf. Der zweite, vom Luftzug erfaßt, flog zu weit. Der dritte Mann wartete mit grimmiger Entschlossenheit, bis ich ganz dicht heran war, dann zielte er und schoß, doch sein Pfeil verfehlte mich um mehr als einen Meter.»

Die von ihrer Unfähigkeit, Stan und seine Gefolgsleute einzuschüchtern, entmutigten Yabi-Krieger zerstreuten sich. Die Christen gingen direkt bis ins Zentrum von Yabi, und auch dort fanden sie wieder einige Menschen, die seit langem christliche Unterweisung gehabt hatten und nun ihre Bereitwilligkeit äußerten, sich von ihren Geisterobjekten zu trennen. Während die Feinde enttäuscht aus den nahegelegenen Wäldern und Bergkämmen zusahen, fand in Yabi eine vierte Fetischverbrennung statt.
Stan und sein Yali-Stoßtrupp kehrten nach Ninia zurück.
«Wir alle waren», so schrieb Stan, «außerordentlich ermutigt durch den Schutz des Herrn.»

Das Wetter blieb so warm und sonnig, wie es zwischen den wechselnden Monsunwinden im Heluk-Gebiet erwartet werden konnte. Die Süßkartoffeln wuchsen weiter. Würfe von Ferkeln wurden wie üblich geboren. Die Zahl der Kranken stieg nicht über den normalen Stand an. Die Fetischanhänger unter den Yali waren verblüfft. Die Christen hatten recht! Das Weltall war nicht eingefallen, weil heilige Zaubersachen verbrannt worden waren!
«Vielleicht verstanden unsere Ahnen die Natur der Dinge nicht so gut wie wir dachten!» sagten viele.
Damit hatte Stan gerechnet. Wenn eine Verbrennung von Fetischen in großem Stil in einer einzigen kühnen Initiative herbeigeführt werden konnte — nach Möglichkeit ohne Verlust von Menschenleben —, dann würden die Yali etwas erkennen, was bisher noch niemals auf die Probe gestellt worden war — nämlich, daß Fetische in keiner Weise unentbehrlich für die Weltordnung waren.
Die Menschheit konnte ausgezeichnet ohne sie bestehen.
Wenn diese Tatsache erst einmal überzeugend der ganzen Bevölkerung bewiesen worden war, hätte das eine große geistliche Sperre bei den Yali beseitigt. Der Weg läge offen für eine neue Ord-

nung, frei von Kriegen, Aberglauben und Zauberei, in vielleicht einem Zehntel der Zeit, die für weniger entschiedene Methoden erforderlich wäre. Stan hoffte, daß dies ohne Verlust von Menschenleben möglich werde. Aber so einfach sollte es nicht werden.

***

Während der folgenden Woche versammelten sich große Menschenmengen in Ninia und Liligan, um weitere Unterweisung von Stan, Luliap, Dongla und anderen Christen zu erhalten. Es gab auch keine weiteren Berichte über Feindseligkeiten von Balinga und Yabi. Allem Anschein nach schwand die Spannung zwischen Ungläubigen und Christen. Stan erwartete eine stetige Zunahme in der Aufnahme des Evangeliums unter den Yali. Er wollte keine weiteren Krisen provozieren, zumindest nicht in den nächsten Monaten.

Eines Tages erzählte jemand Stan in Liligan, daß Leute im unteren Heluk-Tal von den erstaunlichen Vorgängen im oberen Tal gehört und Nachricht gegeben hätten, auch sie wären bereit, den Wegen Gottes zu folgen. Stan hatte das Gebiet einige Wochen zuvor besucht und eine gute Aufnahme gefunden.

«Wer will zu ihnen gehen?» fragte er seine «Kommandos» in einer «Nachtsondersitzung». Schwer hing die Stille über dem geräumigen Schulzimmer, das Costas gebaut hatte; denn die Christen selbst hatten noch nichts über das Interesse im unteren Heluk-Gebiet gehört; statt dessen war ihnen zu Ohren gekommen, daß die Leute wild erbost waren über die jüngsten Vorgänge im oberen Heluk-Tal.

«Die Wege ihrer Mägen sind alle in Knoten gebunden; seid vorsichtig!» warnte einer.

«Wer will gehen?» wiederholte Stan. Als niemand antwortete, sagte Stan: «Ich sehe, daß ihr euch fürchtet; nun gut, dann gehe ich selbst!»

Yekwara wand sich. Die Vorahnung von Gefahr hing schwer über ihm. Irgendwie mußte er Stan davon abbringen, talabwärts zu reisen. Es gab nur einen Weg, dies zu bewerkstelligen: «Nun gut, Lehrer, ich werde hingehen und ihnen predigen?» sagte Yekwara und schluckte seine Angst hinunter.

«Du solltest nicht allein gehen», erwiderte Stan.

«Ich werde mit ihm gehen!» bot Bengwok, Yekwaras getreuer Gefährte, an. Die beiden jungen Leute waren nahezu unzertrennlich.

«Dann ist dies geregelt», schloß Stan. «Wir übrigen werden uns um alle wichtigen Dörfer im oberen Talabschnitt kümmern.»

Am nächsten Morgen beendeten Yekwara und Bengwok, die als Wäscher für die Dales arbeiteten, die Morgenwäsche in Rekordzeit, packten eine Bildrolle und etwas Salz von Stan zum Handeln ein und machten sich rasch auf ihren Weg talabwärts. Um den unteren Heluk zu erreichen, mußten sie zuerst eine mehrere Kilometer lange, tiefe Schlucht passieren. Sie suchten ihren Weg von Fels zu Fels an den schäumenden Kesseln des Heluk vorbei und gelangten bald nach Miakma, dem ersten Dorf der Leute vom unteren Tal. Dort unterrichteten sie und verbrachten die Nacht im Dorf. Am nächsten Morgen durchwateten die beiden Gefährten einen weiteren kleinen Nebenfluß des Heluk und stiegen zu einem Dorf hinauf, das Ilia hieß. Stan hatte sie gewarnt, sich nicht über Miakma hinauszuwagen, aber sie gingen in jedem Fall weiter; vielleicht wollten sie die Stimmung noch eines weiteren Dorfes prüfen, ehe sie nach Ninia zurückkehrten.

Auf dem schmalen Grat von Ilia versammelten Yekwara und Bengwok Menschen um sich und begannen zu lehren. Der Zugang zur Schlucht, durch den sie fliehen mußten, falls sie bedroht wurden, lag nun weit über hundert Meter unter ihnen. Auf einem höhergelegenen Grat sammelten sich Männer von den südlichen Dörfern. Durch dichten Dschungel verborgen blickten sie hinunter auf die Versammlung, die nun im Zentrum des Dorfes Ilia im Gange war. Sie begannen in zwei Gruppen ihren Abstieg.

Ein scharfäugiger Mann aus Ilia sah eine der beiden Gruppen rasch auf das Dorf zu herabsteigen. Beiläufig unterbrach er Yekwaras Predigt: «Habt ihr bemerkt, junge Prediger, daß Männer aus den Bergen herunterkommen, um euch zu töten?»
Yekwara und Bengwok blickten auf. Sie konnten niemanden sehen. Jedenfalls hatte sich der Mann getäuscht. Wenn jemand dort oben war, wollte er vielleicht nicht einfach kommen, um sich der Versammlung zuzugesellen?

«Laßt sie kommen», erwiderte Yekwara ruhig. «Wenn sie hierherkommen, entscheiden sie sich vielleicht, ebenfalls auf die guten Worte zu hören, die wir bringen.»
Doch dann sah er die Krieger aus dem Wald auftauchen, und aus der Geschwindigkeit, mit der sie näherkamen, erkannte er, daß es

keine Gelegenheit geben würde, mit ihnen zu argumentieren. Sie würden töten, ohne Fragen zu stellen.
«Bengwok! Schnell!»
Die beiden sprangen über die niedere Steinmauer, die Ilia umgab, und rannten auf den Eingang der großen Schlucht weit unten zu. Wenn sie erst einmal in diesen engen Grenzen waren, konnten sie ihren Verfolgern leicht vorausbleiben, da diese im Gänsemarsch an den schlüpfrigen Seiten des Abgrundes gehen mußten und nur wenige Stellen finden würden, wo sie ihre Pfeile abschießen konnten. Aber die Verfolger hatten den Weg geahnt, den die beiden Christen nehmen würden — die zweite Gruppe näherte sich bereits einem Punkt in der Mitte des Pfades, entschlossen, Yekwara und Bengwok diesen Punkt nicht lebend passieren zu lassen.
Aber die beiden Jungen aus Ninia eilten so rasch dahin, daß sie den Abfangpunkt zehn Schritte vor ihren Jägern erreichten. Während Pfeile um ihre Köpfe schwirrten, stürzten sie sich in den Nebenfluß, den sie zuvor durchquert hatten. Als sie sich am anderen Ufer emporarbeiteten, traf ein verirrter Pfeil Bengwok von hinten am Schulterblatt.
«Freund, ich bin getroffen!» stöhnte er. «Lauf weiter, Yekwara! Warte nicht auf mich!»

Vielleicht aus Angst vor weiteren Hinterhalten entlang des Hauptpfades wandte sich Yekwara nach links und erkletterte einen steilen Grashang. Bengwok folgte, allmählich zurückbleibend. Der Hügel bildete oben einen messerscharfen Grat. Der jenseitige Abhang war noch steiler, fast eine Klippe. Sie stürzten hinunter, sich an Büschen festhaltend, um nicht kopfüber zu fallen. Am Fuß der Klippe floß ein weiterer kleiner Nebenfluß aus der Öffnung eines schmalen Canyons.

Yekwara steuerte auf den chaotischen Canyon zu in der Hoffnung, seinen Verfolgern in dem unwegsamen Gelände zu entkommen. Am Zugang zum Canyon, am Fuß eines kleinen Erdrutsches aus glänzenden weißen Kalksteinen, wurde Bengwok überholt.
Er wandte sich keuchend um und sah seinen Verfolgern entgegen; stöhnend vor Schmerz in der Wunde auf seinem Rücken verzerrte er das Gesicht. Einige Verfolger eilten an ihm vorbei und hefteten sich an die Fersen Yekwaras; andere hielten an und bildeten einen Halbkreis um Bengwok, der schmal und schwarz als überdeutliche Silhouette sich gegen den reinen, weißen Kalk abhob. Kalt und systematisch legten sie die Pfeile auf die Sehnen, zielten und begannen

nen zu schießen. Sie fuhren damit fort, bis er fiel, ein einsamer Vertreter einer neuen Ordnung, die noch nicht ihren vollen Sieg errungen hatte.

Unter den Mördern befanden sich zwei *kembu*-Priester, Saburu und Elavo, ein Bruder von Bengwoks Mutter.
«Mein Sohn! Mein Sohn!» weinte er über der Leiche seines Neffen, «warum hast du mich gezwungen, dich zu töten?»
Saburu jedoch packte ein scharfkantiges Stück weißen Kalkstein. Von rasender Wut erfüllt, hob er Bengwoks schmale braune Finger, einen um den anderen, und legte sie über einen Stein. Dann begann Saburu Bengwoks Hände zu zerschmettern, bis sie nur noch eine zerstampfte Masse aus Blut, Fleisch und Knochen waren.
Mit vor Erregung wogender Brust schrie Saburu immer wieder: «Mit diesen Händen hast du Gegenstände genommen, die unseren Geistern heilig sind, und sie vernichtet!» Dann zerschlug er Bengwoks Füße zu einer blutigen Masse und schrie: «Und mit diesen Füßen bist du in deiner Bosheit von Dorf zu Dorf gegangen und hast andere gelehrt, das gleiche zu tun!»

Einige Augenblicke später ließen sie Bengwok, der von Pfeilen durchbohrt war, auf seinem urtümlichen Totenlager aus Kalkstein liegen. Aus der Entfernung blickte Elavo ein letztes Mal auf seinen toten Neffen zurück. Nur vier von Bengwoks Wunden waren zu sehen — die beiden blutigen Hände und die beiden blutigen Füße. Die Warnung von *kembus* Donner war erfüllt ...
Weiter oben im Tal hatte Stan eben mit den anderen jungen Leuten die Predigten, die sie am nächsten Tag in Liligan, Balinga und Yabi halten sollten, durchgeprobt. Sie umarmten ihn zum Abschied und machten sich zu ihren jeweiligen Bestimmungsorten auf den Weg, strahlend vor Vertrauen.
Stan wandte sich um und blickte talabwärts zu der gefährlichen Schlucht, durch die Bengwok und Yekwara gegangen waren. Einen Augenblick lang erfüllte sich sein Herz mit Bewunderung für die beiden; bei dem Gedanken daran, wie bereitwillig sie diese Mission auf sich genommen hatten, füllten sich seine Augen mit Tränen, und er flüsterte: «Bengwok und Yekwara, ihr seid wie meine eigenen Söhne; mit Männern wie euch werden wir dieses Tal noch gewinnen!»

***

Yekwara, der noch immer um sein Leben floh, sprang von Fels zu Fels in dem steilwandigen Canyon. Er blickte zurück und sah, daß seine Verfolger allmählich zurückblieben. Keuchend umrundete er eine weitere Biegung der sich verengenden Schlucht und blieb wie angewurzelt stehen. Der Canyon endete in glatten Wänden! In grimmiger Verzweiflung suchte er die Wände nach einer Möglichkeit zum Emporklettern ab. Es gab keine. Er schaute hinter sich. Es war zu spät, zurückzukehren und an einem tiefergelegenen Punkt aus der Schlucht hinauszuklettern. Die Verfolger waren bereits zu dicht heran. Yekwara sah nur eine Chance — sich unter einem Wasserfall zu verbergen, der von einer dieser Steilwände niederfiel.

Wenige Augenblicke später trafen die Verteidiger *kembus* ein. Sie glänzten vor Schweiß und waren völlig erschöpft, aber noch immer entschlossen, ihre Beute zu finden. Grimmig suchten sie die blanken Wände ab.

«Könnte *er* hinaufgeklettert sein?» keuchte einer ungläubig.
«Vielleicht ist er weiter unten aus dem Canyon hinausgeklettert?»
«Nein, meine Brüder», sagte ein *kembu*-Priester, «er ist hier irgendwo. Kommt, wir suchen hinter diesen Felsen!»
Yekwara sah hinter dem Wasservorhang, wie sie unter *yogwa*-großen Blöcken suchten, die auf dem Boden des Canyons lagen. Dann näherten sich zwei von ihnen dem Wasserfall.
«Es gibt keine Chance», seufzte Yekwara. «Sie werden mich hier finden!» Dann fragte er sich: «Warum sollte ich warten, bis sie mich finden und mich verstecken wie ein Mann, der Angst hat vor dem Sterben? Ich werde hinaustreten und ihnen zeigen, daß ich bereit bin, für meinen Glauben zu sterben!»
Ohne Waffen und lächelnd trat Yekwara hinter dem gleißenden Wasserfall hervor ...

***

Totenklage ertönte kaum vernehmbar von Lilibals hochgelegenem Standort herab. Stan achtete wenig darauf. Klagen war im Heluk-Gebiet ein alltäglicher Laut. Aber dann gaben die Leute von Hwim, die von einem tiefergelegenen Grat, welcher der Station näher lag, horchten, die Botschaft weiter. Latowen hörte sie und rannte zu Pat: «*Nisinga!*» weinte Latowen, «Yekwara und Bengwok sind tot!»

Pat riß sich zusammen, um keine Unruhe zu zeigen. Die Yali kamen ständig mit Berichten, die sich später als falsch erwiesen. Wenn man jeden Yali-Bericht auf Anhieb glaubte, wäre man bald ein nervliches Wrack! Dann wandte sich Pat um und sah, daß der kleine Rodney Latowens Mitteilung mit angehört hatte. Zutiefst entsetzt blickte er fragend zu seiner Mutter auf. Fast solange sich Rodney erinnern konnte, waren Yekwara und Bengwok seine besonderen Spielkameraden gewesen. Sie hatten ihn vor Tausendfüßlern und Skorpionen, vor dem Sturz über Klippen und dem Biß von Schweinen bewahrt und ihm die Yali-Sprache beigebracht.

«Es ist alles in Ordnung, Liebling», sagte Pat. Tränen waren Rodney in die Augen gestiegen. «Wir dürfen uns nicht von allem, was wir hören, beunruhigen lassen.»
Vor Pats Küchenfenster sammelten sich nun Yali. Sie deuteten über das Heluk-Tal hinüber zu einem der östlichen Dörfer mit Namen Iptahaik. Pat und Rodney eilten hinaus, um zu sehen, worauf sie deuteten.
«Seht ihr dort den Rauch aufsteigen von einem Kamm bei Iptahaik?» rief ein älterer Yali gedankenlos. «Dort verzehren die Süd-Leute Yekwara! Wenn wir näher wären, könnten wir sehen, wie sie Bananenblätter schwenken.»
Rodney wurde ohnmächtig.
Während Pat sich um Rodney kümmerte, rannte Stan in das Dorf Hwim, um die Überbringer der Nachricht ins obere Heluk-Tal einem Kreuzverhör zu unterziehen. Er fand einen älteren Yali vor, der angab, mit Bengwok verwandt zu sein:
«Nachdem die Mörder abgezogen waren, sammelte ich Brennholz und äscherte Bengwok ein», erklärte der Mann. «Yekwaras Leiche fand ich nicht, weil sie weit oben in den Bergen lag.»
«Wie kannst du sicher sein, daß Yekwara tot ist?» fragte Stan.
«Ich traf die Männer, die ihn töteten; ich sah Blut an ihren Pfeilen.»
Stan kehrte zur Station zurück.

***

«Wir verbrachten eine nahezu schlaflose Nacht — wir waren wie betäubt von Entsetzen und Kummer», schrieb Stan. «Die beiden jungen Männer standen uns so nahe, daß es war, als seien unsere eigenen Kinder getötet worden.»

Früh am nächsten Morgen setzte sich Stan über Funk mit dem in Wamena stationierten Missionspiloten in Verbindung — Wamena war der wichtigste Außenposten der Regierung — und forderte die Entsendung eines Polizeikommandos an, das zur Untersuchung der gemeldeten Morde eingeflogen werden sollte. Eine Stunde später traf der Leiter der Polizei, ein Mann namens van Leeuwen, mit vier Streifenpolizisten in Ninia ein. Stan war schon mit Vorräten gerüstet für den Marsch talabwärts. Luliap und verschiedene andere Christen erklärten sich freiwillig bereit, die Patrouille zu begleiten.

Als die kleine Gruppe an Liligan vorbeistieg, ehe sie zur Schlucht hinabkletterte, eilten freundlich gesinnte Yali heraus und warnten: «Ihr seid nicht genug. Ihr werdet alle getötet werden! Die Süd-Leute warten im Hinterhalt!»
Unbeirrt trat die Patrouille ihren Weg in die Schlucht an, während hinter ihnen Yali-Frauen auf den Graten in grimmiger Vorahnung Totenklagen anstimmten.

Sie stiegen 500 Meter von Liligan hinunter und folgten dann vorsichtig dem tobenden Heluk in einen von Donnern erfüllten, mehrere Meilen langen Canyon. An einem Punkt stürzte Polizeichef van Leeuwen und schürfte sich das Knie auf. Die Gruppe setzte jedoch ihren Weg fort, bis sie an eine leichtgebaute Brücke aus geschnittenen Pfosten kamen, die den Heluk überspannte. Van Leeuwen setzte sich nieder und klagte, daß sein verletztes Knie ihm Beschwerden mache — er könne nicht weitergehen. Auch die vier Polizisten stimmten sehr schnell zu, daß die Patrouille nach Ninia zurückkehren solle.
Stan seufzte tief. Für sie war es leicht, sich nicht um die Sache zu kümmern. Aber sein eigenes Herz war beschwert wie das eines Mannes, der einen Teil seines eigenen Körpers verloren hatte. «Ich habe Yekwara und Bengwok auf jenen Gang geschickt», sagte Stan zu sich selbst. «Ich kann den anderen Christen nicht mehr ins Gesicht schauen, solange ich nicht alles getan habe, was in meiner Kraft steht, um die Leichen ihrer und meiner Freunde zurückzuholen.» In diesem kritischen Augenblick traf Stan eine weitere Entscheidung von unglaublicher Furchtlosigkeit.

«Kehrt nach Ninia zurück, wenn ihr müßt», antwortete er den Polizisten. «Aber ich selbst gehe weiter. Ich habe eine Verpflichtung zu erfüllen.» Van Leeuwen und seine bewaffneten Begleiter

drängten ihn, nicht zu gehen. Doch Stan war entschlossen. Van Leeuwen und seine Männer machten sich auf den Rückweg. Luliap und die anderen Yali-Christen blieben bei Stan.
«Ihr kehrt auch zurück!» befahl er.
«Mein Vater!» protestierte Luliap. «Wir können dich nicht allein gehen lassen!»
Stan beharrte darauf. «Bis zu dieser Krise habe ich nicht wirklich geglaubt, daß sie tatsächlich jemand von uns töten würden. Aber da es nun zu diesen Morden gekommen ist, weiß ich, daß sie nicht zögern werden, jeden von euch zu töten, der mit mir geht. Es gibt jedoch eine Chance, daß sie mich nicht töten, weil ich von anderer Rasse bin. Deshalb muß ich allein gehen. Bleibt bei den Polizisten. Wartet auf mich in Ninia.»

Luliap protestierte wieder, doch Stan brachte ihn mit einem Blick von unwiderstehlicher Autorität zum Schweigen, wandte sich und marschierte stromabwärts bis zu einer Biegung der Schlucht. Luliap und seine Freunde blickten ihm ehrfürchtig nach. «Wie groß muß der Eine sein, der solche Treue gebietet!» sinnierte Luliap. Selbst die Verpflichtung der Yali den *kembu*-Geistern gegenüber war *damit* nicht zu vergleichen! Die Lektion traf, und Luliap würde sie nicht vergessen — ein Christ tut seine Pflicht, *ganz gleich, was geschieht!*

Luliap blickte stromaufwärts. Die Polizeipatrouille war nun fast außer Sicht. Er winkte seinen Gefährten. Zusammen eilten sie van Leeuwen und seinen Männern nach.

***

Mit schwerem und wundem Herzen drängte Stan durch die Schlucht. Erinnerungen an Yekwara und Bengwok erfüllten ihn mit Qual, als jeder Schritt ihn näher zum Ort ihres Märtyrertodes brachte. Mit kühler Überlegung hielt er bei jedem Ausblick auf seinem Pfad und suchte den Wald vor sich nach Zeichen eines Hinterhaltes ab. Später ermutigte ihn ein Gefühl der Gegenwart Gottes in jener dunklen und einsamen Schlucht, und er schritt rascher aus.

Er hatte fast das erste Dorf unterhalb der Schlucht erreicht, als er hinter sich Stimmen hörte. Es war Luliap, der zwei der vier Polizisten und drei Yali-Christen führte.

Als er Stan eingeholt hatte, erklärte Luliap: «Du hast uns gesagt, wir sollen bei den Polizisten bleiben, so haben wir zwei der Polizisten überredet, dir zu folgen, und dann sind wir bei ihnen geblieben, wie du gesagt hast!»
Stan packte jeden der vier lächelnden Yali bei den Schultern. «Mit Männern wie ihr seid», grinste er, «kann dieses Tal gewonnen werden! Kommt weiter!»

Zusammen betraten sie Miakma, das erste Dorf unterhalb der Stromengen des Heluk. Es war verlassen. Sie passierten das Dorf und folgten einem Pfad, der zum hohen Kamm in Richtung Ilia emporführte, das nun vom Nebel verhüllt war. Plötzlich deutete Luliap auf einen Haufen frischer Asche neben dem Pfad.
«Dieser Mann, der Bengwok fand», sagte er, «erzählte uns, er habe den Leichnam bis dicht vor Miakma getragen und neben dem Weg eingeäschert. Dies muß die Stelle sein.»

Stan nahm seinen Armeehut ab und stand zu Ehren Bengwoks stramm, während die vier jungen Yali sich neben Bengwoks Asche niederkauerten und um ihn weinten. Die beiden eingeborenen Polizisten standen mit schußbereiten Gewehren zu beiden Seiten. Es war bereits klar, daß sie die Nacht in dieser gottverlassenen Gegend würden zubringen müssen, und der Gedanke daran schmeckte ihnen ganz und gar nicht!
Sie verfolgten den Pfad in Richtung Ilia und suchten jeden Hang und jede Wasserrinne nach einem Zeichen von Yekwaras Leiche ab. Aber sie wußten ja nicht, daß Yekwara sich vom Pfad, den sie im dichter werdenden Zwielicht begingen, abgewandt und seine Verfolger weit stromaufwärts in einen Nebencanyon geführt hatte. Sie durchwateten den Fluß da, wo Yekwara und Bengwok nur knapp jenem ersten Hinterhalt entgangen waren. Direkt dahinter fanden sie eine kleine Yali-*yogwa,* die dunkel und verlassen zwischen niedrigen Büschen stand. Sie beschlossen, dort die Nacht zu verbringen und ihre Suche am nächsten Morgen fortzusetzen.
Unmittelbar vor ihrem Eintritt in die *yogwa* suchte Stan mit seinen Blicken nochmals die umgebenden Hügel ab. «Mit all dem Dunst und Nebel», meinte er bei sich, «haben die Mörder unseren Anmarsch vielleicht nicht bemerkt.» Stan schickte die vier jungen Leute aus Ninia und einen der Polizisten auf die nahen Hügel aus, um nach Yekwaras Leiche zu suchen, während er und der zweite Polizist ein Feuer entzündeten und einen Topf Reis als Abendmahlzeit kochten.

Kurz nachdem Luliap, seine drei Feunde und der andere Polizist im Nebel verschwunden waren, ließ sich der erste Polizist Stan gegenüber am kleinen Feuer nieder, streckte die müden Beine aus und legte sein Gewehr über den Schoß. Es war ein harter Fußmarsch durch die Flußengen des Heluk-Tales gewesen. Stan war ganz darin vertieft, Salz und noch mehr Wasser in den Reistopf zu geben, als die Krieger kamen.

Aus den gleichen Büschen, in denen sie versucht hatten, am Vortag Yekwara und Bengwok in einem Hinterhalt abzufangen, kroch der erste der bewaffneten Horde näher auf die Türe der kleinen *yogwa* zu und verbarg sich hinter einem großen Felsblock, der den Eingang teilweise blockierte. Als er über den Fels schaute, konnte er Stan sehen, hell vom Feuer beleuchtet. Er hielt den Atem an, hob seinen Pfeil über den Fels und zielte auf Stans Seite. Für einen Augenblick schimmerte das Licht des Feuers auf der glänzenden Bambusspitze, die zum Töten besonders ausgewählt war. Dann spannte er den Bogen voll durch, da andere Krieger hinter ihm warteten, bis sie an der Reihe waren.

Als wolle er dem Krieger noch gefällig sein, ging Stan innen vor der Türöffnung vorbei, um etwas aus einem Packen zu holen. Im nächsten Augenblick fuhr er zurück, faßte einen eineinhalb Meter langen Pfeil und zog ihn aus seiner rechten Seite.
Voller Freude über seinen Erfolg sprang der erste Krieger aus seinem Versteck hinter dem Fels und schoß schnell noch einen weiteren Pfeil in Stans rechte Hüfte. Dann räumte er seinen Platz für einen zweiten Krieger, der dann einem dritten wich ...
Der Polizist, der vor Überraschung und Schreck die Augen weit aufriß, machte sich an seinem Gewehr zu schaffen und versuchte, den Hahn zu spannen. Stan konnte rund um die *yogwa* Geräusche hören. Es waren zu viele Angreifer — Pfeile flogen durch Lücken in den zugigen Wänden der alten *yogwa.*
«Wir sind in einer Todesfalle», stöhnte Stan. «Sie können aus allen Richtungen auf uns schießen! Das Feuer! Ich muß es auslöschen!»
Stan machte einen Satz zum Feuer hin und versuchte, die brennenden Holzstücke zu zerteilen. Dabei traf ihn ein weiterer Pfeil in die linke Hüfte, der sich tief in den Muskel bohrte. Er warf sich auf die entgegengesetzte Seite der Hütte und suchte Schutz — aber es gab keinen. Zwei weitere Pfeile trafen ihn. Einer durchdrang seinen rechten Unterarm, der andere traf Zwerchfell und Eingewei-

de. Stan zerrte sofort jeden Pfeil heraus und höhnte seine Folterer in Yali: «Lauft heim, ihr alle! Ihr habt genug getan!»
Es war eine durchaus angebrachte Warnung, denn zu diesem Zeitpunkt hatte der Polizist sein Gewehr gespannt und begann, durch die Wände der Yogwa Warnschüsse abzugeben. Die Angreifer achteten jedoch nicht darauf, sondern brachen in ein ohrenbetäubendes Triumphgeschrei aus, das den in Nebel gehüllten Ortschaften mitteilte, daß sie ihren Vorsatz erfüllt hätten: der *duong* lag im Sterben!
«Vielleicht haben sie recht!» dachte Stan, als ihn der Schmerz seiner fünf Wunden durchfuhr. Der Boden der *yogwa* war nun kreuz und quer von Pfeilen bedeckt — fünf waren rot von Blut. Stan drückte sich gegen die Wand der yogwa und erwartete den nächsten Pfeil. Er sah ihn kommen ...

Außerhalb der *yogwa* richtete sich ein Krieger namens Naliok hinter dem Fels auf, den die Krieger beim Abschießen ihrer Pfeile als Deckung benutzten. Nur um sicher zu gehen, daß Stan wirklich starb, wollte Naliok ihm noch einen weiteren Pfeil bis zur Kerbe hineintreiben. Aber der Polizist sah, wie er seinen Kopf hob, um auf Stan zu zielen. Der Lauf des Gewehres war bereits auf die Tür gerichtet, doch nun schwenkte ihn der Polizist um einige Zentimeter und feuerte. Die Kugel traf Naliok in die Stirne. Ohne einen Laut stürzte er über den Fels hinunter. Seine Gefährten starrten entsetzt auf ihn nieder. In Nalioks Körper war kein Zeichen eines Pfeils wahrzunehmen, aber Naliok war tot!
Im nächsten Augenblick kehrten der zweite Polizist und die vier Yali-Christen aus dem Nebel zurück. Der zweite Polizist eröffnete das Feuer auf die Angreifer und verjagte sie in die Abenddämmerung hinaus.

Luliap betrat die *yogwa* und fand Stan, der inmitten einer Menge verschossener Pfeile auf dem Boden saß. Seine fünf Wunden glänzten grell im flackernden Licht des Feuers.
«O mein Vater!» klagte Luliap.
«Schon gut, Luliap», flüsterte Stan. «Sie haben um Yekwaras und Bengwoks willen auf mich geschossen. Wir müssen uns einen sichereren Ort suchen.»
Zum Erstaunen aller kämpfte sich Stan auf die Beine und half den anderen, seine Sachen in seinem Pack zu verstauen. Dann begab er sich auf den Pfad, als sei er gegen Schmerzen immun. In Wirklichkeit jedoch fuhr ihm bei jeder Bewegung der Schmerz wie mit

Nadeln in die Beine, den rechten Arm, Zwerchfell und Unterleib. Aber er ging weiter. Die vier Yali blieben dicht bei ihm, bereit, ihm zu helfen, falls er strauchelte. Von neuem durchwateten sie den Nebenfluß und stiegen nach dem dunklen, verlassenen Miakma hinab.

«Wir werden hier unser Lager aufschlagen», meinte Stan, den danach verlangte, sich hinzulegen und die Qual beim Gehen loszuwerden.
Aber Luliap unterbrach ihn. «Nein, mein Vater! Wir müssen die Nacht durch weitergehen. Morgen wirst du zu steif sein, um dich noch zu bewegen.»
«Er hat recht», dachte Stan. «Und ich werde so schnell wie möglich einige Ladungen Penicillin brauchen; je länger ich hier bleibe, desto mehr wird sich die Infektion in den Wunden ausbreiten.»
Verbissen ging Stan durch Miakma, wobei er leicht stolperte. Es war nun dunkel, aber eine angezündete Laterne hätte sie zu einem leichten Ziel für die auf der Lauer liegenden Yali-Bogenschützen werden lassen. Sie tasteten ihren Weg den Pfad entlang, bis die Schlucht so eng wurde, daß sie wußten, der Feind könnte sich hier nur auf dem Pfad selbst aufstellen. Dann zündeten sie eine Laterne an. Das matte Licht beleuchtete ihren Weg nur schwach, und der Weg war rauh. An manchen Stellen führte der Pfad in den Fluß hinab und zwang sie, an schäumenden Stromschnellen entlangzuwaten. Ein Tritt in die falsche Richtung...

Gelegentlich führte der Weg über schlüpfrige Felsen, die über dem reißenden Wasser hingingen. Dann hielten Luliap und die anderen Yali ihre Arme um Stan und führten ihn auf dem fast unsichtbaren Pfad. Stan, der nach Atem rang, rutschte oft in Strudellöcher, die zwischen Baumwurzeln verborgen waren. Bei jedem Ausgleiten schlugen Wogen von unerträglichem Schmerz über ihm zusammen und raubten ihm beinahe das Bewußtsein. Er stöhnte: «Luliap, laß mich allein. Meine Eingeweide sind zu Fetzen zerschnitten. Ich sterbe.»
«Nein, mein Vater!» entgegnete Luliap. «Komm! Geh weiter! Gott wird dir helfen!»

Stan konnte hören, wie sie für ihn beteten, kaum vernehmbar über dem donnernden Tosen des Wassers. Ihre Stimmen schienen mit einer alten Erinnerung zu verschmelzen — einer Stimme aus der Vergangenheit. Was sagte diese Stimme nur? Allmählich flossen ihm die Worte zu, bildeten Sätze und gaben ihm die Kraft zu glauben, daß er überleben könne:

«Wenn du das Herz, die Nerven und die Sehnen
zum Dienst zwingst, da sie letzte Kraft verläßt,
dastehst mit hart zusamm'gebißnen Zähnen,
wenn nichts, als nur der Wille sagt: Steh fest!»

Stan tastete nach den zerstreuten Fetzen seines Geistes, wehrte so die Ohnmacht ab und zwang sich zum Weitergehen.
Seine Yali-Freunde hielten ihm die Hände und führten ihn, hinab, watend, hinauf ... zwei Stunden, drei ... vier. Dann sank Stan in die Knie, sein Körper zitterte vor Schmerz und Erschöpfung.
«Laß mich ... Luliap ... Laß mich, ich sterbe!»
Es schien Stan, die dunkle Schlucht sei zu einem Tunnel geworden, in den er falle. Verzweiflung umschloß seinen Geist wie einschnürende Stahlbänder.
«Herr, wo bist du?» betete er. «Werde ich leben oder sterben?»
Die Antwort kam aus seinem Herzen, eine Antwort, die von einer weit stärkeren Autorität als der Kiplings getragen wurde: «Du wirst nicht sterben, sondern leben und des Herrn Werke verkündigen!»
Wie ein Ertrinkender griff Stan nach diesem Versprechen mit den Fingern seiner Seele und tat einen weiteren Schritt. Er sagte es sich wieder vor und tat noch einen Schritt, und noch einen, und noch einen.
Nach einer Zeit, die ihm wie eine weitere Stunde schien, sagte Luliap zu ihm: «Wir kommen nun aus den Flußengen heraus.»

Stan wußte, was das hieß. Der Pfad wand sich an dieser Stelle gerade die Wand der Schlucht hinauf, fünfhundert Meter hoch nach Liligan, dem ersten Dorf nördlich der Engen. «Fünfhundert Meter bergauf!» Stan stöhnte. Aber Gottes Verheißung ermutigte ihn noch immer. Er biß die Zähne zusammen und lehnte sich gegen den Anstieg. Er war fünfzig Jahre alt, vom Blutverlust geschwächt und hatte zwölf Stunden, ohne zu essen, auf den Beinen gestanden. Doch er kletterte nun mit einer Energie, die seine Begleiter in Erstaunen setzte.
Einer der Yali eilte inzwischen voraus, um Pat vorzuwarnen.
Fast acht Stunden nach seiner Verwundung erreichte Stan das Dorf Liligan. Es war noch zwei Stunden vor Sonnenaufgang. Er kroch in eine *yogwa,* um zu ruhen, während Luliap ein Haumesser

auslieh und mit Hilfe freundlicher Menschen in Liligan eine Tragbahre zurechtzimmerte, auf der sie Stan nach Ninia bringen konnten. Minuten später trugen sie ihn aus der *yogwa,* legten ihn behutsam auf die Bahre und hoben sie auf ihre Schultern.
Die Sonne ging auf. Es war Montag, der 13. Juni 1966.
Pat, die von dem vorausgeeilten Boten gewarnt worden war, schaltete bei Tagesanbruch das Sendegerät ein. Um 5.45 Uhr beantwortete die MAF-Basis in Wamena ihren Hilferuf. Kurz nach 7 Uhr landete ein Flugzeug und wartete auf Stans Ankunft. Pat zog die Kinder für den geplanten Flug nach Karubaga an, wo der schottische Missionsarzt Jack Leng bereits die Vorbereitungen für die Operation im Vine Memorial Hospital der RBMU traf.
Einige Augenblicke später brachte ein Bote die Nachricht: «Sie haben ihn oben an die Landebahn gebracht; er lebt noch.»
Pat eilte zu Stan hinaus, der bleich und schwach auf seiner Tragbahre lag.
«Vielleicht werden sie nun glauben, daß ich diese Menschen liebe», sagte er zu ihr, als sie sich über ihn beugte und ihn küßte, «und daß ich sie nirgendwo hinschicke, wo ich nicht bereit bin, selbst hinzugehen.»
Tränen stiegen Pat in die Augen. Sie wandte sich ab und einem Dani-Helfer, der Pakangen hieß, zu: «Du siehst nun, mein Freund, wie gefährlich es ist, Christus in diesem Tal zu dienen. Wenn du dich fürchtest und weggehen möchtest, werde ich dafür sorgen, daß du zu deinem eigenen Tal fliegen kannst.»
«Nein...», erwiderte er, und Tränen strömten ihm übers Gesicht. «Ich habe mich entschlossen, hier in Ninia zu bleiben.»

Pat wandte sich an die kleine Gruppe von Yali-Christen, die sich um Stans Tragbahre versammelt hatten, und sagte: «Ihr seht, wie viel Schwierigkeiten wir euch verursacht haben, als wir euch baten, eure Fetische aufzugeben und nur an Christus allein zu glauben. Wollt ihr nach all dem immer noch glauben? Wollt ihr uns noch hier haben?»
«*Nisinga!*» antworteten sie weinend. «Wir wollen Gott folgen! Wir glauben nicht länger an *kembu*!»
«Wir werden zu euch zurückkommen», versprach Pat, als Luliap und andere Stan vorsichtig in das Flugzeug hoben. «Wir werden euch nicht allein lassen in der Auseinandersetzung mit denen, die unseren Herrn Christus hassen.»

***

Pat und die Pflegerin Jessie Williamson, die neu aus Australien eingetroffen war, zogen weiße Kittel an, stülpten sich Gesichtsmasken über und betraten den Operationssaal. Andere Schwestern der Missionsmannschaft von Karubaga assistierten. Dr. Jack Leng und Dr. Kenneth Dresser von einem anderen Missionskrankenhaus weit im Süden beugten sich über Stan, der unter Aufsicht von Jacks Frau Fiona, einer Anästhesistin, in Äthernarkose lag, und untersuchten seine Wunden. Um 16 Uhr begannen sie mit der Behandlung der Zwerchfellverletzung. Um 20.30 Uhr fingen sie mit dem kritischsten Teil der Operation an — einer Darmresektion. Um 1 Uhr früh hatte der Operationsstab alles getan, was möglich war. Wenn es ihnen gelungen war, das gesamte Stück des infizierten Darms zu entfernen, hatte Stan eine Lebenschance. Wenn eine Infektion zurückblieb, würde er sterben. Pat als ausgebildete Krankenschwester begriff die Folgen.
In dieser Nacht verbrachten sie und viele andere in Karubaga und den umliegenden Missionsaußenposten viele Stunden im Gebet. Am nächsten Morgen, als Pat sich Dr. Lengs Büro näherte, um ihn nach seiner Meinung über Stans Zustand zu fragen, sah sie ihn in einem kleinen Buch lesen. Der Arzt bemerkte sie erst, als sie ihn ansprach. Rasch schloß er das kleine Buch und legte es beiseite. Aber Pat hatte bereits die Überschrift der Seite, die er gelesen hatte, erkannt: «Die Durchführung eines Begräbnisgottesdienstes.»
«Anscheinend ist mein Mann in einem kritischen Zustand, Doktor», sagte sie und blickte auf das Buch nieder.
«Ja, Pat, ich muß zugeben, daß es so ist.»

***

Bruno und seine junge kanadische Frau Marlys, die befürchteten, daß die kleine Gemeinde von Christen im Heluk-Tal weiteren Feindseligkeiten ausgesetzt sein könnte, erklärten sich freiwillig bereit, ihre Missionsstation in Kangime zu verlassen und Stan und Pat in Ninia zu ersetzen, bis die Gefahr vorüber war. Nur wenige Stunden, nachdem die Dales abgeflogen waren, landeten Bruno und Marlys auf der Landebahn von Ninia und verließen das gleiche kleine MAF-Flugzeug, das die Dales nach Karubaga gebracht hatte. Während jubelnde Yali sich drängten, um sie willkommen zu heißen, blickte Bruno gedankenvoll in die Gesichter vieler, die er in früheren Tagen gekannt hatte, ehe sie Christen geworden waren. Was für ein Unterschied war das — solch ein strahlender Empfang gegenüber der früheren Zurückhaltung!

«All die Quälerei beim Bau der Landebahn», stellte Bruno fest, «hat sich gelohnt!»

***

Während der nächsten sechs Tage wachte Pat an Stans Bett, wusch ihn mit dem Schwamm ab, wenn er vor Fieber brannte, fütterte ihn, wenn er das Bewußtsein erlangte, und prüfte die Kolben mit Flüssigkeit zur intravenösen Infusion während der langen Stunden, in denen er ohne Bewußtsein dalag.
Gegen Ende Juni stand fest, daß Stan sich wieder erholen würde. Die Ärzte empfahlen Stan und Pat, einen zweimonatigen Urlaub jenseits der Grenze in Papu-Neuguinea zu verbringen.
Zuerst jedoch kehrten sie nach Ninia zurück, damit die Yali — Christen wie Fetischisten — selbst sehen konnten, daß Stan durch die Gnade Gottes zumindest einen physischen Triumph über die Barbarei seiner Feinde errungen hatte.

«Unser geistlicher Sieg muß erst noch kommen», versicherte er den Christen. «Ehe zwei Monate um sind, werden wir zurückkehren, um euch in dieser Schlacht um die Freiheit eures Volkes zur Seite zu stehen.»
Als Stan mit den Yali sprach, ging er frei umher und legte fast wieder seine alte normale Vitalität an den Tag. Das sprach sich herum. Die Leute des südlichen Heluk, die immer noch über die vermeintliche Gewißheit von Stans Ableben frohlockten, lauschten entsetzt auf Augenzeugenberichte, daß er noch am Leben und bei gutem Befinden sei.
«Wir benutzten unsere schärfsten Pfeile mit breiten Spitzen», sagten sie, «und wir brachten fünf Treffer aus nächster Entfernung an, davon zwei in lebenswichtigen Stellen seines Körpers! Kein gewöhnlicher Mensch hätte solche Verwundungen überleben können. Der *kembu* dieses Mannes muß sehr mächtig sein!»

Die Yali respektierten körperliche Stärke und verehrten Mut. Ein Mann, der solchen Menschen einen neuen Gott predigen wollte, mußte die Fähigkeit seines Gottes unter Beweis stellen, den Menschen mit ungewöhnlichem Mut und außerordentlicher Kraft auszustatten. Durch das Geschehen von Miakma bewies Stanley Albert Dale über alle bisherigen Schranken der Vorstellungskraft der Yali hinaus Mut und Stärke, und er sollte diesen Mut in noch größerem Maße beweisen. Die Yali des südlichen Heluk blieben, wie die meisten ihrer Landsleute rund um Ninia, der Religion der *kembu*-Geister verhaftet. Aber Stans Mutbeweis konnte nicht spurlos an ihnen vorbeigehen. Die Yali des südlichen Heluk *dachten nach.*

Während seiner Erholungszeit in Papua-Neuguinea begann Stan als tägliche Übung die Hügel hinaufzurennen, um seine Kondition wiederzuerlangen.

Er und Pat besuchten ihre früheren Mitarbeiter, die unter der Regie von CMML am Sepik-Fluß arbeiteten. Eines Abends erzählte Stan einer Gruppe von Missionarsfreunden die Geschichte seiner Verwundung. Mitten unter der Erzählung wurde einer der Anwesenden ohnmächtig.

Im Wikboon-Kessel

Im Jahre 1967 schrieb Stan in einem Bericht an seine Kollegen von RBMU:
«Das Martyrium von Yekwara und Bengwok legte Pat und mir einen Kummer und eine Belastung auf, die wir kaum ertragen konnten. Auf der anderen Seite schenkte uns die Gründung der Gemeinde Jesu Christi unter den Yali etwas von der tiefsten Freude, die wir je gekannt haben.»
Bruno und Marlys de Leeuw bestätigten — während der Wochen, die sie in Abwesenheit der Dales in Ninia verbrachten —, daß die Gemeinde Jesu tatsächlich im Yali-Boden feste Wurzeln schlug. Nachdem sie den Glauben und die Stärke der Yali-Christen aus nächster Nähe beobachtet hatte, schrieb Marlys: «Mein Herz flog dieser kleinen Gruppe von Yali-Christen zu, die so getreulich weitermachten und zu deren Ermutigung wir gekommen waren. Ich erinnere mich besonders an Dongla, da er in jenen sorgenvollen Tagen oft in Ninia predigte. Obwohl er kurz zuvor seines geliebten Bruders Bengwok beraubt worden war, brannte das Feuer in ihm und er sprach voll Inbrunst von der Liebe Christi zu seinem Volk. Ich selbst konnte zu jener Zeit die Yali-Sprache nicht verstehen. Aber Donglas Auftreten und die Reaktion seiner Zuhörer machten mir eindringlich bewußt, daß die Gegenwart des Allmächtigen in ihrer Mitte war.
Yali-Christen besitzen bestimmte Eigenschaften, die mich tief beeindruckten, vor allem ihre Charakterstärke angesichts von Verfolgung und sogar Tod.»

Stan war nun von der Echtheit des Glaubens der Yali-Christen überzeugt, und so beschloß er nach seiner Rückkehr von Papua-Neuguinea, sie möglichst rasch auf die Taufe vorzubereiten. Pat schrieb darüber in ihr Tagebuch:
«26. August 1966: Herzliches Willkommen durch die Leute in Ninia, die Feuer angemacht, das Haus sauber gefegt und frische Blumen in unsere Vasen gestellt hatten. Stan hielt eine kurze Versammlung im Schulhaus ab, die stark besucht war.
27. August 1966: Ich behandelte einen Mann mit einer Pfeilwunde in der Brust. Ich gab Geschenke an Luliap und Pakangen als Dank dafür, daß sie Stan über den Berg getragen hatten, und Beileidsgeschenke an Yekwaras und Bengwoks Witwen.

Sonntag, 28. August: Stan und Dongla predigten vor 130 Yali über 'Gott, die Quelle des Lebens' ... Und so ging es wieder weiter.»

***

«Aralek! Glaubst du an Jesus Christus, den Sohn Gottes?»
Man schrieb den 6. Dezember. Stan und Aralek standen bis zur Taille nebeneinander in einem besonderen Teich, der aus der Bergflanke nahe dem Hügel Yarino herausgegraben worden war. Bei ihnen standen Philipp Masters und Costas Macris. Im Gedenken an den außerordentlichen Beitrag, den beide Männer zu der Arbeit in Ninia und den Menschen der Schneeberge im allgemeinen geleistet hatten, hatte Stan sie eingeladen, an der Taufe der ersten Yali-Christen teilzunehmen.
Aralek blickte Stan gerade in die Augen und sagte: «Ja, ich glaube!»
Erinnerungen kamen Stan in den Sinn, Erinnerungen an lange Fußmärsche, die er mit Aralek in abgelegene Täler unternommen hatte, an die Zeit, wo er Aralek das Leben gerettet hatte, als jener beim Durchwaten eines Wildwassers ausgeglitten war. Aralek sagte, sein Glaube an Jesus Christus habe an jenem Tag seinen Anfang genommen.

«Ich taufe dich im Namen Gottes, des Vaters, des Sohnes und des Heiligen Geistes!»
Stan und Phil tauchten Aralek kurz ins Wasser ein und richteten ihn wieder auf — ein Symbol für Araleks Einswerden mit Christus in Tod und Auferstehung.

Nach Aralek stieg Luliap mit entschlossen zurückgenommenen Schultern in das Wasser. Stan nahm Luliap an der Hand und führte ihn zum Mittelpunkt des Teiches. Wieder wanderten Stans Gedanken, und Erinnerungen erfüllten ihn: «Die helle Szene vor mir verblaßte — es wurde dunkel in einer staubigen kleinen Hütte, dunkel durch den nahenden Schatten des Todes, als Pfeile meinen Körper durchbohrten oder klirrend gegen die Wände um mich prallten. Dann — stolpernd durch eine Schlucht — kaltes, schwarzes Wasser wirbelte um meine Knöchel, versuchte mich hinunterzuziehen. Luliap hielt meine Hand, zog mich aus einem tiefen Loch hoch. 'Komm weiter, mein Vater! Komm weiter!' sagte er, während ich kämpfte, um das Bewußtsein nicht zu verlieren...»

Stans Gedanken kehrten zu der Szene vor ihm zurück. «Luliap», fragte er, «glaubst du an Jesus Christus, den Sohn Gottes?»
Die Yali-Christen sangen Lieder zum Lob Gottes in ihrer eigenen Sprache, sooft ein Täufling aus dem Teich stieg. Dongla folgte Luliap in das Wasser. Ehe er hineinging, verkündete er seine Absicht, Christus zu folgen, es koste, was es wolle. Der Tod seines Bruders Bengwok und seines Freundes Yekwara hatte seinen Entschluß nicht geschwächt, sondern gestärkt. Dongla tauchte mit der gleichen Entschlossenheit in das Wasser, mit der er vor sechs Monaten die Verbrennung der Fetische angeführt hatte. Als Dongla in das Wasser eintauchte, sah sein Vater Andeng aufmerksam von einem nahegelegenen Hang aus zu.
Nach Dongla wurden noch weitere Yali von Phil, Costas und Stan getauft: Liakoho, Latowens Vater, dessen heftiges Temperament sich unter dem Einfluß des Evangeliums gemäßigt hatte; Engehap, ein ehemaliger Dieb, nun aber ein vertrauenswürdiger Helfer in Christus; Yemu, der bald an der größten Prüfung unter allen teilnehmen sollte; Foliek, der unter der alten Ordnung fast das Leben eingebüßt hatte, weil er einen Pilz aß; Erariek, der später Teile des Neuen Testamentes in die Yali-Sprache übersetzen sollte; Emeroho, der Stan und Bruno in das Heluk-Gebiet führte und dann trotz Todesdrohungen ihren Worten zuhörte.

Eine Anzahl von Yali-Frauen folgte ihren Gatten, Vätern oder Brüdern in den Teich: Latowen, Araleks Frau, die selbst in der dunkelsten Stunde bekräftigte, daß «Gottes Wort nicht aus dem Heluk-Tal verbannt werden würde»; nach ihr Balil, Yekwaras Witwe, die ihren starken jungen Mann nur so kurze Zeit gehabt hatte, aber doch an dem Glauben festhielt, für den er gestorben war.

***

Stan, der sich durch ständige Todesdrohungen aus den umliegenden Tälern auf das Gebiet des oberen Heluk beschränken mußte, widmete sich vor allem zwei Aufgaben: der Übersetzung von Teilen des Neuen Testamentes in die Yali-Sprache und der Ausbildung von gläubigen Yali zur Übernahme der vollen Verantwortung für Leben und Wachstum ihrer Gemeinde. Manche bezeichneten Stan wegen seiner Betonung der Disziplin als einen Missionar der «alten Schule», doch war er ganz entschieden «neue Schule» in seinem Beschluß, den Yali selbst volle Verantwortung für

die Führung der Yali-Gemeinde zu übertragen, sobald einmal der Grundgehalt des Neuen Testaments fest im Geist dieser Gläubigen verankert war.
«Ich glaube fest an das Priestertum aller Gläubigen», schrieb er bei einer Gelegenheit.

Luliap und andere ausgebildete Gläubige setzten, wohlbewaffnet mit übersetzten Teilen des Neuen Testamentes, ihre Predigtreisen im nördlichen Heluk-Gebiet und jenseits des westlichen Randes des Heluk in anderen Tälern fort. Fast in jedem Dorf sahen sie sich mit den finsteren Drohungen der *kembu*-Priester konfrontiert. In einigen Orten drückten die Schamanen ihren Haß auf das Evangelium dadurch aus, daß sie die Fußabdrücke seiner Boten auf dem Boden um ihre Dörfer beseitigten. Sie drängten sogar ihre Gefolgsleute, kein «fremdes» Salz, keine Messer und andere Gegenstände von Stan und seinen Helfern einzuhandeln. «Wenn ihr die Waren der *duongs* annehmt, werdet ihr auch ihre Gedanken annehmen», warnten sie.

Einmal sandten einige Priester Stan die Mitteilung, wenn er Reue für die Verbrennung der Fetische ausdrücke und die Christen anweise, keine weiteren mehr zu zerstören, würden sie ihm gestatten, frei in all ihren Tälern hin- und herzureisen.
Stans Reaktion: «Auch wenn die Gefolgsleute *kembus* uns töten mögen, müssen wir ihnen zeigen, daß sie uns nicht einschüchtern oder dazu bringen können, einen Zentimeter von unserem Standpunkt der Wahrheit und Rechtschaffenheit abzuweichen oder uns auch nur einen Augenblick zu veranlassen, das Böse ihres Fetisch-Systems nicht anzuprangern. Sollen sie tun, was sie wollen. Ich werde keinen Freiraum für mich erkaufen um den Preis, Reue über die Veranlassung zur Fetischverbrennung auszudrücken. Ich habe nichts zu bereuen. Es war etwas vom Besten, was ich je in meinem Leben getan habe.»*

Später ließen ihm Schamanen vom südlichen Heluk mitteilen: «Es dürfen keine weiteren Taufen mehr stattfinden; wenn noch mehr Yali getauft werden, dann werden wir angreifen!» Eine Anzahl Gläubiger aus Liligan — dem Dorf, das den Flußengen, durch die ein Angriff aus dem Süden kommen würde, am nächsten lag — zogen ihre Bitte um Taufe zurück, da sie um ihr Leben fürchteten.

* Alle Zitate von Bob Hamilton in diesem Kapitel stammen aus dem Artikel «Cannibal!» von Tom McMorrow und Jim Anderson, «Argosy», Februar 1971, S. 34-39.

Fünf weitere legten jedoch ihr Leben in Gottes Hand und empfingen die Taufe trotz der Drohungen. Der Angriff erfolgte nicht. Aber die Yali-Schamanen im südlichen Heluk-Gebiet, die sich daran erinnerten, daß Stan zweimal nach Osten in das Seng-Tal und darüber hinaus gezogen war, schickten ihren Genossen in jenem Gebiet Mitteilung:

«Der grünäugige *duong* muß sterben! Seit wir ihn verwundet haben, kommt er nicht mehr in unsere Dörfer. Wir zögern, ihn in seinem eigenen Gebiet anzugreifen, denn die Zahl seiner Freunde dort nimmt ständig zu und könnte größer sein, als wir denken. Vielleicht reist er später in euer Tal. Wenn er dies tut, dann versäumt nicht, ihn zu töten. Aber denkt daran — er hat eine unheimliche Fähigkeit, sich auch von den tödlichsten Wunden wieder zu erholen! Glaubt nicht, daß einige wenige Pfeile ihn töten werden. Ihr müßt so viele Pfeile verwenden, wie 'Schilf in einem Sumpf ist', sonst steht er auf und geht weg!»
Die Schamanen im Seng-Tal verstanden die Botschaft klar und deutlich.
Und sie begannen die Pfade zu beobachten und auf den Tag zu warten, an dem Stan zurückkehren würde.

***

Während im Seng-Tal die Krieger warteten, fanden Aralek und andere Christen aus Ninia eine unerwartet warme Reaktion auf das Evangelium in der entgegengesetzten Richtung. Im Wose-, Kai- und Soba-Tal versammelten sich bis zu dreihundert Stammesangehörige gleichzeitig, um zuzuhören, wenn Aralek und andere das Evangelium verkündigten. Später wanderte Stan in dieses Gebiet und wurde selbst Zeuge von der starken Reaktion vieler Menschen dort. Über seinen Besuch schrieb er: «Es ist mir unmöglich, die Erschütterung meines Herzens zu beschreiben, wenn ich sehe, wie Menschen, die zuvor dem Bösen zutiefst verhaftet waren, nun eifrig auf das Wort Gottes hören. Der wilde, verschlagene, fast tierische Blick verschwindet von vielen Gesichtern, und es scheint der Beginn eines wirklichen Verstehens des Heilsweges vorzuliegen.»

Im Soba-Tal, einem der malerischsten Täler der Schneeberge, fand Stan einen Hang, der in eine Landebahn umgewandelt werden konnte. Er rüttelte die ihn unterstützenden Missionskreise auf und erhielt schon bald Mittel; darauf begann er in Soba eine Landebahn zu bauen. Stan wandte dann seine Aufmerksamkeit, nach der Ermutigung durch die unerwartete Reaktion im Westen, erneut nach Osten. Dort warteten das Seng-, Solo- und andere Täler, die noch immer vom Evangelium Christi nicht erreicht worden waren. Stan wog die Gefahren ab: vor vier Jahren hatten er und Bruno einen südlichen Weg in das Seng-Tal eingeschlagen. Diese Route, das wußte er, war ihm durch die Leute, die ihn 1966 verwundet hatten, versperrt. «Nur eine schwer bewaffnete Gruppe könnte dieses Gebiet sicher passieren», kommentierte Stan, und er hatte nicht die Absicht, eine solche auf irgendeiner Missionsreise anzuführen, auf der er das Evangelium predigte.

Eine zweite Route in das Seng-Tal führte über einen Gebirgspaß hinter dem Dorf Yabi nahe dem nördlichen Ende des Heluk. Stan hatte diesen Paß nie zuvor überquert. Hatte die dort lebende Bevölkerung von dem Totschlag an Yekwara und Bengwok und von Stans Verwundung gehört? Wenn ja, würden sie mit den Leuten des südlichen Heluk gemeinsame Sache machen oder neutral bleiben? Stan hatte keine Möglichkeit, dies herauszufinden.

Schließlich wählte Stan einen dritten und logischerweise sichereren Zugang zu den östlichen Tälern. Er wollte nach Korupoon fliegen — Phil und Phyliss Masters' neuer Station unter den pygmäenartigen Kimyal-Völkern — und in Richtung auf das Solo- bzw. Seng-Tal westwärts marschieren. Wenn er auf Feindseligkeiten, entzündet durch den Einfluß aus dem südlichen Heluk, stoßen sollte, könnte er nach Korupoon zurückkehren.

Im August 1968 schrieb Stan an Phil Masters und erwähnte seine Absicht. Phil antwortete, wie Stan gehofft hatte, daß auch er den Wunsch habe, die Täler zwischen Korupoon und Ninia gründlicher zu erforschen. Zusammen beschlossen die beiden Männer, im Seng- und im Solo-Tal nach Plätzen für neue Landebahnen zu suchen und die Verschiedenheiten der Stammessprachen zwischen Ninia und Korupoon zu studieren.
Als Datum für das neue Unternehmen wurde Mitte September 1968 festgelegt. Als der Zeitpunkt näherrückte, rief Stan eines Tages: «Yemu!» Yemu war einer der Männer, die Stan vor fast zwei Jahren getauft hatte. «Wie würde es dir gefallen, mit Phil Masters und mir auf eine lange Reise zu gehen?»
Yemu lächelte: «Wohin wollt ihr gehen?»

«Wir werden nach Korupoon fliegen», erwiderte Stan, «und von dort zu Fuß in das Solo- und das Seng-Tal marschieren. Du kannst uns helfen, den Leuten in diesen Tälern das Evangelium zu verkündigen. Wir wollen auch Plätze für neue Landebahnen vermessen.»
Yemus Lächeln wandelte sich in Stirnrunzeln. «Ich möchte dir helfen, das Evangelium zu lehren, mein Vater; aber ich glaube nicht, daß du bis zum Seng-Tal gehen solltest. Die Menschen dort haben enge Verbindungen zu denen, die dich verwundeten.»

Nun war es Stan, der die Stirn runzelte. Die Leute des südlichen Heluk hatten seine Bewegungen lange genug eingeengt. Es war an der Zeit, daß das Evangelium sich ihnen zum Trotz nach Osten Bahn brach, wie dies auch nach Westen geschehen war. «Wer zu sehr nach dem Wetter schaut», hatte einst ein Missionar mit Namen John Stam* geschrieben, «wird nie eine Ernte einbringen!»
«Wenn du Angst hast, mit uns zu gehen, Yemu», entgegnete Stan, «werde ich jemand anderen finden!» Yemu straffte die Schultern und sagte in einer Haltung, die für fast alle Bekehrten aus Stans Dienst charakteristisch war: «Wenn du entschlossen bist zu gehen, werde ich mit dir gehen!»

***

Am Dienstag, 17. September 1968, waren Stan und Pat mit Rodney, Joy, Janet und Yemu bereit, nach Korupoon zu fliegen, wo Pat und ihre drei Kinder einen Besuch bei Phyliss Masters und ihrem Sohn Robbie machen wollten, solange Stan und Phil auf ihrem Marsch unterwegs waren. Schlechtes Wetter zwang jedoch dazu, den Flug abzusagen. Am folgenden Tag versuchte es MAF-Pilot Clell Rogers erneut. Diesmal fand er ein Loch in den Wolken über dem Korupoon-Tal, drehte sich zwischen riesigen Bergwänden hinunter und landete auf dem fünfhundertdreißig Meter langen Landestreifen, den Phil und Bruno fünf Jahre zuvor aus einem Hang zwischen zwei Kimyal-Dörfern herausgemeißelt hatten.

Während Pat und Phyliss ihre Bekanntschaft erneuerten, machte Phil Stan mit zwei kräftigen Dani-Trägern bekannt — Nigit und Degen —, die Phil unter seinen Helfern in Korupoon ausgesucht hatte. Die vielen Freunde Phils unter den Kimyal waren zu klein

* CIM-Missionar, der Ende der zwanziger Jahre von kommunistischen Soldaten mit seiner Frau in China ermordet wurde.

gebaut, um die etwa achtzehn Kilogramm schweren Packstücke zu tragen, die Stan und Phil vorbereitet hatten. Sie fürchteten sich auch zu sehr vor mächtigen Feinden in unbekannten Tälern, um sich so weit weg zu wagen.
In der ersten Nacht trommelte unablässig heftiger Regen auf das Heim der Masters. Er hielt auch nach Tagesanbruch an und ließ erst gegen Mittag nach. (Phil hatte in dem steilwandigen Tal von Korupoon oft bis zu fünfundvierzig Millimeter Regen pro Monat gemessen).

Nach einem fröhlichen gemeinsamen Mittagessen faßten sich die beiden Familien an der Hand und sangen: «Welch ein Freund ist unser Jesus!» Stan und Phil küßten zum Abschied ihre Frauen und Kinder, schulterten ihr Gepäck und beluden ihre Träger. Plötzlich stellten sie fest, daß sie noch einen weiteren Träger brauchten, um Teile ihrer Ausrüstung zu tragen, die sie noch in letzter Minute hinzugefügt hatten. Dengan, ein vierter Träger, erklärte sich freiwillig zur Hilfe bereit.

Phyliss und Pat beobachteten von einem Küchenfenster aus, wie Phil, Stan und ihre vier Helfer einen Bergrücken emporklommen und jenseits des Horizontes verschwanden. Seit Stan vor zwei Jahren verwundet worden war, empfand Pat jedesmal ein gewisses Unbehagen, wenn er auf einen Marsch in die Berge auszog. Phyliss jedoch war wenig besorgt. Auf all seinen vielen Wanderungen im Gebiet von Korupoon war Phil niemals ernsthaft von Stammesangehörigen bedroht worden. Auf jeden Fall hatte sie gelernt, die Geschicke und die Sicherheit ihrer Familie mit ruhigem Vertrauen Gott anzubefehlen. Phil würde in Gottes Hand sein.

***

Philipp Jesse Masters — am 9. April 1932 in Sioux City, Iowa, geboren — war 16 Jahre jünger als Stan. Phils Eltern waren, wie Stans Großeltern von väterlicher Seite, fromme Methodisten. Und wie Stan verbrachte auch Phil den größten Teil seiner Kindheit auf einer kleinen Farm. Über diese Ähnlichkeiten hinaus hätte ihr Lebenshintergrund nicht verschiedenartiger sein können.

Während Stan sich schon früh in seinem Leben mit Atheismus, Trunksucht, Vernachlässigung, Gewalttätigkeit und Angst auseinandersetzen mußte, wuchs Phil in einer so behüteten familiären

Atmosphäre christlichen Glaubens auf, daß die Jesusnachfolge auf diesem Weg fast so selbstverständlich war wie das Atmen. Doch Phil brauchte ebenso wie Stan eine *Bekehrung,* um die volle Kraft der Lehre Christi zu erfahren.

Für Stan trat dieses Ereignis, das sein Leben veränderte, in einem Zelt auf dem Mount Gibraltar ein. Phil fand zu Christus mitten im Turnsaal einer Oberschule. Während seiner anstrengenden Wanderungen in den Wildnissen von Irian Jaya dachte Phil oft über die Reihe von Ereignissen nach, die ihn in eine Berufslaufbahn geführt hatten, welche den meisten Männern wenig wünschenswert erschienen wäre.

Es begann eines Tages, als Phil einen Gottesdienst im Billy Sunday Tabernacle in Sioux City besuchte. Pastor Glee Lockwood führte einen Film über Missionsarbeit in einem abgelegenen Winkel dieser Erde vor. Der junge Farmer Phil war entsetzt, als der Film Szenen von seinesgleichen in bestimmten fremden Ländern zeigte, die noch von Ochsen gezogene Holzpflüge oder einfach Grabstöcke benutzten, um das Land für Ernten vorzubereiten, die — trotz all ihrer Mühe — so knapp ausfielen, daß ihre Kinder stets halb verhungert waren.

«Mit meinem Wissen von Ackerbau», dachte Phil, «könnte ich diesen Menschen helfen!» Nach der Versammlung ging Phil zu Pastor Lockwood und erklärte: «Ich möchte ein landwirtschaftlicher Missionar werden.»

Pastor Lockwood lächelte. «Phil, ehe du landwirtschaftlicher Missionar wirst, solltest du dich erst vergewissern, ob du wirklich ein *Christ* bist!» Phil war verdutzt. Er hätte nie daran gedacht, sich anders denn als Christ zu bezeichnen. Als aber Pastor Lockwood seine Bibel aufschlug und ihn in die Seelsorge nahm, begann Phil zu erkennen, daß es nicht genügte, in einem christlichen Elternhaus aufzuwachsen. Er mußte selbst Christus als Erlöser und Herrn annehmen. So wie er dastand, mitten auf dem Boden des Turnsaales, beugte Phil seinen Kopf und bat Jesus Christus, in sein Herz einzuziehen. Er verließ die Turnhalle als Mitglied einer neuen Mannschaft, die in einer völlig anderen Art von Wettbewerb engagiert war.

***

Das Wetter hielt sich, und Stan und Phil durchquerten den stürmischen Erok-Fluß; dann stiegen sie mehr als dreihundert Meter zu einem Kimyal-Dorf mit Namen Durum hoch. Im Gegensatz zu Stan fand Phil keinen Gefallen an den Fußmärschen. Das Erklimmen furchterregender Klippenhänge zwischen den Schneebergen war selbst für den kräftigsten Mann mühselig genug, doch für Phil war es besonders anstrengend. Durch einen Geburtsfehler war sein linkes Bein etwas kürzer geblieben als das rechte, so daß er zeitweilig Schwierigkeiten hatte, an kritischen Stellen das Gleichgewicht zu halten. Trotzdem brachte Phil es fertig, einen erstaunlich raschen Schritt vorzulegen. Sein Körper war schlank und drahtig, und — was am wichtigsten war — sein Wille war darauf gerichtet, *alles* zu ertragen, damit die Stämme der Schneeberge am ewigen Reich Gottes teilhaben konnten.
Am zweiten Tag durchwateten sie den Myvu-Fluß und kämpften sich eine weitere hohe Bergkette hinauf. Auf dem Kamm verschwand der Pfad, der durch Tausende von Füßen über Jahrhunderte hinweg zu einem tiefen Graben geworden war, unter den verschlungenen Wurzeln eines immergrünen Waldes wie in einem Tunnel. Mehrere Kilometer wanderten Phil, Stan und die Träger tief gebückt, bis ihr schon mit jeweils achzehn Kilogramm Gepäck beladener Rücken entzweizubrechen schien.
Als sie schließlich aus dem Tunnel heraustraten, rasteten sie an einem Punkt, von dem aus man das wirre Solo-Tal überblickte. «Es wäre schon allein wegen der Szenerie die Mühe wert», überlegte Phil oft, «aber wieviel mehr lohnt es die Mühe, um die Schönheit Christi im Leben der Männer und Frauen erblühen zu sehen, die ihn nie zuvor gekannt haben!»
Sie streckten sich gründlich und setzten ihre Reise fort. Auf dem Abstieg zum Solo-Fluß kamen sie durch zahlreiche Kimyal-Dörfer. Die Menschen waren so freundlich, wie sie es bei dem erschreckenden Anblick von weißhäutigen Fremden mit glatten Haaren fertigbrachten. Denn die Kimyal im Solo-Gebiet hatten keinen Weißen gesehen, seit Phil und Bruno vor fünf Jahren ihren letzten Fußmarsch dorthin gemacht hatten, um den Flugplatz von Korupoon anzulegen.
Sie untersuchten Sprachabweichungen in den Kimyal-Dörfern, durchquerten den donnernden Solo-Fluß und begannen wieder hinaufzusteigen. Das nächste Tal, das sie betreten würden — das Seng-Tal — würde *Yali*-Land sein.

***

Während Stan nicht in der Lage gewesen war, seine Träume von einer höheren Ausbildung zu verwirklichen, studierte Phil drei Jahre am Westmar College in LeMars, Iowa. In dieser Zeit begegnete er Phyliss Wills, einer hübschen, dunkelhaarigen Oberschülerin. Phil wechselte an das Cornell College in Mount Vernon über, wo er seinen Bakkalaureus-Grad (Bachelor's Degree) in Philosophie erwarb, während Phyliss an die Universität von Süd-Dakota ging. Phil hätte die Säkularausbildung noch fortsetzen können, statt dessen übernahm er eine Stelle als Studentenpfarrer in Monmouth, Iowa, und er und Phyliss heirateten. Er war dort zwei Jahre tätig, während Phyliss an der Schule unterrichtete.

Phil und Phyliss gaben später ihre Stellen auf und reisten in die winterlichen Prärien Kanadas. Dort schrieben sie sich als Studenten in einem der ersten Ausbildungszentren für Missionare ein — dem Prairie Bible Institute. Seit seiner Gründung im Jahre 1922 fanden mehr als 2 000 Absolventen dieses Instituts ihren Weg zu Missionsfeldern in fast allen Teilen der Erde.

Phil und Phyliss waren besonders berührt von der Bitte eines älteren führenden Vertreters christlicher Missionen — Ebenezer Vine. Als Vertreter des nordamerikanischen Zweiges der Regions Beyond Missionary Union kam Vine 1955 zu der bedeutenden kanadischen Hochschule und sprach dort über den neuen Vorstoß von RBMU im zentralen Bergland von Irian Jaya. Als er Freiwillige aufrief, die willens waren, die fast unvorstellbaren Härten und Entbehrungen auf sich zu nehmen, fanden Phil und Phyliss die Gnade und den Mut von Gott, sich zur Verfügung zu stellen.

***

Als sie den Paß in das Seng-Tal erreicht hatten, hielt Stan an. Er erinnerte sich an den Jahre zurückliegenden Tag, an dem er Bruno in ihrem Lager weit unten zurückgelassen hatte und zu diesem hochgelegenen Aussichtspunkt hochgeklettert war, um den ersten Blick in das Solo-Tal zu werfen. Aber es blieb wenig Zeit für ähnliche Überlegungen, denn sie wollten noch vor Einbruch der Dunkelheit mit den Yali des Seng-Tales in Kontakt kommen, und es war noch ein langer Weg hinab bis zur ersten menschlichen Siedlung.

***

Phil unterschied sich im Aussehen von seinem robusten australischen Mitbruder. Im Gegensatz zu Stans durchfurchten Gesichtszügen war Phils Gesicht glatt und faltenlos. Seine großen braunen Augen waren fast immer voller Humor — so anders als Stans kühler, abwägender Adlerblick. Phil war hochgewachsen, ein fast 1,80 Meter großer, drahtiger, schlanker Mensch neben Stans 1,70 Meter-Statur eines Preisringers. Männer von der Lebensführung Stans und Phils schleppen kein überflüssiges Fleisch mit sich herum.

Die Unterschiede im Aussehen schwanden jedoch neben der noch größeren Verschiedenheit in der Persönlichkeit. Stan trug seine Grundsätze wie Epauletten auf beiden Schultern. Bei Phil wirkten die gleichen Grundsätze hinter entwaffnend gewinnender Menschenbehandlung. Stan polarisierte die Menschen um sich in Kritiker auf der einen und glühende Bewunderer auf der anderen Seite. Phil machte sich einfach Freunde.

Phils ruhige Einstellung gegenüber Schwierigkeiten wird am besten illustriert durch seine Begegnung mit einem ungebärdigen Kimyal-Häuptling namens Momas. Phil verlieh ihm den Spitznamen «Supermann», weil er körperlich weit über die Durchschnittsgröße des pygmäenartigen Kimyal-Volkes hinausragte.

Nachdem es Phil und Bruno gelungen war, die Landebahn von Korupoon in Betrieb zu nehmen, entschied «Supermann», daß die Landebahn lang genug sei, und legte bewußt am Hang oberhalb der Landebahn Gärten an, um Phil daran zu hindern, sie zu verlängern. Phil wartete zwei Jahre, bis Momas es sich anders überlegte und verlängerte dann die Landebahn unter Mitarbeit von Momas. Andere Schwierigkeiten dauerten jedoch weiter.

Phil schrieb einmal an Bruno: « 'Supermann' macht immer noch von Zeit zu Zeit eine Szene. Kürzlich schoß er in der Nähe unseres Heims einige Pfeile auf eine seiner Frauen ab. Mein erster Impuls war, hinauszugehen und eine Kraftprobe mit ihm zu veranstalten. Aber der Herr warnte mich, ich solle Ihn die Situation nach Seiner Art und zu Seiner Zeit regeln lassen. Ich glaube, es ist leicht, in solchen Situationen impulsiv zu handeln und dann später ständig dafür büßen zu müssen. Das glaube ich sicher.»

***

Das plötzliche Erscheinen von Stan und Phil im ersten Yali-Dorf des Seng-Tales schreckte die Bewohner auf. Unter wildem Geschrei wickelten sich die Krieger in endlose Schlangen von gespaltenem Palmschilf und kramten nach ihren Waffen, während Frauen und Kinder in ihre *homias* flüchteten. Dann bildeten die Krieger voll bewaffnet eine Linie und spannten ihre Bogen. In der Hoffnung, daß die feindselige Haltung der Krieger sich ändern werde, sobald sie an die Anwesenheit von Fremden gewöhnt wären, setzten Stan und Phil ihren Weg fort und suchten nach einer leeren *yogwa* für ihre vier Träger und einem Platz, wo sie ihr eigenes Zelt aufstellen konnten. Aber sooft sie sich einer Behausung näherten, trieb sie ein lautes Geschrei und die Drohung schußbereiter Bogen wieder zurück. Krieger folgten ihnen nach und wischten ihre Fußspuren auf dem Pfad aus — ein unheilvolles Zeichen.

An einem Punkt schien es, als ob die Feinde eine Salve von Pfeilen auf die Reisenden abschießen wollten. Mitglieder der berühmten Archbold-Expedition — die dreißig Jahre zuvor im Balim-Tal auf ähnliche Probleme stießen — lösten ihr Problem, indem sie zwei Dani-Krieger erschossen. Stan hatte eine mildere Methode, um Unheil, zumindest vorübergehend, abzuwenden. Er öffnete seinen Packen und nahm drei kleine chinesische Knallfrösche heraus. Einige Augenblicke später zogen sich an die hundert aufgeschreckte Krieger in überstürzter Hast zurück, als die Knallfrösche über ihren Köpfen losgingen — eins! zwei! drei!

Nachdem sie einen alten Mann gefunden hatten, der allein in einer abseits stehenden *yogwa* wohnte, schickten Phil und Stan Yemu hin, um den Preis eines Schlafplatzes für ihn und seine drei Dani-Freunde in Salz auszuhandeln. Als Yemu eine Übereinkunft mit dem erschreckten alten Mann erzielt hatte, winkte er seinen Mitreisenden. Stan und Phil schlugen ihr kleines Zweimannzelt auf und verbrachten dort die Nacht.

Am nächsten Morgen gingen Stan und Phil einen Hang hinunter, der aussah, als sei er lang genug für eine Landebahn. Als sie ihn jedoch vermaßen, stiegen zornige Krieger aus mehreren nahegelegenen Dörfern herab und befahlen ihnen aufzuhören. Der Platz war sowieso zu kurz. Stan und Phil steckten ihr Meßband weg und machten sich daran, das Lager abzubrechen.
Von diesem Punkt aus wollten sie nach Korupoon auf derselben Route zurückkehren, die sie gekommen waren. Doch sammelten

sich Yali-Krieger in großer Zahl den Pfad entlang, der zum Paß in das Solo-Tal hinaufführte. Konnten sie sicher durchkommen? Würden die Krieger ein zweites Mal vor den Knallfröschen fliehen, nachdem sie von den am Tag zuvor von Stan geworfenen keinen körperlichen Schaden erlitten hatten?

Stan blickte nach Westen auf die hohe Bergwand, die das südliche Heluk-Tal verbarg. Dieser Weg mußte den sicheren Tod bedeuten. Es gab jedoch noch eine dritte Möglichkeit: nördlich auf einem Pfad, der dem Seng-Fluß in eine lange, enge Schlucht folgte, die sich durch den Fuß des 4000 Meter hohen Lowak Peak schnitt. Kein Weißer war je diesen Weg gegangen, doch Stan wußte, wenn sie ihren Weg durch die Schlucht in den nördlichen Kessel des Seng-Tales durchkämpfen konnten, würden sie einen weiteren Paß finden, der oberhalb von Yabi und Balinga in das Heluk-Tal führte. Stan wußte, daß er und Phil dort auf einen freundlichen Empfang rechnen konnten.
Oft hatte Stan von seinem Wohnzimmerfenster in Ninia zu jenem hochgelegenen Paß emporgeblickt und sich gefragt, was wohl dahinter lag.

Zusammen trafen die beiden Männer ihre Entscheidung und teilten sie den Trägern mit. «Wir werden nordwärts den Seng-Fluß entlangmarschieren bis zu seiner Quelle nahe dem Hauptkamm der Schneeberge! Von dort wenden wir uns nach Westen in das Heluk-Tal.»
Und so machten sie sich auf den Weg. Vielleicht würden sie sogar einen geeigneten Platz für eine Landebahn im oberen Kessel des Seng finden, jenseits der Schlucht. Noch besser wäre es, wenn sich herausstellen sollte, daß die Bewohner des nördlichen Seng-Tales der Anwesenheit von Fremden geneigter gegenüberstanden.

***

«Sie ziehen also nach Norden», sagte Tio, Häuptling unter den Kriegern, die sich auf den Bergrücken oberhalb der Missionsexpedition versammelten. «Hätten wir nur früher gewußt, daß dies ihr Weg ist, dann hätten wir vorauseilen und einen Hinterhalt vorbereiten können. Nun müssen wir ihnen in die Schlucht hinein folgen und auf unsere Chance achten.»
Der Pfad durch die Schlucht war zermürbend. Steile An- und Abstiege wechselten sich in entmutigender Folge ab.

«Wir scheinen mehr auf- und abzugehen als vorwärts!» bemerkte Phil an einer Stelle und rang nach Atem.
Zeitweise konnten die Wanderer über entnervende Klippenhänge zu dem mehr als tausend Meter weiter unten tosenden Seng-Fluß hinabschauen. An jeder Biegung des Pfades blickten sie zurück, um zu sehen, ob ihnen noch immer Yali-Krieger folgten, die Kriegsschreie ausstießen und sie jagten.

«Macht nichts!» sagte Stan an einer Stelle. «Sie scheinen keine Lebensmittel bei sich zu tragen. Auf diesen schmalen Felsbänken können sie nicht so leicht angreifen, und wenn wir ihnen nur noch ein paar Stunden vorausbleiben können, werden sie Hunger bekommen. In dieser steilen Schlucht sind keine Dörfer, wo sie sich Nahrung beschaffen können, und so werden sie heimkehren. Wenn die Menschen im Norden dieser Schlucht freundlich sind, dann befinden wir uns morgen bereits auf dem Weg zu Heim und Sicherheit, ehe diese Burschen uns von neuem einholen können.»

«Jeder fröhliche Gesichtspunkt hilft!» dachte Phil. Aber wie die Träger konnte er fühlen, daß die Gefahr sich verdichtete, als sie weiter in die unerforschten oberen Bereiche des Seng-Tales vordrangen. Nur Stan schien völlig gleichmütig zu sein.
Schließlich erfolgte ein Angriff.

An einem Platz mit Namen Fumaha erweiterte sich die Schlucht zu einem schmalen Seitental. Die Verfolger sahen ihre Chance, schwärmten über den Hang aus und kamen mit angelegten Pfeilen herunter.
«Sie werden uns töten!» warnte Yemu.
Phil legte Yemu eine Hand auf die Schulter und sagte: «Hab keine Angst. Gott ist mit uns!»
«Du bist wie Jesus im Garten Gethsemane, der seine Jünger tröstete», meinte Yemu lächelnd; Phils Haltung gab ihm Mut. Stan öffnete seinen Packen und holte drei weitere Knallfrösche und eine Schachtel trockene Streichholzer heraus. Als die Krieger schreiend herankamen, zündete Stan die Knallkörper nacheinander an und warf sie über die Kriegerhorde in die Luft. Bis der dritte Knallfrosch explodiert war, löste sich Tios Angriff in panikartige Flucht auf.
«Wie oft wird das noch wirken?» fragte sich Phil, als die Gruppe die so erkaufte Zeit nutzte, um über eine weitere Klippenfläche zu eilen, wo ein Angriff unmöglich war.

Tios Krieger, die demoralisiert und hungrig waren, erfüllten Stans Voraussage und kehrten in ihre Dörfer im Süden zurück. Eine Stunde später kam die Reisegruppe aus der Schlucht zum Vorschein und blickte in ein kesselförmiges Gebiet, das Wikboon genannt wurde. Entlang den Graten der Bergrücken hingen mindestens zehn Yali-Dörfer.
Yemu biß sich auf die Lippen und fragte sich: «Werden sie uns durchlassen?»

***

«Ich kann es nicht glauben!» sagte Nalimo, ein grobknochiger Bewohner von Wikboon. Er starrte eingehend auf die beiden voll bekleideten Fremden und ihre schwarzen Träger, als sie im Gänsemarsch von einem Kamm herabmarschierten, der Nalimos Garten gegenüberlag. Nalimo hatte eine seltsame Yali-Art, Erstaunen auszudrücken — er machte ein lautes, knallendes Geräusch tief in seiner Kehle. Aber sein Gesichtsausdruck änderte sich nie. Auch die Muskeln an Kiefer und Kehle bewegten sich nicht, wenn er dieses Geräusch machte.
Seine Freunde auf der abgewandten Seite des Gartens hörten seinen Ausruf und das knallende Geräusch. Sie kamen angelaufen, um zu sehen, worauf Nalimo starrte.
«*Duongs!*» flüsterten sie. «Wer sonst können sie sein als *duongs?*»
«Sollen wir nicht alle *duongs* töten, die diesen Weg kommen?» fragte ein jüngerer Mann.
«Genau», erwiderte Nalimo und rannte den Hügel hinab, um den Fremden in einem Dorf mit Namen Sohopma zu begegnen. Nalimo hatte ein zusammengerolltes Blatt Yali-Tabak hinter dem Ohr stecken. Als sich Nalimo Stan und Phil näherte, nahm er das zusammengefaltete Tabakblatt vom Ohr, setzte es mit Feuer von einer *yogwa*-Feuerstelle in Brand und inhalierte den Rauch. Dann schlängelte er sich dicht an Stan heran, grüßte ihn in Yali und blies ein Tabakwölkchen zur Seite.
Plötzlich verbreitete sich unter den zusammenkommenden Yali Spannung — und sie erinnerten sich der Warnung, die sie aus dem südlichen Heluk vor vielen Monaten erhalten hatten: Wenn *duongs* in euer Tal kommen, dann legen sie einen Fluch auf eure Heime und Gärten und die Schweine, und vielleicht zerstören sie die heiligen Gegenstände in euren *kembu-vams.* Es gibt nur eins, was man mit ihnen machen kann — *schießen, um sie zu töten!*

Den drei Dani-Trägern bedeutete die auf der Seite des Mundes ausgeblasene Rauchwolke nichts. Aber Yemu, selbst ein Yali, verstand ihre Bedeutung.
«Ein Zeichen wurde gegeben», sagte Yemu in der Dani-Sprache. «Wir sollen getötet werden. Wir müssen versuchen, diesen Ort zu verlassen.»
Als sie ihre Packstücke schulterten, protestierte Nalimo: «Bitte, schlaft hier bei unserem Dorf! Wir wollen mit euch Handel treiben, ehe ihr morgen eure Reise fortsetzt!»
Sie achteten nicht auf Nalimos Einladung, sondern marschierten weiter in nördlicher Richtung und bogen zum Seng-Fluß hinab.
«Wann werden wir sie töten?» fragte einer.
«Sagt allen unseren Wikboon-Dörfern Bescheid!» erwiderte Nalimo. «Wir werden uns während der Nacht versammeln und sie gleich am Morgen töten.»
Ein alter Mann namens Mongul deutete mit seinem scharfen Wanderstock auf Nalimo und krächzte:
«Verstehst du diese fremden Wesen, junger Mann? Nein! Du weißt nicht, was du tust! Wer weiß, was für unbekannte Schwierigkeiten du auf uns alle bringen kannst, wenn du sie tötest. Dies ist zu geheimnisvoll für uns — laß sie unbeschadet ihres Weges gehen!»
Aber die jüngeren Anwälte *kembus* lächelten sarkastisch und wandten sich von Mongul ab.
Yali-Frauen begannen zu wimmern und zu weinen, denn sie fürchteten das, was die jüngeren Männer zu tun beabsichtigten. »Hier sehen wir nur zwei von ihnen! Vielleicht haben sie viele Freunde, die kommen werden, um sie zu rächen! Seid vorsichtig!»
Die gleiche Meinungsverschiedenheit erhob sich auch in anderen Dörfern des Wikboon-Kessels, als Nalimos Ruf zu den Waffen durch Boten in jedem Dorf verbreitet wurde.
In Kibi, direkt gegenüber Nalimos Dorf über dem Seng-Fluß, bat ein geachteter älterer Yali mit Namen Kusaho beredt für das Leben der Reisenden: «Als unsere Freunde vom Heluk dachten, sie hätten ihn getötet, stand er auf und ging weiter! Er wird von mächtigen Geistern geschützt! Wir wollen diese Wesen nicht versuchen und ihre Geister nicht erzürnen!»
«Ihr redet alle wie alte Weiber!» entgegneten die jungen Männer. «Die Heluk-Leute konnten ihn nicht töten, aber wir werden gründliche Arbeit leisten. Wartet ab und seht!» Kusaho seufzte.

***

Stan und Phil und ihre Träger eilten über eine Pfostenbrücke auf die Westseite des Seng. Sie kamen direkt unterhalb von Kibi vorbei, wo Kusaho seine Süßkartoffelgärten bearbeitete. Oberhalb der kleinen ungeschützten Reisegruppe sammelten sich Hunderte von Kriegern zum Angriff. Sie verdunkelten die hohen Felsen und Klippen auf beiden Seiten des Wikboon-Kessels. Bald rollte eine von Emotionen geladene Herausforderung wie ein Echo von Grat zu Grat und von Dorf zu Dorf: «*Wataluluk!* Wir wollen töten!» Und der Gegenruf kam zurück: «*Bingiwariuk!* Schießt, um zu töten!»
Das Donnern des Flusses machte es für die Missionsgruppe unmöglich, das Kampfgeschrei der Krieger zu hören und ebensowenig die Worte, die darauf folgten: «Wenn wir sie getötet haben, werden wir sie aufessen!»

Über hundert Meter unterhalb von Kusahos Gärten überquerten die Wanderer erneut den Fluß zur Ostseite. Dort stimmte ein freundlicher alter Mann — er war zu senil, um sich um die politisch-religiöse Leidenschaft der jüngeren Männer zu kümmern — zu, an Stan und Phil ein paar winzige Süßkartoffeln für eine Abendmahlzeit ihrer Träger zu verkaufen. Es wurde nun dunkel, und die sechs Männer waren allesamt hundemüde nach der langen Wanderung nordwärts durch die Schlucht. Sie schlugen neben der *yogwa* des alten Mannes ihr Lager auf.
Während Stan eine Abendmahlzeit kochte, hob Phil den tragbaren Sender aus Stans Gepäck, band die Drahtantenne zwischen zwei Bäume und rief Phyliss über mehrere Gebirgszüge hinweg in Korupoon an, wie sie es an den meisten Abenden während dieser Expedition getan hatten.
«Wir sind hier an einem Platz mit Namen Wikboon am Nordende des Seng-Tales, Liebling. Wir haben beschlossen, auf diesem Umweg nach Ninia zu gehen und nicht direkt nach Korupoon zurückzukehren. Wir...», Phil überlegte — sollte er die Drohungen gegen ihr Leben während der beiden letzten Tage erwähnen? Dies würde ihrer eigenen Situation nicht helfen und lediglich Phyliss, Pat und die Kinder in unnötige Angst stürzen. Denn in Phils und Stans Gemüt gab es wenig Zweifel, daß sie diese Heimsuchung überleben und am nächsten Tag sicher ins Heluk-Tal gelangen würden, so wie sie die Bedrohungen im südlichen Seng-Tal während der letzten vierundzwanzig Stunden überlebt hatten. So sagte er zu Phyliss: «Es geht uns gut, mein Schatz, und wir hoffen, morgen bis zum späten Nachmittag Ninia zu erreichen.»

Während die Abendmahlzeit kochte, stiegen immer mehr Krieger und *kembu*-Schamanen aus den Wikboon-Dörfern herab, um das Gelände mit dem Lager ihrer Opfer in Vorbereitung des morgigen Frühangriffs zu rekognoszieren. Stan entrollte ein Evangeliumsplakat, das er oft auf derartigen Reisen benutzte, und hängte es an einen Baumast im Angesicht der mürrischen Krieger. Das Plakat zeigte einen Pfad, der sich in zwei entgegengesetzte Richtungen teilte. Ein Pfad verlief gerade, war schmal und führte zur ewigen Herrlichkeit. Der Eingang war vom aufragenden Kreuz Christi bewacht. Der andere Pfad, breit und gewunden, führte zum Abgrund der Verdammnis. Eine große Zahl von Menschen schlenderte auf dem breiten Pfad vergnügt dahin und stürzte dann über den Rand hinunter. Aber nur wenige gingen auf dem geraden Pfad; sie alle wurden in der Herrlichkeit empfangen.

Mit Hilfe Yemus verkündigte Stan der höhnischen Menge die Botschaft des Plakats. Wie die Rowdies, denen Stan in früheren Jahren in den Slums von Sydney gepredigt hatte, stießen sich die Yali-Krieger gegenseitig in sarkastischer Fröhlichkeit an und verspotteten den Prediger. Doch es gab da einen beträchtlichen Unterschied: die Rowdies in Sydney waren im allgemeinen betrunken — diese Yali jedoch waren stocknüchtern und eiskalt.

Heftiger Regen fegte von Süden her durch die Schlucht, zerstreute die Seng-Männer in ihre Dörfer und trieb Phil und Stan in ihr kleines Zelt. Yemu und die drei Dani suchten Unterschlupf in einer trockenen Höhle, die der freundliche alte Mann ihnen gezeigt hatte. Die ganze Nacht über trommelte der Regen auf das Zelt, während das Wasser unter den Zeltwänden einzuströmen begann. Stan und Phil krochen aus ihren Schlafsäcken in den Regen, um rund um das Zelt einen Graben zu schaufeln.

Alle sechs Männer beteten um eine sichere Reise am nächsten Tag; aber Yemu dachte auch an praktische Maßnahmen. Er konnte unter dem Schutz von Regen und Dunkelheit weiter talaufwärts fliehen und den Paß überqueren, ehe die Feinde ihm auf die Spur kamen. Oder er konnte in einer örtlichen *osuwa* Zuflucht suchen und damit das Gastrecht der Immunität vor Feinden beanspruchen.

Yemus Treue zu den beiden Missionaren komplizierte die Sache jedoch beträchtlich. Er wußte, daß sie nicht willens wären, um Mitternacht ihr Lager abzubrechen, noch dazu in strömendem Regen, und zu versuchen, in tiefster Finsternis einen Pfad einzuschlagen, den keiner von ihnen je gegangen war, der über schwache Pfahl-Lianenbrücken und trügerische Klippen führen konnte — auch wenn ihnen dies das Leben retten würde! Yemus christliche Glaubensüberzeugung erlaubte ihm nicht, seine Freunde zu verlassen und sich selbst in Sicherheit zu bringen. Selbst wenn Stan und Phil wußten — was aber nicht der Fall war —, daß es möglich war, an einem Yali-Zufluchtsort Schutz zu beanspruchen, wären sie sicher nicht bereit, mit Hilfe der Götter, die sie abzuschaffen suchten, sich Rettung zu verschaffen!

«Immerhin», entschied Yemu, «wenn wir morgen wieder über eine Brücke kommen (wenn sie uns bis zur nächsten Brücke gelangen lassen), können wir versuchen, sie hinter uns zu zerschneiden und zu entkommen, solange sie die reparieren! Das wird sie mindestens einen halben Tag kosten!»

Es gab da nur ein Problem — würden die beiden Missionare, die von gutem Willen und Vertrauen überflossen, dem Zerschneiden einer Lianenbrücke zustimmen?

«Irgendwie muß ich sie überreden», beschloß Yemu und schlief ein.

***

Beim ersten Morgenlicht bewaffneten sich die Krieger von Kibi und sammelten sich zum Angriff. Kusaho versuchte noch einmal, sie zurückzuhalten. «Wir wissen nicht, warum diese Fremden zu uns gekommen sind; laßt sie in Ruhe!»

Eine Yali-Frau aus Kibi nahm ihren Überrock ab und legte ihn über den Pfad, der zum Missionslager hinabführte. Es war die Art einer Yali-Frau, äußerste Mißbilligung für etwas, was das Männervolk zu tun im Begriff war, auszudrücken. Aber die Krieger nahmen einfach den Rock, warfen ihn zur Seite und strömten den Pfad hinab zu einem Treffen mit Nalimo und mehreren hundert weiterer bewaffneter Männer.

Zusammen zogen sie talaufwärts und umkreisten Stan und Phil, als sie gerade das Lager abbrachen. Nalimo vereinbarte ein Zeichen: «Wenn ich den kürzeren *duong* begrüße und meine Hand auf seine Brust lege, schießt ihr ihm plötzlich Pfeile in den Rücken!»

Wenige Minuten später fand Nalimo Stan für sich beim Packen. «Naray!» rief er und lenkte Stans Aufmerksamkeit auf sich, wäh-

rend andere Krieger sich hinter Stan schlängelten. «Naray!» erwiderte Stan fröhlich; er freute sich über ein freundliches Wort von Menschen, die am Vortag noch so mürrisch gewesen waren. Nalimo legte seine Hand auf Stans Brust, Stan seinerseits legte die Hand auf Nalimos Schulter und blickte unschuldig in die Augen der Krieger. Nalimo sah die angehenden Totschläger hinter Stan ihre Bogen spannen — und sich dann unsicher abwenden. Auch Nalimo wandte sich ab. Später schalt er seine Freunde: «Was war mit euch los? Warum habt ihr nicht geschossen, wie es vereinbart war?»
«Wir wissen es nicht», antworteten sie lahm. «Irgendwie schien es nicht der richtige Moment zu sein.»

Stan und Phil schulterten ihr Gepäck und schlugen die Richtung zum äußersten Norden des Seng-Tales ein. Zwei- bis dreihundert bewaffnete Krieger hefteten sich an ihre Fersen mit lautem Geschrei. Fünfzehn Minuten später kamen sie an eine Brücke, und Yemu seufzte vor Erleichterung. In seiner Hand hielt er eine Axt griffbereit. «Nun», sagte er auf Dani zu Phil und Stan, «nachdem wir diese Brücke überquert haben, werde ich sie zusammenschlagen. Wenn sie Pfeile auf mich abschießen, solange ich am Hacken bin, werft einen «Bumm», um sie wegzuscheuchen!»
Stan und Phil besprachen diesen Vorschlag in Englisch, dann gab Phil ihre Entscheidung an Yemu weiter: «Nein, Yemu, wir werden die Brücke lassen, wie sie ist. Wir glauben, daß die Leute dieses Tales sich fürchten, uns zu töten, denn nur sehr wenige von ihnen haben je Menschen wie uns vorher gesehen. Wenn wir aber ihre Brücke zerstören, wird sie dies zornig machen und sie vielleicht dazu bringen, die nächste und ähnliche Person, die in das Tal kommt, zu töten.»

Yemus Magen krampfte sich vor Sorge zu einem harten Knoten zusammen. «Es ist jetzt nur noch eine Frage der Zeit», sagte er sich. Er seufzte schwer. Sie überquerten die Brücke und ließen sie unbeschädigt. Und die Wikboon-Krieger drängten sich im Gänsemarsch hinterher.
«So ist es gut», sagte Nalimo. «Wenn wir sie früher getötet hätten, dann wären ihre Geister in der Nähe unserer Heime freigeworden, und sie wären tot für uns noch gefährlicher gewesen als lebendig. Wir werden warten, bis sie tief im Wald sind. Dann werden ihre Geister den Weg zurück zu unseren Gärten und Dörfern nicht finden.»

In Nalimos Worten lag mehr Wahrheit, als er ahnte — der Einfluß mancher Menschen wächst wirklich mit dem Tod.
An einer Stelle des Wegs begegneten Stan und Phil Kusaho — einem eher kleinen, schüchternen Mann; er war kein mächtiger, imponierender Führer wie Nalimo. Zitternd in der Gegenwart der beiden Fremden mit der seltsamen Haut bot er ihnen einige seiner größten Süßkartoffeln für die Reise an. Das war seine Art, ihnen zu sagen, daß er seine Einwilligung zu der Tötung, die in Kürze stattfinden sollte, nicht gegeben hatte. Stan und Phil, die sich der Bedeutung der Gabe nicht bewußt waren und sich beeilen wollten, um vor Einbruch der Nacht Ninia zu erreichen, dankten ihm rasch, gaben ihm einige Löffel Salz und hasteten weiter; von der Qual in Kusahos Seele fühlten sie nichts.

Als der Mördertrupp an Kusaho vorbeikam, rief er ihnen noch eine letzte Warnung zu: «Ich habe ihnen Süßkartoffeln als Pfand der Freundschaft gegeben! Verderbt es nicht mit Haß und Mord! Laßt sie gehen!»
«Wenn wir sie nicht töten», entgegneten Nalimo und einige andere, «werden sie eines Tages zurückkommen und unsere heiligen Gegenstände vernichten, und es wird Unheil über uns kommen. Was sagst du dann, Kusaho?» Trotzdem wandten sich einige weniger entschlossene junge Männer wegen Kusahos wiederholter Mahnung ab.

Eineinhalb Stunden von ihrem letzten Lagerplatz entfernt, passierten Phil und Stan die letzten Zeichen menschlicher Besiedlung im nördlichen Seng-Tal. Als Stan in westlicher Richtung aufschaute, erblickte er 1000 Meter über sich einen in 3300 Meter Höhe liegenden Paß.

«Von diesem Paß aus werden wir schon fast die Landebahn von Ninia sehen», sagte Stan zu den Dani, um ihnen Mut zu machen. Jeder beschleunigte seinen Schritt, obwohl das Gelände nun sehr rauh war.

Die Hauptmacht der Yali fiel zurück und verschwand aus dem Blickfeld. Yemu dachte: «Vielleicht haben sie aufgegeben; vielleicht sind sie alle heimgegangen!»
Aber im nächsten Augenblick ertönte hinter ihnen im Wald ein großes Kriegsgeschrei, und Yemus Herz sank. «Nun ist es soweit!» dachte er.

Sie kamen an einem großen Felsvorsprung vorüber, der Yendoal genannt wurde. Yali, die versuchten, den Hauptkamm der Schneeberge zu überqueren, schliefen im allgemeinen an trockenen Stellen unter dem Überhang von Yendoal, ehe sie über die Baumgrenze emporkletterten, wo es kein Feuerholz mehr gab.
«Eile, mein Vater!» flehte Yemu. «Ich fürchte, sie werden dich nun töten!»
«Nein, Yemu, ich werde hinten bleiben. Du gehst weiter und hilfst Phil, rasch voranzukommen», erwiderte Stan ruhig. «Er weiß es», dachte Yemu. «Er hat den Schrei auch gehört, und er weiß, daß sie diesmal wirklich töten wollen!» Aber Yemu blieb bei Stan. Die drei Dani waren mit Phil weitergegangen.

Hinter Yendoal wurde der Fluß flach und strömte durch ein breites, steiniges Bett. Sie wateten hundert Meter weiter und erreichten eine Kiesbank. Hinter dem Ufer verließ der Pfad den Fluß und stieg direkt hinauf zum Paß. Noch siebenhundert Meter Anstieg, und sie wären hinüber und auf dem Weg in die Sicherheit. Aber das Kriegsgeheul ertönte von neuem, und dieses Mal wesentlich näher.

Plötzlich kamen sie mit emporgehaltenen Bogen stolpernd durch den Fluß. Andere strömten aus dem Wald herunter mit rasselnden Palmschilfschnüren. Stan und Yemu standen am unteren Ende der Kiesbank und sahen ihnen entgegen. Phil war etwa zwanzig Meter weiter allein am anderen Ende. Die drei Dani warteten einige Meter hinter Phil. Als sie alle entsetzt zurückschauten, sahen sie, wie Stan seinen Stock hochhob und der Wikboon-Horde grimmig entgegenblickte.
«Yemu! Lauf weg!» rief er über die Schulter. Er hielt seinen Stock hoch, nicht um zuzuschlagen, sondern um eine Barriere gegen die anstürmende Woge der Krieger zu bilden.
«Ihr alle dreht euch um, und geht heim!» kommandierte er.

Ein *kembu*-Priester mit Namen Bereway schlüpfte hinter Stan und schoß ihm aus nächster Nähe einen Pfeil unter den erhobenen rechten Arm. Ein anderer Priester, Bunu, schoß einen Schaft mit Bambusspitze in Stans Rücken unmittelbar unter der rechten Schulter.

Yemu schrie nun und brüllte, sie sollten aufhören. Stan zog die Pfeile so wie sie ihn trafen, einen nach dem anderen, heraus, zer-

brach sie und warf sie weg. Dutzende kamen von allen Seiten. Immer weiter zog er sie heraus, zerbrach sie und ließ sie zu seinen Füßen fallen, bis er nicht mehr nachkam. Nalimo erreichte die Szene, als etwa dreißig Pfeile ihr Ziel in Stans Körper gefunden hatten.
«Wie kann er so lange dastehen?» keuchte Nalimo verblüfft. «Warum fällt er nicht um? Jeder von uns wäre längst hingefallen!» Eine andere Art von Pfeil durchdrang Nalimos eigenen Körper — Angst! «Vielleicht ist er unsterblich?» Nalimos sonst stets unbewegtes Gesicht verzerrte sich in plötzlicher innerer Erregung. Aus diesem Grund, so sagte Nalimo später, habe er keinen Pfeil auf Stan abgeschossen.

Stan blickte seinen Feinden fest und unbeweglich entgegen, mit Ausnahme des Rucks bei jedem neuen Treffer. Yemu rannte zu Phil, der allein dastand, und zusammen beobachteten sie voller Qual Stans Todeskampf. Als etwa fünfzig oder noch mehr Krieger sich aus der Hauptmacht lösten und auf sie zukamen, schob Phil Yemu hinter sich und bedeutete ihm stumm: «Lauf weg!» Phil schien kaum zu bemerken, wie die Krieger ihn umringten. Sein Blick war auf Stan geheftet.

Fünfzig Pfeile — sechzig! Rote Rinnsale von Blut flossen aus den vielen Wunden herab, doch noch immer stand Stan aufrecht. Nalimo sah, daß er mit seiner Furcht nicht allein war. Der Angriff hatte voll Ausgelassenheit begonnen, doch nun schossen die Krieger ihre Pfeile in Verzweiflung, die an Panik grenzte, weil Stan sich weigerte, zu fallen. Vielleicht hatte Kusaho recht! Vielleicht begingen sie ein haarsträubendes Verbrechen gegen die übersinnliche Welt, statt sie, wie sie doch beabsichtigten, zu verteidigen. «Fall um!» schrien sie Stan zu. «Stirb!» Dies war fast ein Flehen: «Bitte, stirb!»

***

Yemu hörte nicht, ob Phil irgend etwas zu den Kriegern sagte, als sie ihre Pfeile auf ihn richteten. Phil machte keinen Versuch zu fliehen oder zu kämpfen. Er hatte schon oft der Gefahr ins Auge gesehen, aber niemals dem sicheren Tod. Doch hatte Stan ihm gezeigt, wie man ihm entgegenblickt, wenn er überhaupt ein Beispiel brauchte. Diesem Vorbild hätte er kaum mit größerem Mut folgen können.

Wieder war es Bereway, der den ersten Pfeil abschoß. Und sie brauchten fast eben so viele Pfeile wie bei Stan, um Phil niederzuwerfen.
Yemu und die drei Dani warteten, bis sie wußten, daß Phil zu schwer verletzt war, um zu überleben. Dann packten sie ihre Bündel und stürzten davon in der Gewißheit, daß die Mörder hinter ihnen her sein würden, sobald Phil tot war.
Ein Gedanke beherrschte Yemu: «Wenn sie uns auch töten, ist niemand mehr da, der ihren Witwen sagt, was geschah und wo sie fielen!»

Mit in der dünnen Luft keuchenden Lungen gelangten die vier an eine Gabelung des bergauf führenden Weges. Keiner von ihnen war je in diesem Teil des Seng-tales gewesen — welcher der zwei Pfade würde über den Paß zum Heluk-Tal führen? Dichter Wald verdunkelte die vor ihnen aufragenden Bergwände, und die vier Männer hatten auf ihrer wilden Flucht jeden Orientierungssinn verloren.
Der Pfad zur Rechten sah aus, als ob er stärker begangen würde; die verzweifelten Männer konnten auf ihm zumindest schneller vorankommen, ganz gleich, wohin er führte! Sie stürzten den Pfad zur Rechten hoch. Sie konnten das Geheul der Mörderbande nicht mehr hören, doch dies gab ihnen keineswegs Sicherheit. Jeder, der sie diesen steilen Hang hinauf verfolgte, hätte nicht mehr den nötigen Atem, um zu schreien, doch war er erst einmal nahe genug gekommen, dann hätte er immer noch genug Kraft, zu *töten*.

Allmählich blieb Dengan, der schmächtige Dani, der sich erst in letzter Minute der Expedition angeschlossen hatte, hinter den anderen zurück und verlor sie aus den Augen. Während des ganzen Marsches hatte ihm eine wunde Stelle am Fuß Beschwerden verursacht. Als die fliehenden Männer in den dicht mit Moos verhangenen Bergwald hinaufkletterten, wurde die Luft kälter. Noch weiter oben waren sie bald in Wolken gehüllt.
Auch Yemu begann hinter den beiden stämmigen, schnelleren Dani, Degen und Nigit, zurückzubleiben. Stunden später fanden Degen und Nigit an einer Seite des Weges eine Höhle und warteten auf Yemu und Dengan, im Vertrauen darauf, daß die Yali sie nicht auf eine solche Entfernung verfolgen würden.

***

Am Ort der Morde zogen die Yali, nachdem beide Missionare auf dem steinigen Ufer niedergestürzt waren, ihre zerschundenen Körper fort und legten jeden von ihnen in getrennte Waldnischen, die von Ästen verhangen waren.

Jemand reichte Bunu die Stahlaxt. Er hob sie über seinen Kopf hoch und sagte zu den mit Palmschilfschnur umwickelten Männern, die um ihn herumstanden: «Ihr seht, daß die Berichte, die wir hörten, wahr waren! Diese Männer haben eine übernatürliche Lebenskraft. Ich befürchte, Brüder, wenn wir weggehen und sie so liegenlassen, dann werden sie sich erheben und ihren Weg fortsetzen. Und wenn dies geschieht» — Bunus Augen verengten sich grimmig, «dann wird unser ganzes Volk die Botschaft glauben, die sie verkünden!»

Es war deutlich, was Bunu sagen wollte. Die Mörder fühlten sich in ihrer eigenen Falle gefangen. Nachdem sie einmal diesen Weg eingeschlagen hatten, mußten sie ihn auch zu Ende gehen! Sonst würden *wene melalek,* ihre *kembu-vams* und *dokwi-vams,* ihre *osuwa* und selbst die heiligen Feste von *kwalu* und *morowal* verschwinden! Männer würden Zaubergegenstände und Fetische, die den Geistern heilig waren, verbrennen und sich die Haare kurz schneiden! Und sich den Körper reinwaschen! Frauen und ungeweihte Kinder würden an den neuen heiligen Dingen den gleichen Anteil haben wie die Männer, wie dies in Ninia bereits geschah! «*Nein*!» schrien Bunu und andere in äußerstem Zorn. «*Das darf nicht geschehen!*»

Obwohl die Yali keine Kopfjäger waren, enthauptete Bunu, von wilder Furcht getrieben, Stan und Phil. Die Mörder, die noch immer nicht zufrieden waren, entkleideten die beiden Leichname und zerhackten sie systematisch in Stücke. Dann zerstreuten sie Knochenstücke im Wald, um die Auferstehung schwieriger zu machen.

Von Anfang an hatten Nalimo und seine Freunde vor, ein Kannibalenfest zu veranstalten, nachdem sie Phil und Stan getötet hatten. Nun begann eine wachsende Zahl von Beteiligten Einwendungen gegen diese Idee zu machen. Kannibalen verzehren das Fleisch ihrer Opfer, um ihre eigene Lebenskraft zu verstärken, doch vielleicht hatte der Genuß des Fleisches von so fremdartigen Wesen eine ganz andere Wirkung? Vor allem Stan hatte so unheimliche

Kräfte bewiesen, als er zuerst verwundet worden war, und dann wieder während der letzten Minuten seines Lebens in Yendoal.

«Was sollen wir mit ihnen tun», fragte einer, «sie hier lassen, bis sie verrotten? Oder ein Feuer machen und sie verbrennen?»
«Nein!» erwiderte ein anderer. «Wenn wir sie hier lassen — selbst wenn wir sie erst zu Asche verbrennen — könnten sie während der Nacht wieder zum Leben erwachen und uns entschlüpfen! Wir wollen sie zu Kusahos *yogwa* an der Bergwand hinuntertragen und eine Nacht zuwarten. Wenn sie bis zum Morgen nicht auferstanden sind, können wir, glaube ich, sicher sein, daß ihr Fleisch ganz einfach menschlich ist und ohne Schaden gegessen werden kann.»

Die jungen Männer zerschlugen den tragbaren Sender in kleine Stücke, zerschlitzten Stans Zelt in Fetzen und plünderten die Bündel, die Yemu und die Dani zurückgelassen hatten. Dann nahmen mehrere der Mörder Teile der beiden Körper auf und begannen eine makabre Prozession den Pfad hinab nach Hause — einer trug eine Hand, ein anderer einen Fuß, wieder ein anderer ein Knie oder eine Schulter...

Einige Männer blieben zurück, um eine letzte Aufgabe zu erfüllen. Fast zweihundert Pfeile lagen zerbrochen am Ufer von Yendoal. Die meisten Pfeile lagen zerstreut nahe dem Rand des Wassers, wo die nächste Flut sie wegschwemmen würde. Damit wäre ihre Aussagekraft als Erinnerungsstücke an das große Ereignis dieses Tages vergeudet. Die letzten Yali, welche die Stätte verließen, sammelten sorgsam alle diese Pfeile auf und taten sie mit anderen zerbrochenen Pfeilen zusammen, die in den Waldnischen lagen, wo die beiden Opfer zerstückelt worden waren.
Niemand nahm sich die Mühe, Yemu und die drei Dani zu verfolgen.

Gegen Mitte des Nachmittags erreichte der Mördertrupp Kusahos Ersatz-*yogwa* am Fuße der Bergwand. Feierlich legten sie ihre verstümmelten Trophäen auf ein Brett, das sich unter dem vorspringenden Dach rund um die Außenwand der *yogwa* zog.

«So!» meinte einer gespannt. «Hier lassen wir sie bis zum Morgen liegen; dann werden wir sehen.» Die Krieger wandten sich ab und setzten ihren Weg talabwärts fort, um im nächsten Dorf zu übernachten. In der Zwischenzeit eilten Boten in alle Dörfer des

Wikboon-Kessels und verkündeten: «Die *duongs* sind tot! Kommt früh am Morgen zu Kusahos *yogwa* am Fuße der Bergwand zur Schlußprozession, ehe wir mit ihrem Fleisch ein Fest feiern. Das Fest wird im Dorf Sengambut stattfinden!»

Die meisten Menschen im Wikboon freuten sich, daß die schreckliche Tat vollbracht war. Andere warnten, daß in kurzem furchtbare Folgen eintreten würden, und begannen den Himmel und die Berge nach ersten Anzeichen für das Eintreffen ihrer Vorhersage zu beobachten. Kusaho, nun ein einsamer Mann im Dorf Kibi (nur einige Frauen hatten sich bei seiner vergeblichen Verteidigung der *duongs* auf seine Seite gestellt), senkte kummervoll den Kopf, als er die Nachricht vernahm.

«Ihr kamt in Frieden, ihr seltsamen Wesen von einer anderen Welt», sinnierte er laut, «und mein Volk hat euch getötet. Nun fürchte ich, daß wir alle für das leiden müssen, was wir getan haben. O hätte ich euch in meiner Haupt-*yogwa* willkommen heißen und euch speisen und beherbergen können, und euch fragen, welch seltsamer Zweck euch in unser Yali-Land geführt hat! Alles, was ich für euch tun konnte, war, euch meine größten Süßkartoffeln zu geben, ehe ihr starbet, und eure Überreste unter einem Dach zu bergen, das ich mit eigenen Händen gemacht habe!»

Verblüfft über Kusahos Beredtheit verstummten die meisten Männer, die seine Haupt-*yogwa* mit ihm teilten. Als andere Kusaho verspotteten, sagten sie: «Laßt ihn in Ruhe! Es ist etwas Besonderes mit ihm — etwas, was wir nicht verstehen.»

Bei Einbruch der Dämmerung verließ Kusaho seine *yogwa* und ging im Dorf herum. Bei jeder *homia,* an der er vorbeikam, rief er den Frauen und Kindern zu: «Geht morgen nicht nach Sengambut. Schaut das Fleisch der *duongs* nicht an, damit ihr nicht im Herzen versucht werdet, zu sagen: 'Unsere jungen Männer haben einen großen Sieg errungen!' — Sie haben etwas Böses getan. Ich werde versuchen, sie daran zu hindern, das Fleisch zu essen.»

***

Irgendwo unterhalb des viertausend Meter hohen Kammes des Hauptzugs der Schneeberge kauerten sich Nigit und Degen eng in einer einsamen, feuerlosen Höhle zusammen. Nackt, erschöpft, hungrig und von der Tötung ihrer beiden Freunde tief verstört, sahen sie sich vor der bitteren Möglichkeit, noch vor dem Morgen zu erfrieren. Wenn doch nur Yemu und Dangan sie einholten, dann wären sie vier, die versuchen konnten, sich aneinander zu wärmen. Aber als die Dunkelheit einbrach, waren Dengan und Yemu noch immer nicht erschienen.

***

Am nächsten Tag bei Sonnenaufgang strömten Hunderte von Yali-Männern und -Knaben gespannt zu Kusahos *yogwa* oben im Tal und waren äußerst erleichtert, als sie das Fleisch ihrer Opfer noch auf dem Brett unter dem Dachtrauf der runden Behausung liegen sahen. Voller Freude über ihren Triumph liefen sie in einem großen Kreis auf einer nahegelegenen Grasfläche durcheinander, sangen mit tiefen, kehligen Stimmen und schworen allen anderen *duongs,* die es wagen würden, ihr Tal zu betreten, die gleiche Strafe zu. Dann trugen sie die Stücke von Stans und Phils Leichen das Tal hinab nach Sengambut, wo bereits Kochgruben vorbereitet worden waren. Als aber die Männer die Feuer zum Erhitzen der Steine entzünden wollten...

«Wartet!» Kusaho schritt mitten in die Versammlung, schmächtig, aber drahtig, mit zartknochigem, empfindsamem Gesicht und großen, ausdrucksvollen Augen. Unter seinem Volk war er keine imponierende Gestalt. Auch war er nicht als Mann der Tapferkeit bekannt in der Weise, wie die Yali Tapferkeit bewerteten. In Zeiten von Auseinandersetzungen schien er oftmals eher daran interessiert, Verhandlungen zu eröffnen, als militärische Vorteile auszunutzen. Dies rief auch unter seinen engsten Freunden Abscheu und Verwirrung hervor.

«Vom Anbeginn der Welt», rief er aus, «haben wir Yali Menschenfleisch gegessen — aber nur das Fleisch von Menschen, die ihrerseits einige unserer eigenen Familie getötet und gegessen hatten. Nun frage ich euch — habt ihr je davon gehört, daß ein *duong* das Fleisch von einem Yali gegessen hat?»

Ein verneinendes Murmeln durchlief die Versammlung.
«Was soll dann dies, was ihr hier vorhabt?» fragte er unwillig. «Etwas, was unsere Ahnen uns niemals gelehrt haben zu tun! Was glaubt ihr eigentlich, wer ihr seid?»

Dieser Punkt traf sie hart. Selbst die Hungrigsten unter den Kannibalen konnten nichts finden, um Kusahos Argument entgegenzutreten. Wilde Köpfe senkten sich unterwürfig.

«Nun bringt ihr jungen Männer dieses Brennholz her und baut einen Scheiterhaufen!» befahl Kusaho, und seine sonst so sanften Augen blitzten. «Wir werden diesen beiden Fremden eine anständige Einäscherung geben.»
Die Versammlung stimmte zu.

***

Schwach von Schlaflosigkeit, Kälte und Hunger blinzelten Nigit und Degen in die aufgehende Sonne, ließen sich gegenseitig los und standen auf. Sie stolperten aus der Höhle und starrten benommen auf einen Ausblick, wie sie ihn in dieser Weite noch nie gesehen hatten. Die Wolken waren von allen Bergketten abgezogen und enthüllten einen unübertroffenen Ausblick auf Hunderte von Berggipfeln; dahinter verschwamm die tiefblaue Weite des Tieflands im Unendlichen.

Noch immer gab es kein Zeichen von Yemu und Dengan. «Sollten wir umkehren und sie suchen?» fragten sie sich. Nein, entschieden sie, Yemu und Dengan wissen, wie sie überleben können. Inzwischen mußten sie selbst irgendwie den Weg nach Ninia finden, um Pat und Phyliss mitzuteilen, daß ihre Männer tot waren.

Degen und Nigit hatten keine Ahnung, daß sie auf dem falschen Weg waren. Der Paß in das Heluk-Tal lag weit südlich von ihrer Position. Blindlings machten sie sich auf und folgten weiter dem Pfad, der sie zur Hauptkette der Schneeberge hinaufführte. «Wir wollen hinaufklettern», schlug Degen vor. «Vielleicht sehen wir von dort Ninia.»

Sie arbeiteten sich über kahle Kalkflächen hoch und erreichten die höchsten Türme des Kammes. «Das muß Ninia sein!» rief Nigit, als sie hinabsahen, und deutete auf eine ferne Landebahn, die über tausend Meter unter ihnen lag. Daneben lag eine Gruppe von Häusern mit Dächern, die wie winzige Lichtpünktchen glänzten. In Wirklichkeit war dies ein Außenposten, der von Siegfried Zöllner und einem Team deutscher Missionare bewohnt war, die unter Yali-Sippen nördlich des Hauptkammes arbeiteten.

Degen und Nigit faßten sich ein Herz und kletterten den Nordhang des Kammes hinab.

***

An diesem Morgen wollte der kleine Rodney Dale in Korupoon zu den Wasserfällen hochklettern, die von einem Berghang oberhalb der Station herabstürzten. So packte Pat eine Mahlzeit zusammen und machte sich mit ihm auf den Weg. Phyliss arrangierte inzwischen neben Phils Fischteichen ein Picknick für Joy und Janet Dale und ihren eigenen Sohn Robbie. Pat und Rodney kamen um 13.30 Uhr von den Wasserfällen zurück.
«Hast du irgend etwas über Funk gehört?» fragte Pat.
«Nichts Neues bis jetzt», erwiderte Phyliss. Die Gesichter beider Frauen spiegelten Besorgnis wider. Stan und Phil hatten versprochen, anzurufen, sobald sie in Ninia angekommen waren, doch war kein Ruf durchgekommen. Vielleicht war der Sender in Ninia defekt, oder die Batterie war leer?

Pat kehrte zu ihrer Aufgabe zurück, die sie beschäftigt hatte, seit Stan und Phil aufgebrochen waren — das Schreiben von Matrizen mit Stans kürzlich fertiggestellter Fassung des Markus-Evangeliums in der Yali-Sprache.
Eine halbe Stunde später: «Karubaga! Hier spricht Siegfried Zöllner von Angeruk! Ich habe eine wichtige Nachricht für Sie!»
Als Phyliss sich von ihrer Hausarbeit abwandte, um zuzuhören, erwiderte RBMU-Missionar David Martin von Karubaga: «Bitte weitersprechen, Siegfried; wir hören!»
Siegfrieds Stimme war erregt: «David! Zwei fast erschöpfte Dani sind eben hier in unserer Station eingetroffen. Ich kann ihre Dani-Sprache nicht verstehen, aber aus ihren Gesten scheint hervorzugehen, daß Stan Dale und Phil Masters irgendwo südlich des Hauptkammes erschossen worden sind. Sie stehen neben mir. Ich werde ihnen das Mikrophon hinhalten, während sie ihre Geschichte für Sie wiederholen!»
«Pat!» rief Phyliss, und Pat verließ ihre Schreibmaschine und trat zu Phyliss neben das Funkgerät.

Während der nächsten Minuten strömte Degens gutturales, schnelles Dani über die Ätherwellen, gelegentlich unterbrochen durch kurze Fragen von David Martin, ebenfalls in Dani. Phyliss hatte einiges von ihren Dani-Kenntnissen vergessen, seit sie vor

Jahren Karubaga verlassen hatte, doch an ein Wort erinnerte sie sich deutlich, das in Degens Erzählung mit unheilvoller Häufigkeit wiederkehrte — *wakerak* — getroffen. Phyliss und Pat beteten jede für sich im stillen um Kraft, um die volle Übersetzung des Berichts ertragen zu können, wenn er durchkam. Sie brauchten nicht lange zu warten.

«Phyliss und Pat», sagte die Stimme mitfühlend, «es tut mir leid, euch einen Bericht von Phils und Stans zwei Trägern übermitteln zu müssen, der bestätigt, daß eure Männer gestern morgen gegen 10 Uhr auf dem Weg im Seng-Tal angegriffen wurden. Aus der Erzählung der beiden Träger muß ich entnehmen, daß wenig Hoffnung besteht, Phil oder Stan könnten überlebt haben. Unter Mitarbeit von MAF werden wir sofort eine Suche in dem Gebiet einleiten.»

«Lieber Herr», betete Pat, während ihr die Tränen kamen, «ich hoffe, du hast ihn rasch heimgeholt. Ich hoffe, er hat nicht wieder so leiden müssen wie damals, als sie ihn verwundet haben.» Zu Phyliss sagte sie unter Tränen: «O Phyliss, ich hoffe, daß du nicht mir die Schuld gibst an Phils Tod!»
«Pat, davon kann überhaupt keine Rede sein!» erwiderte Phyliss und legte den Arm um sie. «Phil hatte seine eigenen Vorstellungen, und ich weiß, daß er fühlte, es sei Gottes Wille, daß er ginge. Gott hat alles in der Hand, Pat. Wir dürfen rein menschlichen Ursachen nicht zuviel Gewicht beimessen. Im übrigen sind Phil und Stan vielleicht nur verwundet, vielleicht sind sie noch irgendwo am Leben und warten auf Hilfe. Ich habe noch nicht alle Hoffnung aufgegeben.»

Phyliss wandte sich ab und dachte an ihren letzten Augenblick mit Phil. «Als er mich zum Abschied küßte, war eine besondere Zärtlichkeit in seinem Kuß, die ich noch lange spürte», erinnerte sie sich. Dann betete sie: «Lieber Herr, wenn dies der letzte Augenblick sein sollte, den Phil und ich auf dieser Erde teilten, dann danke ich dir, weil du ihn zu einer so schönen Erinnerung gemacht hast.»

***

Stans australischer Landsmann Franke Clark war in diesem Jahr Feldleiter von RBMU. Zusammen mit seinem holländischen Mit-

arbeiter Jac Teeuwen flog Frank mit der MAF-Cessna direkt nach Angeruk und nahm Degen und Nigit an Bord, die sich inzwischen an Süßkartoffeln satt gegessen hatten, nachdem sie vierundzwanzig Stunden ohne Nahrung gewesen waren. Nach dem Start von Angeruk schraubte sich der Pilot Paul Pontier zum Kamm der Bergkette hoch, die die beiden Dani früh am Morgen überquert hatten.
«Ich kann nicht durch die Wolken fliegen!» sagte Paul, nachdem er mehrere Minuten lang gekreist war. Pontier setzte sich über Funk mit Ninia in Verbindung und übermittelte Luliap die Nachricht, der am Missionssender Dienst tat.

«O Stan, du warst wie ein Vater zu mir!» Luliap weinte, als das Funkgespräch beendet war. Die Nachricht vom Tod Stans und Phils verbreitete sich schnell unter den Yali des Heluk. Als sie den Bericht vernommen hatten, weinten der alte Andeng, Hulu und andere *kembu*-Priester, die einmal Stans geschworene Feinde gewesen waren, über seinen Tod.
Um 18 Uhr des gleichen Tages kam ein weiterer Ruf aus Angeruk. «Yemu ist eingetroffen; er ist müde, durchnäßt und schwach vor Hunger, aber sonst unverletzt! Unglücklicherweise hat Yemu keine Ahnung, was mit dem vierten Träger, Dengan, geschehen ist.»

***

Am nächsten Morgen erreichte die Nachricht ein kleines geologisches Vermessungslager rund 285 Kilometer weiter östlich in den Sternbergen von Papua-Neuguinea.
«Hamilton!» rief der Hubschrauber-Flugdienstleiter durch einen heftigen Wolkenbruch. «Über der Grenze drüben in Irian Jaya sind einige Missionare in einen Hinterhalt geraten. Ihre Freunde bitten um Hubschrauberunterstützung. Sehen Sie zu, daß Sie möglichst schnell in die Luft kommen!»
«In die Luft, bei diesem Regen?» murmelte Bob Hamilton vor sich hin. «Mein Quirl fliegt doch nicht unter Wasser!» Er untersuchte seine Schuhe nach Skorpionen, zog sie an und trottete in das typisch scheußliche Wetter von Neuguinea hinaus.

Hamilton begab sich nach Kawagit, wo er sich mit einem MAF-Piloten traf, der ihn in das Gebiet des Hinterhalts führen sollte. Als er schließlich in Kawagit startbereit war, ließ der Regen nach. «Wißt ihr», pflegte Hamilton gern seinen Freunden zu sagen,

Stan, Pat und die Kinder machen sich auf zu einem Fußmarsch nach Balinga

Die Familie Dale in Australien

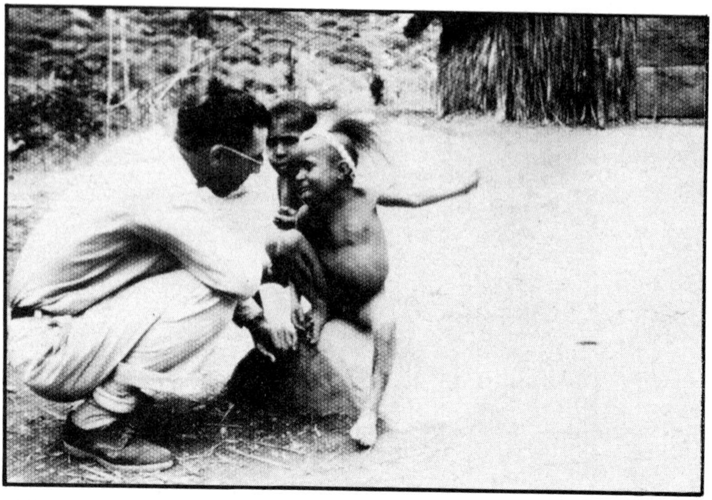

Phil unterhält sich mit einem seiner Freunde, einem Jungen der Kimyal-»Pygmäen«

Don Richardson überquert eine Hängebrücke wie die, welche Yemu abschneiden wollte

Pat Dale behandelt Kranke und berät Yali-Frauen

Kusaho heißt Frank Clarke und Don Richardson willkommen

Emeroho, der Stan und Bruno in das Heluk-Tal führte, hörte auf ihre Worte trotz Bedrohung seines Lebens

Das Dorf Ninia im Jahre 1977

Don und Carol Richardson mit Familie

«der Himmel ist in diesen Bergen manchmal ein bißchen schwer zu finden.»
Hamilton schrieb später: «Der Durchschnittsmensch stellt sich einen Missionar vor als ein Überbleibsel aus der kolonialen Vergangenheit oder einen Typ der zwanziger Jahre wie Walter Huston in 'Rain'. Tatsache ist aber, daß sie auch jetzt draußen sind und Burschen mit Stäben durch die Nase Lieder beibringen, so wie Stan Dale (und Phil Masters) dies in jenem Sommer 1968 getan hatte. Nun ... (war ich auf dem) Flug über die ausgezackten Berge und die flechtenbehangenen Regenwälder, um (sie) oder was von (ihnen) übrig war zu suchen ...

Jeder hat schon von hübschen, lächelnden Bewohnern der (Südsee-) Inseln gehört mit Blumen im Haar ... (aber diese Stammesleute der Schneeberge — glaubt mir) —, die waren anders. Sie waren feindselig — und sie waren Kannibalen. Sie haben keine Vorstellung von Gott, so wie wir den Allmächtigen verstehen. Sie beten Fetische an. Ein Fetisch kann fast alles sein, von einem Klumpen getrocknetem Schweinefett bis zu einem grob gemeißelten kleinen Stein ...
Wenn die Stämme in den Krieg ziehen — und das ist ihr einziger Sport —, dann gibt es für die Gewinner ein Siegesfest mit den Verlierern als Hauptgericht. (Stellt euch vor,) Menschen wie diesen davon zu predigen, daß man seine Feinde lieben und die andere Wange hinhalten soll! Darum sage ich, diese Missionare müssen verdreht sein, und ich hasse es, nun ins Kannibalenland zu fliegen, um sie herauszuholen; gleichzeitig müssen sie aber auch die mutigsten Männer mit dem stärksten Glauben irgendwo in der Welt sein, und darum (helfe ich ihnen), sooft ich gebeten werde!»

Unter Führung des MAF-Piloten flog Hamilton das Heluk-Tal an und setzte seinen Hubschrauber neben der Landebahn von Ninia auf. «(Als ich sie sah,) wünschte ich (dem MAF-Piloten) Glück beim Heruntergehen. Ich meine, wie will man eine Cessna 185 auf rauhem Grund bei einer Neigung von 120 Metern aufsetzen? Natürlich hangaufwärts, so wie er das schließlich auch tat. Wir sind hier draußen alle unser Geld wert.»

Im fernen Sentani an der Nordküste von Irian Jaya überbrachte ein Freund der Familie Masters der dreizehnjährigen Chrissie, dem elfjährigen Bruder Curt und der neunjährigen Rebecca die Nachricht, daß ihr Vater «vermißt, wahrscheinlich tot» sei. Die

Kinder fanden es schwer, sich vorzustellen, daß irgend jemand — selbst Yali-Kannibalen — gegen ihren Vater Gewalt anwenden würden. Curt drückte es unter Tränen so aus: «Mein Daddy hat in seinem ganzen Leben nie jemandem weh getan.»

***

Mit einem verängstigten Degen, der den Weg wies, knatterte Hamilton durch einen Paß und ging rasch in den riesigen Wirbel der wirren Grate des Seng-Tales hinunter. Degen brauchte einige Minuten, um die Position zu finden — vom Himmel sah alles so anders aus. Schließlich rief er: «Da ist es, wo wir die Nacht verbracht haben!»

Hamilton setzte nahe dem Platz auf und ließ Degen, Frank Clarke und einen schwerbewaffneten indonesischen Leutnant allein in dem feindlichen Tal zurück. Zehn Minuten später kehrte er mit Jac Teeuwen und zwei weiteren Soldaten zurück.

Mehrere Minuten lang stand die Gruppe Rücken an Rücken und suchte die Berghänge ringsum ab. Dann flogen sie talaufwärts und suchten nach Zeichen von Phils und Stans letztem Aufenthalt. Hoch über ihnen kreiste MAF-Pilot Paul Pontier langsam in einem kleinen Flugzeug und deckte sie. Paul hielt ständigen Funkkontakt mit den Männern im Hubschrauber durch einen kleinen Sichtliniensender.

Hamilton flog den Suchtrupp dicht über den Baumwipfeln hin und her, wobei sie nach Anzeichen für die Tötungen suchten — ein zerrissenes Kleidungsstück, einen Blutfleck auf den Steinen, zerbrochene Pfeile. Sie fanden alle drei — und mehr — an einem Ufer, das plötzlich unter dem Rumpf des Hubschraubers ins Blickfeld kam.

Degen krümmte sich vor Entsetzen, als die Szenen, die er auf jenem verhängnisvollen Ufer hatte mitansehen müssen, in sein Gedächtnis zurückströmten. Im Hubschrauber war Bob zutiefst entsetzt über das Bild. Buchstäblich Hunderte von zerbrochenen Pfeilen lagen kreuz und quer in zwei Waldnischen direkt oberhalb des Ufers. Ein zerbrochenes Sendegerät, das zerfetzte Zelt und Gepäck, zerbeulte Kochgeräte, ein Paar Hemden, «getüpfelt von Pfeileinschüssen», und zerrissene Blätter Notizpapier — Gedichte, von Stans Hand geschrieben, alles lag rings umher, als habe ein Tornado gewütet. Dann sah Hamilton dunkelbraune Flecken getrockneten Blutes überall am Ufer.

Bald kehrten die Suchenden mit kleinen Fragmenten von menschlichen Wirbeln, einem Kieferknochen und einigen Zähnen mit Füllungen zum Hubschrauber zurück. Jede noch vorhanden gewesene Hoffnung, Stan oder Phil lebend zu finden, war nun restlos zerstört. Es gab auch kein Zeichen von Dengan, dem vermißten Träger.

In weniger als einer Stunde brachte Hamilton den gesamten Suchtrupp sicher nach Ninia zurück. «Dann flog ich hinaus aus diesen häßlichen Schneebergen zum Basislager. Die Wolkendecke war dichter als gewöhnlich, und ich stieg weiter, um über die Wolken zu kommen. Ich begann schläfrig zu werden, und eine Zeitlang dachte ich, ich würde es nicht schaffen. Aber die Wolken rissen auf, und ich gelangte sicher zurück. Wären sie nicht aufgerissen, so wäre ich in die Bäume geraten und getötet worden. Aber mein Tod hätte nicht den zehnten Teil von dem bedeutet, was der Tod von (Stan Dale und Phil Masters) ausmacht. Das ist der ganze Grund, warum ich diese ganze Geschichte erzählen wollte ...»

Teil IV

Triumph hinter dem Gebirgsrand

Schüsse im Seng-Tal

Als die Nachricht vom Tod Phils und Stans per Brief, Telegramm, Zeitung und Radio in alle Teile der Welt verbreitet wurde, begannen Beileidskundgebungen in steigendem Umfang bei Pat und Phyliss einzugehen. Zehntausende von Menschen in vielen Ländern fingen an, für «den Yali-Stamm» zu beten, Menschen, die sonst nie etwas von der Existenz dieses Stammes erfahren hätten. Das Seng-Tal wurde plötzlich zu dem Tal auf der Erde, für das am meisten gebetet wurde. «Nun endlich», so sagten viele voraus, «wo so viele Gebete auf das Yali-Volk konzentriert sind, können sie sicherlich nicht länger dem Evangelium von Gottes Liebe widerstehen. Irgend etwas muß geschehen.»

Gleichzeitig kamen vom Heluk- und Balim-Tal, von Yali-Familien im Norden der Schneeberge in Angeruk und von weiter entfernten Gebieten in den Tieflandsümpfen südlich der Berge Gerüchte, daß Wikboon-Krieger im Taumel über ihren Erfolg bei der Tötung von Phil und Stan nun wagten, Nachbarvölker aufzustacheln, sie sollten ihrem Beispiel folgen und alle *duongs* innerhalb ihres Gebietes töten — auch die, die sich selbst *die Regierung* nannten. «Die beiden *duongs,* die wir getötet haben, hatten Gewehre bei sich», behaupteten sie — wahrscheinlich bezogen sie sich dabei auf Stans Knallfrösche. «Aber durch unsere Zauberei haben wir uns unverwundbar gegen ihre Kugeln gemacht. Wir scheuchten den Hubschrauber weg, indem wir Pfeile auf ihn schossen! Ihr könnt das gleiche tun.»

Ausführlichere Berichte, die bis zum Regierungssitz in Wamena durchsickerten, nahmen einen unheilvollen Unterton an: «Wikboon-Schamanen haben kleine Teile von Phils und Stans Fingern getrocknet und konserviert. Sie schicken sie als Pfand nach Angeruk, in den südlichen Heluk und ins Balim-Tal. Jede Sippe, die eines dieser Pfänder annimmt, verpflichtet sich hierdurch, an einem allgemeinen Aufstand gegen alle Fremden teilzunehmen. Diese Pfänder garantieren Immunität gegen Gewehrfeuer.»

Während der vorangegangenen zehn Jahre setzten erst die niederländischen wie später die indonesischen Zivilregierungen und die

Polizeipatrouillen Gewalt ein, um Ausbrüche von Gewalttätigkeit unter kriegführenden Yali- und Dani-Sippen zu ersticken. Die meisten Dani- und Yali-Sippen hatten, eingeschüchtert vom Anblick von Polizei und Soldaten mit ihren Gewehren, die kriegerischen Auseinandersetzungen eingestellt. Aber die Zusage einer übernatürlich bewirkten Unverwundbarkeit gegen die Macht der Gewehre konnte leicht wieder offenen Ausbruch von kriegerischen Unruhen herbeiführen.

Indonesische Beamte sowie Militär- und Polizeioffiziere wurden zunehmend besorgt. «Wenn wir nicht eine Patrouille in das Seng-Tal entsenden, welche die Urheber dieses geplanten Aufstandes bestraft», sagte der oberste Beamte in Wamena, «dann wird dieser tatsächlich eintreten. Um diese Tragödie zu verhindern, habe ich veranlaßt, daß eine Patrouille dorthin geschickt wird, wenigstens einige der Mörder der beiden Missionare faßt und die anderen überredet, nicht die Bevölkerung in den umliegenden Tälern aufzuhetzen.»

Um die Sache noch dringlicher zu machen, rief eines Morgens Siegfried Zöllner, der Missionar in Angeruk, über Funk in Wamena an und sagte: «Aufwiegler aus dem Seng-Tal sollen in diesem Augenblick unter den hiesigen Bewohnern sein und einen Angriff auf unsere Mission und auch auf den neuen Außenposten der Regierung hier organisieren.»
Polizei flog nach Angeruk und durchsuchte die dort liegenden Yali-Dörfer. Doch sie fanden niemand, der als Bewohner des Seng-Tales identifiziert werden konnte.
War der Bericht falsch? Oder hatten die Leute von Angeruk mit den Seng-Leuten konspiriert und sie vor der Polizei versteckt?

Wie dem auch sei — am 25. Oktober 1968, genau einen Monat nach Phils und Stans Tod, versammelten sich sechs Soldaten, sieben Polizisten, ein Distriktsoffizier und vierzig Träger in Ninia, um die Yali des Seng-Tales notfalls mit Gewalt zur Ruhe zu zwingen.
Noch zwei Personen schlossen sich der Patrouille an — Frank Clarke, Feldleiter von RBMU, und ich selbst als Franks Stellvertreter.
Ich befand mich in Kamur, dem Außenposten von RBMU in den Sawi-Sumpfländern, fast zweihundert Kilometer südlich des Heluk-Tales, als Frank mich über Funk rief und sein Dilemma

schilderte: «Don, die Regierung hat uns eingeladen, Missionare als Beobachter bei dieser Patrouille mitzuschicken. Wenn wir mitgehen, und die Patrouille tötet Stammesangehörige der Yali, dann besteht die Gefahr, daß wir als Missionare mit diesen Tötungen identifiziert werden. Andererseits, wenn im kritischen Augenblick des Kontaktes ein Missionar anwesend ist, glaube ich, daß es ihm vielleicht gelingt, mit diplomatischem Geschick die schießfreudigen Patrouillenmänner von unnötiger Gewalt abzuhalten. Wenn sich die Gelegenheit ergibt, kann der Missionar auch als Schiedsrichter bei Friedensverhandlungen assistieren.
Aus diesem Grund habe ich beschlossen, die Patrouille zu begleiten.
Ich hoffe, daß sich meine Entscheidung als richtig herausstellt.»
Ich stimmte seiner Entscheidung zu. Die Geschichte verzeichnet viele Fälle, wo höchst bedauerliche Schlachten geschlagen wurden, weil kein Schiedsrichter da war, den beide Seiten hätten akzeptieren können.
Frank erklärte weiter, daß er nur in der Dani-Sprache gearbeitet habe und wenig Erfahrung mit dem Indonesischen besitze. Jemand mußte die Patrouille begleiten, der mit den Offizieren in ihrer eigenen Sprache reden konnte. Er dachte an mich, weil ich die Sprache kannte. Er wies darauf hin, daß das Unternehmen sich als sehr gefährlich erweisen könnte. Da jedoch Frank sich bereits verpflichtet hatte, die Patrouille zu begleiten, und da bei Entscheidungen auf Leben und Tod eine wirkungsvolle Verständigung notwendig war, erklärte ich mich ebenfalls bereit, zu gehen. Einige Tage später küßte ich meine Frau und meine Söhne zum Abschied und flog nach Ninia.
Siegfried Zöllner rief Ninia an mit einer düsteren Warnung, daß eine große Zahl von Kriegern die Schneeberge überquere, um sich den Wikboon-Leuten anzuschließen.

Am Mittag des 27. Oktober erreichten wir den höchsten Punkt des gleichen Passes, den Stan und Phil von der entgegengesetzten Richtung zu erreichen versucht hatten. Als wir in dichtem Nebel und Nieselregen in 3300 Meter Höhe den Abstieg ins Seng-Tal begannen, dachte ich: «Armer Dengan! Konnte er ohne Kleidung und Obdach womöglich bis jetzt in diesem bitterkalten, feuchten Klima überlebt haben?»
Die Chancen, Dengan je lebend — oder tot — zu finden, waren nun sehr gering, aber wir hielten nach jedem Zeichen Ausschau, das er vielleicht hinterlassen hatte.

Inzwischen bemerkten Frank und ich, daß unsere gegenwärtige Expedition vielleicht schon in ihren Anfängen einen weiteren «Dengan» verlieren könnte. Die sieben irianischen Polizisten und die erfahrenen Soldaten eilten voraus — ob aus dem Wunsch, die wärmere Talsohle zu erreichen oder die Wikboon-Krieger in einen Kampf zu verwickeln, konnte ich nicht sagen, obwohl ich glaube, daß beide Gründe mit im Spiel waren.

Die übrigen Soldaten, die bis aufs Mark durchgefroren waren, blieben weit zurück. Frank, ich und die meisten der Träger bewegten uns irgendwo in der Mitte; für einen eventuellen Hinterhalt besaßen wir recht wenig Feuerschutz. Unsere Träger, nackt bis auf ihre Penishülsen, waren so durchgefroren, daß wir befürchteten, wir müßten wohl bald noch eine Anzahl von Lungenentzündungspatienten pflegen, zusätzlich zu der Aufgabe, den Hinterhalt abzuwehren.

Wir zündeten ein Feuer an, kauerten uns darum herum und nahmen die Wärme in uns auf, bis die Nachzügler uns eingeholt hatten. Dann stiegen wir weiter ab und stießen bald — zu unserem plötzlichen Entsetzen — auf jene Szene der Verwüstung rund um die beiden mit Pfeilen angefüllten Nischen am Ufer von Yendoal. Schwere Regenfälle hatten schon längst alle Blutflecken abgewaschen, doch zerbrochene Pfeile, Knochenstücke und herumliegende Trümmer reichten aus, um uns bis ins Innerste zu erschüttern, wie die Mörder es beabsichtigt hatten.

Ich kniete zuerst zwischen den Pfeilen nieder, wo Phil gelegen hatte, und hob einen seiner abgetragenen Wanderstiefel auf. Die Yali hatten nicht gewußt, wie man die Schnürbänder aufmacht, sie hatten ihm einfach die Stiefel von den Füßen gehackt. Ich dachte zurück an den Tag, als Phil bei unserer Konferenz um die Zustimmung der Mission bat, in diesen wilden Tälern jenseits von Ninia eine neue Parzelle für Christus abzustecken. Ich erinnerte mich an den Tag, als ich sah, wie er Phyliss zum Abschied küßte und mit seiner selbst zusammengestellten Dani-Mannschaft aufbrach. Den vierhundert weinenden Dani auf der Landebahn in Karubaga winkte er fröhlich zu, als wolle er ihnen bedeuten: «Trocknet eure Tränen, meine Lieben — ihr habt das Evangelium, jene nicht!» Es war eine sehr teure Entscheidung. Phil würde sagen, die Sache sei es wert gewesen, auch wenn die Gemeinde Jesu hier nie Fuß fassen sollte. Denn die Möglichkeit, um der Ehre des Herrn willen

einfach den Versuch zu machen, war ein Vorrecht, das mehr zählte als das Leben selbst.
Ich ging etwa zwanzig Meter zu einer fast gleichen Laube, wo weitere hundert Pfeile mit quälender Deutlichkeit auf den Platz wiesen, an dem Stan gestorben war.
Meine Gedanken schweiften zurück und verweilten für einen Augenblick bei meiner ersten Unterhaltung mit Stan. Wir gingen zusammen über einen Hügel bei Karubaga; der Wind blies uns ins Gesicht. «Stan», sagte ich, «ich habe gehört, daß Sie in Ihrem Gedächtnis einen Reichtum an großer Dichtkunst gespeichert haben. Bitte, sagen Sie mir das eine Gedicht auf, das Ihr Leben mehr als alle anderen geformt hat.»
Stan hielt inne, wandte sich, blickte mich an und rezitierte dann «Wenn ...» mit überwältigender Eindringlichkeit.

Er hielt erneut inne und sagte nach einem Augenblick: «Lassen Sie mich auch das sagen, Don. Ich bin zu dem Punkt gelangt, wo bloße Worte — auch wenn sie noch so schön sind — mich kalt lassen. Alles, was ich möchte, ist, Jesus Christus in voller *Wirklichkeit* kennenzulernen.»

«Freue dich darüber, Stan», flüsterte ich über dem Boden, auf dem er gestorben war. «Freue dich in vollen Zügen über diese Wirklichkeit — auf ewig!»
Frank und ich, die Soldaten und Träger gingen weiter. Wir hatten uns nun alle aufgewärmt, aber nach tausend Meter Anstieg auf der einen Seite des Berges und Abstieg auf der anderen waren wir müde bis auf die Knochen. Wir hatten keine Zelte bei uns und waren erleichtert, als wir direkt hinter dem Ufer von Yendoal den massiven Überhang im Fels fanden, der normalerweise von Yali-Jägern als nächtlicher Unterschlupf benutzt wurde.

Früh am nächsten Morgen fanden wir den Haupttrupp der Patrouille, der in Kusahos *yogwa* am Fuße der Bergwand Lager gemacht hatte — zu diesem Zeitpunkt hatte allerdings noch keiner von uns eine Ahnung von Kusahos Existenz. Auch war noch niemand mit Leuten aus Wikboon in Berührung gekommen. Wußten sie, daß wir da waren?
Wir marschierten weiter talabwärts. Immer wieder kamen wir an Plätzen vorbei, wo Krieger, die Kenntnis von unserem Kommen hatten, im Hinterhalt liegen konnten, aber es erfolgte kein Angriff. Dann sah ich sie!

«Sieh», rief ich meinem Vordermann zu, «dort oben!»
Wie ein Ameisenschwarm bewegten sie sich fünfhundert Meter über uns. Selbst auf diese Entfernung konnte man sehen, wie sie auf und ab hüpften, um sich in Raserei zu steigern. Wir wußten, daß sie angreifen würden; daran gab es keinen Zweifel. Sie würden angreifen, weil sie glaubten, ihre Zauberei werde sie vor unseren Waffen schützen. Es war nur die Frage, wann, wo und wie viele.

Frank und ich beteten: «Herr, gib uns die Möglichkeit, das Leben von vielen zu retten, die sonst getötet werden.»

Wir standen nun voll in ihrem Blickfeld aufgereiht, insgesamt 56 Mann. Wir hofften, es würde nach mehr aussehen als wir tatsächlich waren. Ein Berufssoldat mit Namen Fritz schob sich mit einem Maschinengewehr nach vorn. Plötzlich hörten wir ihn unglaublich laute Salven abfeuern, die als Echo von Berg zu Berg hallten. Hatte er auf dem Talgrund eine weitere Yali-Streitmacht entdeckt? Ich drängte mich durch eine Baumgruppe und sah, daß Fritz seine Waffe auf einen kleinen Hügel jenseits des Flusses gerichtet hatte. Auf dem Boden um ihn steckten Pfeile.

«Drei Männer in Kriegsbemalung», sagte er auf indonesisch zu mir.
«Sie versuchten, mich von der Hügelspitze dort zu erschießen.»

Anscheinend hatte Fritz's Gewehrfeuer sie in den Wald zurückgescheucht.

Wir überquerten an dieser Stelle eine Brücke — die gleiche Brücke, die Yemu in einem Versuch, Phils und Stans Leben zu retten, hatte zerschneiden wollen. Es dauerte mehr als eine halbe Stunde, weil immer nur einer auf einmal hinübergehen konnte, und einige, die unsicher waren, brauchten länger als eine Minute, um einen sicheren Übergang zu schaffen.

Jenseits der Brücke befand sich ein Dorf — Sengambut —, wo die Yali ursprünglich geplant hatten, das Fleisch von Stan und Phil zu verzehren. Frank beugte sich vor und hob aus der Asche eines alten, großen Feuers etwas Weißes auf, das wie ein Stück eines menschlichen Schädels aussah. Wir blickten einander grimmig an und folgten der Patrouille weiter talabwärts.

Der Pfad, den der Kommandeur wählte, stieg über einen steilen Grashang an. An einer bestimmten Stelle deuteten Degen und Nigit auf eine Stelle weit unter uns, jenseits des Seng-Flusses und sagten: «Das ist der Platz, wo wir die letzte Nacht verbrachten, ehe es geschah.»

Ohne Warnung fielen eine Anzahl Pfeile von oben und blieben zitternd im Gras neben dem Pfad stecken. Wir drückten uns flach gegen den Berg. Wir sahen hinauf, doch die Angreifer waren gut gedeckt; sie nutzten den Vorteil der Höhe, um ihre Pfeile auf uns abzuschießen, ohne sich einer Erwiderung des Feuers auszusetzen. Dann polterten Steinblöcke von der Größe eines Wasserballes in unsere Mitte nieder. Wir gingen weiter und wichen auf dem engen Pfad Pfeilen und Steinen aus. Einer der Träger, ein älterer Yali aus Ninia, schrie auf. Frank blickte sich um und sah, wie der Mann einen Pfeil aus seiner Kreuzgegend zerrte. Direkt auf dem Pfad und unter der Gefahr, daß weitere Pfeile treffen könnten, nahm Frank eine Spritze heraus und gab dem Verletzten eine Penicillininjektion. In Neuguinea verursachen Pfeilwunden charakteristische Infektionen, die eher tödlich sein können als die Wunde selbst. Frank achtete darauf, daß das Penicillin richtig eindrang, und der Verletzte konnte ohne weitere Hilfe mit der Patrouille Schritt halten.

Unser Pfad führte über die Krümmung eines Berges und brachte uns voll ins Blickfeld fast jedes Dorfes im kesselförmigen Talabschnitt von Wikboon. Vor jedem Dorf rannten Männer durcheinander oder tanzten, wohl als Herausforderung. «Herr, gib ihnen ein, daß sie in kleinen Gruppen verteilt bleiben», betete ich; «wenn sie sich alle zu einem Massenangriff zusammenrotten, werden diese Maschinengewehre sie wie Gras niedermähen.»

Uns war nicht bekannt, daß in jedem Dorf Männer und Frauen, die sich der Tötung von Phil und Stan widersetzt hatten, nun den Mördern Vorwürfe machten: «Da seht, was ihr über uns gebracht habt! Zuerst diese Himmelswesen, die in unser Tal kommen und gehen wie sie wollen, und nun diese Bodentruppe, die in unsere Dörfer kommt und Feuer und Donner spuckt!»
«Macht nichts!» gaben die Krieger zurück. «Der Donner, den der Ninia-*duong* auf uns geworfen hat, hat niemand verletzt. Dies wird uns auch nicht verletzen! Es soll uns nur erschrecken, aber wir sind unverwundbar!»

Trotzdem waren sie erschrocken — der Donner, den sie von Sengambut gehört hatten, war um so vieles lauter als der kleine Knall, den sie bei Stan gehört hatten.

Die Patrouille, die sich nicht länger in Gefahr durch fallende Steine befand, stand nun einem steilen Kamm gegenüber, der aus der Bergwand herausragte. Drei unglaublich tapfere Yali-Krieger erschienen abwechselnd auf diesem Felsen, schossen Pfeile herab und duckten sich dann außer Sicht. Wir vermuteten, daß die Männer die Theorie ihrer Unverletzbarkeit durch «Donnerstöcke» prüften. Starben sie, solange sie diesen Kamm hielten, so wußten die anderen, daß sie außer Reichweite bleiben mußten.

Wenn sie nicht verletzt wurden, konnten die anderen zuversichtlich angreifen. Die Soldaten und Polizisten waren sich darüber im klaren, wie wichtig an dieser Stelle eine Demonstration der Macht moderner Waffen war. Zwölf von ihnen eröffneten das Feuer, sooft einer der drei Krieger über den Fels blickte und einen Pfeil abschoß. Zwei Soldaten gingen direkt den Bergkamm hinauf mit schußbereiten Gewehren.

Im letzten Augenblick zogen sich die drei Krieger in Sicherheit zurück; sie hatten die Nerven verloren oder Streifschüsse abbekommen. Frank gab wie ich einen Seufzer der Erleichterung von sich. Die Patrouille setzte ihren Weg auf dem Kamm fort.

Wir waren nun im vollen Blickfeld von Kibi — Kusahos Dorf. Kusaho, uns noch immer unbekannt, hatte die Evakuierung des Dorfes angeordnet. «Ihr, die ihr dieses Unheil über uns gebracht habt, möget in die Sicherheit flüchten! Ich werde den *duongs* allein entgegentreten und versuchen, unser Dorf zu retten. Geht!»
Als Männer, Frauen und Kinder, die Säuglinge und Schweine mit sich führten und trugen, einen Berghang hinaufströmten, wandte sich Kusaho, der vom Kopf bis zu den Fußsohlen zitterte, um und blickte der Patrouille über einen hundert Meter breiten Canyon entgegen.
«Ich werde dir zur Seite stehen!» sagte eine Stimme an Kusahos Schulter. Es war Hunumu, sein Freund.
Kusaho, der Bogen und Pfeile hochhielt, rannte an der Kante des Canyons auf und ab und schrie: «O Volk, das am Himmel hin und her geht! Volk, das unser Tal mit Donner füllt! Vernichte uns nicht! Ich bot eurem *wururu* (Hubschrauber) ein Schwein, als er

kam und nach euren beiden Freunden suchte! Ich biete euch noch mehr Schweine an! Bitte, vernichtet mein Volk nicht!»
Hunumu schrie ebenfalls: «Vernichtet uns nicht! Mögen eure Kugeln zur Seite abweichen!»

Ihre Worte drückten zwar den Wunsch nach Frieden aus, doch deuteten die beiden älteren Männer in der Art, wie sie ihre Bogen hochhielten und auf- und abschritten, die Bereitschaft an, notfalls zu kämpfen. Denn selbst Kusaho, der den Gedanken an Krieg haßte, sagte: «Die Soldaten werden nicht wissen, wer ich bin; sie hören vielleicht auch nicht, was ich ihnen zurufe, oder wollen es gar nicht hören, und so muß ich vielleicht kämpfen, um meinen Ort zu verteidigen.»

Er hatte recht. Keiner der Patrouille konnte hören, was Kusaho oder Hunumu riefen. Der befehlshabende Leutnant — der beim vorherigen Schußwechsel fast von einem Pfeil getroffen wurde — sah nur, daß da weitere zwei Eingeborene herausfordernd mit ihren Waffen herumschwenkten. «Eröffnet das Feuer!» schrie er, und vierzehn Feuerwaffen schwangen herum und zielten auf Kusaho und Hunumu, die dachten: «Wir sind sechsmal jenseits Pfeilschußweite; sicherlich sind wir dann auch außerhalb der Reichweite der 'Bumms'!»

Das waren sie keineswegs. Im nächsten Augenblick schien es Kusaho und seinem Freund, als stürze nicht nur der Himmel ein, sondern als fielen auch die Gipfel der Schneeberge über sie. Da nun vierzehn Feuerwaffen — darunter Maschinengewehre — direkt auf sie zielten, schien der Knall ihnen um vieles lauter zu sein, als wenn die gleichen Waffen in verschiedene Richtungen geschossen hätten. Da jeder der mehreren hundert Schüsse ein Dutzend und mehr donnernde Echos von den den Wikboon-Kessel umgebenden Gipfeln auslöste, war der Gesamteindruck — selbst für Frank und mich, die wir *hinter* den Gewehren standen, als breche ein Weltuntergang herein.

Rund um Kusahos Füße jagten die Kugeln Erdfontänen in die Luft. Und sie knallten gegen die Felsen. Die Luft um ihn herum zischte wie bruzzelndes Fett. «Was um alles in der Welt ist hier los?» plärrte er. «Wie machen die das bloß?»
Ich beobachtete von jenseits des Canyons und betete. «Wer immer du bist, renn weg!» schrie ich in meinem Herzen, und dann schrie

ich beinahe laut auf, als die beiden Männer immer noch vor- und zurückhüpften. Sie schrien dabei etwas, das wie eine Herausforderung klang. Die Soldaten und die Polizisten waren — nachdem sie so viele Schüsse abgegeben hatten — eindeutig verlegen, weil sie nicht einen einzigen Treffer erzielt hatten. Sicherlich würden die Stammesleute den Schluß ziehen, daß sie tatsächlich Unverwundbarkeit besaßen, und in voller Stärke angreifen. Die Patrouille dachte: «Wenn wir nur einen von diesen Männern zur Strecke bringen könnten, dann wäre dies eine überzeugende Demonstration, die später größere Verluste an Menschenleben vermeiden würde.»

Der Kugelhagel hielt weiter an, und irgendwie überlebten die beiden Männer in seinem Zentrum. Es sah wirklich aus, als würden sie durch irgendeine übernatürliche Kraft geschützt. Frank und ich, die wir noch immer beteten, waren sicher, daß diese Kraft nicht in Magie bestand.

Schließlich sahen Kusaho und sein Freund die Fruchtlosigkeit ihrer Bemühungen ein und stürzten, noch immer unverletzt, durch das Dorf Kibi davon und über den dahinterliegenden Kamm.
Die Patrouille, deren Munitionsvorrat nun stark abgenommen hatte, setzte ihren Weg um den Kopf des Canyons herum fort und besetzte das Dorf Kibi. Nur eine Person war im Dorf geblieben, Lumu, ein seniler alter Mann.
«Haben deine Leute Phil und Stan aufgegessen?» fragten wir durch Dolmetscher.
«Natürlich haben wir das; wir *alle* haben sie gegessen», log er. Es sollten sieben Jahre vergehen, ehe diese Lüge aus der Welt geschafft wurde.
Frank und ich dankten Gott, daß dieser erste Tag der Begegnung mit der Mörderbande ohne Verlust an Menschenleben zu Ende ging.

***

«Sag den Leuten auf diesen Graten», sagte der Regierungsoffizier seinem Yali-Dolmetscher aus Angeruk, «sie sollen herunterkommen und mit uns reden. Wenn sie darauf eingehen, werden wir die Häuser stehen lassen, wenn wir das Dorf verlassen. Wenn sie sich weigern, mit uns zu reden, werden wir beim Verlassen alle Häuser niederbrennen.»

Das war ein starker Anreiz. Zögernd kamen etwa fünfzig Yali-Männer von einem Grat herabgestiegen. Andere Yali-Träger von Ninia und Angeruk gingen unbewaffnet hinauf, um sie in das Militärlager zu geleiten. Die Verhandlungen begannen friedlich, endeten jedoch in Schrecken und Entsetzen.

Denn der Regierungsoffizier, der die Ankommenden entwaffnet hatte, forderte Degen und Nigit auf, diejenigen unter den fünfzig zu identifizieren, die an der Tötung von Phil und Stan teilgenommen hatten. Auf dieser Grundlage sonderte er elf der fünfzig Verhandlungsführer aus und wies sie an, unter Bewachung ein großes *kembu-vam* zu betreten. Dann kündigte er an: «Ich nehme diese Männer als Gefangene mit nach Wamena, um sicherzugehen, daß ihr keine weiteren Versuche unternehmt, die umliegenden Stämme zur Gewalttätigkeit aufzustacheln oder das Blut der Besucher in eurem Tal zu vergießen. Wenn wir nach einer Anzahl von Monaten gehört haben, daß ihr friedlich geblieben seid, werden wir diese Männer wieder in das Tal zurückgeleiten und sie freilassen.»

Frank und ich waren bestürzt. Der Plan war aus zwei Gründen untauglich: einmal gab es bei den Yali keine Tradition der Festnahme und Freilassung von Gefangenen. In der Yali-Tradition wurden Gefangene nur zu einem Zweck gemacht — um sie zu verzehren! Die elf Gefangenen, die glauben mußten, sie seien zum Sterben verdammt, würden sicher bei der ersten Gelegenheit in die Freiheit ausbrechen und so die Soldaten dazu provozieren, sie zu erschießen.

Zum zweiten konnten die Gefangenen nur dann bis Wamena gebracht werden, wenn sie sicher gefesselt waren, und der Offizier hatte nur genügend Stricke zum Binden für drei bis vier Gefangene, aber nicht für elf.

Frank und ich wußten, daß es nur eine Frage von Minuten war, bis die Gefangenen ihre Chancen abwägen und den Mut fassen würden, aus dem *kembu-vam* auszubrechen und zu fliehen. Ich machte mich ans Werk und versuchte, ein Wunder an Diplomatie auf indonesisch bei dem Regierungsoffizier zu bewerkstelligen. Bei meiner ersten Äußerung, daß wir nicht gut elf Gefangene nach Wamena bringen könnten, verdüsterte sich sein Gesicht. Er konnte nun nicht mehr zurück, ohne sein Gesicht zu verlieren.
«Wir werden sie dorthin schaffen», versicherte er.

Wenn mir nur die Gefangenen noch weitere fünf Minuten gelassen hätten, mit dem Offizier zu argumentieren, dann hätte ich ihn vielleicht überreden können, daß es das kleinere Übel war, ein wenig das Gesicht zu verlieren. Ein gutaussehender junger Yali mit Namen Kumi stürzte aus der Tür des *kembu-vam*. Kumi rannte nicht sehr schnell. Drei Polizisten jagten ihn zum Rand des Canyon und schrien ihm zu, er solle anhalten. Kumi lief weiter, und einer der Polizisten streckte ihn mit einer Kugel ins Herz nieder.

Frank und ich fühlten uns elend. Die Soldaten waren gereizt, und das Gewehr war entsichert. Zwei weitere Gefangene wurden aus dem *kembu-vam* gebracht. Ich erfaßte ihren Blick und bedeutete ihnen, keinen Widerstand zu leisten, als die Soldaten sie banden. Ich machte mit dem Arm eine deutende Geste Richtung Wamena, schlug mich mehrmals unter die Achselhöhle, dann zog ich meine Hand zurück und kreiste sie abwärts, wobei ich gleichzeitig mit einem Fuß auf den Boden stampfte. Für meine Sawi-Freunde in den Sümpfen weit im Süden hätte diese Reihe von Gesten bedeutet: «Du wirst für eine lange Zeit nach Wamena gehen und dann direkt hierher zurückkehren.» Aber würden diese Männer von den Bergstämmen mich verstehen? Und wenn sie verstanden, würden sie mir glauben? Ihr Leben hing davon ab.

Sie schienen mich zu verstehen, denn sie leisteten keinen Widerstand, als ihre Arme gebunden wurden. Aber sie blickten zu mir zurück, als wollten sie sich versichern. Ihre Namen waren Holonap und Sel.

Es gab für Frank und mich keine Möglichkeit, auch den acht Männern im *kembu-vam* drinnen diese Versicherung zu geben. Sie begannen, ihre Freunde, die von den Hügeln und Graten ringsum zusahen, zu rufen, schließlich zu schreien. Der unfaßbare Alptraum wurde von Sekunde zu Sekunde schlimmer. Die Polizei versuchte, einen weiteren Gefangenen aus dem *kembu-vam* herauszuholen, um ihn zu binden. Er riß sich aus ihrem Griff los und rannte los. Eine Kugel in den Kopf ließ ihn in einen Süßkartoffelgarten stürzen, vielleicht drei Meter von der Stelle entfernt, wo ich mit den beiden gebundenen Gefangenen stand.

Frank war blaß wie ein Leichentuch, und ich war es wohl auch. Wir beide hatten Menschen anderer Stämme gesehen, die zu Tausenden friedlich die Realität einer eindringenden Zivilisation ak-

zeptierten. Wir hegten den Wunsch, daß jede isolierte Minderheitenkultur friedliche erste Kontakte haben sollte. Es war qualvoll für uns, mitanzusehen, daß die erste Begegnung mit den Wikboon-Leuten derartig unheilvoll ablief. Einen Augenblick wünschte ich mich tausend Kilometer weit weg von den Süßkartoffelblättern, die sich vom Blut rot färbten, und von den Schreien entsetzter Gefangener, die wahrscheinlich einer nach dem anderen auf die gleiche Weise getötet würden. Aber ich riß mich zusammen und erinnerte mich daran, daß Eingeborene von den Spaniern in Lateinamerika, von den Siedlern im Wilden Westen und in Australien, Afrika, den Philippinen und einem Dutzend anderer Länder abgeschlachtet worden waren. Oft hatte ich gedacht: «Wenn nur jemand dabei gewesen wäre, der versucht hätte, den Ausgang zu ändern. Nun erlebst du einen ähnlichen Geschichtsfall aus erster Hand.» Ich schalt mich: «Drück dich nicht! Sieh zu, was du tun kannst!»
Ich ging auf den kommandierenden Offizier zu, doch ehe ich ihn erreichte, stürzten zwei weitere Gefangene aus dem *kembu-vam* und wurden niedergeschossen. Und fünf sollten noch kommen! «Lieber Herr!» betete ich, «bitte, verschone die noch Lebenden!»

Die fünf im *kembu-vam* verbliebenen Gefangenen begannen, das Bauwerk von innen aus zu zerlegen. Sie rissen mit den bloßen Händen an den Brettern und schrien ihren Angehörigen zu, ihnen zu helfen.

Ohne daß einer von uns es bemerkt hätte, konnte Fritz mit seinem Maschinengewehr, das so schwer war, daß es von einem Gestell aus bedient werden mußte, die Herausforderung der Yali nicht länger ertragen. Er montierte rasch das Maschinengewehr auf, zielte auf das *kembu-vam* und durchsiebte es ohne Vorwarnung mehrmals mit schweren Salven.
Polizisten und Soldaten, die in der Nähe standen, sprangen zur Seite, um nicht von herumfliegenden Holzsplittern getroffen zu werden, als die Geschosse die Wand des *kembu-vam* zerfetzten. Als Fritz den Abzug losließ, standen wir alle wie versteinert und horchten auf das knatternde, donnernde Echo, das tausendfach von den Talwänden zurückgeworfen wurde.
Dann herrschte Totenstille. Das Geschrei der Gefangenen hatte aufgehört. Nicht einmal ein Stöhnen war aus dem *kembu-vam* zu hören. Fritz starrte auf den Bau, noch immer hinter seinem Maschinengewehr gebückt.

Der Regierungsoffizier bellte: «Nun mal alle hier raus!» Jeder begann seine Sachen zu sammeln. Ich trat vor den Leutnant und sagte: «Dies ist's nicht, worauf wir hofften.» Er seufzte und ging weg. Fünf Minuten später begann die Patrouille aus Kibi abzuziehen, falls die Yali mit einem Massenangriff zurückschlagen sollten. In ihrer Eile ging keiner der Soldaten und Polizisten in das *kembu-vam* hinein, um nachzusehen, ob einer der Gefangenen noch am Leben sei. Ihre Stille war genügend Beweis, daß sie alle tot waren.

Ein Polizist blieb zurück, als die Patrouille abrückte. Ich beobachtete ihn. Unter Verletzung der zuvor gegebenen Zusage des Regierungsoffiziers, daß keine Gebäude niedergebrannt würden, wenn die Leute verhandelten, steckte der Polizist das unselige *kembu-vam* in Brand. Dann hielt er das Gewehr im Anschlag. Einen Augenblick später kam ein junger Bursche, ein Teenager noch, aus der niederen Eingangstüre herausgerannt. Er mußte wohl der jüngste der Gefangenen gewesen sein und dachte anscheinend, die Patrouille habe das Dorf verlassen. Der Polizist hob sein Gewehr und zielte.

«Jangan! Nicht schießen!» schrie ich auf indonesisch. Der Polizist zögerte und blickte über die Schulter. Als er sah, daß der Befehl von einem Zivilisten gekommen war, hob er trotzig erneut das Gewehr. Doch der Leutnant beobachtete ihn ebenfalls und fügte seine Stimme zu meiner Einsprache hinzu. Der Polizist senkte das Gewehr, und der Junge entkam.

Fritz's Maschinengewehrsalve sah keineswegs wie eine Gebetserhörung aus und hörte sich auch nicht so an, aber genau das war sie! Denn Fritz wußte offensichtlich nicht oder hatte vergessen, daß die Behausungen der Yali immer ein oberes Stockwerk besitzen. Vier der fünf Gefangenen waren in das obere Stockwerk hochgeklettert, um durch das Dach auszubrechen. Ihr Gefährte im Erdgeschoß war sofort getötet worden, doch die vier oben, unter ihnen der junge Bursche, überlebten die Beschießung unverletzt. Gott allein muß ihnen die Geistesgegenwart verliehen haben, sich ruhig zu verhalten, nachdem die Schießerei aufgehört hatte. Der Junge verließ das *kembu-vam* vorzeitig und verlor beinahe sein Leben. Die anderen Männer warteten, bis die Patrouille fort war, und gesellten sich dann zu ihren Angehörigen, die angstvoll warteten.

Kusaho war keiner der Verhandlungsführer gewesen. Er erholte sich noch immer von dem Schock, den sein Erlebnis mit dem Gewehrfeuer am Vortag für ihn bedeutet hatte. Aber nachdem die Patrouille aus Kibi abgezogen war, kam Kusaho ins Dorf herab und fand Kumi, seinen jüngsten Bruder, unter den fünf Toten liegen. Kumi hatte tatsächlich an der Tötung der beiden Missionare teilgenommen — gegen Kusahos verzweifelte Warnung.
«Kumi! Kumi!» weinte der Ältere. «Hättest du nur auf mich gehört, dann hätten diese Männer dich nicht ausgelöscht.»
«Es ist wahr, älterer Bruder», sagte ein anderer Mann, der hinter Kusaho herankam. «Aber die Leute aus den anderen Tälern sagten uns ständig, wir sollten sie töten, wenn sie diesen Weg kämen. Wir dachten, es müsse richtig sein, dies zu tun. Wir erkannten nicht...»
Alle waren zu verstört, um Brennholz für die Einäscherung zu sammeln. So bedeckte Kusaho die Gesichter der Toten mit Blättern als Ausdruck der Achtung und ließ sie über Nacht liegen.

«Vielleicht werden die Soldaten zurückkommen, um noch mehr von uns zu töten!» warnte er sein Volk. «Wir müssen uns besondere Häuser hoch oben im kalten Wald errichten, wo sie uns nicht so leicht finden. Wir werden in unsere Gärten herabkommen, um uns Nahrung zu holen.
Von nun an werden wir unsere Speisen mit unseren Tränen salzen, und wir werden sie in Furcht essen. Wenn ich einen Weg sehen könnte, Frieden zu machen, würde ich es versuchen. Aber ich kann keinen Weg sehen.»

Als Frank und ich die Paßhöhe erreichten, die zurück ins Heluk-Tal führt, hielten wir an und blickten zurück in den weit unten liegenden Wikboon-Kessel.
«Kannst du dir eine Möglichkeit denken, Frank», fragte ich nachdenklich, «wie diese unglaublich zerstörten Beziehungen wieder geheilt werden können?»
Frank schüttelte den Kopf. «Nein, Don. Ich sehe keinen Weg. Wenn Gott hier nicht unerwartet eingreift, wird die Tür zu diesem Tal für die nächsten zwei bis drei Generationen verschlossen bleiben.»

Der unerwartete Akt

Zwei Monate später, am letzten Tag des Jahres 1968, kamen Kusaho und seine Brüder aus ihrem Versteck in den Bergen herab, um die Grasnarbe für einen neuen Garten umzubrechen. Es war kalt und wolkig, und im Seng-Tal war die Freude verschwunden. Kibi war, wie alle anderen Dörfer im Wikboon-Kessel, verlassen, denn alle Menschen versteckten sich in den Bergen.

«Die Soldaten versuchten, elf Gefangene zu machen, aber sie bekamen nur einen — Sel.» (Der zweite Gefangene, Holonap, entsprang der Patrouille auf dem Weg zurück nach Ninia.) «So können sie vielleicht zurückkommen, um mehr Gefangene zu nehmen», meinten die Leute und blieben in ihrem Versteck, mit Ausnahme gelegentlicher Besuche in ihren Gärten, um Nahrung zu sammeln.
«Armer Sel», trauerten sie, «welch ein Ende — von den Himmelsmenschen aufgegessen zu werden!»

Kusaho und seine Brüder standen zwischen den verkohlten Resten ihres *kembu-vams* und der fünf Scheiterhaufen, auf denen die von der Patrouille getöteten Männer verbrannt worden waren.
«Armer Kumi!» Kusaho weinte innerlich, als er sich an den Tod seines jüngsten Bruders erinnerte.
Kusaho und seine Brüder hielten sorgfältig Ausschau nach irgendeinem Zeichen von Gefahr, dann gingen sie durch das Dorf Kibi und begannen den Abstieg über einen zweihundert Meter langen Abhang zu ihrem neuen Gartengelände neben dem Seng-Fluß.

***

«Mike Pappa Hotel ruft Sentani.» Menno Voth war ein erfahrener Buschpilot aus dem westlichen Kanada, aber er arbeitete erst seit vier Monaten für MAF in Irian Jaya und war immer noch dabei zu lernen, über dem ihm nicht vertrauten Gelände im Inneren seinen Weg hin und zurück zu finden. Normalerweise hätte ein Pilot mit mehr Erfahrung den Flug in Irian Jaya übernommen, den Menno an diesem Tag machte, aber alle anderen Piloten beförderten Trauergäste hin und her, die an der Beerdigung eines Missionars, der weit im Westen gestorben war, teilnahmen.

«Mike Pappa Hotel ruft Sentani», wiederholte er, und der ferne Flugplatz Sentani bestätigte seinen Ruf. «Ich bin eben von Yasakor abgeflogen», fuhr Menno fort. «Bestimmungsort Mulia. Geschätzte Ankunftszeit: 11.30 Uhr.» Menno blickte über die Schulter auf seine Fluggäste: Gene und Lois Newman aus Oregon mit ihren vier Kindern — Paul, neun; Steven, fünf; die kleine, quirlige Joyce, drei, und das Baby Jonathan mit seinen großen Augen, ein Jahr alt.

«Sieben Seelen an Bord», fügte Menno hinzu. «Ich rufe wieder vor der Landung in Mulia. Mike Pappa Hotel.» Er beendete seine Durchsage, studierte eine ausgedehnte Strecke von konturlosen Sagosümpfen, die unter ihm vorbeiglitten. Flüsse waren die einzigen sichtbaren Landmarken, aber sie sahen alle gleich aus, vor allem, wenn sie teilweise von tiefhängenden Wolken verhüllt waren. Menno wußte, daß er sich mehr auf seinen Kompaß als auf Bodensicht verlassen mußte. Unglücklicherweise warnte ihn sein Kompaß nicht, daß ein harter Westmonsun ihn stetig nach Osten von seinem Kurs abtrieb.

Der große, ruhige und nachdenkliche MAF-Buchhalter Gene Newman saß rechts neben Menno. Gene arbeitete seit 1961 für MAF in Irian Jaya. Seine Frau Lois war eine fröhliche Hostess, die im Lauf der Jahre Tausende von Mahlzeiten den in der Hauptbasis von MAF in Sentani ankommenden oder abfliegenden Passagieren serviert hatte. Die Familie hatte eben die erste Hälfte eines wohlverdienten Urlaubs verbracht und isoliert liegende Missionsaußenstellen unter den Sawi- und Asmat-Kopfjägern südlich der Schneeberge besucht. Nun wollten sie in dem herrlichen, von Bergen umschlossenen Tal von Mulia eine Ruhewoche einlegen — wenn Menno es in diesem Meer treibender Wolken finden konnte.

Fünfzig Minuten später kreiste Menno in 3 300 Metern Höhe und hielt Ausschau nach einem Fenster in der Wolkenwand. Verhüllt in diesen Wolken lauerten die Schneeberge mit Gipfeln bis zu 5000 Metern. Selbst die niedrigsten Pässe stiegen — mit einer Ausnahme — bis auf 3 300 Meter an. Diese Ausnahme war die fast siebzig Kilometer lange Balim-Schlucht. Langgediente Piloten von MAF rieten jüngeren Kollegen manchmal: «Wenn du nicht oben drüber kommst, kreise herunter und fliege am Fuß der Kette entlang. An manchen Tagen findet man die Öffnung der Schlucht selbst bei niedrigeren Höhen, und man kann ihr folgen — wie wenn man in

einem Tunnel unter den Wolken fliegt — bis durch nach Wamena.»
«Es ist einen Versuch wert», dachte Menno und schob die Bedienungshebel vor, wodurch die Maschine in langen Spiralen hinunterging. Er gab seinen Plan an die MAF-Basis in Wamena durch.

***

Kusaho und seine Brüder erreichten ihren Garten und begannen, mit ihren Grabstöcken die Grasnarbe umzubrechen. Kalter Regen nieselte aus schwarzer Wolkendecke auf sie herab.

«Welche Schlucht ist die von Balim?» fragte sich Menno, als er am Fuß der Gipfel in eintausend Meter Höhe entlangflog. Etwa alle zwanzig Kilometer auf seinem Kurs schien sich ein größerer Fluß aus den Bergen zu ergießen. Dann sichtete er etwas.

«Das muß sie sein!» dachte er und zog seine Karte zu Rate. Der Fluß unter ihm war nun sehr groß und reißend wie der Balim. Die Struktur seiner Hauptschlucht mit den Canyons der Zuflüsse schien mit den Umrissen auf Mennos Karte übereinzustimmen. «Ich werde unter der Wolkendecke hineinfliegen und es nachprüfen», entschied Menno.

Minuten später funkte Menno an die nächstgelegene MAF-Basis zum zweiten Mal: «Ich folge der Balim-Schlucht in eintausend Meter Höhe und steige stetig. Ich sollte in fünfzehn Minuten über Wamena sein.»
Menno irrte sich. Er war in das Seng-Tal eingeflogen, dessen Wände sich um ihn schneller verengten, als er merkte. Der verworrene Talboden stieg außerdem an, und zwar weit schneller als der Boden der Balim-Schlucht. Und nur knappe zwanzig Kilometer weiter vorn ragte in Wolken gehüllt ein viertausend Meter hoher Steilabfall der Schneeberge auf; kein Paß, der hinüberführte, lag tiefer als 3 300 Meter — selbst wenn Mennos schwerbeladene Maschine auf eine so kurze Entfernung diese Steigung geschafft hätte.
Und wenn die Wolken sich geöffnet hätten, um ihn den Weg finden zu lassen.

Wenige Augenblicke später wurde Menno unruhig. Vor einer halben Minute noch toste der Fluß siebenhundert Meter unter ihm. Nun war er so nahe, daß man fast sein Brüllen durch das Donnern

der Motoren hören konnte. Die Wände des Canyons verengten sich plötzlich so stark, daß Menno nicht mehr wußte, ob er sicher wenden könne.
Er hätte es versuchen sollen, denn es gab keine zweite Chance. Menno flog weiter und hielt sich dicht an eine Bergwand. Er suchte nach einer breiteren Stelle zum Wenden. Gene Newman neben ihm hielt seine Tochter Joyce ein wenig fester, er spürte die Gefahr. Lois hinter ihm — die selbst bei gutem Wetter nicht gern flog — war bereits ganz verkrampft vor Angst. Der fünfjährige Steven, der neben seiner Mutter saß, war ebenso unbekümmert wie der neunjährige Paul, der ganz hinten neben einem Stapel fest umschnürter Koffer saß.

Regen klatschte nun gegen die Windschutzscheibe und erschwerte die Einschätzung der Entfernung noch mehr — gerade in dem Augenblick, als Menno klare Sicht brauchte wie nie zuvor in seinem Leben. Er brachte den Motor auf volle Drehzahlen und drückte die Klappe herunter, um schneller zu steigen als der rasch ansteigende Boden der Schlucht. Seine Tragflächen schwenkten zuerst nach links, dann nach rechts und vermieden die wie Streben herausragenden Grate. Aber als er stieg, um dem Fluß zu entgehen, traf er mit der Wolkendecke zusammen, wodurch die Sicht auf Null zu sinken drohte.
In diesem Augenblick drang er in den Wikboon-Kessel ein...
Kusaho und seine Brüder waren an das Geräusch von hoch über ihnen fliegenden Flugzeugen gewöhnt. So waren sie nicht erschreckt, als sie hörten, wie sich eine Maschine näherte — bis ihnen plötzlich aufging, daß das Geräusch dieses Mal von irgendwo in der Schlucht *unter* ihnen herrührte!
«Es wird wissen, daß wir hier sind», keuchte einer der Brüder. «Es verfolgt uns! Gleich wird es hinter jenem Kamm dort hervorhüpfen und Feuer auf uns schießen!»
Die Männer warfen ihre Grabstöcke weg, packten ihre Waffen und stürzten den Hügel hinauf nach Kibi und in die Sicherheit der dahinterliegenden Berge. Sie waren erst wenige Schritte gerannt, als das Flugzeug aus den Engen der Schlucht hervordonnerte, um Höhe kämpfte; die Tragflächen waren steil geneigt, als es der gegenüberliegenden Wand der Schlucht nahekam.
Kusaho und seinen Freunden schien es, als halte das Flugzeug direkt auf sie zu, so, als wisse es genau, wo sie sich befänden.

***

Als Menno aus der Schlucht auftauchte, hatte er zwei Möglichkeiten: er konnte versuchen, eine Notlandung auf der weichen, fast flachen Bodenfläche von Kusahos Süßkartoffelgarten durchzuführen, oder er konnte versuchen umzukehren. Im Bruchteil einer Sekunde traf er die Entscheidung, zu wenden.

«Dies ist meine einzige Chance», hauchte Menno, «wenn es überhaupt noch eine Chance gibt. Ich muß die Newmans irgendwie retten! Herr, ich bin hier erst seit vier Monaten in diesem Dienst — ist dies das Ende? Wo sind wir? Hilf mir, daß ich es zurück zu Priscilla und Robie schaffe ...»

Menno legte die Maschine in eine steile Linkskurve. Mehr konnte er nicht tun. Er zerrte an seinem Funkgerät und begann zu rufen. Im nächsten Augenblick streifte seine rechte Tragfläche einen großen Baum, der aus einer Bergwand herausragte.
Kusaho blickte beim Wegrennen über seine Schulter zurück, dann hielt er plötzlich an. «Meine Brüder! Es ist am Sterben!» rief er. Die Yali-Sprache hat kein Wort für Absturz.
Kaum hatte Kusaho diese Worte geäußert, da ließ ein hohes, unheimliches Kreischen von abbrechendem Aluminium die fliehenden Yali auf ihrem Pfad jäh innehalten. Kusaho dachte, es seien Menschen, die schrien.

Nach dem Abbrechen der rechten Tragfläche jagte Mike Pappa Hotel in einem Schwall von Flugbenzin abwärts. Die linke Tragfläche wurde von einem anderen Baum abgerissen, und das Heckteil unmittelbar hinter der Kabine fiel einem um siebzig Grad geneigten Abhang von Kieselschiefer zum Opfer. Das Fahrwerk schrammte über den Schiefer hinab und schlug gegen eine Hecke mit jungen Bäumen, die es davon abhielten, in den Seng-Fluß zu stürzen. Der klagende Laut zerbrechenden Aluminiums erstarb unter dem Zischen eines Benzinfeuers. Knatternde Flammen schossen aus dem Armaturenbrett und fanden ihren Weg durch die beiden zerbrochenen Türen, züngelten auf ... schmolzen ...

Der neunjährige Paul Newman, der weit hinten in der Kabine saß, sah, wie der Pilot und seine eigene Familie abstürzten. Er löste den Sicherheitsgurt, als die Flammen auf ihn zuschossen und ihm den Ausweg durch die Türen versperrten. Er sah hinter sich und bemerkte ein gähnendes Loch, wo das Heckteil gewesen war. In panischer Angst stürzte er durch ein Gewirr zerbrochener Kabel

hinaus. Rutschend, rollend, kriechend und schließlich rennend entkam er nur knapp dem sich ausbreitenden Inferno.
Das Donnern des Flusses übertönte das Knattern des Feuers. Der entsetzte Junge schrie um Hilfe, als er sich durch dichtes Gestrüpp kämpfte und am Ufer des Seng herauskam. Unmittelbar vor ihm überspannte eine zerbrechlich aussehende Brücke den tosenden Fluß. «Es müssen Menschen hier in der Nähe sein!» dachte er, als er über die Brücke auf freien Boden krabbelte.

Dort hielt er inne und blickte zurück auf den Rauch, der noch immer hinter dem Dickicht hervorquoll. Paul war elend vor Entsetzen, doch ließ er sich nicht von seinem Kummer übermannen. Das würde später kommen. Zuerst mußte er jemanden — irgend jemanden — finden und sagen, was geschehen war, selbst wenn für seine Familie und Mr. Voth jede Hilfe zu spät kam. Verzweifelt suchte er mit seinen Blicken die kahlen, steinigen Bergwände ab, die sich vor ihm bis in die Wolkendecke hinein erhoben. Paul konnte nicht klar sehen, denn bei dem Unglück hatte er seine Brille verloren, doch eine Anzahl dunkler Umrisse auf einem Bergkamm dicht unterhalb der Wolkendecke erschienen ihm wie die Dani-Häuser, die er in Mulia zu sehen erwartet hatte. «Vielleicht ist dies Mulia!» dachte Paul und machte sich dem Kamm zu auf den Weg. Tatsächlich waren die dunklen Umrisse nur große Steinbrocken, doch das Dorf Kibi lag hinter dem Kamm, gerade außerhalb Sichtweite.

Paul hatte keine Ahnung, daß er nur dreihundert Meter stromabwärts von dem Ort entfernt, wo Stan und Phil ihre letzte Nacht verbracht hatten, einen Hügel erklomm. Ebenso wenig ahnte er, daß ihn nun Hunderte von Augen von den hochgelegenen Bergkämmen herab beobachteten — Augen von Menschen, die vor drei Monaten Stan und Phil zu Tode gehetzt hatten, und die vor zwei Monaten fünf ihrer eigenen Freunde durch die Gewehre der Patrouillensoldaten verloren.
Bei normalem Verlauf der Yali-Tradition würden diese Menschen nun mit Wonne die Gelegenheit ergreifen, Rache für ihre fünf toten Brüder zu nehmen, ganz besonders an einem einsamen, unbewaffneten Wesen.
Kusaho blickte zurück und sah Paul. Der ältere Mann hielt an. «Erstaunlich!» sagte er sich. «Wer das auch sein mag, wie konnte er der Zerstörung dieses Himmelsfahrzeugs entgehen, geschweige denn dem Feuer? Nach den Vorfällen dieser letzten drei Monate

wird er sicher annehmen, daß wir ihn zu töten versuchen; er wird bereit sein, uns beim ersten Anblick zu erschießen!»

Zwischen Furcht und Neugierde schwankend, versteckte sich Kusaho schließlich hinter einem der Felsblöcke oben auf dem Grat und beobachtete die einsame Gestalt weit unten.
«Narr!» riefen seine Brüder mit heiserem Flüstern. «Willst du enden wie Kumi? Komm!» Kusaho winkte ihnen, sie sollten weitergehen und blieb hinter dem Fels, zitternd vor Ungewißheit. Wenige Augenblicke später stammelte er: «So etwas! Es ist nur ein Junge, ein Kind, allein und ohne Waffen!»
Paul kletterte Hand über Fuß den steilen Berg stetig hinauf. Kusaho bahnte sich einen Weg durch den sinkenden Nebel in die Nähe des Punktes, an dem Paul den Grat erreichen würde. Wenige Minuten später schloß sich der Nebel auch um Paul. Er eilte hindurch und fand zu seinem Entsetzen, daß die «Häuser», die er suchte, nur Felsblöcke waren. «Diesen ganzen Weg bin ich geklettert — meine Kraft vergeudet — für nichts! Es ist niemand hier!» schluchzte er.

Paul warf sich in das nasse Farnkraut, kauerte sich auf den Boden, den Kopf zwischen den Händen, und weinte. Der Regen steigerte sich zu einem heftigen Dauerguß, und nun, da der Junge aufgehört hatte zu klettern, fror es ihn rasch bis auf die Knochen. Krampfhaft schauernd blickte er auf und sah — ja, es war ein Mensch, aber der seltsamste Mensch, den er je gesehen hatte — eine lebhafte, bewegliche Gestalt, die hurtig auf ihn zuhüpfte. Hunderte von rasselnden Palmschilfschlingen umgaben seinen Körper wie Kupferdraht einen Elektromagneten!
«Er kann kein Dani sein», überlegte Paul. «Dani tragen keine solche Kleidung!»

Der Mann trug auch den Hauer eines Schweins, dessen angeschärfte Enden wild aus seinen Nüstern herausragten. Ein ähnlich grimmig aussehendes Halsband aus Hundereißzähnen hing um seinen Hals. Seine Augen blickten jedoch alles andere als wild —, sie blickten ungläubig, so wie Pauls Augen. Dann sah Paul Bogen und Pfeile in den Händen des Mannes, und er begann sich zu fürchten. Die Tötung von Mr. Dale und Mr. Masters war ihm noch frisch im Gedächtnis. Instinktiv streckte er seine Hand vor sich und duckte sich.
«Nein, Herr!» bat er. «Nicht schießen!»

Kusaho verstand kein Wort, aber die Geste war klar genug. Er legte seine Waffen nieder, und seine Hände mit den Handlächen nach oben streckten sich aus. Paul entspannte sich. Kusaho blickte über seine Schulter zurück; er befürchtete, seine Brüder könnten den Jungen sehen und zurückkehren, um ihn um Kumis willen zu töten. Aber der Nebel verbarg alles.

«Wie außerordentlich seltsam», sinnierte Kusaho. «Nachdem meine Freunde die beiden *duongs* getötet hatten, wünschte ich, daß ich sie in meiner eigenen *yogwa* empfangen und versucht hätte, sie vor der Wildheit meines eigenen Volkes zu schützen. Nun habe ich so unerwartet die Gelegenheit, das zu tun, was ich zuvor tun wollte — einen *duong* beschützen. Einen kleinen *duong*-Jungen diesmal. Es ist, als habe jemand meinen Wunsch verstanden und es so eingerichtet, daß er sich auf diese ungeheuer seltsame Weise erfüllt.»
«Weine nicht, mein Kleiner», sagte er zu Paul und nahm ihn an der Hand. «Weine nicht, ich werde für dich sorgen.»
Da Paul vor Kälte zitterte, schob ihm Kusaho einen Arm um die Schulter und blickte gerade in das kleine Gesicht, auf dem Tränen und Regen glänzten.
«Wo kommst du denn her?» fragte Kusaho in der einzigen Sprache, die er außer der Sprache der Liebe kannte. «Ich habe keine Ahnung, wie deine Welt ist und wo sie liegt. Wenn ich es wüßte, würde ich versuchen, dich dort hinzubringen.»

Durch reinen Zufall faßte Paul in diesem Augenblick Kusahos Arm und rief: «Mulia! Nach Mulia wollte ich! Meine Mutter, mein Vater, meine Brüder, meine Schwester und der Pilot sind alle tot. Bitte, bring mich nach Mulia!»
«Mulia», wiederholte Kusaho, der das Wort durch die Wiederholung erfaßt hatte. «Wo um alles könnte Mulia sein?» Behutsam stellte er Paul auf die Füße und führte ihn durch den Nebel in das nahegelegene Dorf Kibi. «Keine Angst — zuerst muß ich dich wieder aufwärmen», meinte er.

***

Mehrere Täler von ihnen getrennt, fuhr MAF-Missionarin Ruth Pontier fort, Mike Pappa Hotel zu rufen. Fast eine halbe Stunde vorher hatte sie geglaubt, Mennos Stimme sagen zu hören: «Wir sind in einer schwierigen Lage», doch die Durchsage eines anderen

Teilnehmers hatte die Worte übertönt, und so war sie sich nicht sicher. Sie blickte auf ihre Uhr. Menno hätte nun über Wamena angekommen sein müssen, doch Wamena hatte nichts von ihm gehört. Ruth rief MAF-Regionaldirektor Hank Worthington und teilte ihm ihre Sorge mit. Wenige Minuten später rollten MAF-Such- und Rettungsaktionen an.

***

Kusaho führte Paul in die neue *yogwa,* die er sich gebaut hatte, nachdem die Polizeipatrouille seine alte niedergebrannt hatte. «O Schreck», rief er und warf einen Blick in das dunkle Innere, «kein Brennholz da. Nun, macht nichts. Ich werde die Querbalken der Decke verbrennen. Ich kann sie später wieder ersetzen.»

Während Paul neugierig zusah, drehte Kusaho einen Querbalken um den anderen aus dem oberen Geschoß der *yogwa* und spaltete sie mit einer Steinaxt. Dann zerteilte er die Asche der zentralen Feuerstelle, bis er einige Kohlen fand, die noch von einem früheren Feuer her schwach glühten. Kusaho blies sie an, bis sie rot glühten. Bald hatte er ein fröhlich knisterndes Feuer in Gang gesetzt, und Paul wärmte sich daneben auf.

«Er wird bald hungrig werden», dachte Kusaho. «Was kann ich ihm anbieten? Wer weiß, vielleicht kann er von unserer Art Nahrung nicht leben. Du liebe Zeit! Er darf doch nicht unter meiner Pflege verhungern!» Kusaho schusselte herum wie ein besorgtes Kindermädchen, stürzte in den Regen hinaus und holte Süßkartoffeln, Taro, Zuckerrohr und Grüngemüse aus seinen nähergelegenen Gärten. Zuerst legte er Süßkartoffeln und Taro zwischen die heißen Kohlen zum Garen, dann schälte er ein Stück Zuckerrohr und reichte es Paul. Paul schob es beiseite. Ebenso verschmähte er die ascheverkrusteten Süßkartoffeln und den Taro, als sie gar waren.

«Vielleicht weiß er nicht, wie man sie schält», meinte Kusaho und schälte eine Süßkartoffel, die er Paul reichte. Wieder wandte der Junge das Gesicht ab.
«Aha!» rief Kusaho aus, und ein Hoffnungsstrahl dämmerte durch seine Verzweiflung. «Ich weiß! Du bist daran gewöhnt, *gekochte* Nahrung zu essen!» Er eilte wieder hinaus und fand eine Blechdose, die Angehörige der Patrouille vor zwei Monaten weg-

geworfen hatten. Er kochte Süßkartoffeln in der Büchse und bot sie wieder Paul an.
Paul nahm eine, sah sie sich an und warf sie durch den niedrigen Eingang nach draußen. Kusaho seufzte: «Wahrscheinlich magst du kein Essen, das in einer alten Blechdose gekocht ist. Nun, das wär's also!» und er warf die Blechdose mit der gekochten Kartoffel hinaus.

Kusaho hörte, wie sich Schritte näherten. «Meine Brüder sind zurückgekommen, um nach mir zu schauen! Sie werden ihn nun sehen!» Er schlüpfte hinaus und trat ihnen entgegen.
«Wen hast du dort drinnen?» fragte einer von ihnen.
«Nur einen Jungen», erwiderte Kusaho.
«Einen Jungen von wo?»
«Von Mulia.»
Die Brüder blickten verdutzt drein. «Schnell, Kusaho! Wir müssen vor Dunkelheit in unser Versteck zurück. Dieser Polizist, den wir sahen, geht vielleicht mit einem 'Bumm' im Nebel herum.»
«Dein 'Polizist' ist mein Gast», sagte Kusaho mit einem belustigten Lächeln.
«Was?» Sie blickten in die vom Feuer erhellte *yogwa* und sahen Paul. Erschreckt hoben die Brüder ihre Bogen zur Selbstverteidigung. Kusaho packte zwei von ihnen am Handgelenk und blickte sie kühl und entschlossen an: «Ich sagte, er ist mein Gast. Ich will, daß ihr heute Nacht bei uns bleibt. Ich werde neben ihm schlafen, um ihn warm zu halten. Ihr vier werdet euch während der Nacht umschichtig um das Feuer kümmern. Nun helft mir, noch einige Querbalken zu Brennholz zu zerhacken.»

Die Brüder starrten Kusaho erschreckt und verstört an. «Wir? Wir sollen für das Kind eines *duong* sorgen?»
«Nun, sicher. Es ist das wenigste, was wir tun können für das, was wir diesen beiden Fremdlingen antaten.»
«Hast du vergessen, was die Patrouille *uns* antat?»
«Wie könnte ich das? Aber wir haben es verdient. Unser Bruder Kumi hat an den Tötungen teilgenommen.»
Einer der Brüder schüttelte verzweifelt den Kopf. «Erst vor zwei Monaten haben die *duongs* unseren Bruder getötet und deine *yogwa* niedergebrannt, und nun finden wir dich hier, wie du deine neue *yogwa* zerstörst, um einen von ihnen warmzuhalten!» Der Sprecher hielt inne und setzte hinzu: «Du bist ein seltsamer Mann, Kusaho. Wer unter uns vermag dich zu verstehen?»

Während sie sprachen, nahm Paul die erste Süßkartoffel, die Kusaho ihm angeboten hatte, schälte sie und begann zu essen.

***

Hank Worthington unternahm eine vergebliche Sondierung mit der zweimotorigen Aero Commander von MAF.
«Alle Bergzüge und die Balim-Schlucht sind mit Wolken verhangen», gab er an sämtliche MAF-Piloten in ihren Stützpunkten in ganz Irian Jaya durch. «Ich kann nicht das Geringste sehen. Es gibt keine Möglichkeit, heute nachmittag noch eine Suchaktion zu starten. Ihr fliegt alle nach Wamena und tankt auf, damit ihr morgen in aller Frühe zu einer gründlichen Suche aus der Luft bereit seid.»

Später am Nachmittag kamen andere Yali zufällig vorbei und sahen Paul Newman in Kusahos *yogwa* sitzen. Sie verbreiteten in allen Dörfern die Nachricht, daß ein unbewaffnetes, harmloses *duong*-Kind Kusahos Gast in Kibi sei. «Wir werden morgen hingehen und ihn anschauen», sagten alle Krieger des Wikboon-Kessels. Nicht ein einziger erwog, in die Nähe des Flugzeugwracks zu gehen. Dazu hatten sie viel zuviel Angst.
Am nächsten Morgen sah Kusaho sie bis an die Zähne bewaffnet kommen.
«Was soll ich tun?» fragte er sich. «Soll ich die Tür der *yogwa* vernageln und den Jungen vor ihren Blicken verbergen? Nein», beschloß er schließlich. «Wenn sie ihn unbedingt töten wollen, werden sie ihn ohnehin bekommen. Meine beste Chance ist, ihn hinaus ins Freie zu setzen, wo sie alle sehen können, wie unschuldig und harmlos er ist. Ich werde ihn einfach ihre Herzen gewinnen lassen, so wie er meines gewonnen hat. Angst und Verdacht werden verschwinden, wenn sie ihn so sehen, wie er ist — menschlich, genau wie wir!»

«Komm, Junge», sagte Kusaho sanft und nahm Paul bei der Hand. Paul folgte Kusaho nach draußen. Er fühlte sich erfrischt durch die Nachtruhe und ein Frühstück aus Süßkartoffeln, Grünzeug und Zuckerrohr. Aus allen Richtungen sah er bewaffnete, mit Palmschilf umwickelte und mit Hauern geschmückte Krieger herankommen. Er versuchte, in die *yogwa* zurückzugehen, doch Kusaho versicherte ihm: «Bleib hier auf diesem Stein sitzen, Kleiner.» Der ältere Mann mit dem gütigen Gesicht legte eine Hand

auf seine Waffen: «Ich habe Pfeil und Bogen zur Hand. Hab keine Angst.»
Paul setzte sich auf den Stein und wartete. Er blinzelte in die helle Morgensonne. Zuerst hielten die Männer Abstand. Allmählich, als Mißtrauen sich in Neugierde wandelte, kamen sie näher und bildeten einen Kreis um ihn — eine geschlossene Wand grimmig blickender Krieger. Einige traten fragend vor und berührten Pauls weiße Haut, sein kurzgeschnittenes Haar, seine Kleidung. Endlich seufzte einer: «Kusaho, du hast uns gewarnt, diese beiden *duongs* nicht zu töten, aber wir töteten sie trotzdem und mußten dafür leiden. Nun hast du diesen Jungen hier und fragst dich, was wir zu tun beabsichtigen. Du kannst dich beruhigen, Kusaho, wir werden ihm nichts tun. Du...»

«Hört!» schrie einer. «*Wururu!* Flugzeug! Ganz viele! Sie suchen nach ihm!»
«Wenn sie sehen, wie wir alle so um den Jungen herumstehen, werden sie denken, wir seien dabei, ihn zu töten und aufzuessen! Sie werden vom Himmel herab Feuer auf uns schießen! Schnell! Zerstreut euch! Versteckt euch!»

Als die Krieger sich zerstreuten, erschienen drei Flugzeuge über dem westlichen Rand. Eines zog weit nach Süden, um die Vorberge abzusuchen. Ein weiteres überflog die zentrale Kette der Schneeberge. Das dritte kreiste über dem Wikboon-Kessel. Paul rannte zum höchsten Punkt von Kibi hinauf, hob die Arme, winkte mit seinem Hemd und schrie. Kusaho folgte ihm.
«Kusaho! Sei kein Narr!» rief ihm einer seiner Brüder von der gegenüberliegenden Hangseite aus zu. «Sie wissen nicht, wer du bist! Wenn sie sehen, wie du neben ihm stehst...»
«Er hat recht!» dachte Kusaho. «Sie werden glauben, ich wolle dem Jungen Schaden zufügen; sie werden mich erschießen!» Er legte eine Hand auf Pauls Schulter.
«Kleiner, ich muß dich jetzt allein lassen! Es ist für mich nicht sicher, hier bei dir zu stehen. Sie werden es nicht verstehen. Aber hab keine Angst. Ich werde nicht weit weg sein. Wenn sie dich nicht finden, komme ich zurück!»

Paul blickte Kusaho verständnislos an, als der Yali sich zurückzog und von dem Jungen zu dem Flugzeug emporblickte, das hoch oben seine Kreise zog, dann auf die Sicherheit der Berge, wo die letzten seiner Leute eben im Wald verschwanden. Eines der Flugzeuge ging auf das Seng-Tal nieder und donnerte an Kibi vorbei, fast auf einer Höhe mit Pauls Standort, und Kusaho flüchtete. Wenn der Pilot, Paul Pontier, aus dem rechten Fenster seines Flugzeugs geblickt hätte, dann hätte er Paul von einem Felsblock aus verzweifelt winken sehen können. Doch Pontier starrte entsetzt auf das verkohlte Wrack von Mike Pappa Hotel hinab.

«Ich habe das Wrack gefunden!» gab er über Funk durch, und Missionare, die in ganz Irian Jaya an rund hundert Sende-Empfangsgeräten saßen, dankten schon Gott — doch dann erstarrten sie voll Entsetzen, als sie den Piloten weitersprechen hörten: «Was vom Flugzeug noch übrig ist, ist stark ausgebrannt — und das Wrack befindet sich mitten im oberen Seng-Tal, nur wenige hundert Meter stromabwärts von Stans und Phils letzter Lagerstätte.»

«Ganz unglaublich», dachten wir, als wir die Nachricht in Kamur weit im Süden hörten. Warum erlaubte Gott Menno unter all den Dutzenden von Tälern, in die ein verirrter Pilot entlang den Südhängen der Schneeberge geraten kann, ausgerechnet den Einflug in *dieses* Tal? Ich erinnerte mich des Gedichtes von William Cowper, das Stan so oft zitiert hatte; ja ich konnte fast seine Stimme vernehmen:

«Gott bewegt sich auf geheimnisvollen Wegen,
Seine Wunder zu vollbringen.
Er schreitet über das Meer
Und auf den Flügeln der Stürme.»

Ich schauderte, als ich mir vorstellte, wie Yali-Kannibalen Gene oder Lois oder Menno oder diese vier reizenden Kinder aus dem qualmenden Wrack zogen und ...

Gerade einen Tag vor dem Absturz war die Familie Newman bei uns in Kamur zum Essen gewesen. Wir beteten gemeinsam für die Sicherheit des Flugs, als sie ihre Reise fortsetzten. Und nun diese entsetzliche Tragödie. Ungläubige würden jetzt spöttisch sagen: «Wo war denn euer liebender Gott? Hat nicht der Allmächtige einen gräßlichen Fehler gegen Menschen begangen, die ihn liebten und ihm dienten?»

«Herr», betete ich und kämpfte gegen den Unglauben an, «ich glaube nicht, daß du Fehler begehst. Mein Gott, bestätige die Wirklichkeit deiner Fürsorge in dieser Tragödie und schenk uns den Mut, dein Werk fortzusetzen.»

Gott war in der Tat bereits am Werk — und weit wunderbarer als wir es uns hätten träumen lassen.

***

Die Luft über dem Seng-Tal war nun erfüllt von MAF-Flugzeugen. Einzeln gingen sie in die Schlucht hinunter, überflogen das Wrack fast in Höhe der Baumwipfel und folgten dann mehreren Windungen der Schlucht, bis sie wieder aufstiegen und hinausflogen. An jedem Paß versuchten Piloten und Beobachter vergeblich, ein Lebenszeichen zu entdecken.
«Sentani: Setzt euch mit diesem Hubschrauberpiloten in Verbindung, der in Papua-Neuguinea in Bereitschaft ist.» Das war die Stimme von Hank Worthington. «Sagt ihm, er soll versuchen, heute nachmittag Ninia zu erreichen. Wir kehren alle nach Wamena zurück. Bevor der Hubschrauber nicht hier eingetroffen ist, können wir nichts mehr herausbringen.»

***

Paul sah die Maschine abdrehen. Verzweifelt sank er auf dem Felsblock nieder und begrub das Gesicht in seinen Händen. «Sie waren so nah, und nun sind sie wieder weg», schluchzte er.
Der Anblick des verzweifelten Kindes war zuviel für Kusaho, der noch immer wie ein Schutzengel auf einem Kamm stand. Er hielt Pfeil und Bogen hoch über sich und raste den Bergpfad herunter. «Weine nicht, Kleiner! Ich komme zurück! Ich werde bei dir bleiben! Sollen sie mich erschießen, wenn sie wollen!» schrie er.
Wenige Augenblicke später legte er seine Arme wieder um Paul. «Nicht traurig sein! Sie werden wiederkommen. Aber selbst wenn sie nicht mehr kommen, werde ich für dich sorgen. Du wirst lernen, an unserer Nahrung Gefallen zu finden, und wenn deine Kleider abgetragen sind, besorge ich dir einen Kürbis (als Penisschutz) und wickle hundert Palmschilfschlingen um dich. Dann wirst du wirklich ein großartiger junger Mann sein!»
Zusammen gingen sie zurück zu Kusahos *yogwa,* als Wolken das Tal verdüsterten, und warteten auf einen neuen Tag.

***

Als der Hubschrauber in Ninia eintraf, war dort kein Missionar anwesend. Pat Dale und ihre drei jüngsten Kinder waren bereits

nach Melbourne zurückgekehrt, wo Wesley und Hilary noch die Schule besuchten. Bruno und Marlys de Leeuw vertraten Pat in Ninia, waren aber zur Zeit des Absturzes nicht da. Es war Luliap, der Hank Worthington und Frank Clarke begrüßte, als sie landeten, um auf die Ankunft des Hubschraubers zu warten.
«Luliap», sagte Hank, «wir werden mit dem 'Quirl' ins Seng-Tal fliegen. Wir brauchen einen Dolmetscher, falls wir in der Nähe des Wracks Leute antreffen. Willst du uns helfen?»
«Natürlich», antwortete der stämmige Führer der Yali-Gemeinde. Wenige Augenblicke später traf der Hubschrauber ein, und sie machten sich auf den Weg.

***

Beim ersten Geräusch des Hubschraubers stürzte Paul aus der *yogwa* und Kusaho hinterher. Sie rannten zum Rand des Hügels und schauten hinab, als der Hubschrauber neben Kusahos neuem Garten aufsetzte, dicht bei der Brücke, über die Paul gekommen war. Paul packte Kusaho bei der Hand und versuchte, ihn den Hügel hinabzuziehen, doch Kusaho zögerte. Er fürchtete sich, der fremdartigen Maschine nahezukommen.
«Komm mit mir! Ich möchte, daß du meine Freunde triffst», sagte der Junge drängend. «Ich möchte, daß sie sehen, wer es war, der für mich gesorgt hat.»
Kusaho glaubte, Paul wolle ihn in den Hubschrauber bringen und ihn mit sich nach «Mulia» nehmen. Traurig, weil der Junge, den er liebgewonnen hatte, ihn verlassen sollte, seufzte Kusaho: «Wenn ich nur den Mut hätte, mit ihm zu gehen!»

Paul zog stärker, und Kusaho folgte ihm einige Schritte; sein Herz war hin- und hergerissen. Doch seine Brüder kamen angerannt und hielten ihn mit Gewalt zurück.
«Fort mit dir!» sagten sie zu Paul. «Lauf hinunter zu deinen Freunden! Wir werden nicht zulassen, daß du unseren Bruder von uns wegnimmst!» Paul packte Kusaho ein letztes Mal an der Hand und rannte den Hügel hinab. Doch einer der Brüder geleitete Paul tapfer den steilen Abhang hinab, damit er nicht in seiner Hast hinfiel.
Während ein Polizist den Hubschrauber bewachte, gingen Hank, ein Arzt namens Jerry Powell und Frank Clarke über die Brücke und bahnten sich den Weg durchs Gebüsch bis zum Wrack. Ein Blick auf die Szene überzeugte sie, daß hier niemand überlebt hat-

te. In ihrer Hast, das Tal wieder zu verlassen, ehe die Bewohner einen Angriff machen konnten, schoben sie rasch die Toten in Säcke, trugen sie über die Brücke und luden sie in den Hubschrauber zum Transport nach Sentani, wo die Beerdigung stattfinden sollte.

«Laßt uns hier raus!» rief jemand. Einer um den anderen schnallten sich die Männer im Hubschrauber an. Der Pilot startete den Motor, der aufheulte, als der Pilot sich anschickte, die Maschine aus dem Tal hochzuziehen.

«Wartet!» schrie Luliap über das Donnern des Motors hinweg. «Jemand in Kleidern kommt den Abhang da herabgelaufen!»

Verblüfft fragten sich die Mitglieder des Suchtrupps: «Wer um alles in der Welt könnte das sein?» Hank trat heraus, weg von den sich drehenden Rotorblättern, um einen besseren Ausblick auf die kleine, bekleidete Gestalt zu haben, die auf sie zulief.

«Lieber Herr! Das kann doch nicht sein!» rief Hank. «Aber es ist wahr! Es ist Paul Newman!» Hank stürzte vor. Wenig später warf sich ein atemloser neunjähriger Junge in Hanks Arme. «Ich kann es nicht glauben, daß du es wirklich bist!» sagte Hank, von Freude überwältigt. «Hast du denn wirklich keinerlei Verletzungen, mein Sohn? Keine gebrochenen Knochen?»
«Keine», rief Paul jubelnd. «Ein Mann, der da oben auf dem Hügel wohnt, hat mich gut versorgt!» Frank übersetzte Pauls Worte in eine Sprache, die Luliap verstehen konnte. Luliap ging auf Pauls einsamen Yali-Begleiter zu, der furchtsam in einiger Entfernung stehen geblieben war.

«Freund», sagte Luliap in Yali. «Sag mir ... bitte sag mir ..., wer war der Mann, der für diesen Jungen gesorgt hat?»
«Kusaho», kam die ängstliche Antwort.
«Kusaho», wiederholte Luliap, bis sich der Name unauslöschlich in sein Gedächtnis eingeprägt hatte.

Hank und Dr. Powell geleiteten Paul zum Hubschrauber, aber der hochgewachsene Australier Frank Clarke stand wie angewurzelt und blickte voll Staunen hinauf zu einer Gruppe winziger, winkender Gestalten hoch oben auf dem Abhang, gegen den Himmel aufgereiht. Zutiefst überwältigt von staunender Dankbarkeit

winkte Frank zurück und wandte sich an den Hubschrauberpiloten:
«Glauben Sie, daß Sie noch weitere drei bis vier Stunden hier in Irian Jaya bleiben könnten?»
«Freund», sagte dieser, «die Gesellschaft, der dies Ding gehört, berechnet 100 Dollar für die Stunde. Ich bleibe, solange Sie's bezahlen können.»
«Gut», meinte Frank. «Hank, mir ist eben eine Möglichkeit eingefallen, wie wir Pauls Wohltätern unsere Dankbarkeit zeigen könnten.»
Eine Stunde später war Paul auf dem Weg von Ninia nach Sentani, wo er und Mennos verwitwete Frau Priscilla an der Beisetzung der sterblichen Überreste ihrer Lieben teilnahmen, auf die ein Gedächtnisgottesdienst folgte. Frank Clarke flog inzwischen nach Wamena und erhielt vom Polizeichef die Genehmigung, Sel — den Yali-Gefangenen — in seine Heimat ins Seng-Tal zurückbringen zu dürfen. Später an diesem Tag tippte Frank im Hubschrauber Sel auf die Schulter, kurz ehe die Wolken die Pässe verschlossen, und deutete nach unten in das wild verworrene Seng-Tal: «Dies ist deine Heimat, mein Freund!»

Wenige Augenblicke später landeten sie im Zentrum von Kibi. Frank öffnete Sels Sicherheitsgurt, half ihm aus dem schwebenden Hubschrauber und führte ihn unter den sich drehenden Rotorblättern durch. Kusaho und einige andere standen in einer gewissen Entfernung und stemmten sich gegen den starken Wind, der von der furchterregenden Maschine erzeugt wurde.

Als die Yali ihren Freund Sel auf sie zulaufen sahen, rissen sie erstaunt die Augen auf. Dann rannten sie vor und umarmten ihn. Frank winkte, um sie auf sich aufmerksam zu machen, und deponierte ein Schwein, eine Anzahl von Stahläxten und einige Messer auf dem Boden als Geschenke für Kusaho und diejenigen, die ihm geholfen hatten, für Paul zu sorgen. Dann kletterte er in den Hubschrauber zurück, und sofort hob der Pilot ab und steuerte aus dem Wikboon-Kessel heraus, im Wettlauf gegen das sich verdichtende Schlechtwetter.
Im Tal unten beobachtete Kusaho, wie der Hubschrauber zwischen den Wolken verschwand.
«Sie verstehen es nun», strahlte er, «endlich wissen sie, wer ich bin. Sie wissen, daß ich sie liebe, und haben mir mit Liebe geantwortet.»

Ein Kind soll sie führen

Als die Nachricht von der Tötung Phils und Stans nach Ninia gelangte, erneuerten die Priester *kembus* sofort ihre Drohungen gegen die kleine Christengemeinde. Costas Macris beschrieb es so: «'Tötet! Tötet! Tötet!' hieß überall die Parole.» Wie Wölfe pirschten sie sich an ihre Beute heran, kreisten die kleine Christengemeinde ein. Infolge der Drohungen gingen Dongla, Luliap und andere Christen bewaffnet zu ihren Gärten, um Nahrung zu sammeln. Bei Nacht hielten einige Wacht, während die anderen schliefen. Dongla bewachte freiwillig das Haus der Dales, um Pat und ihre Kinder vor Angriffen zu schützen.

Nur eine Handvoll verließ unter den massiven Einschüchterungen die Reihen der Gläubigen. Die anderen hatten Jesus Christus so völlig als Herrn in ihr Leben aufgenommen, daß — nach dem Beispiel von Stan, Yekwara, Bengwok, Bruno, Costas und Phil — selbst die Todesdrohungen sie nicht schrecken konnten. Dies traf selbst auf normalerweise scheue Yali-Frauen wie Latowen zu, die standhaft bekräftigte: «Trotz allem, was geschehen ist, glaube ich, daß das Wort Gottes sich weiter ausbreiten wird. Es kann nicht vernichtet werden, ganz gleich, was die Feinde tun mögen!»

Latowens Worte fanden eine aufrüttelnde Bestätigung, als zwei führende *kembu*-Priester — genau in der Stunde, als der Erfolg ihrer Sache fast sicher schien — sich den Christen anschlossen. Einer war der alte Sar mit dem traurigen Gesicht, Nindiks Vater. «Ongolek», sagte er eines Tages zu seiner Frau, «wenn diese Botschaft früher zu uns gekommen wäre, dann hätten unser kleines Mädchen und Alisu, Lalo, Toli und Bukni nicht sterben müssen. Nun haben diese Männer ihr Leben hingegeben, damit andere nicht so zu sterben brauchen wie sie. Ich kann es nicht länger leugnen: dieser neue Weg ist besser. Komm, laß uns an Jesus Christus glauben. Ich sehe nun, daß er unsere ganze Welt verändern kann. Wie Stan Dale uns die Jahre hindurch gesagt hat: Christus kann alle Dinge neu machen.»

Später blickte Latowen verwundert in Sars Gesicht. Die von den Jahren des Kummers tief eingegrabenen Furchen waren noch vorhanden, doch Sar lächelte nun, wie es nicht mehr geschehen war

seit dem Tag, an dem er angeordnet hatte, daß Nindik in den Heluk geworfen werde. Als Sar, der Patriarch der Yali, sein Vertrauen auf Jesus Christus setzte, taten dies auch viele seiner Anverwandten, darunter Deko und Selan, die beiden Onkel, die Nindik mit eigenen Händen in den Tod im Heluk geschleudert hatten.
Der andere Priester, der sich Christus zuwandte, war kein anderer als Hulu — der hochgewachsene Krieger, der bei vier Gelegenheiten Stan Dale zu Boden geworfen hatte. Trotz ihrer häufigen gegenseitigen Meinungsverschiedenheiten bewunderte Hulu insgeheim Stans Mut, und er spürte, daß Stan unter seinem draufgängerischen Äußern ihn achtete. Nach Stans Tod wurde Hulu sehr nachdenklich.

Luliap, der die Veränderung in Hulus Wesen bemerkte, sagte eines Tages zu ihm: «Mein Freund, erkennst du nicht, daß Jesus für dich gestorben ist?» Luliap zitierte einen Schlüsselvers, den Stan aus dem Johannes-Evangelium übersetzt hatte: «Also hat Gott die Welt geliebt, daß er seinen eingeborenen Sohn gab, auf daß alle, die an ihn glauben, nicht verloren werden, sondern das ewige Leben haben.»

Hulus Augen öffneten sich weit vor Ehrfurcht, als ihm die volle Bedeutung des Evangeliums zum erstenmal klar wurde. Von diesem Augenblick an glaubte Hulu an Jesus, und er stellte fest, daß er voller Freude war über alles, was Stan und Bruno und Costas und seine christlichen Yali-Brüder ihm je über die frohe Botschaft erzählt hatten.

Zusätzlich zum Beispiel und zur Predigt von Männern, die Christus so sehr liebten, daß sie für ihn sterben konnten, versetzte die Lektion der Patrouille im Seng-Tal dem Vertrauen der Yali auf ihre heiligen Gegenstände einen tödlichen Schlag. Denn als die Patrouille sicher aus dem Seng-Tal zurückkehrte, war der Mythos, daß Zauberei die Krieger unverwundbar gegen Kugeln machen könne, ein für allemal zerstoben.
Einen Tag, nachdem die Seng-Patrouille nach Ninia zurückgekehrt war, verbrachte ich eine Stunde mit Siegfried Zöllner, dem deutschen Missionar und Schriftsteller in Angeruk, einem Missionsaußenposten nördlich der Schneeberge.

«Komm mit mir, Don», sagte er, «ich möchte dir einen Beweis für die Wandlung zeigen, die hier in nur vierundzwanzig Stunden ein-

getreten ist, seit die Nachricht von den Ereignissen im Seng-Tal über die Berge gelangt ist.»
Siegfried führte mich zu einem Schulhaus. Wir traten ein und sahen, daß es bis zu den Fenstersimsen mit annähernd fünfhundert erwachsenen männlichen Yali angefüllt war. Jeder Mann trug schwere Schlingen aus Palmschilf, der charakteristischen Bekleidung der Leute von Angeruk und vom Seng-Tal. Alle harrten ruhig und erwartungsvoll auf Siegfried, der sie unterrichten sollte.
«Es ist ihnen nun klar geworden», erklärte Siegfried, «daß eine neue Ära angebrochen ist, und daß sie etwas Stärkeres brauchen als ihre heiligen Gegenstände, um mit dieser neuen Ära fertigzuwerden. Wir geben ihnen das Evangelium als lebensnotwendige Alternative.
Der Tod von Phil und Stan und die darauf folgende Krise der letzten Tage haben dazu beigetragen, diese neue Erkenntnis in ihren Gemütern reifen zu lassen.»

Die gleiche neue Erkenntnis gewann auch im Heluk-Tal rasch an Boden, doch es brauchte Zeit, bis sie zutage trat. Eines der ersten Anzeichen für eine Veränderung war, daß die Männer, die Yekwara und Bengwok getötet hatten, zur Wiedergutmachung für ihre Tat eine Anzahl Schweine als Zahlung an die Angehörigen der beiden jungen Märtyrer schickten. Im März 1969 wurden dann nicht nur Bruno und Marlys deLeeuw, sondern auch — für eine bestimmte Zeitspanne — Costas und Alky Macris damit beauftragt, Stan Dales Werk unter den Yali weiterzuführen. Durch Vereinigung ihrer Kräfte mit den gläubigen Yali bauten diese beiden mutigen Ehepaare allmählich neue Brücken der Kommunikation mit Tausenden von Yali, die wußten, daß sie nun ihren Frieden mit Christus und dem Evangelium machen wollten, aber Hilfe brauchten, um die richtigen Schritte zu tun.

Im September 1969 wurde Bruno und Marlys deLeeuws dreijährige Tochter Rohanni ernstlich krank. Die deLeeuws brachen schnell zu einem Krankenurlaub nach Kanada auf und überließen Costas und Alky die volle Verantwortung für die Aufgabe von RBMU an den Yali-Stämmen. Diese Verantwortung lag in guten Händen.
Ermuntert durch so viele Zeichen der Reaktion unter den Yali, setzte sich Costas mit ganzer Energie ein. Innerhalb der nächsten zwei Jahre gewann er die Zustimmung der Yali für den Bau von siebzehn an strategischen Punkten angelegten Schulen in allen

größeren Dörfern. Er besetzte diese Schulen mit siebzehn Dani-Lehrern, brachte die Mittel auf, um ihre Gehälter zu zahlen, hielt ihre Versorgungswege in Gang und druckte Unterrichtsmaterial in der Yali-Sprache.

Er baute zwei neue Missionshäuser. Er ermunterte dazu, bessere Fußpfade als Verbindung zwischen den Yali-Dörfern anzulegen. Er lehrte und betete und gab Ratschläge, während Alky die Kranken behandelte. Dann begann ganz unvermittelt die Ernte heranzureifen, die Stan und Bruno vor Augen hatten, als sie zum erstenmal den Mugwi-Paß überquerten.

Eines Tages blickte Costas über das Heluk-Tal und sah in einem der Dörfer der östlichen Allianz ein großes Yali-Haus brennen. «Wie traurig», sagte er zu seinem kleinen Sohn Haris. «Da brennt das Haus von jemandem.»

Am nächsten Tag erfuhr Costas die aufrüttelnde Wahrheit. Die Yali auf jener Talseite hatten freiwillig ihr eigenes *kembu-vam* bis auf den Grund niedergebrannt! Zusammen mit ihm zerstörten sie alle Gegenstände, die mit der Geisteranbetung in Verbindung standen. Costas konnte sich kaum fassen vor Freude. Vor fünf Jahren hatten Männer des gleichen Dorfes gedroht, ihn zu töten, als er sie zu besuchen versuchte.

Spontane Zerstörungen von *kembu-vams* in anderen Dörfern folgten so schnell aufeinander, daß Costas sie nicht mehr alle erfassen konnte. Bald strömten Tausende von Yali zusammen, um fast täglich Unterweisung im Evangelium zu erhalten. Hunderte von Männern und Frauen baten um die Taufe. Aber Costas schob die Taufe hinaus, bis Bruno und Marlys zurückkehrten. Bruno war vom Beginn der Arbeit unter den Yali an dabeigewesen, und Costas fand, daß ihm das Vorrecht der Taufhandlung zukomme. Als Bruno dann im Laufe der Zeit zurückkehrte, befanden sich unter den Hunderten von Yali, die er und die Kirchenältesten der Yali tauften, auch Elavo und Siruruk, zwei der Männer, die Yekwara und Bengwok getötet und dann ihre Finger zerschmettert hatten.

Elavo hatte auch zwei der fünf Pfeile abgeschossen, durch die Stan 1966 verwundet worden war.

All dies geschah im Heluk-Gebiet und in den Tälern westlich davon — was aber war mit dem Seng-Tal?

Tausende von Christen rund um die Welt beteten täglich für die Zeit, da die Mörder von Stan Dale und Phil Masters sich der Liebe

Jesu Christi ergeben würden. Wir wußten, es war nur eine Frage der Zeit — aber welcher Zeit? Wir wollten im richtigen Augenblick hingehen, nicht zu früh, aber auch nicht zu spät. Zwar hatten Kusaho und seine Brüder Paul Newman gegenüber Freundlichkeit bewiesen, aber wie konnten wir sicher sein, von den anderen Familien und Sippen des Seng-Gebietes gut aufgenommen zu werden?
Während wir auf Gottes Zeitplan warteten, traf Luliap zufällig eines Tages einen Mann von der östlichen Seite des Heluk — Weyo. Dieser genoß eine besonders enge Beziehung als «Handelspartner» zu bestimmten im Wikboon-Gebiet lebenden Männern.

«Rat mal, wo ich war, Luliap!» rief Weyo. «Im Seng-Tal! Ich habe den Leuten gesagt, sie brauchten keine Angst mehr zu haben; ich versicherte ihnen, daß die Regierung keine weitere Aktion gegen sie plane. Ich sagte ihnen auch, daß alle Dörfer im Heluk-Tal Lehrer des Evangeliums aufgenommen hätten. Und ich sagte: 'Wenn ihr auch Lehrer haben wollt, laß es mich wissen, und ich werde es Luliap weitersagen.'»
«Was sagten sie?» fragte Luliap eifrig.
«Kusaho sagte, er möchte, daß du kommst.»
«Und die anderen?»
«Ich kenne keinen im Dorf Kibi, der dich angreifen würde, auch wenn sie noch immer nicht verstehen, wovon das Evangelium handelt. Bei den anderen Dörfern, durch die du auf deinem Weg kommst, weiß ich nicht Bescheid», meinte Weyo nachdenklich.
«Ich glaube, die Zeit ist gekommen», sagte Luliap. «Weyo, ich war nie zu Fuß im Seng-Tal. Willst du mir den Weg zeigen?»
«Aber sicher! Wann willst du die Reise machen?»

Sobald Luliap seine Absicht, das Seng-Tal zu besuchen, angekündigt hatte, reagierte seine Familie mit Entsetzen. «Du wirst sicher getötet werden! Wir lassen dich nicht fort!» Und sie begannen Luliaps Bewegungen zu überwachen, um sicherzugehen, daß er ihnen nicht heimlich entwischte und in das Seng-Tal ging. Sie hätten genau so gut versuchen können, einen Sonnenstrahl zurückzuhalten. Eines Morgens verschwanden nicht nur Luliap und Weyo, sondern auch fünf von Stans anderen jungen, aber gutausgebildeten geistlichen «Kommandos» im Schutz dichten Nebels aus ihren *yogwas*. Jeder wußte, wohin sie gegangen waren.
«Warum müssen unsere jungen Männer ihr Fleisch den Wikboon-Kannibalen anbieten?» brummte einer. Andere aber seufzten re-

signiert und sagten: «Als wir den *kembu*-Geistern dienten, erschlugen wir bereitwillig selbst unsere eigenen Lieben, um ihre harten Forderungen zu erfüllen. Wieviel mehr müssen die Diener eines gerechten und barmherzigen Gottes ihr Leben um seinetwillen aufs Spiel setzen!»

Als Costas von Luliaps Absicht erfuhr, sagte er: «Luliap, ich werde mit dir gehen!» Aber Luliap lehnte ab. «Wir werden unbewaffnet und nackt gehen, bis auf unsere Kürbishülsen, und sie werden sehen, daß wir Menschen sind genau wie sie. Wenn du als Bekleideter mitgehst, werden sie mißtrauisch, vielleicht sogar feindlich sein. Laß uns den ersten Versuch allein machen.»

***

Die sieben zum Märtyrertum willigen Männer überquerten den Seng-Paß in 3 300 Meter Höhe und stiegen rasch zu dem felsigen Ufer von Yendoal hinab, wo zwei Haufen weißer Rohrschäfte von Pfeilen noch immer als Grabsteine für Stan und Phil dienten. Sie eilten weiter und marschierten kühn mitten durch das Dorf Sengambut, das nun teilweise wieder aufgebaut war. Stammesangehörige des Wikboon stürzten aus ihren *yogwas* und starrten sie unsicher an; ihre dichten Brauen zogen sich besorgt zusammen, doch keiner hob eine Hand gegen sie. Aufrecht und fest schritten sie unter einer hellen Gebirgssonne dahin; sie erklommen einen steilen Abhang unter tief nachdenklicher Beobachtung der Dörfer Walohovak und Bahabol.

Schließlich kamen sie unbeschadet nach Kibi, wo Kusaho sie begrüßte: «Bleibt bei mir! Morgen werde ich ein Schwein schlachten und ein Fest zu euren Ehren veranstalten. Ihr müßt mir zwei Dinge erzählen: Erstens, wo ist der kleine Junge, der aus dem Himmel in meinen Schoß fiel? Und zweitens, was ist das für eine Botschaft, die man 'das Evangelium' nennt? Ist es wirklich ein glaubwürdigerer Führer als das *wene melalek?* Was hat es mit dem Evangelium auf sich, daß diese beiden *duongs* entschlossen waren, herzukommen, auch unter Gefahr für ihr Leben?»

Luliap lächelte, kratzte Kusaho unter dem Kinn und begann mit seiner Antwort.

***

Zwei Tage später, als das Fest vorbei war, kehrten Luliap und seine Freunde nach Hause zurück, so wie sie gekommen waren. Kusaho und seine nächsten Angehörigen hatten für einen Besuch genug über das Evangelium gelernt. Luliap sollte während des folgenden Jahres immer wieder zurückkommen und allmählich eine breitere Zuhörerschaft für das Evangelium gewinnen.

***

«Costas, mein Freund!» Luliap strahlte. «Ich bin eben vom Seng zurückgekehrt. Nicht nur Kusaho, sondern die Führer aller anderen Dörfer im Wikboon-Gebiet des Tales sagten mir gestern, sie möchten, daß wir christliche Lehrer in all ihren Dörfern stationieren. Und Kusaho lädt dich ein, neben dem Dorf Kibi eine Landebahn zu bauen! Sie sagten: 'Sag den *duongs,* wenn sie uns die Tötung ihrer beiden Freunde vergeben, dann möchten wir, daß sie kommen und uns wieder besuchen, damit wir ihnen einen wesentlich anderen Empfang bereiten können!'»

«'...wenn wir ihnen vergeben'», lachte Costas vor sich hin. «Gott segne sie!» Aber dann verdüsterte sich sein Gesicht. «Wie sicher bist du, Luliap, daß dies nicht nur ein Trick ist, um uns in eine Falle zu locken?»

«Ich bin sicher, daß sie es ehrlich meinen, Costas», erwiderte der junge Evangelist. «Aber wenn du Zweifel hast...»
«Nein», warf Costas ein, «ich vertraue deinem Urteil über dein eigenes Volk.»

Nicht lange danach beriet sich Costas mit mir — ich war in jenem Jahr gerade Feldleiter — über meine Meinung, ob ein RBMU-Missionar sich nochmals in das Seng-Gebiet wagen sollte. (Nach dem Verlust von Phil und Stan hatten wir als Mission beschlossen, daß keiner von uns ohne gemeinsame Beratung das Tal mehr betreten sollte.) Das Ergebnis unserer Beratung — die auch mit Frank Clarke geführt wurde — war einstimmig: Costas, Frank und ich wollten im September 1970 (genau zwei Jahre nach dem Tod von Phil und Stan) nochmals in das Seng-Tal ziehen. Wir wollten zusammen mit zwei indonesischen Regierungseskorten reisen, da die Regierung früher angeordnet hatte, nicht zum Yali-Stamm gehörendes Personal dürfe nicht ohne bewaffnete Begleitung in das Seng-Tal reisen.

Um unseren Weg vorzubereiten und häufigere Reisen zwischen Seng- und Heluk-Tal in der Zukunft zu erleichtern, stellten zehn Yali-Dörfer im Heluk-Gebiet freiwillig je zehn Mann ab, um einen neuen, direkteren Pfad zwischen den Dörfern Ninia und Kibi zu graben. Der Pfad wurde unter Costas' unvergleichlichem Leitungsgeschick in nur zehn Tagen fertiggestellt. Am zehnten Tag blickten Costas, Frank und ich von einem hochgelegenen Grat des Seng-Tales auf das erste Dorf an unserem Pfad nieder — Bahabol. Luliap, die beiden Regierungseskorten und die hundert Wegebauer standen neben uns.
«Wie müssen wir von hier weitergehen, Luliap?» fragte ich.
«Wir steigen zum Grund der Schlucht ab und dann nach Bahabol hinauf», erwiderte er.
«Warum folgen wir nicht einfach diesem Grat und gehen dann von oben nach Bahabol hinunter?» fragten wir naiv; denn die beschwerlichere Route hinunter und wieder hinauf schmeckte uns keineswegs.

Luliap grinste: «Es ist schlechtes Benehmen, sich einem Yali-Dorf von oben zu nähern. Dies ist der Weg, den Feinde einschlagen, um sich einen militärischen Vorteil zu verschaffen. Wenn man guten Willen und friedfertige Absichten zeigen will, muß man sich die Mühe machen, bis unterhalb des Dorfes abzusteigen und dann wieder hinaufzugehen, wodurch man sich in eine nachteilige Position begibt.»

Wir seufzten gleichzeitig. Von dem langen Fußmarsch über den Paß waren wir bis auf die Knochen ermüdet. Nun begann ein über dreihundert Meter langer Abstieg in eine Schlucht, der die Knie ganz schön beanspruchte. «Möge niemand je Emily Post* von derartigen Etikette-Regeln erzählen!» murmelte ich vor mich hin.

Eine Stunde später, nachdem unsere Kniegelenke wie aufgeweicht waren, befanden wir uns auf dem fast senkrechten, zweihundert Meter langen Anstieg nach Bahabol, das wie ein Raubvogelnest oben am Berg klebte. Wir blickten hinauf in der Erwartung, freundliche Yali-Gesichter grüßend zu uns herablächeln zu sehen, als wir hochkletterten. Doch niemand war in Sicht. Auf den baumbestandenen Graten über uns sangen keine Vögel. Ich begann mich unbehaglich zu fühlen. Luliap hatte uns versichert, daß die Wikboon-Yali unseren Besuch wünschten. Warum zeigten sie

* Wohl im Amerikanischen etwas Ähnliches wie «Knigge».

sich dann nicht? Hatten sie es sich anders überlegt? Vielleicht hatte einer ihrer Seher in der vergangenen Nacht eine Vision gehabt, die ihm sagte, die Krieger müßten sich in den Hinterhalt legen und uns töten?

«Herr», betete ich, «sollen wir weitergehen oder umkehren?» Als Antwort erfüllte mich plötzlicher Friede, und ich setzte meinen Weg rascher fort. Falls Luliap getäuscht worden sein sollte — falls oben am Abhang wirklich ein Hinterhalt bereitet war — wollte ich der Auslöser sein. Sie sollten solange die anderen noch weit unten waren, Zeit zur Flucht haben. Als geübter Langstreckenläufer hatte ich eine weit bessere Chance, zu entkommen, als Costas oder Frank.

Ich kam oben an. Hinter einer Steinmauer verschanzt lagen dicht zusammengedrängt die *yogwas* und *homias* von Bahabol auf einem schmalen Kamm. Ich überstieg die Steinmauer und blickte mich forschend um. Noch immer keine Seele in Sicht! Und aus den mit Pandanus-Blättern gedeckten Dächern kräuselte auch kein Rauch! «Das Dorf ist verlassen», dachte ich, doch ich sollte mich täuschen. Wenige Augenblicke später hüpfte ein drahtiger älterer Yali mit großen Augen hinter einer *yogwa* hervor, rannte auf mich zu und flüsterte in gedämpftem Ton: «Wah! Wah! Wah!»
Er nahm mich an der Hand und lächelte sein Willkommen, während siebzig bis achtzig weitere Krieger aus dem nahen Wald zum Vorschein kamen — alle ließen anscheinend ihre Waffen außer Sicht. Sie umdrängten mich, lächelten und riefen ihr freundlich grüßendes: «Wah! Wah!»

Es war kaum zu glauben, daß dies die gleichen Menschen waren, die erst vor zwei Jahren einen Hagel von Pfeilen auf uns abgeschossen und Felsblöcke auf uns geworfen hatten.
Bald kamen Costas, Frank, die Regierungseskorten und die Yali-Christen oben an und nahmen an unserem Umarmungszeremoniell in luftiger Höhe teil! Von Bahabol stiegen wir auf der anderen Seite des gleichen Kammes hinab in das Dorf Kibi, wo Kusaho uns erwartete. Wir bewegten uns im Gänsemarsch durch die üppigen Gärten, und so waren wir bald auf dem Pfad über fast eine Meile auseinandergezogen. Unsere mehr als hundert Begleiter trugen jeder einen neu zugerichteten weißen Pfahl zur Errichtung einer Notunterkunft für die Nacht in Kibi. Wir waren viel zu viele,

als daß man uns in den bereits dichtgedrängten *yogwas* von Kibi hätte unterbringen können. So zogen wir es vor, uns unser eigenes «Hotel» zu bauen.

Die hundert glänzend weißen Pfähle schufen einen seltsamen visuellen Effekt — es sah aus, als würden einhundert kühne weiße Fadenstiche den riesigen grünen Abhang zusammenhalten. Doch dann erfaßte mein Blick ein viel interessanteres Schauspiel. Ich schaute über den Wikboon-Kessel hinüber und sah drei verschiedene Pfade voller Menschen, die herabströmten zum Schnittpunkt mit dem Weg, auf dem wir kamen. Ich blickte in eine andere Richtung und sah das gleiche Phänomen. Tatsächlich stellte ich bald fest, daß aus jedem Dorf, das auf den hohen vorspringenden Kanten des großen, kesselförmigen Tales sichtbar war, die Menschen herunterkamen.

Es war, wie wenn im Frühling das Tauwetter einsetzte. Der Winter der Furcht war vergangen. Die Menschen flossen heran wie kleine Bäche, und wenn sie näher kamen, konnten wir ihr glucksendes Lachen hören. Ich atmete tief auf und lachte selbst vor Freude. Hunderte von lächelnden Yali-Männern säumten den Pfad und streckten die Hände aus, um jeden von uns im Vorbeigehen zu berühren. Nach einer Biegung im Pfad kamen wir durch ein Spalier scheuer Yali-Frauen, von denen die meisten kleine Kinder auf Rücken oder Schultern trugen. «*Wah! Wah! Wah!*» riefen sie leise. Selbst braune kleine Kinder, die höchstens zwei Jahre alt waren, streckten freundschaftlich ihre Händchen aus. Ein machtvolles Gefühl der Befreiung schwang durch die Luft, die wir atmeten.

«Yekwara, Bengwok, Stan, Phil, Dengan, Menno, Gene, Lois, Steven, Joyce und Jonathan —, ich wünschte, ihr hättet hier dabei sein, diese ausgestreckten Hände berühren und diese strahlenden Gesichter sehen können. Vielleicht seid ihr dabei. Vielleicht könnt ihr es.»
Am Eingang zum Dorf Kibi stand Kusaho, die Arme zum Willkommen ausgestreckt. Als ich ihn sah, erkannte ich, daß meine Vorstellung stimmte: gemessen an den kulturellen Unterschieden, muß Kusaho als einer der ungewöhnlichsten Menschen auf dieser Erde angesehen werden. In seinem Mitgefühl für Fremde, das ihm niemand beigebracht hatte, seiner klarsichtigen Ahnung der unbekannten Wahrheit und seiner Bereitschaft, sich von der Mehrheit zu unterscheiden, ragte Kusaho unter seinesgleichen vielleicht

noch mehr hervor, als viele große Männer unserer Kultur unter uns herausragen.
Costas, Frank und ich waren sehr bewegt, als Kusaho auf die Stelle deutete, wo er zuerst Paul Newman traf, der aus dem brennenden Wrack drunten im Tal geflüchtet war. Der Yali-Führer mit dem freundlichen Gesicht preßte mit großer Kraft die Fäuste gegen seine Brust, um darzutun, wie er Paul zuerst umarmt hatte. Es war ein Akt, der eine Tür zur Hilfe für Tausende aufgestoßen hatte.
Am nächsten Morgen bereiteten Kusaho und zwei andere Yali-Führer zu unseren Ehren ein Schweinefest vor, während Frank und ich den vorgeschlagenen Platz für eine Landebahn nahe bei Kibi ausmaßen und Costas den Bau eines Lehrerhauses überwachte. Wir stellten fest, daß der Platz für eine Landebahn zu kurz war. Am anderen Morgen versammelten sich Hunderte von Yali-Männern, Frauen und Kindern des Wikboongebiets auf dem freien Platz zwischen unserem neuen «Hotel» auf Zeit und dem neuen Lehrerhaus. Sie sangen ein Lied nach dem andern, die Luliap ihnen beigebracht hatte, und lauschten dann, als Luliap und Costas ihnen das Wort Gottes verkündigten. Während der Gottesdienst weiterging, stahlen Frank und ich uns aus der Menge weg und gingen zum Wrack von Mike Pappa Hotel hinab. Unter verbogenen Stücken von halbgeschmolzenem Aluminium fanden wir die Eheringe eines Mannes und einer Frau und die Armbanduhr einer Frau. Im Ehering des Mannes waren innen die Worte eingraviert: «Ich liebe dich für immer — Lois 7.6.57.»
Die Zeiger der Armbanduhr waren 6 Minuten und 10 Sekunden nach 11 Uhr stehengeblieben.

Wir packten diese Erinnerungsstücke sorgfältig ein und schickten sie an Paul Newman in seine neue Heimat nach Sierra Madre, Kalifornien.

***

Bald nachdem die ersten Lehrer im Seng-Tal ihre Arbeit aufgenommen hatten, kehrten Bruno und Marlys deLeeuw aus ihrem Heimaturlaub zurück. Costas übergab ihnen eine Arbeit, die unter seiner Fürsorge unglaubliche Fortschritte gemacht hatte. In den kommenden Jahren sollte diese Arbeit unter der Leitung der deLeeuws einen noch größeren Umfang erreichen. Im Jahre 1972, zwei Jahre, nachdem die ersten Lehrer im Seng-Tal eingezogen waren, tauften Bruno und Luliap zusammen mit John Wilson, einem neuen RBMU-Missionar aus Schottland, die ersten fünfunddreißig Christen im Seng-Tal. Unter diesen fünfunddreißig befanden sich einige der Männer, die an der Tötung von Stan und Phil beteiligt gewesen waren. Nach der Taufe nahmen die Gläubigen am Herrnmahl teil; sie benutzten dabei eine der Tragflächen von Mike Pappa als Abendmahlstisch.

Kusaho selbst wurde mit weiteren siebzig Stammesangehörigen im April 1977 getauft, ungefähr zur gleichen Zeit, als Wesley Dale, Stans ältester Sohn, von RBMU Australien an seines Vaters Statt für den Missionsdienst in Irian Jaya aufgenommen wurde.
Während unter den Yali ehrfurchtgebietende Wandlungen sich vollzogen, übergab Phyliss Masters ihre Arbeit unter den Kimyal-Pygmäen in Korupoon an Paul und Kathryn Kline aus Pennsylvanien, zu denen später noch Bruce und Judy McLeay aus Neuseeland und die Bibelübersetzerin Elinor Young aus Spokane/Washington stießen. Im Korupoon-Tal und darüber hinaus versammelten sich nun Kimyal-Gemeinden, die Gott mit tiefem Vertrauen und Hingabe des Herzens anbeteten. Und immer gedachten sie dabei der Liebe des hinkenden Fremden und seiner Frau, die als erste die Berge überquert hatten, um ihnen Gottes Liebe weiterzugeben.

Phyliss selbst kehrte im November 1968 nach Karubaga und in ihre frühere Arbeit unter den Dani zurück. Ihr fröhliches Herz wurde im Laufe der Jahre für Tausende zum eindrücklichen Beweis, daß die Kraft des Heiligen Geistes auch die schwersten Wunden zu heilen vermag, die einem Menschenherzen zugefügt werden können.
Im Jahre 1974 unternahmen Phyliss und drei weitere Missionarinnen eine Fußwanderung von Ninia in das Dorf Kibi, um selbst Zeugen der Wandlung zu werden, die Gott bewirkt hatte in den Herzen der Menschen, die ihren Gatten und Stan erschlagen und — wie wir alle zu diesem Zeitpunkt noch glaubten — verzehrt hatten.

Phyliss wurde in Kibi von einer mütterlichen Yali-Frau namens Suwi begrüßt — der Frau, die damals ihren Oberrock vor der Mördertruppe auf den Weg gelegt hatte in einem vergeblichen Versuch, sie davon abzuhalten, Phil und Stan zu töten. Phyliss dankte Suwi, und die beiden freundeten sich sofort an.

Im Mai 1975 und nochmals im März 1977 kehrte ich dann nach Ninia zurück, um für diesen Bericht genaue Nachforschungen anzustellen über das Yali-Volk, seine religiösen Überlieferungen und die Männer, die es gewagt hatten, diese in Frage zu stellen und sich von *kembu* weg Jesus, dem Christus Gottes zuzuwenden. Der schottische Missionar John Wilson, jetzt fließend mit der Yali-Sprache vertraut, unterstützte meine Untersuchungen, indem er in Ninia nicht nur führende Yali-Christen wie Engehap, Dongla und Yemu (Stans Träger zur Zeit seiner Ermordung) zusammenrief, sondern auch Kusaho und Nalimo, der als Augenzeuge Einzelheiten von Stans und Phils letzten Augenblicken beisteuerte. Zum erstenmal traf ich hier mit Sar und Ongolek zusammen und erfuhr von ihnen die erschütternden Einzelheiten bei dem tragischen Tod ihrer Tochter Nindik. Engehap führte uns an einem sonnigen Nachmittag den gleichen Pfad hinab, den Nindik bei ihrer Begegnung mit dem Schicksal in Ninia eingeschlagen hatte, jener nun aufgegebenen *kwalu*-Zufluchtsstätte. Ich verweilte länger innerhalb der einst heiligen, einst gefürchteten Steinmauer, zwischen Fichten, die wispernd meine Anwesenheit zu bereden schienen, und ich fand im Gras einen winzigen Pilz, wie ihn Foliek (nun Student an einer Bibelschule in Mulia) einst gepflückt und gegessen hatte und damit beinahe seinen Tod besiegelt hätte.

Andeng und Wanla waren zu dieser Zeit bereits gestorben, doch Dongla, Andengs Sohn, lieferte mir viele Einzelheiten über seinen Vater, seinen Onkel, Bukni, Bengwok und Yekwara. Später wanderten John Wilson und ich zu dem Platz, wo Bengwok einst sterbend auf einem Kalkfelsen lag, und dorthin, wo Stan verwundet worden war. Yali, die wir trafen, führten uns das Ganze in Einzelheiten vor. In der Nähe steht eine kleine Platte aus rostfreiem Stahl, auf der die Worte eingraviert sind:

> STANLEY ALBERT DALE
> Geliebter Gatte von Patricia
> Den Märtyrertod gestorben im Seng-Tal
> am 25. September 1968
> Offenbarung 2,10.
> RESURGAM

Später folgten wir der Route zurück, die Stan in seiner alptraumhaften Flucht durch die schwarze, donnernde Heluk-Schlucht zu-

rückgelegt hatte. Unsere Vorstellungskraft konnte uns nur schattenhaft die Todespein vermitteln, die er durchlitten hatte.
Wir gingen dann talaufwärts nach Balinga und sprachen mit Suwi und Sunahan, die uns vom Tod Kahaleks unmittelbar außerhalb der *kwalu*-Zuflucht mit Namen Mobahai berichteten.

An einem Wochenende in Ninia nahm ich an einem Gottesdienst teil, zusammen mit etwa einhundert Yali-Männern und — ja, es stimmt — der gleichen Anzahl andächtig lauschender Yali-Frauen! Und es ist kein Zufall, daß in einem Tal, in dem die Frauen jetzt die gleichen Vorrechte von Gottesdienst und religiöser Unterweisung genießen wie die Männer, die Selbstmordrate der Frauen, die einst um das Zehnfache über der der Männer lag, praktisch auf Null sank!

Am Ende unserer letzten Unterhaltung mit Kusaho prüften John Wilson und ich die Möglichkeit, das Yali-Konzept «Freistatt» als Analogie zu benutzen, die auf Christus als die *vollkommene* Zuflucht des Menschen weist.

Wir sagten: «Kusaho, eure Yali-*osuwa* war nur auf einen einzigen Ort begrenzt. Wenn ein verfolgter Mann nicht rechtzeitig dorthin gelangen konnte, starb er erbarmungslos. Und diese Freistatt bot nur Schutz vor körperlicher, nicht vor dämonischer Gefahr. Aus diesem Grund hat Gott erkannt, daß euer Volk eine bessere Art von *osuwa* brauchte, eine, die euch an jedem Ort der Erde umgeben kann — eine, die vor Gefahr des Leibes wie der Seele schützt. Aus diesem Grunde hat er seinen Sohn gesandt.
Jesus Christus ist die vollkommene *osuwa* der Menschheit! Verstehst du das?»

Die Antwort kam umgehend: «Natürlich verstehe ich das! Diese Worte sind für mich sehr bedeutungsvoll. Wenn ich nach Wikboon zurückkehre, werde ich meinem Volk das Evangelium in dieser Weise erklären, so daß noch viele glauben können.»

Während Kusaho noch sprach, hörten wir ein seltsam knallendes Geräusch von Nalimo, einem der Mörder am Ufer von Yendoal. Er saß auf einer Seite und hörte zu. Als der Gedanke von Christus als einer geistlichen *osuwa* von ihm Besitz ergriff, drückte er seine Erregung durch dieses ungewöhnliche, knallende Geräusch aus, das keine Bewegung der Stimmmuskeln zu erfordern schien.

Vor seinem Weggang bat Kusaho, noch eine Frage stellen zu dürfen. «Dieser Junge, um den ich mich gekümmert habe», sagte er nachdenklich, «bitte sagt mir, wie heißt er?»
«Paul Newman», erwiderte ich.
«Aha!» rief Kusaho aus. «Sobald ich heimkomme, werde ich meinen jüngsten Sohn 'Paul Newman' nennen, damit ich nicht vergesse, wie man es ausspricht.»
Kusaho und Nalimo wandten sich um und machten sich auf den Weg zum Seng-Paß.

Nachwort

Das neue Zeitalter, das mit Stans und Brunos Überquerung des Mugwi-Passes eingeleitet worden war, zeigt sich den Yali auf mancherlei Weise: In Wamena, nur vier Tagesmärsche vom Heluk-Tal entfernt, erhebt sich ein modernes Touristenhotel. Junge amerikanische und europäische Touristen in knappen Shorts treffen auf dem Flughafen von Wamena ein und machen sich auf den Weg ins Heluk-Tal, beobachten und photographieren die Yali in ihren von Steinmauern umgebenen Siedlungen. Eine Grundschule mit Aluminiumdach, die von der indonesischen Regierung gefördert wird, steht auf dem Hang unterhalb von Yabi, wo Stan, Bruno und ihre fünf Begleiter das erste Lager aufschlugen.

In Balinga, im nördlichen Heluk-Gebiet besteht ein Regierungsposten. Ein weiterer ist für Yalisili im südlichen Heluk-Gebiet geplant, wo Bruno fast den Kannibalen zum Opfer fiel. Ein japanischer Fernsehproduzent bemüht sich um die Erlaubnis der indonesischen Regierung, ein oder zwei Jahre bei den Yali-Stämmen bleiben und einen Dokumentarfilm drehen zu dürfen. Chinesische und makassarische Händler eröffnen Läden nicht weit vom Mugwi-Paß entfernt in der Hoffnung, den Handel in dieser Pionierregion, die in den ersten Stadien ihrer Entwicklung steckt, an sich ziehen zu können.

Werden die Yali unter ihnen als gleichberechtigt bestehen? Oder werden sie als Bettler enden, die im weggeworfenen Abfall von Touristen, Schullehrern, Regierungsbeamten oder Filmemachern wühlen? Oder als billige Arbeitskräfte, die es Ausbeutern erlauben, riesige Profite zu machen?
Nicht weit vom Heluk hetzen kommunistische Agitatoren Hunderte von jungen Dani auf, sich gegen die indonesische Regierung aufzulehnen. Dutzende fanatischer junger Rebellen werden von Soldaten getötet. Dörfer werden reihenweise niedergebrannt. Wird die Rebellenbewegung und das in ihrem Gefolge auftretende Leiden auf die Yali übergreifen?

Nordöstlich vom Heluk- und Seng-Tal verwandelte ein Erdbeben von mehr als Stärke acht auf der Richter-Skala einen Landstrich von neunzig mal zwanzig Kilometern bewaldeter Berge in eine

Wüste. Hunderte den Kimyal nahestehender Stammesangehöriger wurden bei Erdrutschen getötet, ihre Dörfer und Gärten vernichtet. Wenn nicht massive Anstrengungen von Mission und Regierung unternommen werden, um sie zu ernähren und neu anzusiedeln, werden die Überlebenden dem Aussterben durch Verhungern anheimgegeben.
Die Yali leben entlang der gleichen erdbebenträchtigen Verwerfungslinie.

Wird das nächste Erdbeben *sie* treffen?
Epidemien, die einstmals in den Yali-Tälern unbekannt waren, werden bei unvorhersehbaren Zusammentreffen eingeschleppt. Werden die Yali, die gegen solche Krankheiten keine Immunstoffe besitzen, in ihrem Bestand abnehmen?

In ihrer ursprünglichen Isolierung betrachteten die Yali sich selbst als «Herren der Erde». Nun entdecken sie, daß sie in den Augen von Patrouillenoffizieren, Schullehrern, Touristen und Händlern keineswegs «Herren der Erde» sind, sondern nur «rückständige Primitive», deren Einfältigkeit sie zur leichten Beute für Ausbeutung und Mißbrauch macht.
Wie die Yali sich verhalten werden, wenn ihr Selbstverständnis eine radikale und zutiefst den Lebensnerv verletzende Veränderung erfährt, bleibt abzuwarten. Eines ist sicher: Wenn die Botschaft von Jesus Christus einem gefährdeten Volk helfen kann, mit Veränderungen fertig zu werden — und dies war oft der Fall — dann haben die Yali eine gute Chance. Denn Tausende von Yali leben inzwischen mit wunderbarer Hingabe ihren Glauben an Christus aus.

Wenn Missionare als echte Vertrauensleute wirksam werden können, um dazu beizutragen, daß aufeinanderprallende Kulturen einander verstehen lernen — und das ist ihnen oft gelungen —, dann haben die Yali eine noch bessere Chance. Denn die RBMU-Missionare Bruno deLeeuw, John Wilson, Arthur Clarke und ihre Frauen stehen treu zu ihrer Verpflichtung, den Yali im Heluk-und Seng-Tal dabei zu helfen, die heranbrandenden Wogen der Veränderungen zu durchschreiten.

Wir haben einige Zeit gebraucht, den Mangel an Verständnis zu überwinden, der unvermeidlich die erste Arbeit unter den Yali behindert hat. Durch die Arbeit und das Opfer derer, die als Pioniere den Weg bereitet haben, ist es jetzt möglich, in gegenseitiger Liebe und Anerkennung die Hände der neuen Yali-Führer zu ergreifen: Dongla, Luliap, Engehap, Erariek, Emeroho, Kusaho und andere, um ihnen zu helfen, ihr Volk mit auf der Heiligen Schrift gegründeter Erkenntnis und in dem Bewußtsein der harten Realitäten der modernen Welt zu leiten.

Gott segne euch, ihr jungen Yali-Führer! Ihr seid nicht die «Herren der Erde» in dem Sinn, wie eure Väter dies von sich glaubten. Aber seid dessen gewiß: Wenn ihr in Christus gegründet seid — eurer vollkommenen *osuwa* — «dann ist die Erde euer und alles, was darinnen ist!»
In der Tat: «Alles ist euer, ihr aber seid Christi, Christus aber ist Gottes.»

SELIG SIND DIE SANFTMÜTIGEN,
DENN SIE WERDEN DAS ERDREICH BESITZEN.

Don Richardson

Ein weiteres Buch von Don Richardson:

Friedens-Kind

TELOS-Taschenbuch Nr. 260,
248 Seiten, 8 Fotoseiten

Der erschütternde Bericht von der Wandlung einer Dschungelkultur grausamer Tücke in Neuguinea.

Bis 1962 lebte in Niederländisch-Neuguinea (heute West-Irian) der Stamm der Sawi noch im Steinzeitalter und in völliger Isolierung von der Umwelt, außer den unmittelbar benachbarten Stämmen. Sie waren Kopfjäger und Kannibalen, die die Schädel ihrer Opfer als Kopfkissen benutzten.

Unter den Sawi war tückischer Verrat mehr als eine Lebensweise. Er galt als höchstes Ideal. Die am höchsten verehrte Form des Verrats war es, jemanden «mit Freundschaft zum Schlachfest zu mästen».

Im Jahr 1962 kamen das Missionsehepaar Don und Carol Richardson zu diesem Volksstamm. Wie konnte das Evanglium von Jesus Christus überhaupt einen Eindruck machen auf Menschen, die den Verräter Judas als Ausbund von Sawi-Männlichkeit und seinen Kuß des Verrats als großartigsten Ausdruck der Tücke verherrlichten?!

In diesem Buch erzählt der Autor aus eigenem Erleben in mitreißender Weise von der ursprünglichen Lebensweise dieses Stammes und wie Jesus Christus, Gottes Friedens-Kind, auch dem Sawi-Volk endlich wirklichen Frieden brachte.

Ein eindrückliches, unvergeßliches Buch, ein «Leseabenteuer» besonderer Art.